ミネルヴァ日本評伝選

価値があるのは、他を憐れむ心だけだ

ニコライ

中村健之介著

ミネルヴァ書房

刊行の趣意

「学問は歴史に極まり候ことに候」とは、先哲荻生徂徠のことばである。

歴史のなかにこそ人間の智恵は宿されている。人間の愚かさもそこにはあらわだ。この歴史を探り、歴史に学んでこそ、人間はようやくみずからの正体を知り、いくらかは賢くなることができる。新しい勇気を得て未来に向かうことができる。徂徠はそう言いたかったのだろう。

「ミネルヴァ日本評伝選」は、私たちの直接の先人について、この人間知を学びなおそうという試みである。日本列島の過去に生きた人々の言行を、深く、くわしく探って、そこに現代への批判を聴きとろうとする試みである。日本人ばかりではない。列島の歴史にかかわった多くの異国の人々の声にも耳を傾けよう。

先人たちの書き残した文章をそのひだにまで立ち入って読み、彼らの旅した跡をたどりなおし、彼らのなしとげた事業を広い文脈のなかで注意深く観察しなおす――そのとき、はじめて先人たちはいまの私たちのかたわらによみがえってくる。彼らのなまの声で歴史の智恵を、また人間であることのよろこびと苦しみを、私たちに伝えてくれもするだろう。

この「評伝選」のつらなりのなかから、列島の歴史はおのずからその複雑さと奥ゆきの深さをもって浮かび上がってくるはずだ。これを読むとき、私たちのなかに新たな自信と勇気が湧いてきて、その矜持と勇気をもって「グローバリゼーション」の世紀に立ち向かってゆくことができる――そのような「ミネルヴァ日本評伝選」にしたいと、私たちは願っている。

平成十五年（二〇〇三）九月

上横手雅敬
芳賀　徹

若き日のニコライ・カサートキン（函館にて）

明治24年，ニコライが東京神田駿河台に建てた東京復活大聖堂（ニコライ堂）

サンクト・ペテルブルグの国立歴史古文書館に保管されているニコライの日記（手前は紙袋に入った手帳）
1997年８月12日，中村悦子撮影

ニコライ——価値があるのは、他を憐れむ心だけだ　目次

図版写真一覧

凡　例

一、ニコライはロシア帰国中の日記はロシア暦だけを書いている。たとえば「一八八〇年四月四日」である。それを本書ではアラビア数字で（1880. 4. 4）と示した。

日本での日記の日付は、先にロシア暦、その後に西暦（グレゴリウス暦）を書いている。たとえば「一八九〇年二月六日／一八日」である。それを（1890. 2. 6/18）と示した。

一九世紀ではロシア暦の日付に一二日を加え、二〇世紀では一三日を加えると、西暦（グレゴリウス暦）の日付になる。

二、ニコライの日記の引用文中の括弧は、次のように使い分けた。

（　）は、ニコライの日記原文中についている括弧、〔　〕は、著者による註記である。ニコライの日記以外の引用文についても、同様である。

三、ロシア語の綴りを示す必要がある場合は、キリル文字（ロシア文字）でそのまま示した。ただし、「プラヴォスラヴィエ（«Православие», "pravoslavie"）」のように、キリル文字をローマ字に書き換えて加えた場合もある。

四、ニコライが日本語の音をキリル文字で書き表している場合は、カタカナのルビを振った。たとえば、「兄弟《ケイテイ》」、「神学校の土地は七三四坪《ツボ》四合《ゴオ》七勺《セキ》と崖《ガケ》」。

五、引用文のかなづかいは、典拠資料のかなづかいのままである。資料によっては、歴史的かなづかいがすでに現代かなづかいに変えられているものもある。それはそのままとした。つまり、本書の引用文のかなづかいは統一されておらず、「迎へ出て」も「迎え出て」もある。

六、本書日本評伝選『ニコライ』は、私のこれまでのニコライ研究を踏まえて書いているので、当然ながら私の著作物や、編訳書の註解・解説などと重なる個所がある。諒解されたい。
七、本書のニコライの日記本文は、すべてサンクト・ペテルブルグのギペリオン社版、中村健之介編『聖・日本のニコライの日記』（ロシア語版全五巻、«ДНЕВНИКИ СВЯТОГО НИКОЛАЯ ЯПОНСКОГО в 5 томах под редакцей Кэнноскэ Накамура»、二〇〇四年刊）からの、中村健之介による訳である。
八、なお、中村健之介監修『宣教師ニコライの全日記』全九巻（共訳、教文館）を併せ見られたい。『宣教師ニコライの全日記』の訳者は、左の一九人である。
浦上将、柿沼伸明、熊野谷葉子、五島和哉、斉藤毅、坂上陽子、清水俊行、高橋健一郎、中澤佳陽子、長縄光男、中村健之介、野町素己、坂内知子、半谷史郎、三好俊介、毛利公美、安村仁志、渡辺久美、渡辺徹。

第一章　故郷ベリョーザ村からペテルブルグの神学大学へ

1　少年時代のニコライ

ベリョーザ村

ロシア正教会日本宣教団団長、日本ハリストス正教会創建者・大主教ニコライは、俗名をイワン・ドミートリエヴィチ・カサートキンという。「ニコライ」とは、修道司祭に叙聖されたときに授けられた「聖名《せいな》」である。

イワン・カサートキンは、ロシア暦一八三六年八月一日（西暦八月一三日）、ロシア帝国スモレンスク県ベーリスキー郡ベリョーザ村（エゴリヤ村ともいう）に生まれた。この一年半後に、日本の大阪で福沢諭吉が産声をあげている。ニコライ自身は自分の故郷の村を「エゴロフ・ベリョーザ村、«село Егоров–Берёза» (selo Egorov–Bereza)」と書いている（1910. 4. 23/5. 6）。

ところが、そのベリョーザ村が実際にどこにあるのか、日本の正教会の人たちも、ロシアの人たちも、長い「ソ連時代」の間に、わからなくなってしまっていた。なにしろベリョーザ（白樺）という名の村は、大きなロシアの地図帳で調べてみると、スモレンスク県のなかだけでも一〇近くも見つかる。

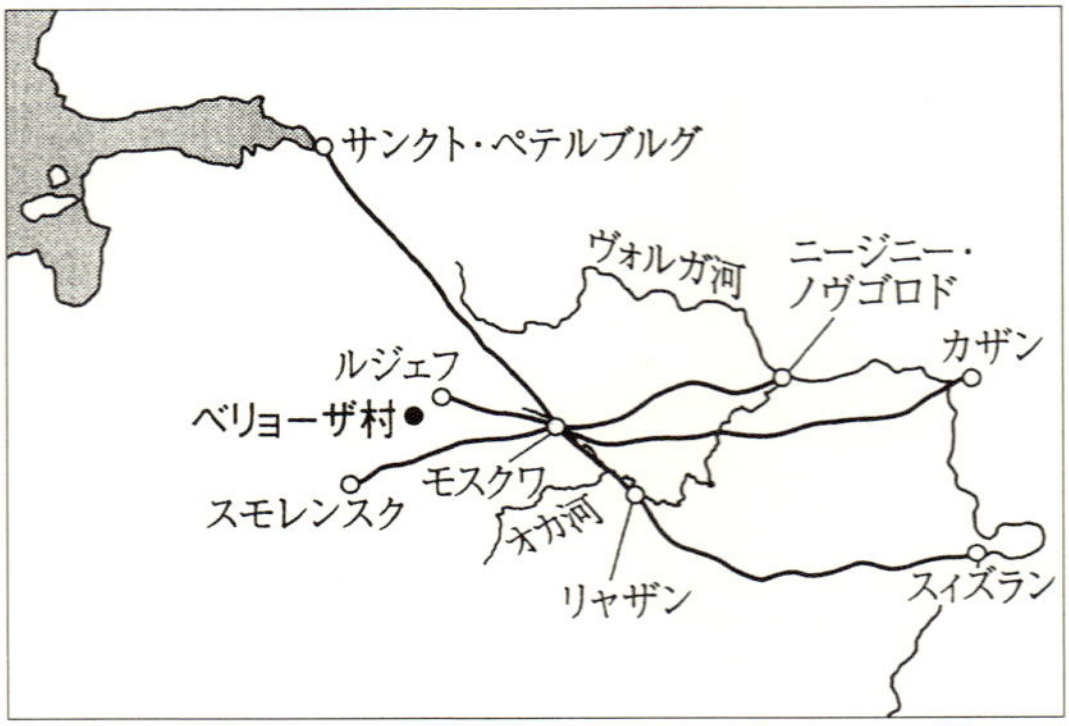

ペレストロイカ期の一九九〇年代末、長く続いてきたソ連共産党の圧迫がようやく弱まり、ロシア正教会は息を吹き返してきた。そのペレストロイカ期に、モスクワのボリシャヤ・ニキーツカヤ通りの「小昇天教会」の信徒グループが、「日本のニコライ」の故郷ベリョーザ村の探索をはじめた。帝政時代、「小昇天教会」の主任司祭だったガヴリル師（俗姓スレテンスキー）は日本宣教団を支援しており、ニコライとも親しかった。それでソ連時代になっても、「小昇天教会」は、自分たちは「日本のニコライ」と縁のある教会なのだと思い、「日本のニコライ」に関心のある信徒たちが少数ながらいたのである。

一九九八年、「小昇天教会」のグループは、「ベーリスキー郡ベリョーザ村」の所在地を探し当てた。モスクワから西へ約三〇〇キロメートル、工業都市ルジェフ市の西南、モスクワから自動車でおよそ四時間の小さな村である。グループが見つけた古い記録によれば、ニコライが生まれた一八三六年当時、ベリョーザ村は「深森の中」にあり、戸数わずか「五戸（男性七人、女性六人）」にすぎなかった。

後年ニコライは、函館へ赴任してから一八年後の一八七九年から八〇年にかけて、日本からロシアへ一時帰国した。そして帰国中の八〇年六月に、故郷ベリョーザ村にまで足を延ばしている。そのときでも、ベリョーザ村の戸数は一〇戸内外にすぎない。

ベリョーザ村の所在が確認されると、ロシア正教会が勢いを盛り返してきたおかげで、村の岡の上に、ロシア正教会の聖人「日本のニコライ」生誕の地なり、と記した高さ五メートル余の立派な十字架が建てられた。一九九八年八月一日のその除幕式には、ロシア正教会の聖職者による祈禱や十字《じゅうじ》行《こう》〔十字架やイコンを掲げた聖職者と信徒の行進儀礼〕が行なわれた。「この村からそんな偉い人が出ていたとは」と驚いて近隣の村々から五〇〇人をはるかに超える人が集まったという（「北海道新聞」一九九八年八月一八日付）。

1998年夏，ニコライを記念してベリョーザ村に建てられた5メートル余の大十字架の式典光景
この岡のすぐ下がベリョーザ川。

十字架の根元に埋め込まれた銅板
ロシア語と日本語で，「聖ニコライがこのベリョーザ村で生まれました」と刻まれている（上・下とも，小昇天教会のタチヤナ・レシチコさん提供）。

ニコライの父ドミートリー・イワーノヴィチ・カサートキン
ベリョーザ村（別名エゴリヤ村）の輔祭だった。

ニコライの家族

ニコライの父ドミートリー・イワーノヴィチ・カサートキンは、ベリョーザ村の教会の輔祭《ヂャコン》であった。輔祭は司祭の下の聖職者である。

カサートキン一家を直接知っていた司祭ペトル（シニャフスキー。ニコライの姉オリガの娘アンナの夫の兄）は、ニコライの父ドミートリーは、「身幹《しんかん》高からず、体軀肥大ならざる」人であった。しかし「老境に及ぶも、酷寒をおそれず、暖き靴を穿《うが》たず（履かず）」という「壮健」な人であった、と書いている（「『ストランニク（『巡礼』）』誌上に現れたる大主教ニコライ師」薄井忠一訳）。

父ドミートリーは、森を行くのに昼ではなく夜を択《えら》んだという。

「ベールイ町（ベリョーザ村から約四五キロの、一番近い町）よりその居村（ベリョーザ村）に至る通路の大部分が、広大にして暗黒なる鬱林中にあるにもかかわらず、必ず（馬車で）夜行をなすを例と（常と）せり。彼のかく（そのように）夜中を択ぶは、途上、通行者に会するの煩を避くに便なるがためなり、と曰《い》へり」（同前）。

人嫌いとか偏屈とかいうほどではないが、自分の流儀を持ち、人と狎《な》れない個性が感じられる。同じ個性は息子イワン（ニコライ）にも感じられる。ニコライもロシアの森を、夜に馬車で行くのは平気であった（1880. 6. 27. ロシア帰国中の日記）。

ニコライの姉オリガの夫フィリープ・イズマイロフがベリョーザ村の輔祭職を継いだので、父ドミートリーは、他のこどもたちの養育をオリガとフィリープにゆだねて、一八五〇年、スモレンスク県ロスラーヴリにある修道院に入った（修道士にはならなかった）。しかし、フィリープが死んだので、五五年に修道院を出てベリョーザ村へもどり、また輔祭職に復帰した。長女オリガは家政を引き受けた。

一八六〇年に父ドミートリーは輔祭職を退いた。年金生活に入ったのだろう。当時すでにロシア正教会は、しっかりとした年金制度を備えていた。

その後、父ドミートリーはベリョーザ村の教会堂修復の喜捨を乞う旅に出た。スモレンスク、トヴェーリ、ペテルブルグ、モスクワ、ノヴゴロド、モギリョーフ等々の都市を「周遊」したが、その巡礼の旅の間ずっと「日誌」をつけていた。これは、当時、下位聖職者としてはめずらしいことだった。ペトル（シニャフスキー）は、自分はニコライの父ドミートリーの「日誌」をゆずり受けて大切に所持していたと書いている。

明らかに父ドミートリーの「筆まめ」も息子イワン（ニコライ）に受け継がれている。ニコライも、日本で四〇年以上にわたって内容ゆたかな日記を書き続けた。

イワン（ニコライ）の母クセニヤ・アレクセーエヴナ・カサートキナ（旧姓サヴィンスカヤ）は、一八〇六年生まれ、輔祭アレクセイ・サヴィンスキーの娘である。「其《その》身軀、女性中比較的長大」で、「性質温順にして敬虔」な人であったという。イワン（ニコライ）の一八〇センチを超える長身は、母クセニヤから享《う》けたものだろう。

ドミートリーとクセニヤは、一八二九年に結婚した。ロシアは身分制社会であり、当時の「聖職者階層」（духовенство）は、「商人階層」（купечество）と同様、安定した閉鎖的身分であり、結婚も同階層間で行なわれることが多かった（一八六〇年代以降、ロシア社会は急速に身分制が崩れていく。ドストエフスキーの長編小説は、「貴族も平民も区別がつかなくなった」（『罪と罰』）一八六〇年代以降のロシアを描いている）。

クセニヤの父サヴィンスキーは、輔祭とはいえ裕福であったらしく、ベリョーザ村に土地を持っており、カサートキンの家の土地はクセニヤが「嫁する時、携へ来りし地所」であった、とペトル（シニャフスキー）は書いている。

クセニヤはドミートリー・カサートキンとの間に四人の子を生《な》したが、一八四一年、三五歳で世を去った。そのとき次男イワン（ニコライ）は五歳であった。

イワン（ニコライ）の姉オリガは一八三三年七月六日の生まれで、イワンより三歳年上である。オリガは輔祭フィリープ・イズマイロフと結婚し娘アンナを生んだが、夫は間もなく亡くなった。その後オリガは、イラリオン・クニツキーと再婚した。二人の間には三人の子（イワン、アレクサンドル、アンドレイ）がいた。

田舎育ち

ニコライは教養ある貴族文化人（オブラゾーヴァンヌィ）ではない。ニコライは、下級聖職者・村の輔祭の子であり、田舎生まれ、田舎育ちである。

ニコライを理解しようとするとき、その事実を視野に入れておかなければならない。ニコライの日記のことばは、いわゆる「プロストレーチエ（俗語）」といわれる一般民衆の単語、言い方が多い。また、日記の「文学的表現」の典拠も、教養階級の「古典」となっている詩ではない。たとえばプーシキンの詩に由来する表現は一度も出てこない。出てくるのは、ほとんどがクルィローフの『寓話』による「文学的」表現である。クルィローフの『寓話』は、たとえば日本人にとっての「いろはかるた」のように、ロシアの庶民が共有していた比喩表現の手本集であった。

ニコライの尽きることのない活力、心のおおらかさ、質実な生活態度、ディレッタンチズムを受け入れない生《き》まじめさも、おそらく、広大なロシアの、都市文化とは縁のない農村のまじめな輔祭の子であることと関係があるだろう。

後のニコライの日記を見ると、ペテルブルグでも日本でも、かれは巧みに馬を御して訪問や教会巡回に出かけている。第三章で紹介するが、江戸市中見物も騎馬である。おそらく少年時から故郷の村で馬を乗り回していたのだろう。

イワンは一〇代でベリョーザ村を離れ、県都スモレンスクの中等神学校《セミナリヤ》へ入った。二〇歳になると首都ペテルブルグの神学大学に進み、神学大学卒業と同時に外国（日本）へ出た。しかし、かれの中には、ロシアの農村の光景に対する深い愛着が生涯残っていたようである。それが日記にもしばしば顔を出している。

日本で北陸地方を旅して、富山の郊外で畑を耕す馬を見たとき、こう書いている。

「おどろいた。と同時にうれしかった。犂《すき》がロシアの犂とそっくりなのだ。その犂に馬が繋がれている。犂の持ち方、馬の扱い方がロシアのやり方にあまりによく似ているので、いまにも〈ブリージエ〔寄れ〕！〉とか〈ヴィレジ〔出ろ〕！〉という掛け声が聞こえてきそうだ」（1893. 4. 18/30）。

ニコライは、故郷ベリョーザ村への愛着がことのほか深かったようである。同郷の植物学者で民衆教育者のラチンスキーがベリョーザ村の近くの町タテヴォに農民のための学校と建てると聞いて、ニコライは自分の俸給から毎年二〇〇ルーブリの寄付を送っていた（1910. 10. 17/30）。

七三歳になったニコライは、日記に突然こう書きつけている。

「きょうは、生まれ故郷エゴロフ・ベリョーザ村のお祭りだ。きっと身内の者たちは、わたしのことも思い出していることだろう。市《いち》が立ち、たくさんの人が出て、とても賑やかなのだ」（1910. 4. 23/5. 6）。

二五歳で来日し、日本滞在五〇年近くになるニコライも、故郷ベリョーザ村は忘じ難かったのである。

2　神学校から神学大学へ

教会学校と中等神学校

イワン・カサートキン（ニコライ）は九歳あるいは一〇歳から四年間、ベリョーザ村から一番近い町ベールイの教会学校〔Духовное училище,「初等神学校」とも訳す〕で学んだ（1909. 12. 5/18）。そして一三歳か一四歳のとき、ベリョーザ村の家を出て、一五〇キロ離れた県都スモレンスクの中等神学校《セミナリヤ》に進んだ。スモレンスクは西側から見て「ロシアの門」と言われるロシア西部の、ドニエプル川の沿岸に位置する、九世紀から知られる古い都市である。

スモレンスクのセミナリヤ時代のニコライについての資料は、少ない。一九九七年八月、私は妻とスモレンスクの、かつてニコライが学んだ中等神学校《セミナリヤ》を訪ねた。ペレストロイカでロシア正教会が「復活」し、各地で教会が再建され、聖職者が必要になってきていた時期である。時代の勢いで、閉鎖されていたスモレンスクのセミナリヤも再興されたのであった。むかしの建物を修復したとのことだが、予想以上に大きな立派な校舎だった。私はそこで、二〇歳代から五〇歳代までさまざまな年齢の「現代の神学生」二〇人ほどに、「日本のニコライ」について短い話をした。しかし、一三〇年前、セミナリヤ時代のニコライがどのような人たちと出会っていたのか、かれは寄宿舎に入っていたのか、それとも学校の外に下宿していたのかは、残念ながらわからなかった。

ニコライの教え子で、ロシアの神学大学に学び、日本正教会神学校教師になったアルセニイ岩沢丙吉は、ニコライから直接聞いた話として、こう書いている。

「大主教（ニコライ）の中学（セミナリヤ）時代には、夏期休業帰省の旅行は常に徒歩を以てし、二三の学友と同行せしも、夜間は野宿を常とし、苺《いちご》、茸《きのこ》を摘み喰ひ、枯枝などを拾ひ集めて火を焚き、その傍に休息せり。これ、付近の林より狼の襲来せん危険を慮《おもんぱか》りてなり。この旅行談は、大主教自身がしばしば為《な》せる所にして、これを話せし際の師の顔色を見ても、如何《いか》に苦痛の学生生活なりしかは想像するを得たり」（岩沢丙吉「思ひ出――ニコライ大主教の一周忌における」、『正教時報』大正二年五月）。

この時代のロシア正教会神学校の教育については、教区司祭ベーリュスチン（一八二〇頃～九〇）が自身の体験を書いた『十九世紀ロシア農村司祭の生活』（白石治朗訳。中央大学出版部）が、想像の手がかりとなる。

スモレンスクの丘の上に立つ，ウスペンスキー大聖堂

ベーリュスチンは、中等神学校《セミナリヤ》の教育は全体が「暗記主義に陥っている」、「音楽教育」が過剰なまでに熱心に行なわれていると書いている。そして、神学校の「医学」「農業」などの教育内容を紹介し、激しく批判している。セミナリヤの「医学」では、役に立つ医学知識は全く得られない。セミナリヤの学期の半分は「作文」に費やされる。「ロシア語をギリシャ語やラテン語に翻訳」するのが「作文」である。ベーリュスチンはこの本で

「こんなことが将来の司祭にとってなんの役にたつのだろうか」と強い疑問を発している。

日本は明治以降、それまで長く続いた漢文文化の伝統を捨て、文化的に西洋基準の「後進国」になった。幕末に来日したニコライはその日本の急変を目撃している。「日本人は、まるで古い着物を棄て去るように、いとも軽々と、こだわりもなくその文明を投げ棄てている。そして、臆面もなくと言いたくなるほどの大胆不敵な手つきで、ありとあらゆるヨーロッパ的なものにつかみかかっている」（ニコライ『ニコライの見た幕末日本』中村健之介訳、講談社学術文庫）。

その後日本では、ギリシャ語、ラテン語ができる人は「教養がある人」と見られるようになったが、ロシアは違っていた。一九世紀のロシアでは、ただの「田舎司祭」でも西洋古典語ができた。チェーホフの『箱に入った男』は、チップス先生とは似ても似つかぬロシアの西洋古典語教師への皮肉と軽蔑をこめた短編小説である。

ベーリュスチンによれば、田舎の司祭が熱心になるのは、信徒の冠婚葬祭で少しでも多く祝儀やお布施をもらうことである。「要するに、農村司祭は、農民と同じなのだ。ただ読み書きができるにすぎない。そして、こんな生活が一〇年も続くと、立派な服装をするのさえ、もうつらい。逆に、農夫たちと一緒にがやがや大騒ぎをして飲むのがなによりの楽しみになる」（ベーリュスチン、前掲書）。

二〇世紀初めの統計によれば、ロシア正教会を構成していたのは、約一五〇名の、副主教以上の「高位聖職者《アルヒイエレーイ》」、約九万二〇〇〇人の修道僧と修道尼、一二万五〇〇〇人以上の、教区司祭などの教会勤務者であった。人事権をふくむ正教会全体の管理運営権は、政府の宗務院《シノド》と「高位聖職者」が握っていた。ニコライは、「高位聖職者」層に昇っていく資格のある神学大学卒の修道司祭（妻帯禁止）であったが、ベーリュスチンは、行政の末端を担う、生涯下積みの教区司祭（妻帯可）であった。

ニコライはベーリュスチンのこの本を読み、「高位聖職者」に対する教区司祭の強い嫉妬と敵意を感じ、「重苦しい印象」を受けたと書いている。

ニコライのロシアでの日記に、田舎の道で教区司祭に出会ったときの感想がある。「リャサ〔裾長の聖職者服〕を着た神父に出会った。典型的な村司祭と言ってよいだろう。リャサは色褪せ、顔は日焼けし、なんとも哀れな様子だ。しかし、それでも、そのリャサと長く伸ばした髪のおかげで立派な神父さんである。リャサを着ないで髪を短くしていたら、実際のところ、〔乞食だと思って〕ためらうことなく施しをやるか、あるいは、ひどく悪く思うかもしれない」(1880. 6. 25)。

田舎の教区司祭はやはり「哀れな」者だったようである。

ニコライは、ベーリュスチンの中等神学校《セミナリヤ》の教育に関する記述には何も批判を加えていない。「個々の例は当たっているだろう」と書いている(1899. 7. 30/8. 11)。岩沢丙吉が感じたように、全体は「苦痛の学生生活」であったのかもしれない。

後にニコライは日記に、「自然はわたしにまっすぐな良識と、さほど悪くない性質を与えた。教育はその良識から、奇矯な夢想癖を育て、善良な性質から、不安で疑い深い、ガラスのようにもろいたましいを育てた」(1876. 12. 20)と書いている。

「自然」は自分の両親と故郷ベリョーザ村を、「教育」は自分の受けた学校教育、主として六年間の中等神学校《セミナリヤ》での教育を意識して言っていると思われる。

楽天家の神学大学生

一八五七年六月、イワン・カサートキン(ニコライ)はスモレンスクの中等神学校《セミナリヤ》を首席の成績で卒業し、九月、当時ロシアで四つしかなかった神学大学《アカデミヤ》の一つ、ペテルブルグ神学大学へ官費生の資格で入学した。二〇歳であった。

このペテルブルグ神学大学時代のイワン・カサートキンについて語る資料も、多くはない。日本からロシアへ一時帰国したときの日記には、かつての神学大学同期生(いまはさまざまな地方の教会の司祭として働いている）がたくさん登場し、ニコライとの再会を喜んでいる。親友と呼べるペテルブルグの教区司祭たちもいる。かれらとニコライの間には、ベーリュスチンが力説する、一般に教区司祭が修道士に対して抱いているという「敵意」は感じられない。学生時代のイワンは、友人たちに愛される明朗活発な若者だったのだろう。

その明朗な性格は、宣教師として日本へ赴任してからも、多くの困難に出会いながらも、ずっと崩れなかったようである。

東京駿河台の正教神学校でニコライから七年間にわたって教えを受けたワシリイ昇《のぼり》直隆（曙夢《しょむ》）は、「ニコライ師は本来の性向から言うと、寧《むし》ろ楽天家と云う側に属すべき人であった」と言っている（昇直隆「故大主教を憶う」）。岩沢丙吉も前掲の「思ひ出」で、「師は天性磊落《らいらく》の人なり」と書いている。同じく正教神学校でニコライの薫陶を受けた庄司鐘五郎も、ニコライが「持ち前の明るさと活力」で神学校生徒をはげまし、生徒たちと出会うと必ず「みんな、元気か」と親しく声をかけてきた、と伝えている（庄司「余は如何にしてキリスト教徒になりしか」）。アントニイ・メーリニコフ「亜使徒・聖日本のニコライ」）。「本来の性向から言うと楽天家」、「天性磊落の人」――このことは、人を導く宣教師という職業を選んだニコライにとって、大きな恵みであったと言えるだろう。ニコライ自身も日記の中で、「いつも、仕事の合間の息抜きのときには笑ったり冗談をとばしたりする、それがわたしのふだんの流儀だ」（1900. 5. 25/6. 7）と自身のことを語っている。

第二章　宣教志願、そして日本へ

1　日本の開国とロシア

神学大学生イワン・カサートキンが日本へ向かう窓口は、どのようにして開かれたのか。またそのとき、イワン・カサートキンの内にどのような外への視線があったのか。

日露国交開始

日本は一九世紀中頃、一七世紀はじめから続けてきた長い鎖国政策をついに変更せざるをえなくなった。西暦一八五三年（嘉永六年）七月八日、アメリカのペリー艦隊が浦賀に来航した。いわゆる「黒船」の襲来、日本人が約二〇〇年間経験したことのなかった強力な「外圧」である。そして一八五四年（嘉永七年）三月、日本政府（徳川幕府）はついにアメリカとの間に日米和親条約（神奈川条約）を結ばざるをえなくなった。

ペリーの浦賀来航からわずか一カ月半後の一八五三年八月二二日に、ロシアの使節、海軍中将エフィーミー・プゥチャーチンはパラーダ号をはじめとする四隻のロシア艦隊を率いて長崎へやってきた。かれは続いて一八五四年秋にはディアナ号で箱館（函館）へやって来た。そして大阪を経て下田へ入港した。かれは千島、樺太における日露の国境の画定という課題をかかえていた。ペリーとは違って日本に対し威嚇の態度はなかったが、プゥチャーチンもやはり日本の門戸を開き日本との通交を求める北からの「黒船」であった。一八五五年（安政二年）二月、日本（徳川幕府）はロシアとの間にも仮条約ともいうべき日露和親条約を下田で結んだ。一八五八年（安政五年）八月には、さらに本条約ともいうべき日露修好通商条約が江戸で調印された。

初代函館ロシア領事ヨシフ・ゴシケーヴィチと妻エリザヴェータ

初代ロシア領事ゴシケーヴィチ

ロシアは函館に領事館を開設し、ロシア暦一八五八年一〇月二四日（西暦一一月五日）、ヨシフ・ゴシケーヴィチが初代領事として着任した。ゴシケーヴィチはプゥチャーチン使節団の清国語（中国語）通訳としてすでに来日したことがあり、一八五三年の長崎、一八五五年の下田における日本政府代表との交渉に同席していた。初代日本領事に任命されたかれは、家族、書記官、医師、司祭、下男下女など一四人を伴って函館へやってきた。

ロシア正教はロシア帝国の国教であり、領事館員は教会の暦に従って定められた宗教上の義務を果たさねばならなかったから、司祭は不可欠の随員であった。ゴシケーヴィチ領事とともに函館へやってきたは、ヴラヂヴォストークの小艦隊付き司祭フィラレトであった。フィラレトは臨時館員であり、半年後、正規館員として長司祭ワシリイ（マーホフ）がペテルブルグから函館の領事館に着任した。「長司祭」とは、勤務年数や功績によって上位とされた司祭をいう。

ワシリイは領事館付き司祭として函館に着任したとき、すでに六〇歳であった。かれは函館勤務に就いて間もなく心臓病が悪化し、ペテルブルグで治療を受けるべく、四カ月後に帰国した（司祭フィラレト師は残っていた。マーホフの息子イワンも残った）。

ワシリイ（マーホフ）が帰国することになったとき、領事ゴシケーヴィチは、ロシア外務省アジア局を介して、国教ロシア正教の監督官庁であるペテルブルグの宗務院に、ワシリイの後任者の派遣を申請した。その宗務院宛の手紙でゴシケーヴィチは、「領事館付属教会主任司祭もまた、日本にキリスト教を宣《の》べ伝え広めることができるようになるだろう」と書いた（アントニイ・メーリニコフ「聖亜使徒・大主教・日本のニコライ」、ロシア正教会『神学研究』第一四号、一九七五年）。

函館の最初の「救主復活聖堂」

この聖堂は，ニコライが1861年（文久元年）７月14日（西暦）にロシア領事館付き司祭として函館に着任したとき，ゴシケーヴィチによって大工町の領事館敷地内（現元町のハリストス正教会のある場所）に，すでに建てられていた。

日本においてキリスト教がまだ厳重な禁制下にあったこの時期に、ゴシケーヴィチがこのような見通しを持っていたということは、注目に価する。

ゴシケーヴィチ自身が正教会司祭の子で、ペテルブルグ神学大学へ進み、その在学中に、後に第一二次ロシア正教会清国北京宣教団（団員数は一〇人）の長となるポリカルプ（修道司祭）と知り合い、一八四〇年一〇月から一八五〇年五月まで一〇年近くもロシア正教会清国宣教団の一員として北京に滞在した。身分は聖職者ではなく、「学生」であった。

それからゴシケーヴィチは外務省に移り、

前に言ったように清国語通訳としてプゥチャーチンの率いるロシア使節団に加わって日本へやって来たのだった。このゴシケーヴィチの経歴の中に、すでに日本における正教宣教の種子があったと見てよいだろう。

宣教団から外務省に転じたゴシケーヴィチの経歴は、現在の日本人には異例と見えるかもしれないが、当時のロシアではよくあった転職であった。ゴシケーヴィチも、神学校、神学大学で教育を受けた「教会知識人」だったのである。教会知識人は、ロシア社会でさまざまな知的職業に就いた。晩年のニコライと親しく交際したヴラヂヴォストークの「東洋学院」院長ドミートリー・ポズニェーエフも、キエフ神学大学出身の教会知識人である。

そして、北京の正教宣教団はロシア外務省アジア局から派遣されていた。正教会の宣教団が外務省の出先機関を兼ねていたのである。たとえば清国宣教団長ポリカルプの仕事は、宣教の他に、茶や染料などの清国・ロシアの貿易の交渉であり、阿片をめぐる清国とイギリスの関係の調査も仕事の内であった。ゴシケーヴィチが清国でまとめたロシアへの報告書も宣教のためのものではなく、「養蚕業と蚕の飼い方」「清国の墨の製造」「バッタの駆除」といった、広い意味で清国研究であった（『清国における正教宣教団小史』、宣教団団長主教インノケンティの許可を受けてロシア正教宣教団印刷局発行、一九一六年）。ロシア正教においても、外国宣教は、相手国の歴史を学び、生活の実態を把握しようとする知識人の活動領域であったようである。

ゴシケーヴィチはいろいろな点から見て、日本に好感を抱いていたと思われる。そしておそらくかれは、ロシア領事として函館へ赴任したときから、日本においてキリスト教の禁が解かれ、ロシア正教の宣教も可能になる日がくることを期待していただろう。だから、ワシリイ（マーホフ）が病気でロシアへ帰国することになったとき、ゴシケーヴィチは単に領事館の宗教行事を司るだけの領事館付き司祭ではなく、日本人に対する宣教活動の意志を持つ宣教師の派遣を宗務院に求めたのである。

ゴシケーヴィチは宗務院宛のその手紙で、今度日本へ派遣される司祭は日本でキリスト教の宣教ができるだろうと書いたのに続けて、その司祭は「神学大学の課程を卒《お》えて、単に宗教的活動のみでなく、学問においても有能であり、さらにまたその日常の生活によって、日本人に対してのみならず当地に居留する外国人にも、わが国の聖職者について良い印象を与えることのできる、そのような人物」であることを要請した。つまり司祭であると同時に優れた「教会知識人」である人物の派遣を求めたのである。

そのゴシケーヴィチの求めに応じてペテルブルグ神学大学から「異教」の国日本の函館へやって来たのが、二四歳の青年修道司祭ニコライ（カサートキン）であった。

結果から言えば、日本国民の知的レベルの高さを見定め、そのような日本人に対する宣教事業を担ってゆくことのできる宣教師を選んだのは、ゴシケーヴィチであったとも言える。日本にとって幸運なことに、ニコライはゴシケーヴィチの求める資格を十分に具えた人物であった。

ロシアは身分制社会

前にも書いたように、帝政ロシアは身分制社会であり、属する身分によって意識も権利もまるで違う。軍隊であっても、身分の特権意識はそのまま維持されている。ドストエフスキーの『カラマーゾフの兄弟』（一八七九〜八〇年）に、若い貴族・将校ジノヴィイ（後のゾシマ長老）が、ただ気分がくさくさしているからというだけの理由で、気晴らしのために、何の過失もない従卒を思い切りなぐりつける場面がある。身分社会は理不尽を許したのである。日露戦争時、愛媛の松山の捕虜収容所でも似たようなことがあった。ロシア人将校は、日本の捕虜になっていても、特権意識が変わらなかった。相手が兵卒であれば、日本兵であろうと問答無用なぐってよいと思っていた。ニコライは日記に次のように書いている。

「松山の捕虜収容所で、あるロシア人将校が日本の兵隊をなぐりつけたという。ロシアではそんなことはまったく好き勝手にやることができたし、それで罰せられることはなかったのに、いまはその過失のために罰せられた。その将校の自尊心はどんなに傷ついたことか、目に見えるようだ」(1904. 7. 12/25)。

ニコライが幕末の日本へ来ておどろいたのは、日本はロシアのような厳格な身分社会ではないという事実だった。かれは、函館到着八年後にロシアの雑誌に発表した論文で、「極東のこの三五〇〇万人の人々の住む帝国(日本)にあっては、あらゆることがわが国におけるとは異なっている。日本では国民の全階層にほとんど同程度にむらなく教育がゆきわたっている」(前掲『ニコライの見た幕末日本』)と書いている。ロシアが身分によってあらゆる面で差異・差別のある社会であったから、日本人の教育度の均等性が、ニコライには鮮烈に感じられただろう。

世俗知識人と ロシアの教会知識人

そういう身分制ロシア社会にあって、聖職者階層は、いわば「低くて同時に高い」身分であった。農村の教区司祭は「低い」人たちだった。読み書きができるだけで、他は「農民と同じ」貧困層であり、社会全体から蔑視さえされていた。

しかし、当時の神学大学を出て都会の富裕な教区を担当している司祭たち、さらにロシア正教会全体の特権的指導者集団である主教以上の「高位聖職者《アルヒイエレイ》」(副主教以上)たちは、ギリシャ、ラテンはもちろん現代西欧諸国語を学んでおり、神学、教会史以外にも多くの世俗の書物も読み、貴族階級知識人が読んでいるのと同じ新聞、雑誌を読んでいた。かれらは、一九世紀に増えた世俗の「西欧かぶれ」の進歩主義的な知識人(いわゆる「インテリゲンツィヤ」)と同じく、同時代のさまざまな流行思想にも通じている「教会知識人」であった。しかも、かれら「教会知識人」は国家によって身分、収入も保障されていた。

「高位聖職者」となれば、その出自に制限されないで上層社会に出入りし、社会的活躍の場を獲ることができる。僻村の下級聖職者の子が、神学大学で学び、修道司祭となって「高位聖職者」となり、ロシアの教会と社会で大きな働きをする例はまれではない。ニコライの周辺でも、ペテルブルグ府主教イシドル（ニコリスキー）やモスクワ府主教インノケンティ（ヴェニアミーノフ）などは、片田舎の下級聖職者の子である。至聖三者セルギイ大修道院副院長レオニドは、もとはうだつの上がらない軍人だった。

ニコライを理解するには、ニコライが田舎育ちだったことに加えて、かれが高度の教育を受けた、きわめて優れた「教会知識人」であることをとらえておく必要がある。

ニコライは東京で多くの欧米の宣教師たちと交友関係を築き、かれらと「現代」世界におけるキリスト教宣教の問題やキリスト教の教義をめぐって議論をしている。語学力、神学知識、歴史知識、論理構築力、品性など、あらゆる面において欧米の宣教師たちに引けを取らない。むしろ欧米宣教師たちがニコライの知識と論理に学んでいることが、ニコライの日記からわかる。

ロシア史で知識人といえば、進歩主義的な世俗知識人の「インテリゲンツィヤ」と決まっているかのように思うのは、ソ連の造った「辞書」を読むからである。「インテリゲンツィヤ」は、西欧の影響をつよく受けて生まれた新しい知識人なのである。ロシアにはかれらの他に、「教会知識人」の集団があった。教会知識人には、一七世紀開設のキエフ神学大学以来の長い歴史がある。前者の精神的バックボーンは主として西欧から輸入された進歩主義だが、「教会知識人」のそれは、ロシア正教こそは正統なキリスト教だという、東方正教の伝統による自尊があり、保守的な愛国主義者たちである。

ニコライの日記には、同時代の世俗知識人の「インテリゲンツィヤ」に対する反発がしばしば見られる。一般にそうした「インテリゲンツィヤ」は、正教会の聖職者を軽蔑している。そして下級の聖職者はその軽蔑を甘んじて受けている。しかし、高位聖職者の「教会知識人」となると、ニコライのように、逆に世俗知識人を西欧かぶれの「堕落したロシア人」だと批判的な目で見ている。ドストエフスキーも世俗知識人である（中村健之介「ある日のドストエフスキー――宣教師ニコライと会う」参照）。

2　修道司祭ニコライ、日本へ

神学大学生の宣教志願

イワン・カサートキンはすでスモレンスクの神学校《セミナリヤ》在学中に聞いた先生の話から、中国への伝道に加わりたいと思ったことがあったという。異邦伝道へのあこがれは少年のころから抱いていたものと思われる。そして神学大学在学中にゴロヴニーンの『日本幽囚記』を読み、しばらく眠っていたその異邦伝道の願望がめざめ、今度は視線は中国ではなく日本に向かったという。

ニコライ自身がそのことについて、東京での日記に次のように書いている。

「六時になって、〔神学校の親睦会の〕準備が整いました、と知らせてきたので出席した。お茶、菓子、せんべいなどで、なかなかな歓待ぶりだった。集会はいつも食堂で行なわれるが、今回も食堂は花や旗などで美しく飾りつけがなされていた。

何か話してくださいと言われたので、神の御心がわたしを日本へ送り出したのであることを話した。〔スモレンスクの〕神学校では教授のイワン・ソロヴィヨーフが中国について話し、かれの神学大学の同窓生であったイサイア・ポールキン神父が中国の宣教団へ派遣されたという話をしてくれたのだった。それで、わたしの内に福音伝道のために中国へ行きたいという願望が生まれたのだ。〔ペテルブルグの〕神学大学では、雑誌に載った提督ワシリー・ゴロヴニーンの航海日誌を読んで、忘れていたその願望が目をさました。しかし今度は、中国ではなく日本へ行こうと思った」(1907. 10. 21/11. 3)。

そのような漠然たる日本「愛慕」の思いを抱いていた神学大学生イワン・カサートキンの目の前に、ゴシケーヴィチの要請によって、日本の蝦夷《えぞ》(北海道)函館のロシア領事館付き司祭募集の「白い紙」が現われた。最終学年であった一八六〇年六月のことである。

ニコライはこのときのことを、晩年の談話で、次のように語っている。

「生来のん気な明るい性格なので、将来どうやってゆこうかということで特に悩んだりはしていなかった。神学大学の最終学年のときも、将来についてはのんびりかまえていて、よく遊んだ。あるときなどは、親戚の者の婚礼で思いっきり踊ったりもした〔ニコライは歌が好きで上手だった。ダンスも上手だったようだ〕。

あるとき、神学大学の部屋を通ったとき、まったく何の意識もなかったのだが、そこにあった〔教室の机の上に置いてあった〕白い紙に目がとまった。そこにはこう書かれていた。〈日本へ行き函館の領事館付き主任司祭の任に就き、日本において正教を伝える仕事に取り組まんと望む者はいないか〉。

そうだ、自分が行くべきではないか、とわたしは決心した。その日の夕方の祈禱のときには、すでにわたしの心は日本に向かっていた」(ロシア正教会の雑誌『正教徒の憩』一九一二年第二号)。

晩年のニコライは、ロシアの雑誌『灯りと作家の日記』の編集長クルゥグローフ宛、一九一〇年五月一二日付の手紙でも、同じことを書いている(以下「クルゥグローフ宛の手紙」と表記。瀬沼恪三郎訳。『ニコライ大主教宣教五十年記念集』明治四四年、所収)。「クルゥグローフ宛の手紙」には、神学大学の下級生のときに、雑誌『現代人』に載ったゴロヴニーンの「日本に関する長文の抜粋」を読んで、日本に興味を抱いていたと書いている。

その募集の紙を見た後、ニコライ(カサートキン)は「直に自室に帰り来りて、地図を開きて日本へ赴くの道筋を考へり」とある。そして神学大学長ネクタリイ主教のもとへ行き、日本へ「修道士となりて行くことを望む」と申し出た。

宗務院《シノド》から神学大学へ送られた「在函館ロシア領事館付き司祭募集」の公示の紙を見て応募したのは、イワン・カサートキン一人ではなかった。

ペテルブルグの神学大学時代以来の親友である長司祭ニコライ・ブラゴラズーモフに宛てた日本からの手紙（一九〇四年四月八日付）で、六八歳のニコライは、次のように書いている。

「お願いです、わたしの片腕となる者を、性質のよい若い宣教師を、日本へ派遣して下さい。わが友ニコライ・ワシーリエヴィチ〔ブラゴラズーモフ〕、本当に、わたしたちの時代はいまよりはるかに良い時代でした。思い出して下さい。司祭募集の紙が机の上に現われるや、たちまちにして、続々とそれに署名する者たちが出てきたではありませんか。それも、あなたや、ゴルチャコフ〔長司祭、ペテルブルグ大学教授〕といった、神学大学の華といわれた人たちまでが加わっていたではありませんか。その募集のポストというのが、領事館付き教会の主任司祭という、しがないポストであったにもかかわらずです」。

このニコライの手紙に、受け取った当のブラゴラズーモフが次のような書き込みをしている。

「あのとき、漁《すなど》りする者になろうと〔宣教に身を捧げようと〕申し込んだ学生は一〇人から一二人はいた。みな妻帯して赴任するという条件を出したのだったが、カサートキン〔ニコライ〕だけは修道司祭としてということで、それでかれが他の者たちを一掃してしまったのだった」（N・ケードロフ「長司祭ブラゴラズーモフ宛の手紙に見るニコライ大主教」、雑誌『ルースキー・アルヒーフ』、一九一二年、第三号）。

当時、ニコライとその親しい友人たちは、「ペテルブルグ神学大学の華」であった。かれらエリート学生たちにとって、極東の日本という島国の領事館付き司祭は、「しがないポスト」だった。ところがその「しがないポスト」に応募した青年が「一〇人から一二人」もいたというのである。この若者たちは正教会の国内ヒエラルヒーを登ろうとはせず、まだキリスト教伝道が解禁になっていない東洋の国での宣教に、自分の身を捧げたいと望んだのだった。

ニコライはそのころを振り返って「わたしたちの時代はいまよりはるかに良い時代でした」と言っている。ここに、ニコライとかれの友人たちが異教徒の国をめざした動機の一つがあったと思われる。ニコライやブラゴラズーモフたちが競って蝦夷の領事館付き司祭のポストに応募したその「わたしたちの時代」とは、一八六〇年代前半のことである。クリミヤ戦争で敗北を喫したロシアがアレクサンドル二世治下で生まれ変わろうとしていた時代、社会に新生の期待がみなぎっていた時代、すなわちロシア史の、いわゆる「大改革」の時代である。一八六一年の農奴解放をはじめとして、司法制度の改革、教育制度の改革、地方自治制度の新設など、次々と進歩的な内政改革が実行に移された。

かれらロシアの首都ペテルブルグの神学大学の少数の優れた学生たちは、ロシア正教会というきわめて保守的な世界に所属してはいたが、前にも書いたように西欧諸国語を学び、相当幅広い高等教育を受け、俗界の政治・文学関係の雑誌も読んでおり、自国ロシアの後進性についてのはっきりした自覚もあった。かれらは聖職者という知識人、「教会知識人」であった。

極東の島国の小さな町の領事館付き主任司祭のポストに、ニコライをはじめ神学大学の若い俊英たちが競って応募したということは、この大改革の時代の熱気が、「教会知識人」にまで及んでいたことを示している。

かれらは、帝政の柱たるロシア正教会の幹部候補生であったが、社会の貧しい人たち、苦しんでいる人たちのためにつくしたいという願いも抱いていた。後にニコライがロシアへ一時帰国したときの日記には、ペテルブルグの貧困層の人びとのための共同住宅運営に取り組んでいる神学大学時代の親友たちや、ユダヤ人たちのために働く正教会司祭が何人も登場する（1880. 1. 8）。ニコライの親友のペテルブルグの教区司祭イオアン（ヂョームキン）は、住む家のない老人やこどもたちを集めて慈善院を運営していた（1879. 9. 24）。かれらは、高揚した理想主義と実践意欲において際立つ世代の青年たちであり、ロシア文学史でいう「六〇年代世俗知識人《シェスチヂェシャトニキ》」のいわば聖職者版であった。

「六〇年代世俗知識人」の代表ドブロリューボフ（一八三六〜六一）は、ニコライと同じ年に、同じく聖職者の家に生まれ、同じく神学校で学んだ。その後ドブロリューボフは敬虔な信仰と激しい懐疑の葛藤に悩み、一七歳のとき神学校を退学し、やがてロシア社会の停滞ぶりを批判する進歩派の社会批評家となった。かつて日本で仏教の寺が国民の教育を担っていたように、ロシアではロシア教会が教育を担っていた。その教会の神学校が、皮肉なことに現体制を批判する「インテリゲンツィヤ」（進歩主義的知識人）を生み出す教育機関にもなったのである。

　ドブロリューボフの単純なラヂカリズムは、信仰が「イズム」に姿を変えたものだった。文学史ではドブロリューボフは、いわゆる反体制派の知識人であり、ロシア正教会とは対立する立場に立つ社会批評家とされている。しかし、同じ時代を生きたこの若い社会評論家と若い神学大学生たちは、理想主義、社会の現状批判、ロシアの新生への期待を共有していた。おそらく、ドブロリューボフの評論をニコライやブラゴラズーモフたちは読んでいただろう。

　ニコライは日記にこう書いている。

「『オブローモフ』に対する批判を読んだことで、〈神に仕えるか、この世のために働くか〉という人生の問題を解かねばならない気持ちになった。答えは、迷うことなく前者だった。ちょうどそのすぐ後に、宗務院から神学大学へ〈領事館付属教会の主任司祭として日本へ行く者はいないか〉という募集文書がきた」(1907. 10. 21/11. 3)。

ニコライが読んだこの「『オブローモフ』への批判」は、おそらく、ドブロリューボフの有名な社会評論『オブローモフ気質とは何か』(一八五九年)だろう。

ニコライは、一八六八年七月一五日(西暦二七日)、すなわち函館へ来て満七年目のとき、ペテルブルグ府主教イシドルに宛てて手紙を書いている。

「皇帝陛下〔アレクサンドル二世〕のご命令によって、何百万もの人が解放され、新しい歴史を拓く活力がロシアという大いなる有機体に流れ込んでゆきつつあります。この有機体の心臓である聖職者にとっても、新しい活動の朝がはじまりつつあります。その活動は祖国ロシアの内に限られるものではありません。

八年前、わたしは当地の領事館付き司祭職につきたいと申し出たのですが、それは宣教の目的があってのことでした。週に一度奉神礼を執り行なう、ただそれだけのために、神学大学の学籍を捨ててここまでやって来ようと決心する者が、一体どこにいるでしょうか。

当時、宣教師を養成する神学大学がロシアには必要だという議論が盛んで、わたしの記憶に誤りがなければ、その設立の準備がなされたのでした。それゆえ、わたしはここ函館に一人でとどまるのではなく、同志がやってくるだろうという期待をもつことができたのでした」(ニコライ「日本もまた稔りは多い――箱館のロシア人からの手紙」中村健之介訳、『地域史研究　はこだて』第一六号、一九九二年)。

ニコライの函館の領事館付き司祭職応募は、農奴解放の実行された時代の風を受けた「教会知識人」の宣教志願だった。新しい時代がくるという強い予感が宗教界にまで広がっていて、ロシア正教を異邦にまで伝道しようという気運が高まり、宣教師養成の神学大学の構想が生まれたのであった。

一八六五年にモスクワに「正教宣教協会」が設立されたのも、その時代がロシアの宗教界の高揚期であったからだろう。「大改革」は、宗教界をも活性化した。ニコライはそのような時代の気運に促されて、自分の後に「同志たちがやってくるだろうという期待」を抱きながら日本へ旅立ってきたのである（ポズニェーエフ『明治日本とニコライ大主教』中村健之介訳。訳注（78）も参照のこと）。

日本への旅

在函館ロシア領事館付き主任司祭の任を拝命したイワン・カサートキンは、ロシア暦一八六〇年六月二三日、剃髪式を受け修道士となり、ニコライという聖名を与えられ、同月三〇日には司祭に叙聖された。そして八月一日（諸資料による。「クルゥグローフ宛の手紙」では、ニコライは「一八六〇年七月」と書いている）、満二四歳の修道司祭ニコライは、日本へ向かう旅に出立した。途中で馬車を購《もと》め、御者を雇い、ときには自ら馬車を御しながらシベリアを東へ横断する旅であった。

八月初めにペテルブルグを発って、イルクーツクに着いたのが八月末である。後の日記にニコライはこう書いている。

「モギリョーフ（ベロロシア、ドニエプル河上流）の主教であられるエフセヴィ（オルリンスキー。一八六〇年イルクーツク主教）座下は、二〇年前、イルクーツクでわたしに祝福を与えて、わたしが新しい道と活動へ向かう門出を父親のように祝ってくださった」（1880. 1. 14）

ニコライは、当時すでにシベリアの主要な町に点在していた正教会をたどりながら、日本をめざして東へ東へと馬車を走らせてきたのだろう。

イルクーツクからは、約二カ月間、アムール河を小舟で下る船旅であった。シルカ河からアムール河へ入り、アムール河がオホーツク海へそそぐ河口に近い町ニコラエフスクへたどりつく。だが、この北の港はすでに氷結し、日本への便船はなく、ニコライはここで冬を越さねばならないことになった（ニコライのシベリアの旅については、教文館版『宣教師ニコライの全日記』第一巻の註解や、岩波文庫『ニコライの日記』上巻の「まえがき」を参照されたい）。

冬のニコラエフスクでニコライは幸運にも、アラスカ（当時ロシア領）におけるロシア正教の宣教者として豊かな経験を持つ主教インノケンティ（ヴェニアミーノフ。後のモスクワ府主教）と出会った。インノケンティは弟子二人とともに、ここで冬を越していたのだった。

「インノケンティ師がここに冬越しして滞在せられておった。越年中常にこの人の教訓を受け慰謝を得て、自分の一生の伝道事業の上は如何ほどの利益を与へられたか知れない。春の四月まではニコラエフスクに居って、毎日毎夜読書に日を送った。中学や大学で学んだ独逸《ドイツ》語や仏蘭西《フランス》語の復習もした。土曜日から日曜日には、インノケンティ師のもとにあって、同師の伝教上の経歴談や高話を聞いて日を送った」（ニコライ談・石川喜三郎筆記「回想の日本」）。

インノケンティはニコライに、「聖書と奉神礼用の諸祈禱書をその改宗した部族や国民のことばに翻訳し、正教の土着化を図る」よう教えたという。これは、いま異教徒の国日本へ向かおうとしている新参の宣教師ニコライにとって、明確な指針となったはずである。函館時代のニコライは、まず最初に猛烈な勢いで日本語（とりわけ漢文）を学習し、熱心に根気よく日本の歴史を勉強している。これにはインノケンティの「教訓」がはたらいていただろう。インノケンティが「正教の土着化」を説いたということは、宣教においては相手国の文化を尊重するよう教えたということである。

アラスカで活躍したインノケンティ

また、六二歳の先輩は二四歳の後進のために細やかに気をくばり、たとえば祭服は神学校スタイルのものではいけないと言って、手ずから新しい服を裁ってくれた。「日本へ行ったら、みんなが、外国から来た聖職者というのはどんなものなのだろう、と目を向けるだろう。かれらが一目見て畏敬を覚えるようにしなければいけない。ビロードを買ってきたまえ」と、ニコライに生地を買わせたという（アルハーンゲロフ『わが国の外国伝道』一八九九年）。

翌一八六一年春、厚い氷が岸をはなれて、北の航路が開かれ、ニコラエフスクからロシア軍艦が出航した。沿海州やオホーツクの島々の各守備地に物資を支給するのである。「この地方に移住して居る露国人のために食料やその他の必要品、並びに郵便などを配達するのは、みな軍艦の任務であった」（同前、ニコライ談「回想の日本」）。若い修道司祭ニコライを乗せた「アメリカ号」はオホーツクの各地を回航して、徐々に日本の蝦夷島《えぞがしま》（北海道）へ近づく。

ニコライの後年の日記の片隅に、日本到着直前の、純真な使命感に燃える青年宣教師ニコライの顔がちらりと見えることがある。

「あのとき〔一八六一年の初来日〕のわたしは、はげしい胸のときめきを感じながら日本へ近づいていた！　あのときは、ほんとうに気高い、乙女の如きとしか言いようのない気持ちだった。なにかの理由で日本人に嫌われることになりはしないかと、極度に恐れていた。よく覚えているが、デカストリ〔ロシア沿海地方の良港〕で、日本の船を表敬訪問しようとした。すぐに一番立派で高価なビロードのリャサを着て行った。深瀬《フカセ》医師（父親のほうの深瀬）が最初のひとことを言っただけで、すぐにかれに羅針盤を贈った。（アムールで吹雪に遭ったときわたしの命を助けてくれたのは、あの羅針盤だったかもしれないのに。）自分はすでに福音を宣べ伝える地に立っているのだという風に思っていたのだった。教えを聴こうとする者たちの気持ちを少しでも傷つけたくないと思ったのだった」（1880.11.7）。

「日本の船」とは、日本で建造された西洋型帆船「亀田丸」のことで、デカストリ湾で座礁していた。船長は函館奉行配下の武田斐三郎《あやさぶろう》。武田はロシア人少年を通訳として連れていた。「父親のほうの深瀬」とは、函館の医師深瀬洋春のことである。函館のロシア病院で医師アルブレヒトから西洋医学を学んだ。いくらかロシア語ができたと思われる（八嶋祥二編『北海道の医療史』）。ニコライは深瀬とは、函館へ来てからも親しく交際した。

第三章　函館到着、最初の洗礼

1　函館到着

感嘆と落胆

ニコラエフスクで冬を越して、若い修道士ニコライは「胸のときめき」を覚えながら、宣教の処女地日本へ近づいていった。

ロシア暦一八六一年七月二日（西暦七月一四日、和暦文久元年六月六日）、ニコライはついに函館（箱館）に到着した。ペテルブルグを発して約一年である。

ニコライはこの日から一八六九年（明治二年）一月まで、二五歳から三三歳までの七年半を函館で過ごす。

住まいは函館山のふもと、上《かみ》大工町（現在函館正教会がある元町）のロシア領事館内に与えられた。慶応四年（一八六八年）の絵図「箱館真景」（岩波文庫『ニコライの日記』上巻・表紙カバー絵など参照）を見ると、画面中央、函館湾を見下ろす位置に、その「ヲロシヤ」領事館が描かれている。敷地はおよそ二〇〇〇坪である。となりは「イギリス」領事館、裏は臥牛山《がぎゅうざん》（函館山）、下に「フランスヂンヤ（陣屋）」がある。そこから海岸通りまで多くの人家が密集し、神社仏閣が並び、賑やかな花街もある。

幕末開港後の函館は、日本各地から、またすでに世界のさまざまな国からも人々が集まってきて活動しており、開かれた、活気にあふれる町であり、当時の日本にあっては長崎や神奈川と並んで小さな国際都市の観さえあった。蝦夷島（北海道）ではこの町と松前と江差だけが周辺とは別種の文化の町だった。函館にはイギリス領事ホジソンをはじめとする少なからぬ教養ある欧米人がいた。また栗本鋤雲をはじめとする日本人知識人も多くいた。ニコライが函館に着く前に去ってしまっていたが、カトリックのフランス人宣教師メルメ・ド・カションも来ていた。カションも、日本でやがてキリスト教宣教が許可になるだろうという見込みをもって、その地ならしのために函館へやって来たのである。

ニコライは函館の町に感嘆した。生まれ育ったロシア西部スモレンスク州には山らしい山はない。函館の標高わずか三三四メートルの臥牛山も、ニコライには高く見えた。後にかれは「渡来当時の所感」をこう語っている。

「目に触るる総てのものが珍しい。背後よりそびえる巍峨《ぎが》たる山（臥牛山）も、館内から眺むる湾内の風景も、家も人も総てが珍しい。商人と武士の区別も解かってくる。役人と浪人の相違も解かってくる。総じて、函館で感じた日本と日本人とは、開化した、礼儀のある国と人民であるということであった」（ニコライ談・石川喜三郎筆記「回想の日本」）。

とりわけ驚き感嘆したのは、函館の庶民がみなよく本を読んでいるということだった。

「〔函館の〕街頭に娘が二人立ちどまって、一冊の本の中の絵を見ている。一人が、いま買ったばかりのものを仲良しの友だちに自慢して見せているのだ。その本というのが、ある歴史小説なのだ。〔中略〕貸本屋をのぞいてみるがよい。手垢に汚れていないまっさらな本などは見当たらない」（ニコライ『ニコライの見た幕末日本』中村健之介訳）。

母国ロシアと比べると、これは驚嘆すべきことだった。ニコライは後年、日記に次のように書いている。

「庶民の識字率などは、日本はヨーロッパのどの国と比べても上まわっているだろう。もう三五年もむかしになるが、函館で、本を背負って回る貸本屋が何人もいて、だれもがそれを利用しているのを知って、本当にびっくりしたものだ」（1896. 2. 11/23）。

明治一一年（一八七八年）八月に函館を訪れたイギリス女性イサベラ・バードは、「函館は、いたるところでここも日本だと思わせます。家々は粗末で低いものです。広くて風通しのいい通りには永続的な要素がひとつもありません」と書いている（『イサベラ・バードの日本紀行』「第三八信」時岡敬子訳）。彼女は、街頭で本を見せ合う娘たちや大きな唐草模様の風呂敷を背負って小路を行く貸本屋を見ていない。

ニコライは、バードとは違って、宣教の期待に燃えて函館にやって来た。かれはそこに住む人びとを、興味をもって見ていた。

ついでながら、バードは同じ明治一一年の函館観察記で「これまでのところギリシャ正教会は改宗者獲得にとても成功しており、ニコライ神父はひとりであるのに、聖職者に任命された現地助手が四、五人います」（同前）と書いている。これは、東京でのニコライの活躍ぶりを言っているのだろう。ニコライはもう六年も前に函館を去って、東京を本拠地として宣教していた。

しかし、はるばるペテルブルグから宣教の熱に燃えて来日したニコライも、函館到着当初は、失望を味わった。後年、明治二三年（一八九〇年）に来日して宣教活動に加わった宣教師セルギイ（ストラゴロツキー）に、ニコライはこう語っている。

「着くまでは、わたしは、これから自分の行く日本について大きな夢をふくらませていました。空想の中で日本のことを、まるで両手に花束を抱えてわたしの到着を待っている花嫁のように思い描いていました。日本の暗闇の中へキリストのことばが速やかに広まってゆき、何もかもが新しくなるのだ、と空想していたのです。だが実際に着いてみると、わが花嫁はまったく何の変哲もないありきたりの格好で眠っており、わたしのことなど思ってもいないのでした」（セルギイ・ストラゴロツキー『極東にて——日本の宣教師の手紙』）。

ゴシケーヴィチ

領事ゴシケーヴィチは、新任の若い修道司祭を親切に見守って、かれが函館で見聞を広めるのを援《たす》けたようである。ニコライと一緒に函館奉行所へ出かけたり、ロシア軍艦「勇者」号で江戸へ旅したりもした（本章第3節の「ゴシケーヴィチと江戸見物」参照）。

慶応元年（一八六五年）の春、領事の任期が終わる少し前、ニコライを伴ってロシア軍艦「勇者」号で江戸へ旅したりもした

そのときゴシケーヴィチとニコライは、横浜でカトリックのジラール神父に会っている。ジラールは「横浜市内に家作のある最高の区画を所有しており、そこから相当な収入を得ている」ことを二人に話した、とニコライは日記に書いている（1895. 12. 5/17, 1897. 2. 24/3. 8）。

後になってニコライは、ゴシケーヴィチが若かった自分にあれこれ「うるさく注意しなかった」ことを思い出し、「いまやわたしも同じようになってきた」と、ゴシケーヴィチに共感している（1885. 1. 20/2. 1）。

ニコライの晩年、だれかが悪意のあるうわさを流したらしく、「ゴシケーヴィチは着任したばかりの若い修道司祭ニコライに対していじわるだった」という記事が、ロシアの雑誌『灯りと作家の日記』や『グルジア教区神学通報』に載った（ポズニェーエフ『明治日本とニコライ大主教』中村健之介訳、訳注⑨参照）。それを読んだニコライは、『灯りと作家の日記』の編集長クルゥグローフに「誤れる風説を排斥せんことを欲す」という手紙（1910. 5. 12付）を書いた。

「彼〔ゴシケーヴィチ〕は当時既に白髪の老人として、余を遇する実に父の如くなりき。彼は百方余の地位を高めんことを勉め、余の望む所の人には必ず紹介するの労を惜しまざりき。江戸表に上ることありし際の如き、余を携へて当時幕府の枢機に干与せし老中等に余を紹介せし事さへありき。彼の後任として来航せしは、エヴゲニイ・カルロウヰチ・ビュツォフ氏なり。氏も亦前領事と全く同じく、余を遇するに極めて懇切なり」（瀬沼恪三郎訳。『日本大主教宣教五十年記念集』所収）。

ゴシケーヴィチは慶応元年に任期を終えてロシアへ帰り、一八六七年には官界を退くのであるが、その退官のころ、かれはニコライがキリスト教禁制下の日本の函館で密かに宣教活動を開始したことを、モスクワの「正教宣教協会理事会」に紹介し、ニコライへ宣教資金が支給されるよう斡旋をしている。当時のロシアの有力新聞「モスクワ報知」はそのことを次のように伝え、ニコライへの協力を読者に訴えた。その記事の一部分を訳してみると、

「宣教協会理事会は、日本における修道司祭ニコライ・カサートキンの活動についてきわめて喜ばしい報せを受けとった。

この尊敬すべき修道司祭を援助しないでよいものであろうか。西欧諸国においては、このような宣教師の活動は広く一般の賛同と共感をよんでいる。われわれの社会も、宣教協会理事会のよびかけに応えようではないか。宣教協会理事会はつい最近、九月一三日にゴシケーヴィチ氏を通して、修道司祭ニコライの活動を知り、日本におけるわが宣教団が何を必要としているかを初めて知るにいたったのである」（「モスクワ報知」一八六七年一〇月八日）。

ロシアの「正教宣教協会」は、「異教徒へのキリスト教宣教を支援する」目的で一八六五年にモスクワに設立された。ロシア正教会と民間信徒との合同の巨大な組織で、ロシア全国の主教管区に支部があった。理事長はモスクワ府主教であった。

このゴシケーヴィチの報告と要請が聞き入れられて、「正教宣教協会」はニコライの日本における宣教活動に資金援助をするようになったのである。

ゴシケーヴィチの後任の函館領事はビュツォーフであった。かれもニコライを支援した。

2 日本について学ぶ

日本語・日本歴史の学習

函館に着いたニコライは、ただちに、「眠れる花嫁」である日本人を目ざめさせるための準備にとりかかった。在日ロシア領事館付き主任司祭として、領事館員や函館に寄港するロシア船の乗組員たちのための宗教行事を司る職務を果たしながら、ニコライが励んだのは、まず日本語を修得すること、そして日本人にロシア語を教えながら徐々に日本人との接触を図ることであった。

日本に来て二年経ったころ、ニコライはロシア史の当時の宗務院総監アフマートフ宛に手紙を書いている。そこには、いまでは「日本語はかなり自由に話せるようになり」、「当地の坊主たちとも昵懇《じっこん》になり、ときどきかれらの説教を聴きに出かけます」とある。そして、「年齢のさまざまな六人の日本人にロシア語を教えている」とも書いている。

ニコライは、文久元年（一八六一年）七月に来日したのだが、その年末には、日本人にロシア語を教えていた。北海道道立文書館所蔵の箱館奉行関係の文書「各国書簡留　魯西亜」には、文久元年一一月、一二月の時点で、ニコライに習っていた「魯西亜語稽古人」一八名の氏名が、カタカナで横並びに記されている。その名前の下は縦横《たてよこ》に線が引かれて升目になっており、そこに＋記号で出席が記されている。ニコライ自身がつけていた出席簿かと思われる（谷澤尚一「堀達之助研究ノート」参照）。

来日満七年目の慶応四年（一八六八年）七月一五日、ニコライは函館からペテルブルグの府主教イシドルに宛てて長い手紙を送っている。来日七年目のその手紙からも、宣教に備えてのニコライの日本語学習の努力をうかがい知ることができる。

「日本に着くとわたしはあらんかぎりの力をそそいでこの国のことばを学びにかかりました。この未開野蛮のことばに慣れるまでには随分と時間もかかり苦労もしました。これは間違いなく世界で最も難しいことばです。

フランス人ロニーのような人は、日本語に通じているといわれていますが実は評判倒れです。かれは大胆にも日本語の文法書を著しています。立派な文法書だといいますが、日本へ着いて一週間も経てば、それは役に立たないごみくずとしてどこかの隅にほうり投げられることになります。それからなおも長く日本語を学ぼうとする者は、話しことば書きことばのさまざまな言いまわしを機械的に覚えるというやり方によって、また読書によって、本能的直感によって、学ぶほかないようです。

そういうわけで、わたしも、いわば直観的な勉強の仕方によって、どうにか話せるようになり、学問的な書物の日本語や翻訳文に用いられる文章の書き方の、ごく簡単な平易な書き方ならできるようになりました。それだけの日本語の知識でわたしは直ちに新約聖書を日本語に翻訳する仕事にとりかかりました」（ニコライ「日本もまた稔りは多い――箱館のロシア人からの手紙」中村健之介訳、『地域研究はこだて』第一六号）。

儒学者木村謙斎

ニコライが函館で日本語を学んだ日本人教師は五、六人いるが、その一人に秋田大館出身の医師木村謙斎がいる。謙斎の息子木村泰治（元台湾銀行頭取）の自伝によれば、ニコライは謙斎から「日本語、日本史、儒教、仏教等の手ほどき」を受けたという。

「二十五、六歳の若い青い目の長身の青年ニコライは、ほとんど毎日のように父の塾に通い、勉学

函館でニコライに日本語や漢文を教えた医師木村謙斎（右）と妻スエ（秋田県大館市の木村高明氏蔵）

にいそしんだ」「母の語るところによれば、ニコライは非常に議論ずきで父とよく論争し合い、日本の書生とはまるで違う熱心な勉強ぶりであったそうである。父もニコライを激賞していた」「ニコライは訪ねて来ると、必ず台所に入って来て、母をつかまえ、〈これは何というスープか、この黄色の大根は〔日本語で〕何というのか〉と、味噌汁や沢庵のことをきく」、などと木村泰治はその自伝に書いている（木村泰治『地天老人一代記』）。

ニコライの日本語の特徴は、漢学の素養が深く、文章語に抜群の力があったことである。かれは『古事記』『日本書紀』『日本外史』などの歴史書や『法華経』などの仏典を原文で読み、後には『日本外史』を教科書にして日本人の神学生たちにその講義をしたりした。そのような漢文読解力は、藩校で秀才のほまれ高かった儒学者で医師の木村謙斎の日本語教育に多くを負っていただろう。

また、謙斎の息子木村泰治は右の自伝『地天老人一代記』に、「ニコライは私の兄房治、常治の二人のうち、〈一人をくれ、弟の方をくれ、ペテルスブルグにやって学問をさせよう〉とさかんに口説いたが、両親はとうとう手放さなかった。もしこれが実現していたら、日露国交の上で面白い役割をはたす人物になっていたのではないかと、惜しい気がする」と書いている。

ニコライが来日の当初から日露の間に人の橋をかけたいと望んでいたことが、この短い話からも推察できる。後にニコライはハルビンやヴラヂヴォストークなどロシア極東の各地から少年たちを日本に招き、東京の正教神学校で教育した。また多くの日本人神学生をロシアの神学大学へ留学させた。

『古事記』を教えた新島襄

木村謙斎が故郷大館に帰った後、函館でニコライの日本語学習を助けたのは、新島七五三太《しめた》、すなわち後の同志社の創立者新島襄である。

元治元年（一八六四年）の四月、二二歳の新島は航海術を学ぶべく函館の武田斐三郎の塾へやって来た。あいにく武田は江戸へ出ていたが、留守居役の菅沼精一郎は新島の英語学習の希望を聞いて、ロシア領事館のニコライに紹介してくれた。日本語と日本の歴史の猛勉強をしているニコライは、謙斎に代わる教師を探していた。新島の『函館紀行』には次のように書かれている。

「彼〔菅沼〕の答ニは、予《よ》〔自分は〕魯国の僧官ニコライなる者を知れり、此人英敏ニして博学なり、其《その》故か魯帝の命を受け茲《ここ》に来り日本語を学へり。此人近来日本学の師を失ひし故頻《しきり》に其師を求めり、汝なんそ魯僧の家ニ至らさる哉《や》〔君はそのロシア僧の家へ行くといい〕、且《かつ》此人英語ニも通セし故、汝の英学を学ふに少しハ助けとならん。予意を決し其家に至らん事を頼めり」〔ニコライはドイツ語、フランス語はすでにロシアで修得していたが、英語は日本へ来てから学び、すぐ上達したようである〕。

そして数日後、菅沼に案内されてロシア領事館を訪ねた新島は、ニコライに会って「貴君の食客とならんを望めり、貴君意ある哉否《やいな》〔あなたの方はどうですか〕」と尋ねた。「彼喜曰《いわく》、僕近来日本学の師を欠けり、若《もし》光臨あらば〔来ていただければ〕僕に於而《おいては》幸甚なりと」。新島はさっそく、ニコライの日本語教師となるべくロシア領事館に引っ越した。

「彼予《よ》ニ十畳敷き計《ばか》りの一と間を預け、のみよけの如き高き床と、大ゐなる読書机を借セり。彼予の英学に志し遠路を嫌はす此地に来るを喜ひしにや、予を遇する事、実ニ至れり尽くセりと云ふへし」。ニコライは、眼病を患っている新島のために、ロシア領事館が隣に再建したロシア病院で治療が受けられるよう取りはからってやり、英語は自分の他に英語の上手な駐在武官「ピレルーレン」に

函館でニコライに日本語や『古事記』を教えた若き日の新島襄
国禁を犯して函館からアメリカへ密航したときの姿をして，撮ったもの。

習えるようにしてくれた。新島の家庭教師業は「ほとんど一ヶ月」であった（新島襄「私の若き日々」）。なお、新島によれば、ニコライは朝食はとらず「只支那茶〔紅茶〕に砂糖を入レ両三《ふたつみっつ》の菓子を食ふ計なり」であったという。後年のニコライについても、翻訳協力者の中井木菟麿《つくまろ》が同じことを言っている。

新島はニコライの日本語教師役をつとめ、一緒に『古事記』を読み、自分はニコライから英語や世界情勢を教わった。新島の『函館紀行』には「八日、今日よりニコライと共に古事記を読始めり」とある。ニコライの論文「キリスト教宣教団から見た日本」（『ロシア報知』一八六九年九月号、邦訳『ニコライの見た幕末日本』）には、イザナギ、イザナミからはじまって『古事記』の内容が詳しく紹介されている。それは新島との勉強の成果だった。同じ論文には、ニコライが『日本外史』『法華経』を学習した跡もはっきり現われている。

新島は故郷安中《あんなか》の父新島民治宛の手紙にこう書いている。

「魯西亜《ロシア》人ニコライと申《もうす》大学者の家江寄宿仕修行仕候《しゅぎょうつかまつりそうろう》、此人は大分〔たいへん〕深切に世話いたし呉候、且此人は英学も出来、日本語も出来候故、大ニ都合よろしく候、而《しか》して毎度申候ニ、おまゐさんの了簡《りょうけん》〔考え方〕若き人ににやわす決而《けっして》遊ひにも不参候故《まいらずそうろうゆえ》、私幾重《いくえ》ニも御世話いたし、御帰郷之節は沢山上々の錦をきせ御帰へしす可申《べくもうし》　候《そうろう》　様《よう》申聞ケ〔聞かせ〕、此節は毎夜す丶み〔涼み台〕ニ出て、色々のハなし且国々の様子抔《など》教へ呉《くれ》候」。

だがと言うべきか、だからと言うべきか、ニコライを信頼した新島が、自分は幕府の禁令を犯して国外へ脱出しようとしているのだと決意を打ち明けたとき、ニコライは反対した。ニコライは、英語だけでなく聖書のことも教えるからわたしの下《もと》にとどまれと説得したのである。世話するうちに見込みのある青年だとわかってきたから、自分の弟子にしたかったのだろう。もしこのとき新島がニコライに説得されて弟子になって、その後ペテルブルグへ渡っていたら、同志社は生まれなかった。

しかし、ニコライは新島の志は大切にした。新島がいよいよ国禁を犯して日本を出るとなったとき、ニコライは新島に、写真を撮って故郷へ送れと勧めた。決行の日、新島は父に宛てた手紙に「両三日以前、私罷在《まかりある》魯館〔ロシア領事館〕ニおゐて写真会有之候《これありそうろう》処、私師匠ニコライ私ニ勧め、男児苟《いやしくも》　四方之志〔広い世界へ出て行こうという志〕を存せば須《すべから》く其身を写し家郷え遣《つかわ》すへしと呉々も申聞ケ、無代ニ写真致し呉候間、即捧呈《ほうてい》仕候」と書いている。

二八歳のニコライは二二歳の新島にとって「私師匠」だったのである。

それから一〇年経って、新島は一八七四年〔明治七年〕一一月、アメリカから日本へ帰り、翌年京都に同志社英学校を創立し、宣教と教育の活動を広げていく。ニコライは帰国後の新島に会ってはいない。ニコライは関西、中国、九州の正教会を巡回して、同志社の勢いを感じていた。その記事は日記に何度か出てくる。たとえば「ここ〔熊本〕の非正教キリスト教徒としては、聖公会が七、八人いる。長崎から聖公会の宣教師がときどきやって来るのだ。その他に、熊本から西京〔京都〕の新島の学校へ行っている者がたくさんいる。新島は、生徒募集のためにときどきここへ足を運んでいる」（1882. 5. 10/22）。「新島はたしかにたいへん熱心で有能なプロテスタントだ。かれはその活動を主としてこの地域〔柳川〕にのばしてきている」(1882. 5. 11/23)。

熊本と同志社とのつながりは、よく知られているように、いわゆる「熊本バンド」の人びとの編入学以来のものである。

後にニコライは、駿河台の正教会を訪ねてきたYMCAの松村介石と丹羽《にわ》清次郎に、むかし知り合った新島のことを語っている(1896. 1. 19/31)。また、なつかしかったのか、関西地方の教会巡回の旅の途中、いまプロテスタントの宗教家として活躍している新島に会おうとしている。しかし、京都の同志社を訪ねてみたが、「残念ながら新島には会えなかった」、「その後、新島の自宅を訪ねたが、ここでも会えなかった」(1882. 6. 2/14)。新島の方から連絡がくるということもなかった。新島は、かつての親切な「私師匠」ニコライに会おうとは思わなかったようである。

3 宣教のはじめ

沢辺琢磨の接近

ニコライは、前にも紹介したペテルブルグ府主教イシドル宛の「日本もまた稔《みの》りは多い——箱館のロシア人からの手紙」(一八六八年七月記)に、自分がキリスト教禁制下の函館で密かに日本人の間にキリスト教を広めはじめたことを伝えている。

「一方でわたしは、宣教に直接役立つことのために為しうることをしようと努力しました。まず、キリスト教を受け入れて、自らその弘布のためにはたらく者たちを探し出す必要がありました。わたしが当地へ着いてから四年経ってようやく神は、わたしに一人の日本人をお遣《つか》わしになりました。この男は、キリスト教を知って、自分のそれまでの勤め〔神主〕に嫌悪を感じるようになり、その勤めをやめて、自分の力を真の神に仕えるために捧げる決心をしました。一年後、かれは一人の仲間を見出しました。そしてさらにその後一年も経たないうちに、かれらは三人目の同志を見出しました」。

最初の「一人の日本人」は函館の神明社（現、山上大神宮）の神官沢辺琢磨で、二人目は医師酒井篤礼、「三人目の同志」は、同じく医師浦野大蔵である。

石川喜三郎編『日本正教伝道誌　巻之二』（明治三四年発行）第一編第三章「宣教師始めて信徒を得」には、「元来外人を忌み嫌ひ、ハリストス教は我が神州の讐敵にして、最も憎むべきの邪道なり」と信じる攘夷の志士沢辺琢磨がニコライに「天誅」を加えようとした場面が描かれている。

「両刀を腰に横《よこた》へたる血気の神官は、殺気を含み憤然たる相貌にて、突然ニコライ司祭の室に入れり。彼は怒気満面、声を怒らし、〈爾の信ずる教法は邪教なれば、爾は我国を覬覦《がいゆ》（のぞき見）する者にあらずや〉と詰問せり」。

ニコライは平然と「貴君はハリストス教の事を能く識り居らるるか」と反問した。沢辺は答えに窮し、そこから問答がはじまり、「ニコライ司祭は、憤《いきどお》れるが如くまた悶《もだ》ゆるが如き沢辺に向ひて、教義の大要を説き始めたり」。

これがいつのことであったかは、明確ではない。柴山準行編『大主教ニコライ師事蹟』（昭和一一年）では、「慶応の末（一八六五年）」となっている。ところが、「魯亜仏蘭書簡留」という史料（北海道立文書館所蔵）の中に、次の文書がある。

「予（ニコライ）日本文章学ばんため、日本人沢辺数馬（数馬は、琢磨の旧名）と号するものを、予家に住居致す様に招待せ里。固く此段、運上所江《へ》告知す。

千八百六十四年正月十七日、当十二月二十一日（ロシア暦一八六四年一月一七日は、和暦文久三年一二月二一日）

魯西亜僧ニコライ」（句読点は引用者による）

この文書は、千葉弓雄がロシアから訳し、当時ロシア領事館に勤務していた志賀浦太郎が箱館（函館）御用所へ提出したものである。

これによれば、ニコライと沢辺は、一八六四年一月以前から知り合っていたことは明らかである。『日本正教伝道誌』や『大主教ニコライ師事蹟』に劇的に描かれている二人の出会いは、それより前と思われる。ニコライはイシドル宛の手紙に「当地へ着いてから四年経って、一人の日本人をお遣わしになりました」と書いているのも、初会ではなく、沢辺がニコライの門に入ったときのことを言っているのだろう。アントニイ・メーリニコフは、掌院ニコライの『一八七二年（明治五年）の報告書』に拠って、沢辺琢磨のニコライ接近は「日本到着三年後」としている（アントニイ「亜使徒・聖日本のニコライ」、一九七五年、一九ページ）。

こうして沢辺琢磨は、ニコライの説く教義を聞き、その弟子となった。神官がキリスト教徒になるのは、まるで日本版パウロの回心のようである。沢辺の聖名はまさにパウェル、すなわちパウロである。

それまで沢辺は、日本から脱出する新島を援助していた。同時に、外国人を夷狄《いてき》と罵り、「キリシタン」を蛇蝎《だかつ》の如くに憎んでいた。それはかれにとって矛盾ではなかった。新島は手紙で「生涯空しく読書もて送るなら、何に苦労もいらざるが、是《これ》銘々の所願ありて、専ら国の為に力を竭《つく》さねばならぬもの故、かくも心配いたし候、抑《そもそも》私の西洋学をいたし候ハ、一《ひ》としほ国家の為に相成候半《そうらわん》とぞんぜしに」と自分の志を述べている。これは旧土佐藩士沢辺琢磨のつよく共感するところであったに違いない。

新島は日記に「菅沼の親友神明社の神主沢辺数馬（琢磨）なる者来りて予を尋ねり、予此人の非常なるを察し、礼譲を止《や》め旧知己の如く世間の事を談せり」と記している。二人は初対面から「旧知己の如く世間の事を」語ることができた。すなわち沢辺も新島と同じく「国家の為に相成候半《そうらわん》」という志を抱いていた。だからこそ、危険を省みず新島を支援したのである。

これと同じ理由から沢辺は、ニコライこそ「我が国家を荼毒《とどく》する禍根」であると決めつけ、返答によってはこれを切り捨てようと決意した。いずれも「国の為」という思いであった。だから、ニコライの教えが「人心の統一」に役立ちそうだと感じると、今度は教えを聞いてみようかと思うし、役立つとわかると「之に熱衷《ねっちゅう》し、他人に勧めて止まなかった」（柴山準行『大主教ニコライ師事蹟』）。

沢辺琢磨のキリスト教入信の動機は第一に「国の為」であった。

ゴシケーヴィチと江戸見物

沢辺琢磨がニコライの門に入ったころ、ニコライは一度、領事ゴシケーヴィチとともに江戸に出たことがあった。ニコライは晩年、そのときのことを思い出してこう語っている。

「日本の都である江戸を初めて見物したのは、日本に着してから五年目（満四年経って）即ち一八六五年慶応元年であつた。江戸を見物したいものであると疾《はや》くから考へて居たが、今日とは違つて北海道から外国人が江戸見物に来るといふことは、全く不可能のことであつた。

然るにその頃丁度露国の領事（ゴシケーヴィチ）が外交上の用向きがあつて江戸に上るといふ事であるから、自分は随行を頼んで、江戸に上る事を許された。江戸に来て自分等の宿泊所として幕府から与えられたのは、高輪《たかなわ》辺の立派な寺であつた。自分は外《ほか》に用がないから、毎日江戸の市中を見物して歩いた。

然るに何所にも攘夷《じょうい》党の浪人が居るので、幕府の外国人保護は中々厳重であつた。自分が江戸市中を見物する時には、必ず七八騎の騎馬士が両側に馬首を並べて、外国人を中央に囲んで市中を乗り歩くのである。自分は役人方《がた》の労を如何にも気の毒に思つたが、外国人の保護は幕府の最も注意する所であつたから、致方《いたしかた》がなかつた。

江戸市中を見物して歩きながら何所にても昼食などをするために料理屋にでも入れば、警護の士は座敷を取囲んで、容易に他人を近づかせない故、見物をするにも自分の欲する所に無暗《むやみ》に行くことも出来なかつた。

自分が騎馬で丁度筋違《すじちが》い見附《みつけ》の万世橋《まんせいばし》〔神田。眼鏡橋ともいう〕の所を通つた時に、駿河台の、今の教会を建てた所を眺めて、如何にも好《よ》さそうな所であるから往つてみたいと相談したが、警護の騎士が承知しなかつた。然るに、将来偶然にも此の駿河台の高台を求めて大聖堂を建築する事が出来たのは、実に不思議である。

この時、外国の公使や領事が多く江戸に上つて居つたので、幕府は一日これら外交団のために江戸城内に宴会を催された。自分も領事の随員といふので、この宴会に招かれた。この時に、江戸城への登城往復は外国人も皆駕籠《かご》であつたが、駕籠といふものに乗つてみたのは、この時ただ一度である」

（ニコライ「ニコライ師の感想談」。『正教時報』大正八年七月号）。

長い引用になったが、当時の情景も目に浮かぶ、めずらしい談話である。

ニコライは巨漢である。ニコライも窮屈だったろうが、駕籠かきもさぞ重かったことだろう。なお、ニコライは日記（1895. 12. 5/17）にも、この江戸見物の思い出を書いている。

函館のキリスト教迫害の風評

前にも引用したが、石川喜三郎が聞き書きしたニコライの談話「回想の日本」（明治四四年）では、ニコライは、「自分はあの函館に御一新前に七、八年も居つて、開港地における徳川幕府の政治の様子を目撃した。幕府は開国主義であつたから、外国人の保護にはできるだけ力を尽くして居つた。この数年の間に日本の政治上の革命が起こる可《べ》しとは、何人も予想しえなかつたであらう」と語っている。

当時「幕府は開国主義で」あった。キリスト教は、公式にはまだ「禁制」ではあったのだが、事実上は「黙許」の状態だった。

ところが、だれも予想していなかった「日本の政治上の革命」が起きた。徳川幕府は倒れ、新政府が誕生すると、「黙許」の時期は突然断ち切られた。ニコライはイシドル宛の「手紙」に、「〔一八六八年四月〕突然、新政府の命令が函館にとどきました。その命令の第三条が、キリスト教の信仰の禁止でした」と明記している。

この時期の政治の動きは、石川喜三郎編『日本正教伝道誌　巻之一』（正教会編集局、明治三四年）にも、次のように記されている。

「一八六七年（慶応三年）、将軍徳川慶喜は政権を奉還せられ、王権の復古を視るに至り、函館の旧奉行は去りて、新政府の奉行来任せんとて頻りに風聞せり。

当時の風聞によれば、新政府より遣はさるる新奉行は京都の公卿にて、旧奉行に比すれば頗《すこぶ》る厳しき人なれば、この新奉行来任せば、ハリストス教の如きは素《もと》より厳禁せらるるべく、ハリストス教に関係せる者はそれぞれ処刑せらるべしと流言せり。遂にはこの風聞、次第に甚《はなはだ》しくなりて、新奉行来任せば、ハリストス教を学びたる者は、立所《たちどころ》に誅戮《ちゅうりく》せらるべしと専ら風聞せり。

昨日まで共に斯教《しきょう》〔この教え。ハリストス教〕を談じたる友も多かりしに、今は俄《にわか》にこれを嫌忌し、ひそかに官衙《かんが》に密告する者さえ起らんとするの有様なりき」。

最初の洗礼

明治新政府の函館の「新奉行」は、「耶蘇嫌い」で知られる若き公家・清水谷公考《きんなる》であった。新奉行の着任を前にして恐ろしい風評の広がる函館で、ロシア暦一八六八年（慶応四年）五月一八日（西暦五月三〇日）、ニコライは沢辺琢磨、酒井篤礼、浦野大蔵の三人に洗礼を

明治元年，京都から函館裁判所総督に赴任した清水谷公考
この若き公家は，キリスト教嫌いで知られていた（北海道大学附属図書館編『明治大正期の北海道』より）。

授けた。

「わたしは、五月一八日〔ロシア暦〕、かれら三人に洗礼を授け、聖名を与えました」（イシドル宛の手紙）。

沢辺琢磨はこのときのことを、後にこう語っている。

「前途あたかも薄氷を履《ふ》むが如し。さればこの覚悟をもせざるべからずと〔捕えられて、それで一巻の終わりとなるかもしれないと考えて〕、かくて、先ず聖洗の機密〔洗礼の秘蹟《ひせき》〕を領《う》〔受〕けんことを教師〔ニコライ〕に請求したり。

教師もかねて之を期しつつありたれば、直ちに許諾せられたり。されど当時耶蘇《イイスス》教窘逐《きんちく》〔迫害〕の厳酷なること前述の如くなれば、教師もいたく戒慎〔警戒〕せられ、到底昼間は機密を執行する能はず。又聖堂にて行わんも〔聖堂で行なうことも〕同じく事の発覚し易き憂いあれば、遂に、深夜窃《ひそか》に教師の居間に於て行わるることとなれり（この時露館〔ロシア領事館〕は火災〔隣りのイギリス領事館から出火〕に罹りし後故《ゆえ》、教師は借宅に居れり）。

故に予等《よら》は深更〔深夜〕に領洗せしが、当時の領洗の様子は、実に心悲きことにて、代父母〔洗礼の立会人〕の如きは云うも更《さら》なり〔言うまでもなく〕、読経者さえなく、器具その他の準備《ようい》に至るまで、他に一人の手伝うものもなく、実に秘密に秘密を要したれば、一切教師独りにて自ら之をせられ、機密〔洗礼〕執行の時のみサルトフ・ベサリオン氏〔ロシア領事館員〕（この人は読経者なり）一人の階

イアコフ浦野大蔵

イオアン酒井篤礼

パウェル沢辺琢磨

慶応4年（1868年）4月，函館でニコライから洗礼を受けた最初の日本人正教徒たち。

段の側に佇立《ちょりつ》し居られたるを見たりき。されど、これとても、洗礼聖式の事の手伝いにはあらで、他人のここに来らんかを〔だれかやって来はしないかと〕検番せんがためなりき。しかしてその当時そのころ予と共に聖洗の機密を領《う》けしものは、故酒井〔篤礼、イオアン〕司祭と浦野〔大蔵〕イヤコフとの二人にてありき」（沢辺琢磨談「旧事譚」）。

これが、ニコライが生み出した最初の日本人正教徒たちである。

徳川の脱走兵が集まる

ところが、間もなく函館の状況は一変する。「徳川の脱走兵」が来集した。「ハリスト教に関係せる者はそれぞれ処刑せらるべし」という恐ろしいうわさも消えた。沢辺は「旧事譚」で、「予等はその内に紛れ込み、是より後は最早大丈夫の心を得たり」と語っている。

そして沢辺はこの「徳川の脱走兵」とのつながりから、金成善右衛門（善左衛門の表記もある）、新井常之進など旧仙台藩士たちの間に知友を得て、かれらをニコライに引き合わせる。ニコライもこの旧仙台藩士たちを「宣教の尖兵」とすべく、かれらを「魯館〔ロシア領事館〕」に招き入れ、キリスト教の教理を教えるようになった。

そしてこの四カ月後の一八六八年九月、慶応四年は明治元年となる。

一〇月には、旧幕府海軍副総裁榎本武揚《たけあき》が率いる艦隊が蝦夷へやってきて、函館へ入った。新政府の「箱館府知事」清水谷公考は五稜郭を出て、船で青森へ逃れた。榎本軍は五稜郭に入り、榎本を総裁とする蝦夷島《えぞがしま》政府を樹立して、北上してくる新政府軍に備えた。旧仙台藩士や「徳川の脱走兵」たちは榎本軍に加わった。

ニコライは後にそのときのことを思い出して、日記にこう書いている。

「パウェル沢辺〔琢磨〕と思い出話をした。桑名〔松平定敬《さだあき》〕、板倉〔勝静《かつきよ》、備中松山藩主、老中〕、小笠原〔長行《ながみち》、肥前唐津藩主、老中〕、竹中〔陸軍奉行・竹中春山か〕といった公〔殿様〕たちのことを思い出して話した。かれらは一八六八年〔明治元年。一〇月〕、榎本に率いられた武装兵士らとともに箱館へやってきて、当時沢辺が神官を勤めていた神明宮で〔沢辺の神明社は桑名藩主松平定敬《さだあき》〔会津藩主松平容保の弟〕の御座所となっていた〕、あるとき、内輪の宴をひらいた。わたしも招かれた。桑名公は笛を吹いたが、実に悲しい音色だった。竹中はわたしとともにロシアへ行こうとしていた。かれらは、すでに襲いかかってきていた災厄から逃れようとしていたのだ。竹中は、資金が足りないという理由で、ロシア行きをあきらめた」(1895. 6. 12/24)。

戊辰《ぼしん》戦争最後の戦い「箱館戦争」という「災厄」が迫っていたのである。

戦闘は西暦一八六九年〔明治二年〕五月一八日、決着がついた。これをもって鳥羽伏見の戦いからはじまった一年半に及ぶ内戦「戊辰戦争」は終わった。

「日本宣教団」設立をめざす

一八六八年、ニコライはペテルブルグ府主教イシドル宛の「手紙」の最後に、次のように書いている。

「以上述べてきたことから結論として、日本において、少なくとも近い将来、豊かな稔りがあると言うことができると思います。

カトリックとプロテスタントは全世界を占領してしまいました。だがここにまだ日本という国があります。それは新たに発見された数々の国の最後の国です。せめてこの国においてわれわれは他の宗派と並んで立つことはできないでしょうか。

わたしは、稔りのない孤独な仕事を続ける運命を与えられたまま、ここにいつまでも一人でいるということにはならないでしょう。そうはならないという希望をもって、わたしは当地へやって来たのです。そしてその希望によって七年間ここで生きてきました。その希望の実現をこそ、わたしは、心の底から祈っているし、その実現を強く信じています。

そこでわたしは、休暇を与えていただきたいという願いを出しました。許可が届いたならば、ペテルブルグへ赴き、宗務院に当地に宣教団を設立してくださるよう請願するつもりです」（一八六八年七月一五日、函館。中村健之介訳）。

右のニコライのイシドル宛の「手紙」からは、時代の熱気が感じられる。第二章第2節の「神学大学生の宣教志願」に書いたように、ニコライの青年期は、一八六一年二月、アレクサンドル二世による農奴解放令が公布され、約二三〇〇万人の農奴が「解放」され、それに続いてロシア社会の根幹にかかわる改革が次々と実行に移された「大改革」の時代だった。人びとは、ロシアに新生がくると実感していた。この時代の世俗知識人（インテリゲンツィヤ）は、「六〇年代人」と呼ばれる。高揚した理想主義、強い実践意欲、未来への明るい期待で燃え上がった世代である。ニコライは保守的なロシア正教会の教会知識人であるが、それでもかれもやはり時代の子であった。

同じ「手紙」にニコライは、「当時（一八五〇年代末）、宣教師を養成する神学大学がロシアに必要だという議論が盛んで、わたしの記憶に誤りがなければ、その設立の準備がなされた」と書いている。

そのような動きがあったことが、『ブロックガウス・エフロン百科事典』にも書かれている。「一八五〇年代、〔国内の分離派を国教正教会へ引き戻すことを一つの目的として〕複数の神学大学および神学校に、宣教学科が設けられるようになった」(『ブロックガウス・エフロン』第五一巻「分離派」参照)。

ニコライは、ロシアへ一時帰国することを計画していた。「日本宣教団」を設立するためである。そして帰国の許可は下りた。一八六九年(明治二年)二月、ニコライは、名称が江戸から東京へ変わったばかりの日本の新しい首都へ出て、横浜から太平洋を渡り、アメリカ経由でロシアへ向かった。アメリカは開通したばかりの大陸横断鉄道(The Transcontinental Railroad)で横断した(1899. 8. 1/13)。

第四章　函館から第一回ロシア一時帰国

1　ロシアの雑誌に発表した日本紹介の論文

「キリスト教宣教団から見た日本」

一八六九年（明治二年）二月に横浜を出航したニコライは、五月ごろ、ロシアの首都ペテルブルグに到着した。これから一八七一年初めまでの約一年半が、第一回目の帰国である。宿舎は、母校ペテルブルグ神学大学に隣接するアレクサンドル・ネフスキー大修道院内に与えられた。

ニコライは、函館で幕末からの日本の政治の動向を観察してきて、いよいよ日本にキリスト教「解禁」の時がくると見た。それを語っているのが、ロシア帰国後間もなく、カトコーフの編集発行する総合雑誌『ロシア報知』（一八六九年九月号）に発表した論文「キリスト教宣教団から見た日本」（邦訳『ニコライの見た幕末日本』中村健之介訳、講談社学術文庫、一九七九年）である。著者名は、まだ日本宣教団長ではなく、「在日本ロシア領事館付き主任司祭・修道司祭ニコライ」となっている。

この長い論文でニコライは、日本の宗教を「神道」「仏教」「儒教」の順に明快に説明し、その後で「現代」日本の戊辰戦争と神道復活とキリスト教黙認について語っている。かれは、一八六八年（明治元年）三月に新政府が出した「神仏分離令」が巻き起こした激しい「廃仏毀釈」の嵐もその目で見ていた。

「大君《タイクン》〔将軍〕は廃絶された。これまで天皇は埃《ほこり》をかぶって、大君たちの前に腰をかがめていたのだが、新政府は、その埃の中から天皇を立ち上がらせてやらねばならないのである。だが、威厳の失せ果てたこのよぼよぼの老人を、どうやって支えたらよいのか。手段は手近にあった。古い宗教に輝きを添えてやり、もっと立派に見せてやりさえすればよいのだ。

かくして、神道の太鼓は力強くとどろき、銅鑼《どら》は高らかに響き渡り、神官は、いかにも偉ぶった態度であたりを睥睨《へいげい》して相も変らぬ英雄賛歌を歌い出した。

仏教は外国の宗教であるからということで、蔑《さげす》まれ貶《おとし》められることとなった。その蔑みがまた凄まじい。元来仏教に属していながら長い歳月の間に神道の社《やしろ》にまぎれこんだ祭具備品は、一切これを抛り出せという勅令が下った。一方、仏教の坊主たちに対しては、神道の神々に祈りを捧げることは罷り成らぬ、神道の神々の図像を寺に所蔵することも相成らぬという命令が出された。そして、無視の仕方もまた凄まじい。〔中略〕

日本は上は天皇から下は日雇い労働者まですべての人が仏教徒なのであり、仏教の寺院は日本中津々浦々にまであり、仏教の坊主は数十万人もいるというのに、つまり、この国に仏教があることに気づかぬなどというのは狂人のみであるというのに、にもかかわらず、そういうことなのである」。

「明治政府とキリスト教」の項には、次のようにある。

「日本政府が、キリスト教を禁じていながら、同時に、明らかにキリスト教徒である者たちを黙認しているのは、何を意味しているか。〔中略〕

外国人についてこのように急速に軽蔑から尊敬へ、憎悪から非常な好感へと一変した人びと、このように熱狂的なまでの性急さで外国のものなら何もかも丸暗記しようと必死になっている人びとが、キリスト教が妖術などでは全くなく、反政府の教えでもなく、他国を征服するための先兵でもなく、邪《よこしま》な意図の全くない精神的な教えであって、地上で唯一真正な宗教であるということをはっきり知るに、果たして長く時を要するだろうか。〔中略〕

日本政府は、帝の権威を支える必要から、神道を守るためにキリスト教を禁じているのだが、この禁止は長くは続かないだろう」。

この論文には、ニコライの日本歴史学習の成果を示す次のような記述もある。

「〔鎌倉時代に〕天皇朝がその使命を果たしていわば疲弊し、無活動無気力の状態におちいると、日本は、自己の新しい統治様式を創り出した。そこに生じたのはあるきわめて独創的なことだった。天皇は、どうやら依然として天皇であるのだった。さまざまな位階も称号も、ことばの上、文書の上では、そのまま天皇のものなのであった。だが支配権は、より活力に満ちて強力な活動家たちに、すなわち将軍たちの手に移ったのである」。

また、ニコライが函館を発った直後に起きた「箱館戦争」の勝敗も、すでに書かれている。

「昨年初め、将軍およびそれに味方する者たちと、敵対する諸侯の連合軍との間に公然たる衝突が起きた〔一八六八年一月、鳥羽伏見の戦い〕。後者は天皇の旗をかかげていた。とるに足らぬ程度の先手攻撃を何回かやったおかげで、侯たちのほうが勝ってしまった。大方の意表をついて、将軍は支配権を放棄し、軍隊に解散を命じ、江戸を見捨てて、己が非を天皇の前に謝罪するというかたちをとって、故郷である水戸侯国へ引きこもってしまった。

ただ大君〔将軍〕の海軍大将榎本のみは最後までその任務をまっとうした。十一艘の戦艦と五千の勇猛果敢な戦士を率いて彼は、箱館にあった天皇政府出先機関を駆逐し、松前の侯をも逐《お》ってしまって、蝦夷全島を支配下に置いた。しかし今年、南方勢〔新政府軍〕はこの敵方最後の将をも帰順せしめてしまった。榎本は敗れた」。

司馬遼太郎はニコライのこの論文を読んで、「幕末から戊辰前後という動乱期によくこれだけのつかみ方ができたものだ」と、ニコライの日本の現状把握に感心している（司馬遼太郎『街道をゆく　十五』「政治の海」）。

ニコライは晩年、この論文を書いたころをふり返ってこう語っている。

「文久の末年から慶応の初年にかけて、上方《かみがた》の様子はいよいよ騒がしくなつて来た。然し当時外国人には国情の真相を知ることは容易に出来なかつた。この数年の間に日本に政治上の革命が起るべしとは、何人も予想し得なかつたであらう。徳川幕府は開国の主義を採つて居《お》るから外国はそれにて満足し、徳川幕府の勢力が幾年も続くものと考へ、皆な楽観して居つたのであらう。

自分などは、永く日本に居つても、政治上の話などは何人にも聞いたことがなかつたから、勿論《もちろん》日本の政治上のことなどは判《わか》らなかつた。然し、当時日本には新聞紙が無いから毎日社会の現象を知ることが出来なかつたけれども、始終各国の軍艦が長崎からも横浜からも函館に入港するから、その地の領事の通信に依《よ》りて、国情の漸《ようや》く〔次第に〕困難なることが外国人にも知られた」（「故ニコライ師の回想談」、『正教時報』大正八年七月号）。

ゴシケーヴィチの後任ビュツォーフ領事などを通して、ニコライは函館にありながら幕末日本全体の騒然としてきた「国情」をつかむことができたのだろう。

「将軍と帝」

「キリスト教宣教団から見た日本」が掲載された二カ月後、ニコライは、同じ『ロシア報知』の一一月号と一二月号に「将軍と帝」という論文を発表した。「キリスト教宣教団から見た日本」は日本で書き上げたと思われるが、「将軍と帝」は、いつも手元に置いて読んでいる頼山陽《らいさんよう》の『日本外史』に拠って、ロシアで大急ぎで書かれた。ニコライは「将軍と帝」の「まえがき」を、次のようなことばで締めくくっている。

「この論文中の歴史的人物たちのことばは、その多くは『日本外史』からの引用である。わたしは日本から遠くはなれたここロシアでこの論文を書いたのだが、そのわたしの手もとには、この本しかなかったのだ」。

ニコライは『日本外史』（漢文）をロシアにまで持っていって読んでいたのである。

それは、源頼朝から徳川家光までの日本の歴史の概観である。

「日本人のたましいの深みを覗く」ためには、「日本人のコスチュームや外面的なマナー」ではなく、日本の「歴史」を学ばねばならない。自分は、『大日本史』『国史略』『逸史』『日本外史』によって、「日本人のたましい」を探ってきた、とニコライは書いている。ニコライには、自分は宣教を志す者だが、同時に、ロシアの知識人層にとって「日本歴史についてのインフォーマント」でもあるという自覚が、すでにあったのである。

そして「まえがき」の最後に、「現代日本」について、こう述べている。

「日本人はわずか一五年前（一八五四年・嘉永七年、日米和親条約調印）までは、清国人と同じく、覚めることのない眠りをむさぼり続けて身動きもしない国民のように見えていた。それがいまや、蒸気船の艦隊を有している。しかもその艦隊にはヨーロッパ人は一人も乗っていない。日本人はいまや、ヨーロッパの学校の卒業証書を得た多くの専門の学者（「お雇い外国人」）を擁《よう》し、外国の手をかりずに汽船を建造できる機械設備を有し、さらに選挙制を基礎とするリベラルな憲法《コンスティトゥツィヤ》を持っている（明治二年六月の「上下議局」の開設を指すか。大日本帝国憲法発布は明治二二年（一八八九年）二月）。目の前で実際に起きたこれらの事実を見て、不思議な謎に出会ったような思いにならない人がいるだろうか」。

幕末の函館に七年間も住み、江戸にも出たことのあるニコライは、日本の急変を自分の目ではっきりと見た。そして同時に、その急変成長が可能であったのはなぜかにも気づいた。「将軍と帝」の「まえがき」の結びは、前論文「キリスト教宣教団から見た日本」の結論と同様、日本は民度の高い国であり、これらの急激な成長の事実は「成るべくして成った当然至極なことであって、そうならなかったらかえって奇妙というべきである」というものだった。

日本はすでに成熟した文化の国だ、それが当時のニコライの日本認識の基本である。

そしてニコライの関心の中心は、日本の過去を学べといいながら、実はその過去を踏まえた現代の、自分が宣教をめざすこれからの日本にあった。

2 「日本宣教団」を設立し、団長となる

一八六九年五月にペテルブルグに着いたニコライは、直ちに宗務院に「日本宣教団」の設立を請願した。

「日本宣教団」の設立

ニコライの請願は聞き入れられ、ロシア暦一八七〇年四月六日、宗務院によって認可され（1895. 5. 30/6. 12）、宣教団長一、修道司祭三、聖歌僧（聖歌教師）一という、団員ポスト五名の小さな「日本宣教団」が誕生した。そのとき支給されることになった宣教資金は「毎年六〇〇〇ルーブリ」にすぎなかった（ロシア外務省アジア局長ストレモウーホフ宛の、ニコライの「報告書」参照）。

ニコライはロシア暦一八七〇年九月二日、日本宣教団長に任命された（1905. 9. 2/15）。そして掌院《しょういん》（アルヒマンドリート。修道司祭の上の位）に昇叙された。団長以外の団員ポストは埋まっていなかった

が、日本にキリスト教を根づかせるという初願は小さいながら具体的組織のかたちをとったのである。

日本宣教団の「生みの親」

一八六〇年、神学大学の一学生だったイワン・カサートキン（ニコライ）は、函館の領事館付き主任司祭に選抜された。そして一〇年後の一八七〇年、一介の修道司祭ニコライの請願が宗務院によってすみやかに聞き届けられ、小さいながらも一つの「海外宣教団」が設立され、ニコライはその団長に任命された。ロシアの人事の慣例から見て、これは異例のことである。ロシア正教会の中の有力者の中に、ニコライを有為の青年、有望な宣教師と見て、後押ししていた人物がいたと考えるのが自然である。

その一人は、当時のペテルブルグ神学大学長ネクタリイ（ナデージヂン）であり、もう一人は当時のロシア正教会の最高位聖職者、ペテルブルグ府主教イシドル（一七九九〜一八九二）である。前に紹介した「箱館のロシア人からの手紙」も、イシドル宛の手紙であった（イシドル宛であることは、ニコライがロシア外務省アジア局長ストレモウーホフに提出した、ロシア暦一八六九年七月一二日付の「報告書」末尾に書かれている）。

イシドルは俗姓をニコリスキーといい、モスクワの南方トゥーラ県カシールスキー郡ニコーリスコエ村の輔祭の子として生まれた。ニコライのもう一人の師「アラスカの使徒」インノケンティ（ヴェニアミーノフ）もそうだし、ニコライ自身もそうだが、当時、ロシアの片田舎の下位聖職者の家庭から、ロシア宗教界で大きなはたらきをする巨人たちが現われている。

一七二〇年ピョートル一世はロシア正教会の総主教座を廃止し、翌年ロシア正教会の最高決議機関として高位聖職者たちから成る皇帝直属官房「宗務院（シノド。Святейший Синод）」を設立した。

一九一七年のロシア革命時に総主教制は復活するが、それまで約二〇〇年にわたって、ロシア正教会は宗務院によって管理された。宗務院における皇帝代理（教会人ではなく俗人）が「宗務院総監」であり、議長はペテルブルグ府主教であった。府主教座は、ペテルブルグ、モスクワ、キエフにあったが、ペテルブルグの府主教が最高位であった。イシドルは、一八六〇年から九二年まで三三年もの間、ペテルブルグ府主教の座にあり、四代の皇帝に仕えた。アレクサンドル二世、その子アレクサンドル三世の戴冠式を執り行なったのは、イシドルである。

つまり、ロシア正教会の第一人者が、日本宣教を志した青年イワン・カサートキン（ニコライ）の後ろ盾であったと想像される。ニコライは二回ロシアへ一時帰国したが、二回とも、ペテルブルグのアレクサンドル・ネフスキー大修道院に宿坊を与えられている。アレクサンドル・ネフスキー大修道院は府主教イシドルの御座所である。

掌院となり、再び日本へ

任地日本の函館へもどる旅は、「日本宣教団」に参加した最初の団員グリゴリイ（ヴォロンツォーフ）師と一緒であった。グリゴリイ師は一八三八年生まれの、カザン神学大学卒の修道司祭である。ニコライは日記にこう書いている。

「真夜中一二時、上海。

わたしがロシアへ行って来たのは、生命と勤労の宴に、直接正教に仕える事業に、人を呼び寄せるためだ。わたしは四つの神学大学（ペテルブルグ、モスクワ、キエフ、カザン）のすべてを訪ねた。

ところがどうだ。来てほしいと思うような男で呼びかけに応えたのは、あれだけ多くの若者たちの中で、ただ一人、キエフ神学大学のザベーリンだけだった。しかも、この青年でさえ、どうも煮え切らない、はっきりしない約束だった。あるいはかれも言をひるがえすかもしれない（ザベーリンは結局来日しなかった）。かれ以外の連中はすべて、例外なしにすべてが、わたしの話を聞くことをいやがるか、この職務による利益、特典はどのようなものかと質問するか、そのいずれかだった。正教のための事業であるというのに、ロシアの正教聖職者たちの心がこの有様なのだ。悲しいことではないか。

外国で、正教以外の国々で、いま何が起きているか、目をあげて見るがよい。かれらの社会には、役立つ者になって仕えようという熱意があふれている。キリストの名を世界の果てにまで伝えるべく、どれほどの数の人々が、それも優れた人々が、逡巡や未練もなく、永久に故国を後にして旅立っていることか。ああ、どうしたことなのだ。わが国の不幸な歴史は、われわれを打ちのめして死に至らしめてしまったのか。

いま正教は日本にグリゴリイ師という一人の宣教師を派遣したのであり、その宣教師と共にわたしはいま旅をしている。

しかし、神よ、あなたは何というつらい十字架をわたしにお与えになったのですか。こんな男を見つけるために、わたしはロシアへ行ってきたのか。人生の最良の二年間をこんなことのために浪費してしまったのか。

この御仁《ごじん》と話したために、今晩にも自分の髪が白くなるのではないかと思ったほどだ。

この男の怠けものの程度ときたらひどいもので、わたしたちの旅がすでに三ヵ月半近くなろうとし、船の上というのは勉強にたいへん適しているというのに、わたしがどんなに勧めても、いまだに日本語も英語も学ぶ気を起こさない。まじめな問題について話すことも、冗談を言うこともできない。まったく、なんという男だ。こんな男と旅をせねばならぬとは、ひどい苦痛だ。しかも、これに加えてこれから先の懸念がある。それは何かというと、すでにペテルブルグでわかったことだが、この男は呑兵衛《のんべえ》なのだ」（ロシア暦 1871. 3. 4）。

一年後の日記にニコライはこう書いている。

「右の日記に書いた苦しい悩みは、もう疾《と》うになくなっている。六月〔一八七一年〕の末に、グリゴリイ師とミハイラ〔下僕〕の両方を送り返してしまった。あの男はロシアで安楽を探すがよいのだ」

(1872. 1. 1)。

司祭グリゴリイは、わずか三カ月函館にいただけで、帰国したのだった。ここに早くも、信頼するに足る「同労者」を求める宣教師ニコライの待望がはじまっている。そして、この嘆きと待望の歌は、これからも長く続くのである。

第五章　函館への帰任と上京

1　函館帰任

函館へもどる　ここで、明治三年から四年（一八七〇～七二年）頃の、津田徳之進など旧仙台藩士たちが函館でニコライの再来日を待っていた日々と、再来日直後の函館での教義学習についてふれておきたい。

津田徳之進は日誌をつけていたようで、それに基づいて、後に『正教新報』（明治二四年～二五年）に「弘教《ぐきょう》手記」を発表した。

津田の「弘教手記」によれば、明治三年、脱藩してすでに函館に来ていた新井常之進から仙台にいた津田など友人たちに手紙がきた。函館へ来るようにという誘いだった。津田たちは、藩知事伊達譲堂公の許可を得、「露学修業の為」ということで、明治三年八月一五日、仙台を発った。「予《よ》と同行せしものは、柳川一郎〔高屋仲の弟〕、但木《ただき》良次、大條季治《おおえだすえはる》、影田孫一郎の四氏」であった。九月二日、函館到着。神明社の沢辺琢磨のもとに身を寄せた。津田たちより少し前に小野荘五郎、笹川定吉、大《おお》立目《だつめ》謙吾などが函館に来ており、津田は「是等《これら》の諸氏に就き、〔正教の〕教義の大意を聞くことを得た

ニコライがロシアから戻るのを待って正教を学んでいた旧仙台藩士たち
明治3年（1870年）夏，函館にて。左から小松韜蔵，笹川定吉，小野荘五郎（仙台博物館蔵）。

り。されど疑義容易に解する能《あた》はざるものありたれば、議論ついに数月の長きに亘り、後、漸《ようや》く了解し、遂に正教に服するに至れり」と述懐している。

津田たちは、神の存在に疑問を呈したわけではないが、キリスト教という新しい宗教の教義で理解に苦しむ点があったのである。

「当時〔明治三年〕教師ニコライ師は、露国に帰郷中なれば」、みなロシア領事館の外の「市中に寓居し」ていた。しかし、生計は「最早支へ難き」状態になり、津田と柳川以外は仙台へ帰った。「予は沢辺氏夫婦と謀《はか》り〔相談し〕」、一つの小雑貨店を開設する」ことにした。しかし、ようやく店をこしらえたが、「一夜暴風の為、無残にも破壊せられ」、また再建にかかるという苦労の連続であった。「十二月一日より開店し、酒菓子玩弄物等（酒は沢辺氏の手製にて、その他は予の手製）を鬻《う》り、日々些少の利を得て、生計の費用に充て、以て教師の来るを俟《ま》つことを得たり。当時の困難の状況は、実に顧想するに余りある程なりき」とある。我慢づよい津田徳之進がこうまで言うのであるから、それは並大抵の苦労ではなかったのであろう。

ついにニコライは函館へ帰ってきた。「明治四年〔和暦〕二月十五日、教師ニコライ師来航す」。ロシア暦一八七一年三月二三日、西暦四月四日である。ニコライは、三四歳であった。

ニコライとの初めての対面について、津田はこう書いている、「函館築島町露人ペトル氏の商館にて、沢辺氏夫婦、酒井篤礼、鈴木富治、後藤謙三〔酒井ゑいの弟、後藤厚のこと〕等の諸氏と共に、師に面す。是《これ》、予が師に就くの始なり。〔中略〕同月二十四日、露館〔ロシア領事館〕学校に入る」。

ちょうどこの日、「藩知事〔伊達譲堂〕より、予と柳川氏とに衣服米魚〔着物一重、米二俵、塩鱒五十本〕を給せらる。蓋《けだし》予等の困窮を察せられしに因《よ》るならん」。津田と柳川は藩主の許可を得て函館に「露学修業の為」に来ていたからである。それにしても、家臣の困窮を知った主君の思いやりの深いことに心打たれる。

そして津田は早速、「司祭グリゴリイ師に就きて露語を学ぶ」。グリゴリイ師とは、ニコライが日記に、三カ月でロシアへ帰したと書いている「呑兵衛」のグリゴリイ〔ヴォロンツォーフ〕のことである。実はこのとき津田は「露国軍艦ソポリ号に便を求め、〔ロシアへ〕渡航して教法〔正教の教義〕を研究せんと欲し」ていたから、ニコライの帰函後直ちにロシア語の学習にかかったのである。しかし、渡航手続きに手間どり、「その意を果さざりき」であった。

その後、一時仙台へもどっていた小野荘五郎、笹川定吉たちも五月には全員函館に集まり、学習コースを定め、「原書、訳書の二科に分かち、各々欲する所に従ひて」、ニコライから講義を受けることができるようになった。これが「教法学校の始《はじめ》なり」と津田徳之進は書いている。

同じ時期について、ペトル笹川定吉は後にこう語っている。

「明治四年四月、函館よりニコライ師到着の通知が〔仙台へ〕来たので、小野、影田、笹川、大條《おおえだ》、大立目《おおだつめ》の面々は直ちに旅装を調へて函館に出発し、領事館にて、待ちに待つたニコライ師に面会した。師は沢辺〔琢磨〕氏より、仙台有志者が固き決心を以て来函したことを聞き、今後領事館に宿泊すべしと勧めらる。

そこで津田、長沼〔雄治。柳川一郎のこと〕を加えて都合七名は北側の一室に住ふこととなり、後《のち》津田氏の如きは厨房に移り、ニコライ師は日々二回、東教宗鑑、聖史提要の講義を為し、その間に露語の授業をすると云ふ風であつた」〔余丁生「正教会創業の当時」、『正教時報』大正五年六月〕。

また、同じ仲間だった高屋仲は日記にこう書いている。

「津徳〔津田徳之進〕機知能く働く。体亦《また》軽し。沸々《ふつふつ》〔ぶつぶつ〕小言の癖あり。予等《よら》至れば、炉に盛る砂の多少に因りて〔ついて〕少忿〔ちょっと文句〕を洩せり。彼〔津田〕、砂を取りに出づ。一座大笑。〈砂箱〉の綽名《あだな》、茲《ここ》に初む。

露館庖厨《ほうちゅう》〔ロシア領事館の台所〕に連接して一室あり。方九尺〔九尺四方の部屋で〕小炉あり、至て便利なり。津徳と共に予《よ》此室に在り。

尼〔ニコライ〕師、石版機械を購得しあり〔ロシア帰国時にペテルブルグで購入してきていた〕。茲《ここ》に及んで教書〔教義の本〕の印刷を試む。津田、大條、機械の運転を任ず〔担当した〕。予は版下を記すを任ず。墨に似たるも何によりて製成せしを知らざるも、油肪《ゆぼう》〔油気〕強く、膠《にかわ》より甚し。筆を浸し紙に書せば、筆粘着して走らず。強《しい》て走せば、全く染まず〔紙に染みない〕。大に困苦。時に尼師、その遅々たるを見て、活如として〔元気よくさっさと〕予が筆にて書す。後《のち》笑ふて曰く、我字〔高屋の字〕は病者の書きしものの如し。数日を経て、日誦経文〔祈禱書の二〕上刷す」〔大木臥葉「記聞輯遺《しゅうい》――故高屋師日記抄」、『正教時報』昭和九年二月〕。

ロシア領事館に集まった仙台から来た若い武士たちは、仲がよかったようである。かれらと仕事をするニコライも楽しそうである。

こうしてかれらは、ニコライから洗礼を受けるにいたる。

明治四年「十一月十六日、予等十余名、函館聖堂〔領事館付聖堂〕に於て、司祭ニコライ師より聖洗〔洗礼〕の機密を領《う》く」〔津田徳之進「弘教手記」〕。

正教会の聖歌教師ヤーコフ・チハイ（アナトリイ・チハイの弟）

明治4年（1871年）12月7日，函館のロシア領事館に着任した修道司祭アナトリイ・チハイ

　高屋仲によれば、「教理試験」を受け、「代父の依頼」を行ない、一〇月中旬「啓蒙式」を執行し、その後に洗礼式を行なったのであった。洗礼の朝、「尼師、白地祭服を着て、天門に直立す。露商ヒョードルの番頭来りて、詠隊に立つ」。「祈禱全《すべて》終つたに相祝す。喜色面に溢る尼師の欣喜《きんき》亦可知《しるべし》」とある（大木臥葉「記聞輯遺《しゅうい》――故高屋師日記抄」）。

　その明治四年一二月七日（西暦一八七二年一月一六日）、ロシアから宣教師アナトリイ（チハイ）が函館へ着任した。ニコライは日記に、アナトリイ師の着任は「〔ロシア暦〕一八七二年の初め」であったと書いている（1894. 1. 14/26）。

　イオアン酒井篤礼と、新たに正教徒となったパウェル津田徳之進、マトフェイ影田孫一郎の三人は、函館教会を管轄したアナトリイの指導の下で「伝教者」となり、それぞれ函館の大町、恵比寿町、天神町に講義所を開き伝教活動を開始した。「日々聴者を増加せしかば、誠に神恩の致す所なりと、夙夜《しゅくや》〔朝早くから夜おそくまで〕勇みつつ布教に従事したり」という（津田徳之進「弘教手記」）。

かれらの他にも、三井道郎や鈴木九八なども函館でアナトリイの薫陶を受け、初期入信の正教徒となっている。

明治４年（1871年）春，函館でロシアから戻ったニコライに正教を学んでいた旧仙台藩士たちと沢辺琢磨（前列向かって右端）

津田の「弘教手記」、高屋の「日記」、そして笹川の談話からは、これまで自分たちを支えてきた物心両面の制度を失い、茫然自失の態であった武士たちが、必死に精神的に生きる道を探して、ニコライに出会い、いま新しい希望の小さな灯りを見つけた姿が浮かび上がってくる。ニコライは、自分の伝える教えを支えに生きようとするひたむきな日本の武士たちと出会って、宣教師として深いよろこびを感じたようである。

その四半世紀後の明治三〇年代、日本社会が安定期に入り、正教会の伝教学校や神学校の入学希望者が激減したとき、ニコライはこう嘆いている。

「ああ、なげかわしい！　日本ではだれもかれもが実利主義《マテリアリズム》に深く染まってしまった。教会に仕えるために多くの人が集まり、優れた者たちがそのためにやって来たあの時代は、どこへいったのだ」（1897. 8. 19/31）。

ニコライにとって、津田徳之進や笹川定吉や高屋仲たちが函館へ集まって、新しい真理を希求し熱心に教義を学んだこの時期のことが、忘れ難かったのだろう。

副島種臣と知り合う

函館へ帰任して間もなく、ニコライは明治新政府の外務卿・副島種臣《そえじま》と知り合った。明治四年（一八七一年）六月、副島が、樺太における日露国境線画定についてロシア領事と協議（「樺太談判」）するため、函館へ来たときである。

後東京で、ニコライの宣教活動初期に助手役を勤めたアナトリイ尾崎容《ひろし》（当時外務省研修生だった）が語ったことを、アルセニイ岩沢丙吉（神学校教師）が次のように伝えている。

「ニコライ師が副島伯と相識《あいしり》し原因について、氏〔尾崎容〕の語るところによれば、明治の初年副島外務卿は北海道に出張し何事か外交用件に関して外国人に聞質《ききただ》したき儀あり、宣教師は親切なりとの一般の評判なるよりして、ニコライ師を便り《ママ》〔頼り〕たるより始まり、伯は独り息子を駿河台の塾に入学させ露語を学ばしめた」（岩沢丙吉「アナトリイ尾崎容兄の永眠」、『正教時報』昭和五年七月五日）。

ニコライは日記にこう書いている。

「副島とは、一八七一年函館で初めて知り合ったとき、宗教論争をはじめたのだった。あのときかれは〈地獄に堕ちようと、ミカド〔明治天皇〕と共に行く〉などと言っていた。わたしは烈しくかれにくいついた。それでかれはわたしに興味をもったようだった。これからもかれとの関係がそういう調子であってほしいと思う」（1885. 1. 11/23）。

副島種臣はこの後、いろいろな機会にニコライと日本正教会を助けた。

函館に帰ってきたニコライは、右に紹介した高屋仲の「日記」からも感じられるように、以前にもまして忙しく働いた。

「教会〔函館ロシア領事館附属教会〕運営の仕事、辞典や石版印刷《リトグラフィヤ》にかかわる仕事、ロシア語学習者たちや教義問答学習者《カテキズス》たちを相手の仕事と、寸刻の余暇もなく仕事が続いている。

ときどき、この仕事は稔りをもたらすのだと思うと、大きな喜びを感じる。しかし、それに続いて、なんと膨大な仕事なのだという思いが湧いて、がっくりする。本物の宣教師というものは、こうまで働かなくてはならないものなのか。

もっぱら日本の状況が原因なのだが、自分たちの持っているものよりもっと良いものを欲しがる人たちが増えてきている」(1872. 1. 1/13. 和暦明治五年二月五日、函館)。

辞書編纂と石版印刷

石川喜三郎編『日本正教伝道誌』(明治三四年刊)にも、この時期にニコライから教理を習った仙台藩士人たちからの聞き書きに基づいて、ニコライの働きぶりを伝えている。

「ニコライ師は、原語(ロシア語)を学ばしむると共に、日々『東教宗鑑』『正教要課』の如き書によりて教理を講じ、又真山温治(旧仙台藩士、漢学者)をして漢訳の聖書を和訳せしめ、かつ小野荘五郎を補助として、真山と共に露和字典を編纂せられたり」。

この「露和字典」とは、明治時代以降長く日本の代表的露和辞典として使われた『魯和字典』のことである。『大主教ニコライ師事蹟』には、「此書は露和辞典の嚆矢で、世にニコライ辞書と称するものである」とある。

また同書から、高屋仲が版下作りに苦労した「石版印刷《リトグラフィヤ》」についても、補足説明をしておきたい。ニコライは第一回目のロシア帰国中にペテルブルグで石版印刷の器具一式を購入し、インクなどの使用技術を習い、それを函館へ持ち来ったのである。そして自分でも印刷し、「製版の薬品、墨汁の製法、器械の操縦等を諸生(日本人)に教へた」。そしてニコライは、布教のために、自分の訳した「教理問答、聖書入門」などの小冊子を印刷させていたのである。

岩沢丙吉はこう書いている。

「ニコライ大主教の再度渡来（函館帰任）明治四年には、当時必要を感じたる布教用書出版のため、手摺印刷用の大理石盤を露国より携帯された。印刷の方法も一《ひと》通り習得して、之を日本の職工に伝へ、最初は布教用小冊子の印刷を行つた。筆者の手許にある、北京正教ミッション長掌院《しょういん》固理乙（グゥリイ）著『漢訳教場紀聞』（一種の教理問答）に訓点を施して半紙に石版印刷した本などは明治七年版で、最も早きものと思はる」（岩沢丙吉「ニコライ大主教の石版印刷」、『正教時報』昭和一七年一月一日）。

「写真術」は函館のロシア領事館を介して日本人の間に伝えられていったのだが（桑嶋洋一「北海道写真史（幕末編）ロシアから函館へ」参照）、石版印刷術も函館でロシア人ニコライによって日本人に伝えられたのである。

正教会初期刊行物の印刷

明治一一年（一八七八年）末に東京で書かれた、ロシアの正教宣教協会理事会宛のニコライの「報告書」には、「宣教団には専用の石版印刷機が一台あり、『教会報知』、公会議事録、カレンダー、小冊子などの印刷に使われている」と書かれている（ニコライ『明治の日本ハリストス正教会——ニコライの報告書』）。

岩沢丙吉は、右の「ニコライ大主教の石版印刷」で、正教会の初期出版物の印刷について次のように語っている。

「『東教宗鑑』（漢文）と、それを平仮名交《まじ》りとした『教の鑑』は木版で、仙台で出版したものである。明治九年、翻訳『新旧約聖歴史』二冊（小野、堀江二氏訳）は、東京の信徒比留間氏（弟）によって、木版刊行された。明治十年、堀江氏訳『正教定理略解』は、活版印刷（銀座四丁目、博聞社）。以後明治一三年十二月十五日『正教新報』初刊（ニコライの日記1880. 11. 18/30 参照）より、正教会出版物一切を引受けた活版所は、同労社といふ麹町十丁目、比留間《ひるま》先之助氏の個人経営であった」。

大部の印刷物は、教会の石版印刷機では間に合わず、信徒の経営する印刷会社へ発注したということだろう。正教会の機関誌も、『教会報知』の次の『正教新報』になると、外で印刷した（ただし、正教徒岡村竹四郎・政子夫妻の信陽堂すなわち後の東洋印刷は、正教会の文書の印刷は引き受けてはいなかった）。

2　上京をめざす

沢辺による偵察とニコライの上京

ニコライは函館にあって、宣教団本部を東京へ移そうと、上京の機をうかがっていた。『日本正教伝道誌』には、ニコライは上京の前に「パウェル沢辺（琢磨）を上京せしめ、帝都の形勢を観察」させ、報告を受けた上で、明治五年（一八七二年）一月に出発したと書かれている。なお、イオアン小野荘五郎も同じ時期、「一八七一年十二月二十九日」、「私用のため上京」していた。

日本ではキリスト教はいまだ「御禁制之通」（明治元年三月発布の太政官令）であったから、宣教は慎重でなければならなかった。沢辺はこういう情勢観察の任務には適していた。

上京した沢辺が見るに、キリスト教を解禁する動きが出てきており、「形勢」は宣教開始に有利に見えた。沢辺は直ちにニコライに上京をうながす書を送った。

「政府確実ノ議（政府がキリスト教を解禁したという決定）ヲ聞カズト雖《いえど》モ、已《すで》ニ各国ノ教師（宣教師）此所（東京）ニアリテ、教ヲ伝へ、多人之ニ信従往復ス（たくさんの人がキリスト教を信じるようになってきている）。政府之ヲ禁ゼズ、且《か》ツ聖書ヲ売買スルヲ免ズ（許している）。我等断然神父（ニコライ）親シク此地ニ来ルヲ請フ。神父来ル時、独行ヲナスベカラズ。必ズ瑪特悲影田《マトフェイ》（孫一郎）倍従ヲ為スベシ」とある。

ロシアからの司祭アナトリイの函館着任を得て、そして東京からの沢辺の手紙を受けとったニコライは、いよいよ上京の決断をする。明治五年（一八七二年）一月二七日、函館の教会をアナトリイに任せ、自分は古田泰助〔後、長郷《なごう》泰輔と改名し、大工棟梁となる〕を伴って、海路、東京へ向かった。

ニコライは横浜にしばらくとどまり、横浜から東京築地の居留地に入ったのは、「同年〔明治五年〕二月四日」である。「〔築地の居留地の〕入船町辺に借家して、イオアン小野荘五郎〔旧仙台藩士〕を秘書役とし、古田泰助をコックとして」生活し、日本人「聴教者」たちに「基督教」を教えた。小野は私用で上京したのだが、ニコライに合流したのである。

この築地の居留地滞在期にニコライは、ブラウン、カロザース〔カラゾルス〕、ウィリアムズなど、明治最初期来日のプロテスタント系の宣教師たちと親密な関係を結んだ。そのことは後のニコライの日記からわかる（『宣教師ニコライの全日記』第九巻参照）。

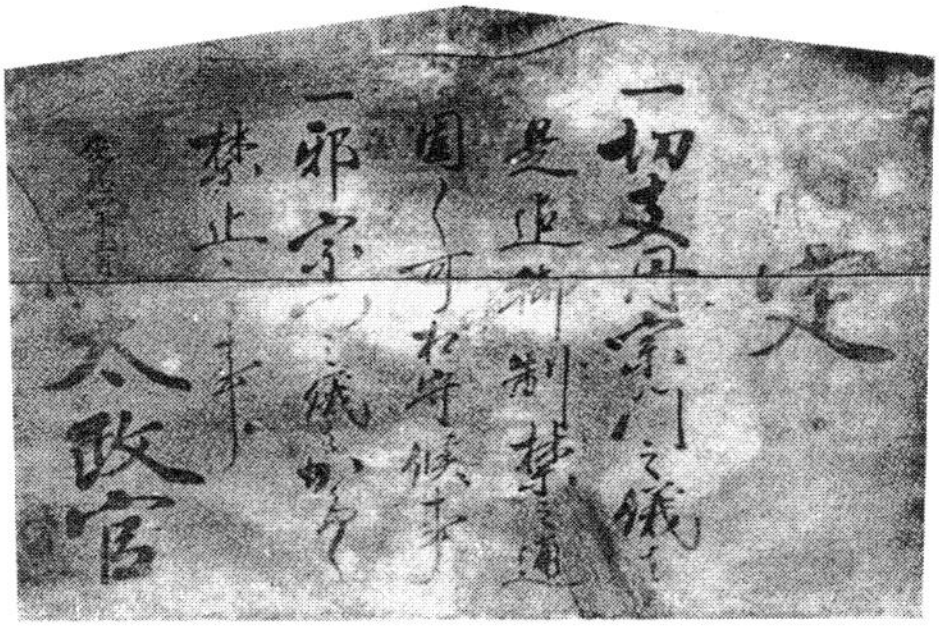

北海道の道南で発見された，慶応４年（1868年）３月の，切支丹禁教の高札（『函館とカトリック』より）

キリシタン禁制高札の撤去

久米邦武の『米欧回覧実記』には、アメリカの開拓を推し進めた「紳士」が熱心なキリスト教信者であるという発見が書かれている。そこからもわかるように、岩倉使節団の異文化体験の要の一つは、欧米におけるキリスト教の重要性の発見であった。『カトリック大辞典』はそこに焦点を合わせて、次のように解説している。

「使節の一行は明治四年十二月二十二日横浜を解纜《かいらん》して先ずアメリカに渡って見ると、第一にキリシタン禁制〔浦上四番崩れの隠れキリシタン捕縛流罪は、明治三年・一八七〇年〕を問題とされた。

大使の一行がベルギーのブリュッセル市に馬車を駆るや、民衆が四方からその通路に押寄せて声高に日本キリシタンの解放を叫んで止まなかったので〔こうした街の事件などは、『米欧回覧実記』第五十、五十一巻「白耳義《ベルギー》国之記」には書かれていない〕、一行もキリシタン問題がかくまで欧米の人心を激昂せしめつつあるかと甚しく打驚き、終に三百年来の伝統を抛棄《なげす》て、キリシタン囚徒の解放を電奏した」。日本政府首脳が「泰西〔米欧回覧〕より帰朝」するのは、副使木戸孝允が明治六年（一八七三年）七月、大使岩倉具視が同年九月である。その直前の明治六年二月に、キリシタン禁制の高札は撤去された。

「開港以来渡来したプロテスタント宣教師とその夫人たちは六〇人」に達していた（『近代日本総合年表』）。沢辺の「已《すで》ニ各国ノ教師〔宣教師〕此所〔東京〕ニアリテ、教ヲ伝へ、多人之ニ信従往復ス」という観察は正確だったのである。

これよりやや後になるが、明治一四年、『時事小言』で「キリスト教の伝播は日本の国権を妨ぐ」と説いていた福沢諭吉も、同一七年には『時事新報』で「西洋諸国の文明はキリスト教に立脚しているのだから、彼と対等の地位に立ちよく雁行《がんこう》し得るには、キリスト教を輸入するに若《し》くなし」と述べ、ユニテリアンの宣教師たちの来日を歓迎するようになる。

第六章　迫害、信徒の増加

1　迫　害

世は全体としてはキリスト教歓迎へ向かったのであるが、それに逆らう動きもあった。東京へ出て間もなく、ニコライに思いがけない凶報がとどいた。

新政府による仙台正教徒の捕縛と投獄

明治五年（一八七二年）二月、仙台で正教信徒一〇〇余名が捕縛されたのである。秋月俊幸「明治初年のギリシャ正教迫害顚末」には、「宮城県参事塩谷良翰らはこれ〔正教〕を禁制の宗教とみなして弾圧に乗出し、明治五年二月一三日沢辺〔琢磨。このとき仙台に来ていた〕を始め七歳以上の信徒一〇六名の信徒を捕縛し審問した。その殆どは仙台の士族たちであった」とある。

また石川喜三郎編『日本正教伝道誌』には、捕縛投獄されたのは、沢辺、笹川、高屋、板橋、高橋、中川、樋渡《ひわたし》、大條《おおえだ》の八名であったが、ただし、樋渡、大條は「入獄するに至らざりし」とも書かれている。そして、「その他片倉源十郎・涌谷繁《しげし》・河田庸之助以下、聴訟課〔裁判課〕に召喚せられ取調を受け、親類預け、もしくは遠国〔地元を離れること〕を禁ぜらるる等の命を受けたる者、百四十余名に及びたり。特にイオアン小野、ペトル笹川、今田直胤、涌谷繁の家族は、七歳以上の者を悉《ことごと》く拘引して、審問せられたり」と書かれている。

　この多数信徒捕縛のきっかけについて、同書は次のように述べている。

　沢辺琢磨がたまたま仙台に来て、「鎮台司令長官たる三好少佐」を訪ねて自分たち正教徒について話をした。三好少佐はキリスト教に対して好意的な感想を語った。

　ところが、「仙台藩は官軍に抗敵したる為め、一部有為の旧藩士は、いずれも県官と相容れざる関係ありしかば、旧藩士の有志が、ハリストス教研究を名〔名目〕として、或は〔ひょっとすると〕不軌《ふき》〔反抗〕を謀るにあらざるなきやの疑をも喚起せしならん」と疑心に駆られた新政府の地方官が、鎮台司令官三好少佐や中央政府の意向を確かめずに捕縛に踏み切ったというのである。かれらは、まず沢辺琢磨を逮捕投獄した。

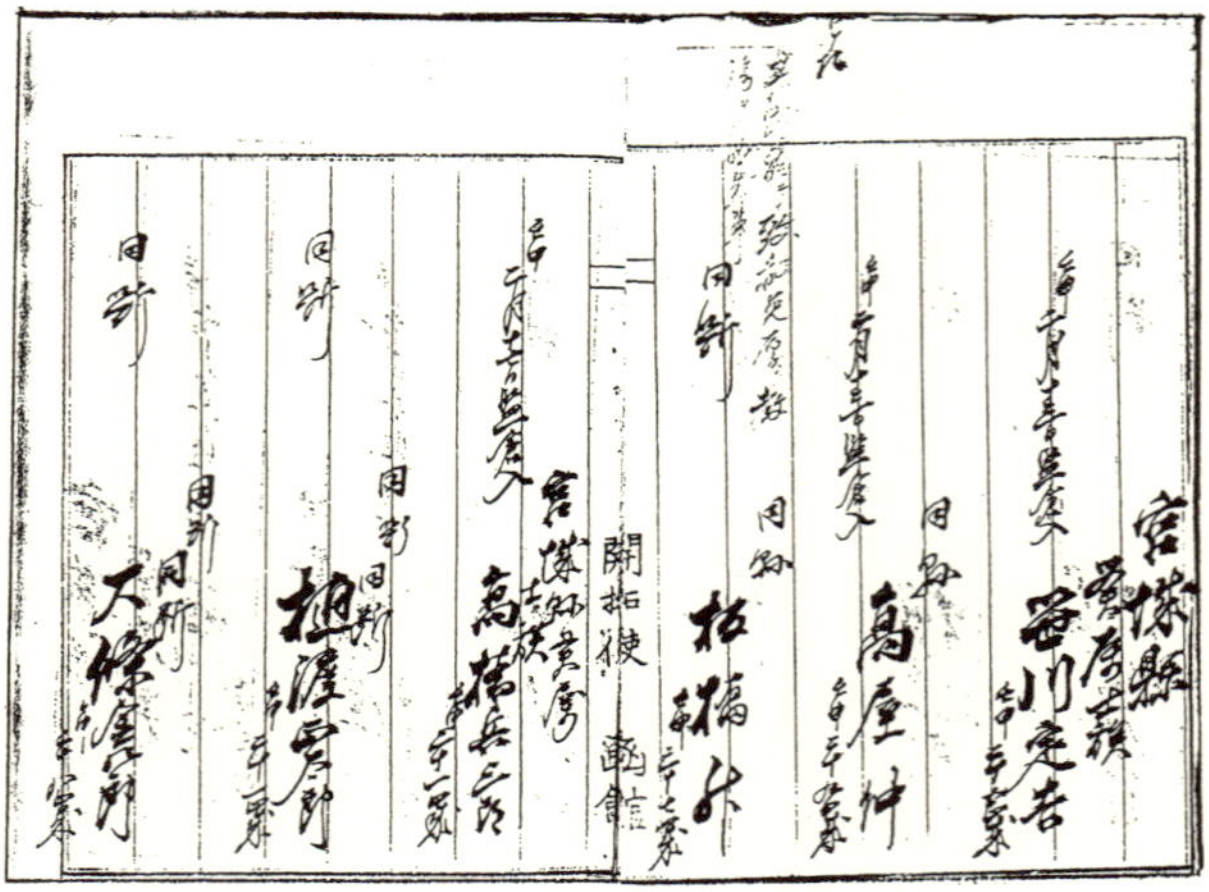

「洋教一件」書類（明治５年）
仙台の100余名の正教徒とその家族や関係者の名が列記されている。
（市立函館図書館旧蔵，金石仲華氏提供）

　実は官憲は、仙台の正教徒たちについて、あらかじめ情報を得ていたわけではなかった。沢辺は、〔正教教理の〕聴講のために集まった者たちの名を手帳に記していた。その手帳を官憲が押収したため、信徒たちの名前が知られ、続々と逮捕者が出たのだった。佐藤秀六のような当時の仙台教会の中心人物が逮捕されなかったのは、沢辺の手帳にその名前が記されていなかったからだった。

仙台の高橋兵三郎その他が、この信徒捕縛をニコライに急報した。イオアン小野荘五郎によれば、そのとき「師〔ニコライ〕はその身の帝都中央の橋上〔日本橋の上〕に在るを忘れたらん如く、車馬絡《らく》繹《えき》たる群集雑閙《ざつどう》の中に立ち、声を励してあたかも詰問するが如く」に仙台の信徒の身の上を案じて語ったという。それは、ニコライが「維新前より日本に在りて、旧幕時代の法律のいかに厳なるかを知っていた」からだという。

ニコライは、直ちに外務卿副島種臣などにはたらきかけ、「外務省に建言する」などして、信徒の赦免のために迅速に動いた。

函館の正教徒迫害

ニコライの上京後、司祭アナトリイは函館の領事館内に「伝教学校」を開き、正教の教理を教えた。そこにマトフェイ影田〔孫一郎〕、パウェル津田〔徳之進〕、アンドレイ柳川〔一郎〕、ティト小松〔韜蔵〕などの「書生」が在学した。そして、イオアン酒井篤礼、アレクセイ中山友伯、ペトル鈴木富治など熱心な信徒たちが、函館市中に講義所を開き、正教を広める活動をしはじめた。「明治五年の復活祭の如きも、頗る盛なる景況にて、三十名前後の信徒と数十名の異教人と相会して、主の復活を祝した」〔『日本正教伝道誌』巻之二〕。それで、アナトリイは、酒井、津田、影田を伝教者にして、布教させた。「新聴者」は続々来集した。

この明治五年春、函館に来たカトリックのパリ外国宣教会の宣教師マランは、次のように書いている。

「人口およそ三万五千の函館は、一番最初にヨーロッパ人に開港された三つの港町の一つである。〔中略〕ちょうど私が函館に着いた時〔西暦一八七二年五月二日・明治五年三月二五日〕、そこの離教者〔ロシア正教のこと〕は、その復活祭を行なっていた。朝から晩まで彼らの教会の鐘が鳴り、日本人も大勢教会の諸儀式に参加し、また数人がそのとき洗礼を受けたと言われている」（マラン「東北紀行」、H・チースリク編訳『宣教師たちの見た明治の頃』所収）。

ところが、この正教会の評判に驚いた者たちもいた。「最も駭《おどろ》き恐れたりしは、当時の開拓使庁の官吏輩なりき。（中略）世界の大勢を解せざる当時の官吏輩」は「祭政一致の主義」を掲げて神道を国の祭祀とした。官は「ハリストス教を伝ふる首魁ともいふべきは、パウェル津田、マトフェイ影田、イオアン酒井」だととらえた。そして、仙台の信徒捕縛の三カ月後の五月、函館でも正教徒迫害が起きた。

マラン神父はこう書いている。

「ところで私と同じ船で函館の新しい長官が着いたが、彼は黒田〔清隆〕と言い、その行政はまずキリスト教徒の迫害で始まった。五月五日に彼は数人のキリスト信者たち〔正教徒〕を逮捕させた」（マラン「東北紀行」）。

明治五年三月二六日〔西暦一八七二年五月三日〕「数名の捕吏はイオアン酒井を縛し町会所に至り尋問を行なった。「同月二十九日に至りて、パウェル津田、マトフェイ影田の両名は、刑法局より召喚を受けた」。二人は宣教師アナトリイと葡萄酒で別れの盃を交わし、「接吻と握手の礼をなして」後、「弁天台場」の獄に降った。

『日本正教伝道誌』には、「粒石を敷詰めたる広土間の所謂《いわゆる》白洲」での尋問の様子、「責道具の陳列」など、興味深い場面が描かれている。また、医師であるが平民のイオアン酒井と、士族のパウェル津田とマトフェイ影田の扱いがまったく違うことがわかる。投獄された場所も別である。捕えられても士族は丁重に扱われている（江戸中期では、罪人の縄のかけ方に、身分によって十数種のかけ方があったという）。津田たちも、法官たちを前にして、まさに堂々と信仰の正当性を弁じている。酒井は、「その籍、平民たるの故」に強盗、殺人犯と同じ扱いであったという。

酒井篤礼については、こんなエピソードも伝えられている。

酒井は「獄中に於て飯粒を捻りて数珠の玉を作り、衣類の糸を抜きて之を繫ぎ、箸を折りて十字架を作り」、熱心に祈禱を捧げていた。獄中の囚人の中には、その酒井を「嘆称」する者もいたという。

正教徒の釈放

『日本正教伝道誌』には、「五月四日に至りて、〔東京にいた〕イオアン小野〔荘五郎〕の許に、仙台より涌谷・今田・高橋〔兵三郎〕・樋渡・佐藤〔秀六〕・石田〔軍治〕等の書到達し、去月〔和暦四月〕二十八日〔西暦六月三日〕を以て、在仙台のパウェル沢辺・ペトル笹川・イアコフ高屋の三伝教師その他の者、悉《ことごと》く無事出獄したるの報知を得たり」とある。

明治５年（1872年），函館での正教徒迫害から出獄したときの記念撮影
左からパウェル津田徳之進，マトフェイ影田孫一郎，イオアン酒井篤礼，ペトル鈴木富治。

函館では、入牢「六十有余日にして〔和暦〕五月朔日《ついたち》〔西暦六月六日〕」、影田、津田、酒井は釈放された。

『大主教ニコライ師事蹟』は次のように伝えている。

「仙台の旧藩士で大童信太夫といふ者が東京に在った。彼は仙台に於ける切支丹迫害の事を聞いて、今日かかる蛮風の行はるゝは国家の恥辱であるとなし、之が善後策を太政官の顧問フルベッキに謀った所、彼は之を大隈重信に注告した。一方副島は前に小野の申告を受けて、之を岩倉木戸に謀り、宮城県参事官塩谷良翰に内諭して信徒を放免させたのであった」。

カトリック神父マランは、「あとで聞いたところによれば、ロシア総領事〔ビュツォーフ〕にうながされて全外交団が強く抗議した結果、逮捕された人々の大部分が釈放されるようになった」と書いている。

外交団の一致した抗議と日本政府首脳の考えは、合致した。つまり、正教徒の迫害と釈放が日本政府のキリスト教容認と連動したのである。

後のニコライの日記によれば、この正教徒の釈放と迫害の中止は、外務卿副島種臣の力によるところが大きかったという。ニコライは次のように書いている。

「副島はかつて〔二四年前〔明治五年〕〕、仙台、函館、水沢で、それぞれの地の司法当局によって牢屋に入れられたわが教会の信徒たちを、解放してくれた。そして、今後は人びとをキリスト教を信じるがゆえに迫害することはやめるようにと主張し、その旨の秘密の指令を各地の長官に送らせた〔翌明治六年二月には、切支丹禁制の高札が撤去された〕。また、宣教団がこの駿河台に土地を獲得できたのも、副島の力添えがあったからである」(1896. 3. 21/4. 2)。

函館では、釈放後の津田徳之進と影田孫一郎は、胸をはって、逮捕前よりさらに活発に宣教に励んだ。函館の官庁「開拓使」は、「当人共〔津田たち〕、御赦免後、傲然、魯館《ろかん》〔ロシア領事館〕は勿論、市中徘徊、天主教〔正教〕講説致し、剰《あまつさ》へ〔しかもその上〕諸人へ対し放言冷笑候様ニ〔官を冷笑するかのように人びとに〕洋教〔キリスト教を〕流布いたし」であったと、憤懣ありげに東京の本庁に報告している〔鈴江英一『開拓使文書を読む』参照〕。

ところで、ニコライは日記で、迫害が起きたのは「仙台、函館、水沢」だったと書いている。『大主教ニコライ師事蹟』にも、「水沢、岩手等にも同様の迫害が起こつた」とある。この「水沢」での迫害について、ここでふれておきたい。

イオアン酒井篤礼の原籍が「旧水沢県内なる陸前栗原郡金成《かんなり》」だったので、釈放にあたっては、故郷金成から酒井の身内が「引取り人」として函館に来て、明治五年一〇月七日に酒井の身柄を引き取った。酒井は妻子を函館に残して「水沢県」の金成へ行かねばならなかった。

そのとき酒井がニコライに宛てた手紙の断片が『日本正教伝道誌』に引かれている。

「追日寒雪にも相成り、道中も甚だ難儀に相及候《あいおよびそうろう》に付、迷惑には可有之候得共《これあるべくそうらえども》〔ご迷惑でしょうが〕、三人の妻子は相残し沢辺に相托し相登り申候〔出発します〕」。

ところが酒井は、実家のある金成にじっとしてはいなかった。近辺の刈敷、伊豆野、若柳地方に伝道し、翌明治六年（一八七三年）には東京へ出てキリスト教関係の文献を漁り、さらにそこから海路函館へと動き、妻子の安否をたしかめ、金成にもどったのは、明治七年一月二〇日である。水沢県金成の法官は、もどった酒井を呼び出し「語を激して、爾《なんじ》はハリストス教を棄てざれば、放免するを得ず」と言い渡した。酒井が放免されたのは明治七年二月中旬である。酒井が拘留されていた間は、パウェル津田徳之進が刈敷、伊豆野、若柳地方に伝道した。

しかも酒井の弟子で後に「五日市憲法」の起草者として知られることになるペトル千葉卓三郎が、金成周辺に盛んに伝道活動を行なったため、この地方の神官や僧侶と争うこととなり、かれらの怒りを買い、登米の県庁に訴えられた。千葉は、明治七年二月上旬、捕えられ三カ月間の入獄に処せられた。そして「片鬢《びん》、片眉を剃り落されて、鉄鎖に繋がれ」、日々苦役に従事させられたという。

ニコライは、これら一連の「水沢県〔廃藩置県後の一時的な行政区画〕」での事件を指して、日記に「水沢」での正教徒迫害と書いているのである。

ニコライの「地方巡回の旅」の章（第十一章）で紹介するが、明治初期の水沢藩主留守家には、伝教者影田勝之助や司祭影田孫一郎に布教による、かなりの数の「隠れ正教徒」がいたが、それはこの酒井たちとは別の水沢の正教徒である。

増上寺で仏教教理を学ぶ

東京へ出てきたニコライは、友人の外務卿である副島種臣に「仏教研究のため芝の増上寺へ行って講義を聴きたい」と相談をもちかけた。当時外国人の行動はきわめて狭く限定されており、ニコライは自分で増上寺に当たってみるというわけにはいかなかった。副島のはからいで、ニコライに特別に「内地旅行」の自由が許された。ニコライが「仏教汎論」「法華経」「般若経」を学ぶため増上寺へ通う日もきまった。

そこへ仙台の迫害の急報が届いたのである。「師の心中、今は仏教の講筵《こうえん》に臨む如き仕宜《しぎ》（仕儀。状態）にあらざるも、師は又、この約を空しくせん事を欲せず」「煩悶の心」を抑えて増上寺へ出かけた。

ところが寺側は、ニコライを前に檀家に対してするような通り一遍の法話をした。ニコライはじっと聴いていたが、ついに我慢できず、直立して、多くの僧侶を前に「激怒したらん言を発して、一場の説教」をはじめ、「仏教の熟語を自由に用ひて、仏教の信ずるに足らざる所以を」一時間にわたって弁じたのである。僧侶たちは、思わずニコライの雄弁に惹きこまれ、謹聴した。

この「激怒」で、増上寺の僧侶たちがニコライに好感と信頼を抱くようになったというところが、いかにもニコライらしい。後に親密な関係になった増上寺の老僧はニコライに、あなたの近くにいる某はその筋の密偵だからご用心をと、そっと教えてくれたという。その刑事とは、後に信徒となった鹿児島人のイアコフ伊座敷《いざしき》罕《かたし》のことらしい。

火事は「むかしからの知り合い」

ニコライは上京直後のこの時期、築地に一軒家を借りてそこを講義所とし、日本人数人を相手に「正教の講義」をはじめたのだが、明治五年（一八七二年）二月二六日、八重洲河岸から出火したのが強風で火の手が広がり、築地はもちろん、銀座、南八丁堀、島原などの家屋が残らず焼失する大火となった。ニコライは、講義所が焼け、小野、沼辺たちと一緒に猛火黒煙に包囲されるという危険に陥ったが、命からがら逃げ出した。そして、アメリカ人ヒーリンの家に避難した。

それから二五年も後になるが、明治三〇年、駿河台の正教神学校の近くで火事があったとき、ニコライは日記にこう書いている。

「きのう夜中の一二時、伝教学校生徒の阿部の声で起こされた。〈火事です！　佐々木病院のすぐそばです。神学校と女学校があぶないです！〉。急いで着替えにとりかかった。大勢の人の声が聞こえる〔佐々木病院とは、杏雲堂病院のこと。西紅梅町二番地にあった。道路を一本はさんで正教会の神学校と女子神学校があった〕。

現場へ向かった。火事は函館時代からの古い知り合いだ。これまでわたしを五回もご訪問になって、一度などは危《あや》うくあの世へ連れ去られそうになった。

その火事が、いまを盛りと光り輝いていた。炎の赤いカラスの群れが奔流のように女学校と新築中の神学校に舞い降りている。幸い、大工、鳶方《トビカタ》、いろいろな職人、知り合いなど、親切な人たちが勢いよくかけつけてきてくれて、防火作業は実に手際よくいった。宣教団構内の各所で何度か火の手があがったが、すぐに消しとめられた。消防隊の動きはみごとだった。感嘆しないではいられないほどだった」（1897. 2. 5/17）。

ここに「危《あや》うくあの世へ連れ去られそうになった」と言っているのは、明治五年、黒煙の中を逃げまどった築地の大火のことかもしれない。

ロシア太平洋艦隊に招かれる

東京へ出てきたニコライは、築地「講義所」の類焼後いろいろと苦労したが、港町に空家を見つけ、ここで宣教の講義を再開した。初期正教会をよく知る城北生〔ペンネーム。樋口艶之助の筆名か〕の「露語学者の恩人」には、「鉄砲洲の元船宿なる廃屋《あばらや》」を借り、そこを講義所としたとある。ニコライはその「廃屋」で明治五年の春と夏をすごした。

そのころからニコライの名は広く周囲に伝わり、ニコライの門に入ってロシア語を学ぼうとする者が次第に多くなり、講義所は活気ある状況になってきた。

このニコライの「名声」は、ロシア人の間にも広まっていった。当時のロシア海軍の報告雑誌『海事論集《モルスコイズボールニク》』に、次のような短い記事が載っている。

「一八七二年六月一四日〔ロシア暦〕、われわれ〔ロシア太平洋艦隊「ヴィーチャジ」号〕はソエジマ〔外務卿の副島種臣〕、ビュツォーフ夫妻〔東京のロシア公使夫妻〕、そして皆から尊敬を受けている掌院ニコライ師を艦に招いた。

ニコライ師はその勤労と行いによって同国人ばかりでなく、日本人をふくめすべての人から愛され好かれている。日本人はニコライ師のもとで学びたいと先を争って申し込み、さらには自分の子弟をニコライ師の生徒にしようとしている。この誠実で勤勉な人は、数時間仕事をしないですごしたこの日を〈一日無駄にしてしまった〉と考えているほどである。そのため艦で一夜をすごしていただきたいとニコライ師にお願いするわけにはいかなかった。ニコライ師はソエジマと一緒に帰った」(「コルヴェート艦ヴィーチャジ号の士官の報告」『海事論集』一八七二年第一〇号)。

2　東京の駿河台を正教会の本拠地とする

駿河台へ

牛丸康夫の『日本正教史』をはじめ、これまでのいくつかの日本正教会史には、ニコライは明治五年(一八七二年)一月上京し、春と夏を築地ですごし、その年の秋、駿河台の高台「東紅梅町六番地」に戸田侯爵の屋敷跡地を見つけ、ここをこれからの宣教拠点としようと考えた、と書かれている。

第三章第3節の「ゴシケーヴィチと江戸見物」で紹介したように、ニコライ自身は、来日して四年後、まだ徳川時代の一八六五年（慶応元年）にゴシケーヴィチと一緒に函館から江戸へ出たとき、すでにこの高台に注目し、ここに宣教団本部を設け、教会を建てたいと思ったと日記で語っている（1895. 12. 5/17）。

『大主教ニコライ師事蹟』にも、次のように書かれている。

「当時人力車もなかつたので、駕籠に乗つて〔ニコライの日記によれば騎馬〕江戸市中を巡覧した時に此処《ここ》を過ぎ、高台を仰ぎ見て、ここはどういふ処かと問ふたところ、輿丁《よちょう》〔かごかき〕は消火署であると答へた。その時ひそかに思へらく、是は都市の中央で高燥の地である此処に、金色燦然たる十字章の聳《そび》ゆる聖堂を建てたならば、主の光栄を顕揚するに足らんと」。

当時の駿河台は「海面を抜くこと、六十五米あり、高燥閑雅なること市内枢要の位置」であった。小高い丘に十字架や教会を建てるのが、ロシア人のやり方である。ニコライはそれに倣おうとしたのである。

戸田侯爵とは旧下野《しもつけ》国宇都宮藩の戸田家である。ここは徳川幕府時代は「火消し屋敷」があったところで、それを戸田家が新政府から拝領した。「火消し屋敷」とよばれていたのは、戸田家になる前は、幕府の「火消役」蒔田数馬之助の屋敷だったからで、火の見櫓《やぐら》が高くそびえていたのだった。

また、『大主教ニコライ師事蹟』には、右の文章に続けて、ニコライがこの戸田侯爵の屋敷跡地約二三〇〇坪を、そこに建っていた数棟の家屋も一緒に、「文部官吏渡辺脩斉の名義で、一千四百円《ママ》で買取った」と書かれている。渡辺は豊前小倉（現北九州市）の人で「和学者」と伝えられている。文部官吏であったが、ニコライの日本語の教師でもあったのかもしれない。ニコライの信頼を得ていたものと思われる。

　ところで最近、堀合辰夫が、当時の公的文書によってこの件の正確な事実を明らかにした。堀合の論文「ニコライ堂戦後史」によれば、ニコライ堂の土地は「明治五年七月六日、ロシア帝国公使（ビュツォーフ）が、小倉県士族・渡辺脩斉から、代金一六《マ》〇〇《マ》円で買い取った」もので、契約書には用途は「領事館敷地」となっている。しかし、当時の日本の法律では外国人による日本の土地所有は認められていなかったので、日本政府が、ビュツォーフに代金を返し、いわばその代替として、ロシア帝国に永代借地権を認め、「日本国を貸主とするロシア帝国公使館付属地の賃貸借の形式をとる」ことにしたのだという。

　そしてその後、明治四〇年（一九〇七年）一一月、借り手がロシア帝国から「ロシア正教会宣教団」という「宗教団体」に変わり、「ニコライ大主教と東京府知事千家尊福《たかとみ》との間に賃貸契約が締結された」のだという（堀合辰夫「ニコライ堂戦後史――三、ニコライ堂の土地」、『生活ジャーナル』二〇一一年）。

　それはニコライが日記で、「ここの土地は公使館が外務省から無期限で借りたものなのだ」（1904. 2. 22/3. 6）と書いていることと合致する。ここの「公使館（Посольство）」はロシア公使館、「外務省（Министерство иностранных дел）」は日本外務省である。堀合の論文によれば、この「外務省」は正確には日本政府のことである（岩波文庫『ニコライの日記』下巻訳注（10）および瀬沼恪三郎「ニコライ師の小伝――五」参照）。

　なお、ニコライの日記によれば、ニコライの時代の駿河台本会の中心部の土地は、「一四六四坪」であった（1904. 12. 9/22, 1905. 2. 13/26, 1909. 2. 6/19）。

　ニコライは、賃貸契約成立後ずっと日本政府に地代を払ってきた。ニコライの永眠後、大正時代も、日本正教会はニコライ堂の土地を、日本政府に地代を払って借りてきた。そのニコライ堂の土地の所有権が日本ハリストス正教会に移ったのは、昭和も半ばをすぎてからである（本書第二十章第1節の「ニコライ堂取戻裁判」参照）。

露学校

明治五年、ニコライは、駿河台のその元火消し屋敷の古い大家屋に「膏薬張《こうやく》りの修繕」をして、「ニコライの塾」と呼ばれるものを造り、短い間であったが、まずここでロシア語教授を主とする「露学校」を開いた。

ニコライはその露学校で、「朝食はパン、日曜木曜の昼食には牛肉を供し生徒を喜ばせた。明治十一年より、語学校（露学校）の部は椅子式とした」と、そこで学んだ岩沢丙吉（伊豆出身）が書いている（「ニコライ堂史　三」）。

また、露学校に在籍した経験があり、当時の事情にくわしい城北生の「露語学者の恩人」には、「一棟の長屋に一時は百四五十の書生が寄宿した。（中略）いま記憶を辿《たど》って、その重なる者の名を挙ぐれば、安藤謙介（新潟県知事）、加藤増男（前の朝鮮公使）、大山綱昌（岡山県知事）、阿部浩（前東京府知事）、村松愛蔵（収賄事件後、救世軍に入る）、鈴木於菟平《おとへい》（外国語学校教授。氏は幕臣旗本大河内の陪臣）、福田直彦（前モスクワ領事）、黒野義文（この人は露都に行って遂に帰朝せず）、藤堂紫郎《しろう》（外務省出仕にて、二、三年前死亡）、副島太麿（故副島伯の息）、枝吉種麿（故副島伯の甥）、諸岡孔一郎（同上）、澤長麿、同く元麿（澤三位《さんみ》の息。〔澤三位は、幕末維新期の公家、澤宣嘉《のぶよし》〕）、野々宮某（公卿）、伊座敷犨《かたし》、野中亀雄、羽生田《はぶた》作太郎（横浜露国領事館通訳）、尾崎容、大越文平、宮本千万樹、成瀬〔高瀬？〕駒太郎、神戸応一、菊池武資《たけすけ》、涌谷繁《しげし》、日野厳夫《いつお》、千葉文爾等である」と記されている。

明治六年（一八七三年）、「文部省管轄の外国語学校」（いわゆる「旧外語」）ができると、ニコライはもっぱらロシア語を学びたい者はそちらに移るよう勧め、駿河台の自分の学校は、正教の教理学習を中心とする学校、「伝教学校」とした。だから、外国語学校第一期卒業生の過半は、「元ニコライ師の

明治８年(1875年)，ニコライが東京神田駿河台に建てた鉄筋レンガ造りの洋館
右側の屋根にクーポル（円蓋）のある張り出し部分の二階が，「降誕聖堂（東京十字架聖堂）」。その真下一階が，ニコライの居室と客室だった。この建物は，主教館，司祭館，本館，露《ろ》館《かん》，伝道館と呼ばれて親しまれた。伝教学校や最初の神学校の教室も，ここにあった。

塾生」であったという。

そして明治八年、ニコライはその「襤《ぼ》褸《ろ》屋敷」を取り壊《こわ》して、そこに西洋館を建築した。このレンガ造りの「西洋館」が、その後駿河台の正教会の中心となる「主教館」である。この建物は、「本館」「露《ろ》館《かん》」「伝道館」「宣教館」ともよばれた。この主教館建築費の募金には、プゥチャーチンの協力があった（ニコライ『一八七八年の報告書』）。

明治九年末、ニコライは正教会の学校の方針を確定し、自分たちの教育機関は「教役者」養成の学校であると定め、一年制（後二年制）の「伝教学校」、六年制（後七年制）の「神学校」、六年制（後七年制）の「女学校」（後「女子神学校」と改称）をスタートさた。その詳細については、次章「明治一一年の日本正教会」でふれる。

この主教館二階に、「十字架教会」

（「十字架聖堂」ともいう。正式名称は「東京ハリストス生誕聖堂」）があった。ここが、この時代の日本正教宣教団（本会）の教会であった。ロシア人正教徒もこの「十字架教会」で礼拝に参加していた。

このようにしてニコライは、駿河台に「宣教団本部（本会）」を設け、東京とその周辺の関東各地、北海道、シコタン島、そして東海地方、さらに関西、中国、四国、九州地方へと布教活動を広げてゆく。

ニコライにはそのときすでに、日本の正教会を支える力強い後背地として、北海道の函館と東北の仙台が存在していた（なお、一八七二年末、日本政府は太陰暦を廃し、太陽暦（グレゴリオ暦）を採用。陰暦明治五年一二月三日を陽暦（西暦）明治六年一月一日とした）。

信徒の増加

上京してからのニコライの宣教活動は、徐々に波に乗っていった。

ロシアの日刊紙「モスクワ報知（Московские ведомости）」（編集発行は、M・カトコーフとЛ・レオンチエフ）一八七六年（明治九年）一月四日には、「日本において正教は著しい成功をあげている」という記事が載った。ニコライは知り合いである同紙の主筆カトコーフに、ときどき、日本宣教の状況を知らせていたのである（ガヴリーコフ「日本における正教の布教を『モスクワ報知』紙はどう伝えていたか」参照）。

同じ年の五月二六日の「モスクワ報知」には、ニコライの公開書簡「日本正教宣教団はロシア教会によびかける」（執筆したのは明治九年・一八七六年三月一五日）が載った。ニコライはそこにこう書いている、

「われわれの宣教団がこの地（東京）に設立されてから、まだ五年にもなっていない。また、現在にいたるまで、予約されている四人の（ロシア人）宣教団員の定員枠が満たされたことはない。しかし、現在宣教団は以下の人員を有している。日本人の司祭一名（沢辺琢磨）、日本人の輔祭一名（酒井

篤礼)、伝教者ならびに伝教補助者三〇名。かれらは日本のさまざまな土地にあって、布教を推進している。信徒は一〇〇〇人を超えた」。

このころから、急速に日本の正教信徒が増大していった。一一年後の明治一一年(一八七八年)七月の日本正教会公会では、「信徒は四一一五名」に増えている(ニコライ『一八七八年の報告書』)。

ニコライの宣教の声に応えて正教徒となった日本人は、どのような人びとであったのか。初期正教会の日本人司祭や伝教者は、主として旧仙台藩士つまり士族層から生まれた。では、信徒一般はどうであったか。

それについて波多野和夫は「ニコライと明治文化」で次のように書いている。

「正教会の信徒層の中心をなしていたのは、農村では農村ブルジョアジーを志向する者であり、都市では行政や商業や医療などにたずさわるいわば地域社会の実務者層というべき者であった。明治十年代までの農村のなかでは、新しい経済活動に対応した新しい宗教倫理が求められていた。教会形成期の信徒たちは新しい倫理と自らの可能性の開拓を新しい外来宗教である正教会のなかに見出そうとしていたのである」。

ということは、日本人信徒の正教への接近動機は、プロテスタント系の人びとと大体同じだったということになる。ニコライの日記を読むと、豊橋や半田の正教徒については、この考察は当たっていると言える。たしかに、裕福な商人や当時「知識人」の医師、官吏などの正教徒もいた。

しかし、日記全体から明らかになってくる、多くの日本人の正教への接近動機は、プロテスタント系の人びとのそれとは、少し違っていたように思われる。ニコライは日記に、「日本社会で宗教心が生きているのは、庶民の間だ。そこへ正教は入っていかねばならない」という観察をくり返し書いている。

「この国では上層は地上の快楽の霧に迷い込んで、いかなる宗教の必要も感じていない。しかし下層は、庶民は、なくてはならない魂の消し難い要求を満たすものが宗教だと率直に正直に認めている。だから、まだ心から仏教を奉じているか、あるいはまた、すでに仏教では満たされないものを感じて、キリスト教にすがるかなのだ。それゆえ、われわれのキリスト教はぜひともここへ入っていかねばならない」(1889. 8. 4/16)。ニコライはこのように明確に布教対象をとらえていた。

正教会に近づいてきた日本人は、越後や津軽から駿河台にニコライを訪ねてくる信徒たちを見ればわかるように、農村や漁村の庶民が多かった。ニコライが直接会ったかれらこそ、「魂の消し難い要求を満たすものが宗教だと率直に正直に認めている」人たちだった。

静岡から訪ねて来た老人ロギン花井忠六もそういう人だった。花井は「元は位の高い武士（旗本《ハタモト》）」だったが、維新の動乱の中で零落し、あらゆる辛酸をなめてきた。その上、キリスト教の信者になったことで、妻から責められ、詰《なじ》られてきた。しかしキリスト教の信仰によって心をなぐさめられ、神の恩寵によって妻もキリスト教へ導かれることを願っている。

「このようなたましいの人には、心の底から感心しないではいられない。日本人は深い宗教的感情を抱くことはできないなどと言う者がいるが、このロギンのような日本人を見れば、そんなことは言えなくなる」(1896. 10. 30/11. 11)。

かれらはプロテスタントの聖書主義による自己実現ではなく、あらゆる意味での救済を、心がなぐさめられる宗教を求めていた（中村健之介『宣教師ニコライと明治日本』岩波新書、第五章「ニコライと明治日本」の「日本の宗教的土壌への共感」参照）。

実際、明治日本の正教徒は貧しかった。

明治一一年（一八七八年）の公会（年一回開かれる日本正教会の最高決議機関）で決まった教会費（「天

税」）は、「二〇歳から六〇歳までの男子信者一人につき毎年五銭、一六歳から五〇歳までの女性信者一人につき毎年三銭」である。これでは、この時点での全信徒の教会費は一年間で合計五〇円余にしかならない。

同年のパウェル沢辺琢磨司祭の給与が、月三〇円である。信徒の教会費では司祭一人も支えられないのである。

「寒生を済度す」

ニコライが宣教資金を「湯水のごとく」使って宣教活動を展開していたことは、当時、世間に広く知られていた。明治のベストセラー、服部撫松《ぶしょう》（誠一）の『東京新繁昌記《しき》』後編には、「露人尼古徠《ニコライ》氏巨伽藍《がらん》を駿河台に築き〔東京復活大聖堂竣工は、明治二四年〕、頻りに財を擲《なげう》つて寒生《かんせい》〔貧しい書生〕を誘ひ以て之を済度《さいど》す〔教えて信徒にした〕。是《こ》れ西教〔キリスト教〕の都下に蔓延《まんえん》するの始め也」とある。

ニコライが「財を擲って」布教しているという評判が広まっていたことは、ニコライの日記からもわかる。

服部撫松が言っているように、徳川から明治への激動の時代に生きる道に行き詰まった多くの「寒生」たちが、士族も平民も、無料で衣食住を提供してくれ勉学もさせてくれる駿河台のニコライの学校へ集まってきたのである。

当時、正教会の教役者になった人たちの多くは、そういう困窮した日本人であった。だから、ダニイル小西増太郎のような驕慢な者は、「新帰朝者」になり、神学校教師になると、自分の後輩である伝教学校生徒たちに向かって、「おまえらはみんな乞食だ。飯を食うだけのためにここにいる乞食だ」と暴言を吐いたのである（1895. 9. 23/10. 5）。

ときには、こんな珍客も現れた。

「予期せざる年賀の客が現れた。去年の復活祭のときに来た坊主《ボンザ》だ。〈お願いですから、内証で教えてもらえんでしょうか〉、坊主はカップの紅茶を飲みながら切り出した。〈ご自分の教えを弘めようと湯水のように金をつかっておいでだが、それはわが国をば取ろうという魂胆でござるのか〉」（1899. 1. 1/13）。

また、ニコライが「財を擲《なげう》って」救済活動をしているという評判を聞いて、零落した元殿様までが、はるばる秋田からニコライに会いに来たこともあった。それが明治という激変の時代の、めずらしくはない事実だったのだろう。

「午前中の翻訳の時間に、〈曲田《まがた》（秋田県）から二人の老人が来て面会を願っております。信徒になりたいと申しております〉という。

見るからに立派な感じの白髪の老人たちである。一人は元は小藩の殿様だったという。

〈東京見物ですかな〉とわたしはたずねた。

〈救いを願っております〔スクイヲネガウ（救いを願う）〕〉

〈そう聞いて一層うれしく思います。救いをどのように理解しておられるのか〉

〈あなた様がわれらの暮らしを助けてくださるであろうと〉

〈というと?〉

〈困窮しております。救っていただきたい。暮らす金がありませぬ。それがしは町の長（町長《チョオチョオ》）をしておりますが、俸給はわずかに七円。大勢の家族を抱えておりまする。それで、ヤソ教に入れていただき、あなた様に暮らしを助けていただきたく、まかり出た次第です〉と殿様は言った。

〈ただでとは申しませぬ。刀と引き換えで如何《いかが》でござろう〉と、もう一人の老人が口をはさんだ。

〈いかにも。むかしの財物とて残るものはわずかだが、よい刀が幾振《ぶ》りかござる。それを差し上げる〉と殿様が言い添えた。

わたしは老人たちに、できるだけやさしい、わかりやすいことばで、宣教団はそのような〈救い〉を与えてはいないし与えることもできないのだ。宣教団が約束している救いとはまったく別の種類の救い、〈たましいの、永遠の〉救いであることを説明した」(1901. 4. 24/5. 7)。

ニコライは日本全国を旅して、日本に貧しい地方があることは知っていたし、貧しい人たちが多くいることもよく知っていた。ニコライの日記全体を読むと、困っている人、苦しんでいる人に対するニコライの同情は、実に誠実で豊かで、貧しい地方、貧しい人たちを見下すところがまったくない。そして日本人に対する、自然な礼儀正しさが身についている。これは、ニコライと同時期に来日して政治の分野で大活躍したイギリス人外交官アーネスト・サトウとは、非常に違う点である。

晩年、ニコライは次のように語っている。

「外国人も日本に来ては、日本の礼儀を守り善き風習に従はねばならぬ。日本人の家屋に入るには、如何に不潔な貧家でも、外国人は必ず靴を脱すべきである。また日本の様に必ず正座すべきである。外国人でも日本人でも、洋服だからとてあぐらをかくは甚だ無礼だ。自分は日本人の家に入つてあぐらなどをかいて座つたことは、五十年の間に一度もない」(「ニコライ大主教回想談」、『正教時報』大正八年八月号)。

翻訳協力者として長くニコライの傍らにあった中井木菟麿は、「大主教は、だれでもご面会になるときは、真夏のときでもちゃんと帯をしめて威儀を整えられて面会せられました」と書いている(中井木菟麿「燕居のニコライ大主教」)。

「十字架教会」は手狭となる

ニコライは前掲の公開書簡「正教日本宣教団はロシア教会によびかける」の最後で、「ふえてきている信徒たちのために、独立した建物として大きな聖堂を建てる必要がある」と書いている。信徒が急増し、主教館二階の「十字架教会」は狭くなってきて、礼拝にも不便になってきたのである。一八七六年九月一日（ロシア暦）付のロシアの「正教宣教協会」理事会宛の手紙でも、ニコライは、大きな教会堂の新築がぜひ必要だと訴えている。

「聖堂はあまりにもせまく、すし詰め状態のために、聖体礼儀を行なっている間に気絶する人が出るほどである。超満員なのである。どうか聖堂を与えていただきたい！　われわれのために慈善家を見つけていただきたい」と宣教協会に嘆願している。

明治７年（1874年）５月，東京での第１回布教会議に出席した人たち

左から，イアコフ高屋仲，パウェル津田徳之進，イオアン小野荘五郎，ダニエル影田隆郎，パウェル佐藤秀六。

最初の布教会議

明治七年（一八七四年）五月、ニコライは東京本会で最初の「布教会議」を開いた。これが、今日まで続いている日本ハリストス正教会の教役者と有力信徒の全体会議「公会」のはじまりである。正教会は上《じょう》位《い》下《か》達《たつ》の組織ではあるが、最初期からこういう合議制も採り入れていたのである。

この最初の「布教会議」には、ニコライの他に、イオアン小野荘五郎、イアコフ高屋仲、パウェル佐藤秀六、パウェル津田徳之進、ダニエル影田隆郎の五人が集まった。パウェル沢辺琢磨、イオアン酒井篤礼、ペトル笹川定吉たちは布教活動で地方を巡回しており、出席はできなかったが、それぞれ書面で意見を提出した。

この会議は数日に及び、布教の方針を決定したり、「伝教規則」を編成したりした。だれが何県の布教を担当するかという管轄区域を決め、人事決定方式や給与も決めた。「伝教人〔聖職者資格のない布教者〕」「副伝教人」「啓蒙者〔教理を学び、洗礼を受ける直前の者〕」「月費〔給与〕」などの用語も、ここで決められた。

「伝教規則」には次のような条項もある。

「第七条　他郷の人来りて伝教人の家に寄留し、教えを受けんことを望まば、之を留め置くべし。もし他郷の人窮生〔貧しい人〕ならば、寄留の日より三月の間、教会〔宣教団〕が之が為に備ふるの公費を以て養ふを可《か》なりとす。但《ただ》し、生徒飲食の資費は、一日玄米一升の割を以て算勘す」（『事蹟』）。

布教活動の現場では、こんな細かな「規則」が実際に必要だったのだろう。

全部で二〇条の「伝教規則」の最後には、ニコライと五人の「伝教人」がそれぞれ署名し、印を捺している。このようにして、正教会の布教の基本方針と体制が整ってきたのである。

第七章　明治一一年の日本正教会

1　明治初期の日本正教会

『一八七八年の報告書』

ニコライは毎年の末、日本宣教団を経済的に支援しているモスクワの「正教宣教協会」理事会宛に、その年の活動報告書を送っていた。明治一一年（一八七八年）一二月に送った報告書（フルタイトルは『在日本ロシア宣教団団長・掌院ニコライの報告書』。以下『一八七八年の報告書』と略記）を私は翻訳し、『明治の日本ハリストス正教会――ニコライの報告書』（教文館、一九九三年）と題して紹介した。そこには、ニコライが東京で本格的に布教を開始して六年目の日本正教会の組織、運営経費などが具体的に記されている。

この『一八七八年の報告書』に基づきながら、ようやく体制の整ってきた明治一〇年代はじめの日本正教会の実態を概観してみたい。

日本の司祭とその任地

まず司祭については、明治一一年（一八七八年）七月三一日から八月四日にかけて、ヴラヂヴォストークの生神女就寝教会《しょうしんじょ》で、酒井篤礼、影田孫一郎、針生大八郎、高屋仲、佐藤秀六の五名が、司祭に叙聖されたことが報告されている。正教会では、司祭叙聖は、主教

日本で初めて司祭叙聖をしたカムチャツカの主教パウェル
明治8年（1875年）7月，函館の「救主復活聖堂」にて（上武佐正教会蔵）。

によってなされる規定である。ニコライは当時まだ掌院だったので、叙聖する資格がなかったのである。日本正教会はカムチャツカ主教管区に属していたので、叙聖はカムチャツカの主教マルチニアンによって行われた。ヴラヂヴォストークへの引率者は、函館教区担当の司祭アナトリイであった。無事叙聖を終えた一行は、八月二〇日、ニコライの手配したロシア軍艦パイアン号でヴラヂヴォストークを発ち、二五日函館に着いた（佐藤秀六「北遊日録摘記」参照）。

この三年前の明治八年（一八七五年）に、当時のカムチャツカの主教パウェルによって函館で司祭に叙聖された沢辺琢磨と合わせると、これで日本人司祭は六名となった。

日本国内の伝道管区は三一。東北地方が最も多いが、静岡、大阪にも布教の拠点が形成されてきた。伝教者と副伝教者は合計七八、信徒数は、七月の公会の時点で、四一一五名である。

伝道管区は特に岩手、宮城地方に多く、佐沼、登米《とよま》など、二〇近くの町や村に密に集まっていた。「伝教規則」は、付則として「土着伝教者」の存在を認めていた。「自宅に住み、自分の職業はそのまま続けながら、自費で、時間の許す限り伝道に従事する者」である。「土着伝教者」の呼び名は、後に「自給伝教者」と変わるが、フォマ大野頼恭（自己資産）、ステファン近藤自克（鍼灸師）、ペトル望月富之助（事務員）、アレキセイ三谷武馬（元郵便局長）などによって、後々まで受け継がれていった。

正教会の教育施設

日本宣教団には、教育施設が四つあった。①伝教学校、②神学校、③女学校（明治一六年から「女子神学校」と改称）、④下級聖職者学校（詠隊学校ともいう）である。それ以外に、函館に男児と女児のための学校が、それぞれ一つずつあった。これらの正教会の学校について簡単に紹介する。

伝教学校は、一八歳から六〇歳までの男子信徒の中の布教志願者が学ぶ。修学期間は一年（後に二年に延長）の速成教育である。授業科目は、神学、聖典解釈、教会史などで、声のよい者は歌唱を習い、教会で誦経者の勤めをする。

沢辺琢磨、酒井篤礼など最初期の教役者は、「学歴」なしで聖職者になったが、その後はそうはいかなくなった。第六章第2節の「露学校」で書いたように、ニコライが東京へ出て語学校（「露学校」。「露語学校」ともいう）を開き、それが明治九年改組されて、教理を教える「伝教学校」となったのである。正教会の組織や規則が整備されてきたこの明治一一年の時点では、伝教学校卒業者は、聖職者（輔祭、司祭）ではなく、「伝教者」になる。より長く在学して高度の神学や教理を学んだ神学校卒業者（この時点ではまだ卒業者は出ていないが）は、伝教者職にも就くが、やがては輔祭、司祭に叙聖されていく。伝教学校を出ただけで司祭になった者は、大正・昭和期のセルギイ（チホミーロフ）主教の「人手不足」時代にはいたことはいたが、それはきわめて少数である。

この明治一一年時の伝教学校在籍者は、二八名である。ニコライの報告書には、その年齢と出身地が記されているが、大半が一八歳から二〇歳、東北地方出身者が多かった。

明治一三年には、函館から、東京のロシア公使館付き司祭として上京し、駿河台の本会内に居住していた司祭アナトリイ（チハイ）も、この伝教学校で教えた。

神学校は、明治九年に開設された。記憶力に優れる岩沢丙吉はこう書いている。

「明治九年九月、筆者〔岩沢〕が入学した頃は全生徒約百名に達す。しかるに同年末、教会の学校方針を一変し、神学校に改め、将来教役者志望の者のみを採用することとなり、百名の生徒は三分の一に減少し、以後五年間、明治一四年まで生徒を募集せず」（岩沢丙吉「ニコライ堂史　三」『正教時報』昭和一七年一〇月号、金石仲華『鈴木九八伝』参照）。

神学校は、入学時点で一四歳から一六歳までの男子信徒が入学する。修学年限は六年。この明治一一年の時点で、第三学年に一三名、第四学年に一〇名、第五学年に六名、合計二九名が在籍していた。ニコライは報告書で、教師不足と資金不足のため「過去二年は、神学校の生徒募集は行われなかった」と書いている。だからこの時点では、第一と第二学年生徒はいなかった。

明治九年末、露学校が改組され、正教神学校が創立された。岩沢丙吉が言っているように、九月に露学校へ入学した時点では生徒はたくさんいたのだが、年末これが神学校になると、生徒が激減したのである。

神学校の授業科目は、一年目「ロシア語、国漢、漢・和作文、算数、正教信仰」。

二年目「ロシア語、国漢、漢・和作文、代数と幾何、旧約聖歴史」。

三年目「ロシア語、漢文、地理、物理、新約聖歴史」。

四年目「漢文、地理、万国史、心理学、教会史」。

五年目「万国史、哲学史、教理学、聖書解釈、聖体礼儀学」。

六年目「聖書解釈、道徳神学と牧会神学、批判神学、教会法、教父学」とある。

授業科目は、右に列記したように、神学関係科目以外にロシア語と和漢文系の科目が目立つ。入学にあたっては、少なくとも四書（儒学の枢要の書である「大学」「中庸」「論語」「孟子」）が読めない者は採用されなかった。明治初期の日本人の基礎教養がわかるというものである（くわしい授業科目については、拙訳『明治の日本ハリストス正教会――ニコライの報告書』訳注5を参照）。

神学校の卒業者で優秀な者は、教師としてそのまま神学校にとどまった。その他の卒業者は、各教会で誦経者《しょうけい》と伝教者の勤務を経た後、教会の推挙を得て、輔祭、その後さらに司祭に叙せられる。

ところで、当時の神学校の生徒たちは、ロシア語に非常に苦しめられた。明治一〇年から一六年まで神学校で学んだ岩沢丙吉はこう書いている。

「神学校の教授（「日本外史」「十八史略」など漢文系科目以外の、神学、教会史などの科目）は、実に馬鹿げたものだった。七年間も熱心に教授されたヴラヂミル神父は日本語を知らず、露語で講義し、生徒は露文教科書を暗誦するのだから、苦しさは非常なもので、後に留学した我々には苦しくても準備となったから先ず役に立ったから有り難かったが、残余の生徒は骨折り損のくたびれもうけどころか、病気になって退学した者が多かった」（長縄光男『ニコライ堂の人びと』、『明治の日本ハリストス正教会――ニコライの報告書』訳注31参照）。

ニコライは報告書で、「現在、授業がロシア語でなされているために、生徒たちは殺人的なまでに時間と精力を奪いとられている」と書いている。ニコライは日本語による授業への移行をめざしていたのだが、それが実現するのは、岩沢丙吉たち、つまりロシアの神学大学へ留学した日本人が帰国して母校の教壇に立つようになってからだった。

神学校は全員寄宿制で、学費・生活費から見ると、「自費生」と「公費生」に分かれていた。「半自費生」の者もいて、それは親が「月二円」負担している者だった。「公費生」は、宣教団（ニコライ）が全額負担で、衣服や文具も支給された。「公費生」には、貧しい教役者の子が多かった。

神学学校で教えているロシア人宣教師は、妻を亡くしてこの年（明治一一年）来日した在俗司祭ガヴリル（チャーエフ。明治一五年まで在日）と、ニコライ自身である。もちろん教会外から招いた国漢その他の科目担当の、日本人教師たちがいた。

神学校の第三学年には、正直で誠実な「セルギイ野村（後の鈴木九八）、一四歳」や、頭脳明晰な（ニコライがそう認めていた）「アルセニイ岩沢（丙吉）、一五歳、学費負担は両親」がいた。そして第五学年には、学業秀逸のアレキサンドル松井寿郎と、年長で社会経験も豊かなアナトリイ尾崎容《ひろし》がいた。尾崎は、「二六歳、経費は全額宣教団負担」の特別入学生であった。

女学校の創立については、高橋五子《いね》編『鏡花録』（明治二九年、女子神学校同窓会発行）の「女子神学校略記」に詳しく書かれているので、それによって紹介する。

明治七年に来日した聖歌教師ヤーコフ・チハイ（函館担当の司祭アナトリイの実弟）が、翌八年、かれから聖歌を習っていた女性信徒たちに、一つの建物に集って他の学科の教授も受けてはどうかと勧め、ニコライの許可を得て、彼女たち数名を集めて授業を行ない、初めて「学校様《よう》」のものができた。それが女学校の胚胎であった。

明治九年九月、ニコライはアンナ菅野秀子を舎監にして、その「学校様」のものを改めて「女学校」としたのである。生徒は「十数名」であった。教師は、漢学教員マルク北条隆八郎の他は、露学校で学ぶ学識ある男性信徒たちだった。すなわち、アナトリイ尾崎容、ワシリイ涌谷源太郎（繁《しげし》のこと）、ニキタ森倜次郎《かんじろう》などである。

当時の校舎は、現在の聖堂南門に続いていた石階段下の右辺《あた》りの「廃屋」（古い日本家屋）であった。学科は「教理、地理、数学、万国歴史、作文、習字、裁縫等」で、当時東京府下にあった、公立女学校以外の私立女学校に比べれば、優れている方だったという。

正教会のこの女学校（明治一六年、女子神学校と改称）は、日本の私立女学校としてきわめて早い時期の創始だった。女子教育史の記録によれば、その一三年後、明治二二年（一八八九年）、東京の代表的私立女学校は、「跡見」「海岸（後の青山女学院）」「東京裁縫」くらいである。大妻コタカが今日の大妻女子大学の礎である家塾を創立するのは、明治四一年である。

明治一二年五月、ロシアから女性輔祭マリヤ・チェルカーソワが、日本正教会の女学校の教理の教師として来日した。彼女はたちまちのうちに日本語会話をマスターして、教育に励んだ。彼女は校舎わきに「木製の西洋館」を建てて住んだ（『鏡花録』には、「その西洋館は、いま尚（明治二九年）、相模〔箱根〕塔ノ沢なる正教会避暑地に存せり」とある）。

女学校は、はじめは主として正教会の司祭と伝教者たち（教役者たち）、およびその縁者の娘を教育していたが、その後、信徒、さらに非信徒の子女をも受け入れるようになった。しかし、ニコライの基本方針は、一貫して「女子神学校は教役者の妻となる女性を育てる施設」であった。地方の伝教者がその地の女性と婚約すると、その女性が結婚前に女子神学校で一年間教育を受けるということもあった。

明治一一年のニコライの報告書によれば、生徒は寄宿生一九名、通学生六名、合計二五名。寄宿生はほとんどが司祭、伝教者の娘である。後に聖像画師となるイリナ山下りんも、生徒として在籍していた。授業科目は、「学校用神学」「聖書解釈」「旧約・新約聖歴史」「算数」「日本地理」「世界地理」「日本史」「世界史」「漢文・和文」「かな習字」「裁縫」「歌唱」など多彩で、内容豊かであった。

規模は小さいが優秀な教師と生徒がそろった女子神学校は、「日本正教会の華」と称された。欧化の波に乗る明治の日本で、世界の地理や歴史など新しい欧米系の知識だけではなく、和漢の教養を重視した教育を行なう「華」であった。キリスト教の「ミッション・スクール」でありながら、いわば和風の宗教的情操の涵養をめざしたこの女学校は、日本の女性教育史において、注目されるべき特色と豊かな可能性を秘めた学校であったと言えるだろう。

明治二〇年代末から女子神学校の名声が高まり、教会外からの入学希望者も増加し、明治三〇年代、四〇年代では生徒は七〇名を超える。それについては第十三章第2節の「東京女子神学校の隆盛」の項で紹介する。

「詠隊学校」は聖歌教師ヤーコフ・チハイが教えていた。

ヤーコフ・チハイは、函館教会を管轄していた宣教師アナトリイ（チハイ）の実弟である。かれは、明治六年（一八七三年）来日し、最初函館で聖歌を教えた。翌七年上京し、それから東京本会で聖歌指導に当たった。明治一六年からは、東京のロシア公使館教会の通訳、公使館付属教会の誦経者も勤めた。

ヤーコフ・チハイは、聖職者ではなく聖歌教師であったが、そのはたらきは大きなものがあった。日本語も上達したヤーコフ・チハイによって、「徹夜禱」「聖体礼儀」などの単声聖歌が「清国語のそれから日本語に移しかえられた」（ポズニェーエフ著・中村健之介訳『日本の大主教ニコライ』）。

ニコライは後年、日本正教会におけるヤーコフ・チハイの功績を称えて、日記で次のように言っている。

「パウェル中井（木菟麿）が、アナトリイ師（チハイ、明治二六年（一八九三年）、ペテルブルグで永眠）に捧げる記念の十字架に刻する銘文を書き上げた。パウェル沢辺（琢磨）神父、サワ堀江（復。翻訳局長）など全員が、その文章を可とした。だがわたしは、それにアナトリイ師の弟ヤーコフ・チハイの名も書き加えた方がいいと言った。日本人に言ったことはないが、わたしは、おそらくヤーコフ・チハイが日本の教会のためになした貢献は、軟弱な性格だったアナトリイ師のそれを上回ると思う。かれは日本に合唱を導入し、数々の聖歌を譜面に採り、教会で歌うために自らもたくさんのすばらしい歌を作曲した」(1901. 10. 18/31)。

「詠隊学校」では、聖歌、誦経、聖体礼儀（ミサ）などを重点的に教えた。ロシア正教は典礼による「祭」の宗教・儀礼宗教であるから、教役者《きょうえきしゃ》は正しい式次第を心得て、式に定められた聖歌を覚え、歌い唱える技術、祈りを捧げる所作を身に着けていなければならないし、イコンを捧げ持ったりしてそれを助ける補助役が必要である。ニコライのキリスト教は、儀礼によって死者たちとつながっている宗教なのである。だから詠隊学校は、ぜひとも必要なのだった（中村健之介編訳『ニコライの日記』岩波文庫下巻「あとがき」参照）。

「典礼」ということで言えば、明治時代末、ニコライはしばしば明治学院や青山学院の卒業式やプロテスタントの教会の葬儀に招かれるのだが、帰ってくると、いつも同じ不満を日記に書いている。キリスト教の学校なのに典礼に従った美しく厳粛な儀礼がない、世俗との区別がない、「死後の生」へ旅立った者の平安を願う祈りがない、宗教的感情が湧かない、と嘆いている（1909. 8. 28/9. 10、1910. 5. 7/20）。

神学書の翻訳と『教会報知』の発行

ニコライは、日本人には神学書など文書による布教が有効だと見ていた（ニコライ著・中村健之介訳『ニコライの見た幕末日本』参照）。そこで早くから宣教団に翻訳局を設け、ロシア語を学んだ日本人にロシア正教会の神学書を翻訳させ、出版した。報告書の「出版」の項には、その翻訳書題名が列記されている。サワ堀江復による『旧・新約聖歴史略解』、ペトル小野成籌による『教会史略』など七点がすでに翻訳刊行され、『正教の宗門』（ペトル・モギラ著）も翻訳されつつある。日本人訳者の中には、ギリシャ語のできる者もいる。

それと並んで、報告書には、明治一〇年（一八七七年）一一月から刊行されている日本正教会最初の機関誌『教会報知』の紹介もなされている。編集は日本人教役者たちである。石版刷り、一四ページ、毎月一日と一五日の月二回の発行である。

『教会報知』第一号の冒頭には、次のように書かれている。

「今般本会ニ於テ 著《あらわ》ス処ノ者、即《すなわ》チ名《な》ケテ『教会報知』ト云フ。其《その》報知ノ趣旨タルヤ、即チ多クノ伝教者ヲシテ各地方ニ配布シ、各々其ノ播布《はんぷ》スルノ地ニ於テ日夜黽勉《びんべん》（勉強）シ、而《しこう》シテ真神ヲ知ラサルノ（まことの神を知らない）民ヲ主ノ光道ニ誘導セントス」。

『教会報知』の主たる記事は各地の伝教者から寄せられてくる布教状況である。例えば下総の「景況」は、「千葉県下下総《しもうさ》ノ国香取郡ノ景況。伴氏（伝教者ペトル伴義丸）ヨリノ報ニ曰ク、当地ノ景況ハ起初ト違ヒ、教ヲ聞ク者 失《うしなわれ》、望モ殆《ほと》ント無キニ至ラントスルニ、幸ニ金江津《かなえつ》村ニテ大奮発ノ者出来、是《これ》ヨリ尚《なお》又タ広メント、先ニ（ひとまず）心ヲ安スルナリト。蓋《けだし》嚮《さ》キニ来聴スル者ハ（おそらく、前に聴きに来た者たちは）、世上ノ妄信ニ雷シテ（雷同して）、其《その》（キリスト教の）奇術ヲ見ント想ヘシナリト。又総常（総州常陸、千葉茨城）ノ風儀（一般の風習として）甚シキニ至テハ、彼レラ相《あ》ヒ告ケテ曰ク、魔法或ハ夷狄《いてき》或ハ奪国或ハ神国ヲ汚スナドト、実ニ 頑《かたくな》モ亦《また》甚シト云フベキナリ」（『教会報知』第一号）。

「禁制」は解かれはしたが、キリスト教は日本の一般庶民の間では、まだ「邪宗」であった。

正教会本会の建物と教役者の給与

明治一一年の駿河台の東京本会には、二棟の西洋式レンガ造りの新しい大きな建物があった。これが「主教館」である。二棟は二階が渡り廊下で繋がっている（東京両国の「江戸東京博物館」のニコライ堂は精確なミニチュアであるが、この二階の渡り廊下の部分だけが、明治時代の建物とは違っていて、繋がっていない）。

「露館《ろかん》」とも呼ばれていたこの建物に、洗礼室、神学校、伝教学校があり、六〇人分の椅子と机があった。事務室もあり、二階には「十字架聖堂」もあった。司祭ガヴリル（チャーエフ）、聖歌教師ヤーコフ・チハイとその家族、翻訳者たちは、ここに住んでいた。ニコライの居室は、「十字架聖堂」の真下、一階にあった。

本会にはその他に、古い日本家屋が三棟あり、二棟が女学校、一棟が印刷所であった。

明治一一年のこの時点で、聖職者の給与の最高額は沢辺琢磨、高屋仲、佐藤秀六の三司祭で、それぞれ月三〇円。伝教者の最高額は、小野荘五郎の一八円である。この後徐々に、沢辺が突出した「高給取り」になっていった。

明治三〇年代になると、神学校校長瀬沼恪三郎が、長司祭沢辺琢磨を抑えて、最高給になる。ニコライ時代、次のセルギイ時代の日本正教会は、給与体系がしっかりしておらず、宣教団長ニコライが、沢辺、瀬沼の個人的請願に押されて増給するということがしばしばあった。

伝教者の大半は七円から一〇円で、伝教者には給与に加えて夏、秋、冬の衣類を現物支給された。伝教者の赴任に当たっては、任地で家財道具をととのえる費用も支給された。

本会には医務室があり、校医がおり、投薬もなされていた。全体の医療費は、神学校、女学校もふくめ、明治一一年は一年間で、「一八二九円」という、かなりの額であった。

ニコライは早くから、伝教者や司祭の生活費をその教区の信徒が担う「日本正教会の経済的独立」をめざしていた。この報告書でも、「信者たちは自分たちの管轄司祭の生活費全体を引き受けようとする方向へ、徐々に進んでいる」と書いている。しかし、実際には、信徒が自分たちの管轄司祭や担当伝教者の生活費を負担する（「供給する」という）動きは、遅々として進まなかった。学校の運営費も書物の翻訳出版費も教役者の給与も、この時点ではすべてロシアから送金されてくる宣教資金が頼りだった。

2　布教の実態

日本人による布教

報告書の第二章「日本人伝教者の伝道」は、なかなか読みごたえがある。

ニコライは明治五年（一八七二年）に上京し、まだキリスト教が「禁制」の日本で公然と布教を開始した。そして明治八年には早くも日本人司祭パウェル沢辺琢磨を立てて、教会の中枢に日本人を入れ、その後も日本人聖職者を増やすことに力を注いだ。

ニコライはロシアの「正教宣教協会」へのこの『一八七八年の報告書』で、「日本の教会は自分たち宣教師が行なっている事業ではない。日本の教会は日本人伝教者たちの事業である」と明言している。これは注目すべき発言である。ニコライは最初から日本人による正教会をつくろうとしていたのである。

ニコライはこの考えを、日本人信徒に対してもくりかえし公言していた。

「兄弟《けいてい》ヨ姉妹ヨ、此会《しかい》〔この会合〕ヨリ散シ各家ニ帰ラバ、ハリストス〔キリスト〕ヲ衆人ニ伝フルコトヲ忘ルル勿《なか》レ〔自分たちで布教せよ〕。余《よ》ラ〔自分たち〕外国人ハ早ク無用ノモノトナラザルベカラズ〔外国人宣教師は不要ということにならなければならない〕。是レ、余ガ既ニ兄弟ニ勧メテ今亦《また》勧メ、後亦勧ムベキコトナリ」（『正教新報』明治一三年一二月一五日）。

明治一〇年の日本におけるキリスト教宣教師の数は、カトリック四五名、プロテスタントは各派の合計九九名、ニコライのハリストス正教会は四名である。正教会の宣教師は他派に比べ格段に少ない。そして、この差は年とともにますます開いていった。

ニコライがロシア人宣教師の来日を拒否していたのではない。ロシアの宗務院に宣教師の派遣を熱心に要請し続けたのだが、日本へ望んでやって来ようとするロシア人宣教師がいなかった。また、ようやく来日しても病気にかかったりして、短期間でロシアへ帰ってしまう場合が多かった。そのために、ニコライは早くから、日本人を聖職者として登用する方針を立てたのだと思われる。

だが、ニコライは「余ラ外国人ハ早ク無用ノモノトナラザルベカラズ」と信徒たちに明言していたが、しかし、ロシア正教会と縁を切れと言っていたわけではない。かれは、日本人聖職者集団によって支えられる日本の正教会が、ロシアの宗務院の指導の下にとどまることを願っていた。それは、日本正教会が「プロテスタントの分派のようなものにならないようにするため」であった。日本人聖職者たちに対して、自分の亡き後はロシアから主教を招き、宗務院の指導を少なくとも一〇〇年間は受けよと説いている（1904. 7. 7/20）。

ロシア人宣教師の数がふえなかったということが、日本正教会にとって、宣教に不利だったかというと、必ずしもそうではなかったように思われる。

前章第2節の「信徒の増加」にも書いたように、ニコライが宣教団長であった明治期の日本正教会の教勢は相当なもので、日本全国に多くの信者を獲得していった。明治三一年の日本の内務省の調査では、正教会の信徒数は二万五〇〇〇人余に達している。これはカトリックの五万四〇〇〇人に次ぎ、プロテスタントのどの派よりも多い信徒数である。

海老沢有道は、明治期ニコライの正教会の外国人宣教師は他派に比べてきわめて少なかったにもかかわらず、「プロテスタントを遙かに凌駕する布教成績を挙げていた」と認めている（海老沢有道『日本の聖書』）。

このような信徒獲得成功のかぎが、「日本人伝教者」であった。

布教意欲と知識欲のある平信徒に「伝教学校」で短期間神学教育をほどこして、「伝教者」として

明治期に活躍した正教会の聖職者たち
前列左から，パウェル佐藤，マトフェイ影田，イアコフ高屋，パウェル新妻，ペトル仮野，イオアン小野（荘五郎）。後列左から，ロマン千葉，ペトル笹川，ティト小松，フェオドル水野。

各地へ派遣する、それが、早くからの日本正教会独自の平民主義的伝道方式であった（神学校卒業者はやがては司祭になる見込みではあったが、かれらも、卒業後はまず伝教者となって布教した）。

聖職者に叙任されていない、教団からの手当ても薄いこの日本人伝教者たちが、北海道、東北、関東、関西、中国、四国、九州の小さな町や村へ向かい、草深い村々にまで分け入って、生まれて初めてキリスト教にふれる日本人を、ハリストス正教会に招き入れたのである。「耶蘇《やそ》教ニ入レバ生肝《いきぎも》ヲ取ラレ、此レヲ外国ニ送リテ高金販売ス。故ニ金ヲ取ラズニ教ユルナリ」という噂がまことしやかに庶民の間でささやかれていた時代である。伝教者たちが村人を集めて「ハリストスの教えを講義」してゆく様子は、『教会報知』や『正教新報』の各号に、生き生きと伝えられている。山奥の寺にまで足をのばし、寺の住職を相手に熱心にキリスト教を説く若い伝教者もいた。また、ロシアの正教宣教協会に送ったこの『一八七八年の報告書』で、ニコライは、伝教学校では劣等生だった青年が、布教の助手として農村に出かけて行き、その村長を感動させ洗礼を受けさせるまでに導いた実例を、自慢するようにくわしく紹介している。

維新から一〇年しか経っていない時代、社会全体が混乱し流動的だった時代に、ロシア人宣教師ニコライと若い日本人伝教者たち、そしてついこの間まで武士だった日本人司祭、輔祭たちが、新しい共同体の形成をめざして労苦と喜びを共にしながら布教に励む姿が、そこから浮かび上がってくる。

ニコライによって伝えられたキリスト教は、ロシアのキリスト教である。ロシアは、幕末、明治初期の日本人にとっては、「西洋」の一つであった。しかし次第に、ロシアのキリスト教は、欧米崇拝熱に罹っていた日本にマッチした宗教だとは言い難いことになっていった。

欧米系であるプロテスタント諸派は、英語を宣教の「釣り針」にして、多くの日本人をキリスト教に入信させた。ニコライは、少しうらやましそうに、日記に次のように書いている。

「一時ごろにオードリー主教〔イギリス聖公会〕夫妻が来た。一時間ほどいて、自分たちの宣教の成果を話していった。

大阪で五〇人の警察官が宣教師たちから英語とキリスト教の教理の授業を受けて、キリスト教徒になった。これが、日本の警察当局の目にもすばらしいことだと映った。それで今度は、東京の警察官たちのために英語とキリスト教の教理の教師を派遣してほしいと、オードリーに依頼があったという。現在、東京の警察官七〇人がオードリーの派の者たちのもとで学んでいる。同じ授業に二〇〇人出てくるという約束なので、それに間に合う場所を探している。警察官たちは週に五回、このオードリー主教が企画した授業に出ている。英語の授業はイギリス人が、キリスト教の教理は日本人牧師が教えている。オードリーは、全員がキリスト教徒になるだろうと予想している」(1900. 3. 6/19)。

ニコライの日本正教会は、ロシア語を「目玉」に人を集めることができなかった。日本人の欧米文化へのあこがれと実効性を、ロシア正教の宣教で満たしてやることはできなかった。

それでも当時宣教の勢いにおいて他派にひけをとらなかったのは、最初期から日本人伝教者が布教を担い、聖職者もまた日本人から選んだことが実りをもたらしたからである。そのことが、この教会が、カトリック、プロテスタントの教会と比べて「日本的キリスト教」になっていった一つの理由かもしれない。日本の正教会は、ロシア日本系キリスト教なのである。

『一八七八年の報告書』の第三章「一般信徒の信仰」には、もう仙台、函館の迫害のことは書かれていない。詳しく書かれているのは、各地で僧侶にそそのかされた仏教徒が、正教徒の家を打ち壊すぞと脅しているなどの迫害である。

ロシアからの援助

報告書の第四章「ロシアからの援助」でニコライは、「プゥチャーチン伯爵などの援助」を強調している。「プゥチャーチン伯爵は、自ら寄付してくださったり、宣教団の困窮を語って他の人びとに寄付を促したりして」くださった。現在の「主教館」の建築資金も、プゥチャーチンの募金活動によって得られた。

そしてその最後に、ニコライは三名の在ロシア日本宣教団員（同労者）の名をあげ、謝意を表している。ペテルブルグのイオアン（ヂョームキン）神父、フェオドル（ブィストロフ）神父、モスクワのガヴリル（スレテンスキー）神父である。前の二人はペテルブルグ神学大学のニコライの同期生で、親友である。「かれらはロシアにあって日本宣教団の困窮を思い、援助し続けてくれた」。後に日本の正教神学学校を卒業してロシアの神学大学へ留学した日本人たちも、この「同労者」たちの世話になった。

「主教座」設立と宣教資金増額

報告書の最重要部分は、第五章「宣教団の拡充」である。

この報告書を書いている時点でのニコライの位階は、主教の下の「掌院《しょういん》（アルヒマンドリート）」である。日本宣教団設立から七年経ったいま、日本に主教が必要である、とニコライは訴えている。東京に主教座を確立することによって、「ここに聖職者叙聖の拠点を設ける」ことができる。東京に主教がいれば、わざわざヴラヂヴォストークまで出かけることなく、日本人伝教者を輔祭、司祭に叙聖することができる。これは、日本正教会の今後の発展のために是非とも必要なことであった。

次にニコライは、宣教活動資金の増額をお願いしたい、と訴えている。

理由はもちろん伝教者の増員、かれらの給与の増額、神学校、女学校の拡充のためだが、その片隅に、次のような小さな理由も書き加えられている。

ここ日本では、主教といえどもロシアのように立派な馬車に乗ったり広壮な邸宅に住んだりする必要はない。むしろ質素な生活を送る主教こそ、日本の信徒たちの目には好ましい聖職者の姿に映る。「しかし、信徒たちに手本を示すために、主教は多くの施しをしなければならない。それにはやはり金を持っていなければならない」。

そしてニコライは、「宣教団・教会の年間経費として、四万六〇〇〇ルーブリが必要である。この宣教事業は夢想家の机上の計画ではなく、現実の、生きている事業であり、そのための、だれが見ても明らかに必要な経費である」と締めくくっている。

ニコライは、ロシアの「正教宣教協会」理事会宛にこの『一八七八年の報告書』を送ると同時に、宗務院、教会関係者、慈善家などにも、援助を訴える手紙と電報を送った。ペテルブルグの宗務院からの返事は冷たく、「伝教者たちを教会から切り離し、学校を閉鎖せよ」であった。

日本正教会という大家族を背負ってニコライは、必死だった。宣教事業が広がるにつれ宣教団の経済的負担は増え、資金不足は深刻化し、教会の破産さえ懸念されるほどになっていた。

ニコライは、『一八七八年の報告書』を発送した半年後、明治一二年（一八七九年）七月初め、ロシアへ二度目の帰国をするため、横浜を出航した。アメリカ、イギリス経由（1879. 11. 14）の帰国である。

第八章　第二回ロシア一時帰国

1　二回目のロシア帰国

帰国の目的とイシドル府主教への手紙

ニコライのこの二度目のロシア帰国の目的は、三つあった。

一つは、日本に「主教」を立てること。

二つ目は、東京に大聖堂を建設するための寄付金を募ること。

そして三つ目は、日本への宣教資金の増額であった。

ニコライはすでに宗務院や教会関係者に援助を訴える手紙を送ったのだが、いよいよ横浜を出るとき、さらにペテルブルグ府主教イシドルに宛てて手紙を出した。郵便船の手紙の方が早く着くからであった。

「わたしのなすべきことは、もはや、ロシアへ出かけて行く以外にありませんでした。だが、そちらへ着いたとき、何がわたしを待っているのでしょう。何が日本の宣教団と教会を待っているのでしょう。わたしの歎願を、前のわたしの手紙と電報を見舞ったと同じ運命が、わたしを待ち受けているのでしょうか。しかし、そうであったら、あまりにも酷《ひど》すぎます。

なぜわたしの願いに耳をかしてもらえないのでしょう。日本の教会が生きるか死ぬか、それが、この願いが聞き届けられるか否かにかかっているのです。助けの手を差しのべたくないというのでしょうか！　そんなことは、思ってみることもできません。このような危急のときに〈嫌だ〉などと言うとしたら、それは正教に対する裏切りというものです」(1879. 8. 3)（アントニイ・メーリニコフ「亜使徒・聖日本のニコライ」、『神学論集』XⅣ、一九七五年、注47。三九頁中の引用による）。

イシドルは、ニコライの恩師であり、日本宣教団の後ろ楯であった。

ニコライのペテルブルグ到着は、ロシア暦一八七九年（明治一二年）九月一二日である。それから翌年八月までの一年間が、ニコライの第二回目の、そしてこれが最後となったロシア帰国である。ニコライのペテルブルグでの宿舎は、第一回帰国のときと同じく、町はずれのアレクサンドル・ネフスキー大修道院、すなわちペテルブルグ府主教イシドルの御座所であった（ロシア帰国中の日記の日付は、ロシア暦である）。

日本にいたロシア人聖職者

一時帰国したニコライのロシアでの日記の最初には、アナトリイ、ヴラヂミル、チェルカーソワ（女性輔祭）など、日本で活動しているロシア人宣教師たちの名が出てくる。それは、ニコライの出発前に、かれらが駿河台に集まってニコライと話し合っていたからである。ヴラヂミルはニコライに、ペテルブルグへ行ったらノヴォデーヴィチ女子修道院を訪ねるよう勧めた。ペテルブルグに着いたニコライは、さっそく女子修道院を訪ねた。

「ノヴォデーヴィチ女子修道院では、完全に身内の扱いだった。わたしがヴラヂミル師のことを話し出すと、エウストリヤ院長はアポロニヤ、アグニヤ、フェオファニヤといった修道女たちを呼び、みな母親のような笑みを浮かべて、大好きなヴラヂミル師が日本でどんな立派なはたらきをしているか、聞き入っていた［これらの修道女たちはイコン画師で、後にこの女子修道院に来た山下りんを指導した］。

アグニヤ尼はそのときすぐ、ヴラヂミル師が建設を計画している聖堂にかかげるイコンのためにすでに一〇枚のカンバスを注文してあると言った〔この計画中の聖堂とは、修道司祭ヴラヂミルが、箱根塔ノ沢に自費で土地を購入して建てた正教会の聖堂のことである。なお、イコンは麻布を貼った板絵が基本だが、カンバスに直接描くのもある〕。

実にすばらしい人たちだ。わたしの愛する事業に他人がこんなにまで暖かい関心を寄せてくれる。たましいが生き返るようだ」（1879. 9. 15）。

また、東京の正教女学校で教えているチェルカーソワが、イシドル府主教に、女学校の建物の現状

修道司祭ヴラヂミル・ソコロフスキー
明治12年（1879年）3月来日。

正教会の「箱根避暑館聖堂」
明治12年ごろ，ヴラヂミル師が，私財で箱根塔ノ沢村に土地を購入して建立した。土地の人びとは，「ヤソ堂」と呼んでいた。

を前もって伝えておいてくれたので、ニコライは府主教からすぐ女学校のための援助を受けることができた。ニコライの日記には、次のように書かれている。

「七時に府主教さまのところへ伺った。

〈ところで、おまえのところの女学校はひどい建物だというが、ほんとうかね〉

〈はい、そのとおりです〉

〈こどもたちは冬、寒かろう〉

〈寒いのはまだたいしたことはございませんが、一番困っておりますのは、風で建物が倒れて、こどもたちが圧しつぶされはしないかということなのです〉

〈そりゃたいへんじゃ。放っておくわけにはいかんではないか。おまえはラムベルト伯爵夫人から女学校のために五〇〇ルーブリいただいておる。わしからも五〇〇進ぜよう。急いで送金してやりなさい。そしてちゃんとした建物を借りるよう手紙を書いてやらねばならぬ〉」(1879. 11. 15)。

「日本とロシア」

到着の翌月、地元ペテルブルグの雑誌『新旧ロシア』一八七九年一一月号に、ニコライの論文「日本とロシア」が載った。日本で書きあげて用意していったのだと思われる。

ここでニコライがロシアの知識人を前に強調しているのは、またしても日本人の平均的教育水準の高さ、民度の高さである。

「日本国民はきわめて発達程度の高い国民であり、その発達程度は、全体としては、地球上の最も教育レベルの高いいくつかの国民のそれにも劣らない、と言ったら奇妙に聞こえるだろうか。

日本には〔ヨーロッパの優れた書物に匹敵するような〕優れた書物はなかった。しかし、その代わり、書物を読まないヨーロッパの人びとに比べれば、書物を読む日本人は、その教養と知的発達において、ヨーロッパ人よりも明らかに、はるかに高いところに立っている。そして、ほとんどの日本人が書物を読むのである。

日本人は、自分たちが夷狄《いてき》だと思ってきた他国民が、実は知能と政治において自分たちよりはるかの優れた発達を遂げていることに気づいた。そのときの日本人の驚きは大きかった。日本人の自尊心はきわめて不快な頂門の一針を受けたのだった。

日本人は国民的誇りの重心をすばやく移し変えて、自分たちを越えて行った諸国民にできるだけ早く追いつくことを自分たちの課題と定め、自分たちの自尊心を満足させようとした。それからの二〇年間の間にかれらの成し遂げたことといったら、それに匹敵するようなことは、他のさまざまな国民の歴史においては、まず見当たらない」。

幕末に来日したニコライは、その後二〇年間の日本の激変ぶりをその目で見て驚いていたのである。論文「日本とロシア」でニコライが力を込めて書いているもう一つのことは、「日本とロシアの関係は対立的にはなりえない」という観測である。

「両国の地理学的状態は全く異なっている。だから、将来ありうる両国の関係はただ相互援助の関係であり、あちこちで衝突したり互いに妨害し合ったりすることにはならない。

日本は海へ伸びる国であり、未来のイギリスである。狭隘な国土に稠密な人口を持ち、国民は進取の気象に富むから、日本ではきわめて近い将来において中規模の製造業が発達し、外国向けの産業が発展するだろう。

そうなると、貿易の利益を図るから、また、商船隊の便宜と植民地を求めて海外に領土を獲得しようとするから、日本はイギリスその他の強力な海洋諸国を相手に、遠からず、衝突を起こすだろう。

それに対してロシアは、海洋国とは反対の大陸国であり、海上貿易も植民地も持っていない。ロシアがこれからなさねばならないのは、自国の豊かな資源を開発して、国内産業を興すことである。これには長い時間がかかるだろうが、その努力がもたらす稔りは大きい。

日本はロシアに貴重な援助を提供できるし、それによって日本自身も利益を得ることができる。ひとことで言えば、日本とロシアの将来に待ち受けているのは、それぞれの国のありようからして、ただ好感と友情と相互援助のみであると思われる」（ニコライ「日本とロシア」）。

日本とロシアは地政学的に大きく異なる、それゆえ両国の関係は必然的に相互援助になるという考えは、ニコライの基本的日露関係観であり、いわば持論であった。かれは日本の神学校生徒たちに対しても、くりかえしこの希望的観測を含む日露関係観を説いた。

ロシアへ帰国して、この日露関係の未来展望をロシアの雑誌に披露することによって、おそらくニコライは、自分のめざす日本宣教が、両国の国家単位の関係においても明るい展望の中にあるとロシアの有識者に示し、これからの自分の募金活動に対する理解を得ようと考えたのだろう。

ロシアのキリスト教を日本に広めるためには、ロシアと日本が友好的関係にあることが必要である。ロシアと日本は、異なるがゆえに競合衝突はしないはずだ、友好的関係になるはずだ、それがニコライの論理であった。

異なっていても、どちらかに領土的野心があれば、衝突することになる。ニコライがそのことに気づくのは、ずっと後、日露戦争が起きてからである（1905. 5. 20/6. 2）。

府主教イシドル

この二度目のロシア帰国時のニコライの日記は、かれがロシアでどのような人間関係の中にいたのか、ロシアのどのような人びとが日本宣教団を支援していたのかを、詳しく教えてくれる。

まず、すでに何度か紹介した、ペテルブルグ府主教イシドル（ニコリスキー、一七九九〜一八九二。プーシキンと同年生まれ）である。当時は総主教制が廃止されていたので、ペテルブルグ府主教が、ロシア正教会の最高位聖職者であった。第三章の最後に引用したイシドル宛の手紙からもわかるように、ニコライはイシドルの愛弟子だった。イシドルこそ、ニコライの日本宣教の力強い支援者であった。

一八八〇年のニコライの帰国時、イシドルは八二歳の高齢であったがまだ活力があり、判断力、事務処理能力は、依然抜群であった。ユーモアもあった。

「三〇分後に〔イシドル府主教の執務室へ〕請願書を持って行くと、もう控え室にはたくさんの請願人がつめかけていた。秘書官は、府主教さまは仕事も多いが処理も速いからと言った。〈きのうは九時すぎてもまだ書類がかなり残っていたのですが、それがきょう、われわれが出勤する前に決済されて事務局へ回っていました〉」（1880. 2. 29）。

イシドルは、多忙な執務の合間に、帰国した愛弟子ニコライを何度も自室へ呼び、冗談を言って笑わせたり、東京に建てる予定の大聖堂の相談に乗ったりしている。大聖堂の設計も、イシドルが基本プランを選び、建築家としてシチュルーポフを推薦した（1879. 11. 18 以下の日記を参照）。イシドルは、日本は地震が多いから、そしてロシアで聖堂建築資金は多くは集まらないだろうから、塔の多いビザンチン様式の聖堂は避けるのがよいと忠告した。

ニコライが、「あす芸術大学から建築家が来て、教会の設計図についてわたしと話をすることになっています」と言うと、「府主教さまは、用意してあったバジリカ式教会堂〔基本平面が長方形〕の輪郭を描いた一枚の紙を持ち出してこられて、こういうタイプの聖堂を建てなさいと助言し

ニコライの師，府主教イシドル

てくださった」（1879. 11. 15）。

東京神田の「ニコライ堂」は、イシドルが推薦した基本プランに従ってシチュルーポフが設計図を書き、東京のイギリス人建築家コンドルが施工を担当したのである。

頻繁に宮廷へ出入りするイシドルは、そこで直接聞いた冬宮の爆破事件の内幕もニコライに教えた。また、イシドルはニコライがいつも「率直な態度」でものを言うことについて、「これからは〔皇族方にもお目見えするのだから〕それだけではいけない」と注意もしている。「府主教さまは、わたしのものの言いがきついことと、すぐかっとなることをお叱りになり、もっと平らかな穏やかな態度を身につけるよう諫《いさ》められた。〈ここ〔修道院〕は自分の家だ。しかし、外へ出たら、それでは反発をかう〉とおっしゃった」（1880. 3. 15）。

イシドルはニコライを指名して、ペテルブルグ市内のいくつかの由緒ある大聖堂で聖体礼儀（ミサ）を行なうようにさせた。また正教会首脳陣との会食や皇室の宗教儀礼にも必ずニコライを参加させた。自分がニコライを支援していることを周囲に示したのである。

そのように特別扱いされるニコライに対して、周囲が嫉妬しなかったはずがない。ロシア正教会ナンバー2のモスクワ府主教マカリイなど何人かの有力高位聖職者たちは、ニコライが東京の聖堂建設資金募金のためにモスクワの新聞を利用したことを快く思わなかった。それをニコライに直接言う者もいたし、「君は有名になるだろうな」と皮肉を言う者もいた（1880. 5. 20）。

しかし、イシドル府主教のニコライに対する信頼と期待は揺らがなかった。

イシドルは闊達な性格で、よく冗談を言う。主教になったニコライが故郷ベリョーザ村へ出かけ、八日間ほどペテルブルグを留守にしたことがあった。帰ってきたニコライに、イシドルは「われわれは、主教座下が行方不明になったと、警察に届けようと思っていたところだ」と言って笑わせている

(1880. 7. 2)。会食がおわるとイシドルは、ニコライに「りんごをポケットに入れていけ」などと声をかけたりもした（1879. 11. 23)。

主教昇叙と教会儀礼の学習

この第二回目の帰国中、一八八〇年の三月三〇日、ニコライは宿舎であるアレクサンドル・ネフスキー大修道院の聖堂で、イシドル府主教から、主教昇叙の按手式を受けた。ニコライ自身はロシアから主教が派遣されることを望んでロシアへ向かったのだが、宗務院は、ニコライを掌院から主教に昇叙することにしたのである。

これで、東京に主教座を開くという、ロシア帰国の目的の一つは達成された。この日は、ニコライの生涯における、そして日本正教会史においても、特筆すべき「めでたい日」であった。

はれやかに着飾った大勢の聖職者と来賓貴族たちが見まもるその按手式で、壇上のイシドルは、愛弟子ニコライに主教のしるしの権杖〔ジェズル〕を授けた。

「府主教さまは、わたしに権杖を手渡しながらこうおっしゃった。〈自分が引き受けた仕事のために命がつきるまで働け。そして心して、自分の冠を他人にとられないようにせよ〉と」(1880. 3. 30)。

注記しておけば、ロシア正教会聖職者の位階は輔祭、司祭、主教の三階級である。掌院は司祭職の中の上位者である。主教職の中に、主教、大主教、府主教、総主教の序列がある。総主教制は、一七二〇年、ピョートル一世によって廃止され、約二〇〇年後の一九一七年、ロシア革命時に復活した。

ニコライは、教会勤務の経験もなくペテルブルグの神学大学からまっすぐ日本の函館へ出てしまった。だからニコライは、さまざまな教会儀礼の式次第や所作について知らないことが多かった。それでロシア滞在中は、イシドル府主教の司式する教会儀式に参列し、式の順序、所作、発声を学び、日記に書きとめて覚えようとしている。先輩修道士たちからも複雑な儀礼の順序を教わり、ノートに書き取っている（1880. 1. 5)。このロシアへの一時帰国は、正教儀式の学習期間でもあった。日本へもどったら、学んだ手本にならって正しい教会儀礼を行なおうと決意しているのである。

ニコライは生涯、恩師イシドルを敬愛し、なつかしみ、その思い出によって慰められた。後の日露戦争時の東京での日記に、すでに故人となったイシドルを偲んで、こう書いている。

「二四年前のこの日、ペテルブルグの府主教イシドル座下の十字架聖堂で、座下とともに聖体礼儀を執り行なった。そしてそれを終えてペテルブルグを発ち、日本へ向かった。その前の日に出発しようと考えていたのだったが、府主教さまが〈なにをそんなにあわてることがある。あす一緒に祈りを捧げよう。それから発ちなさい〉と引き留められたのだった。きょう、それを思い出した。そして至聖所に立って祈っていると、悲しくみじめな思いがした」（1904. 8. 15/28）。

2 ロシア人支援者たちと交流、そして主教となって日本へ

親友ブィストロフとギョームキン

フェオドル・ブィストロフは、ペテルブルグのミハイロフスキー工兵学校（ドストエフスキーも学んだ陸軍の学校）付き司祭である。ロシアは教会だけでなく大学にも軍隊にも宮廷にも、国のあらゆる機関に正教会の聖職者が配置されていた。その意味でも政教一体の社会だったのである。

イオアン・ギョームキンは、ペテルブルグのワシレフスキー島の「生神女福音《しょうしんじょ》〔聖母受胎告知〕教会」主任司祭である。

二人とも、一八六一年ペテルブルグ神学大学卒のニコライと同期の親友で、日本宣教団の「同労者」であった。

第一章で紹介したが、モスクワのボリシャヤ・ニキーツカヤ通りの「小昇天教会」主任司祭ガヴリ

ル・スレテンスキーも「同労者」だった。

ニコライの日記には、ブィストロフとヂョームキンについての記事が多い。もちろんロシア帰国中の日記には、二人の名はたえず出てくる。一八七九年九月一二日、ペテルブルグに着いたニコライがすぐ向かったのも、ブィストロフの家である。

「夕方六時、ペテルブルグ到着。七時半、ズナーメンスカヤ旅館に投宿。着替えて直ちにわれらの宣教団の〈同労者〉フェオドル・ブィストロフ神父宅へ出かけた。

九年の外国暮らしを経て、久方ぶりに同志にして友人である人と再会することのうれしさよ」(1879. 9. 12)。

「ワシリエフスキー島に住む、われらの宣教団の同労者イワン〔イオアン〕・ヂョームキンのところへ行った。ヂョームキンと会って、うれしかった」(1879. 9. 13)。

「晩の七時ころまで、ヂョームキンの家ですごした。そのあとヂョームキンは、自分の運営している養護院を見せてくれた。住む場所のなかった老婆やこどもたちが、ここで実に幸せに暮らしている。こどもたちは学校に通っている。

二階は安い貸しアパートになっている。一カ月二ルーブリ半で二人共同で広い暖かな一部屋を使っている。台所には水が引かれている。いずれ二階も、宿無しの人たちに無料で貸す予定だという。生神女福音教会の養護院をまねて、いまやペテルブルグのあらゆる教会で同じような養護院を開きはじめている」(1879. 9. 24)。

「ブィストロフの家に寄り、一件〔宣教資金増額の件〕が落着したこと、〔東京に建てる大聖堂の〕図面のこと、府主教さまから大目玉をくらったことを話した。寝室で二人でたっぷりコーヒーをのんだ」(1880. 2. 1)。

プゥチャーチン伯爵と長女オリガ
父娘ともにニコライと親交があり，初期の日本正教会を支援した（戸《へ》田《だ》造船郷土資料博物館蔵）。

ニコライは修道司祭、すなわち非妻帯のいわゆる「黒僧」であるが、ブィストロフとヂョームキンは教区司祭で、妻もこどももいる「白僧」である。一般に黒僧と白僧は仲がわるいというが、この三人にかぎっていえば、そんなことは全く見られない。

プゥチャーチンと娘オリガの支援

エフィーミー・プゥチャーチンは日本に開国をうながしたロシアの遣日使節として知られるが、日本へ向かう前、清国でかなりの活躍をしている。それは、一八五一年からの「太平天国」の乱をはじめとして清国各地に乱が発生していた時期である。プゥチャーチンは、天津にロシアのクリッパー（大型帆船）で乗りつけ、清国政府に圧力をかけたりもした。

そのプゥチャーチンを支えたのが、そのときの中国宣教団団長パラディであった。プゥチャーチンは、かれの助けをかりて、清国政府とイギリス・フランスとの和解交渉の仲介の労をとった。このときゴシケーヴィチは、中国語通訳としてプゥチャーチン提督に仕えていた（『清国正教宣教団小史』著者名なし。「第一三次宣教団」参照）。

その後、皇帝アレクサンドル二世の命令によって、一八五三年（嘉永六年）、一八五四年（嘉永七年）に、それぞれ軍艦パラーダ号、ディアナ号で、長崎、大阪などに来航して日本の開国をうながし、日露修好通商条約を締結したのである。

かつて日本に開国をせまったこの「北からの黒船」の艦長プゥチャーチンが、ニコライの日本宣教初期の熱心な支援者の一人であった。明治八年（一八七五年）、ニコライが東京駿河台に西洋建築「十字架聖堂付き主教館」を建てたときの資金が、プゥチャーチンからの多額の寄付によるものであったことは、知られていた。しかし、ニコライとプゥチャーチンの間に直接的な親密な関係があったことは、だれも知らなかった。それは、ニコライの日記によって初めて明らかになったことである。

プゥチャーチンは海軍軍人から政治家に転じて、一八六一年には国民教育大臣となり、その後国家評議会の議員となって、ペテルブルグの政界で活躍していた。

ニコライの第二回目の帰国時の日記からは、プゥチャーチンとその長女オリガが、ニコライを、まるで身内の者に対するように暖かく世話している様子がうかがわれる。

「ペテルブルグ神学大学の講堂を出て玄関のところで、プゥチャーチン伯爵と出会った。実の父と会ったような感じがした。伯爵はわたしの部屋へやってきて、あらゆる協力を約束してくれた」（1879. 9. 16. 神学大学は、アレクサンドル・ネフスキー大修道院と隣接していた。現在もそうである）。

ニコライが一時帰国していた間、ペテルブルグでは、日本宣教団支援者たちの会合が頻繁に開かれた。会合が夕方からはじまって閉会が深夜になると、ニコライは、町はずれのアレクサンドル・ネフスキー大修道院の宿舎へは帰らず、市内のプゥチャーチン宅に泊まった。「ニコライさま用の部屋とベッド」が用意されていて、「夜食」も準備され、長女オリガ・プゥチャーチナは、ニコライのために細やかに心くばりをしていた。プゥチャーチンの息子エヴゲーニーの縁談がこじれると、プゥチャーチンはニコライに相談している。そんな親しい間柄だったのである。

だから、プゥチャーチンの日本との関わりは、日本宣教団支援活動をふくめると、一八五三年（嘉永六年）の長崎来航以来、三〇年にもわたることになる。プゥチャーチンは一八八三年（明治一六年）

一〇月、パリで客死した。

そしてその後、明治一七年（一八八四年）一〇月、プゥチャーチンの長女オリガが、亡父の遺志を継いで来日した。ニコライは非常に喜び、オリガが日本の宣教団で活躍してくれることを期待した。

「オリガ・プゥチャーチナが到着。ポートサイドからは義勇艦隊の〈ロシア号〉に乗ってきた。どうやら健康状態はまずまずらしい。きょう午前一一時過ぎ、彼女を宣教団に迎える歓迎式を行ない、感謝祈禱を捧げた。オリガと一緒に看護婦のマリヤ・クレメンチエヴナも到着。

どうぞオリガ・エフィーモヴナが日本の教会の良き助けとなってくれますように！

きょう、はやくもロイド師（Rev. Lioid）とその夫人がオリガ・プゥチャーチナを訪ねて来た。神よ、どうぞ、オリガをして宣教団の事業に益をもたらす者にならしめたまえ！」（1884. 10. 5/17）。

ロイド師とは、聖公会の宣教師として一八八四年に来日したイギリス人アーサー・ロイド（一八五二〜一九一一）のことである。慶應義塾の英語教師をし、後、立教学院の総理となった。尾崎紅葉の『金色夜叉』の英訳者としても知られた。

オリガは、駿河台本会の女子神学校構内に住んだ。彼女は「日本のいろは」も学んでおり、簡単な日本語会話ができた。

ニコライは、いくつもの外国語に堪能なオリガ・プゥチャーチナが、日本の皇族やロイドのようなプロテスタント諸派の宣教師たちと交際し、かれらの間に正教に対する理解と共感を広める働きをしてくれることを期待していた。しかし、オリガの肺病はかなり重く、宣教活動は無理だった。彼女は、保養のため侍女（看護婦）マリヤを伴って、箱根塔ノ沢の正教会避暑館に滞在することが多くなった。

それでもオリガは、日本に二年八カ月も滞在した。そして、明治一九年（一八八六年）に焼失した駿河台の女子神学校の再建のために、ロシアから多額の寄付を集めた。その寄付金によって建てられた女子神学校校舎は、木造二階建《だて》の西洋風の建物であった。
明治二〇年（一八八七年）六月、オリガは侍女マリヤと共に横浜を発ち、ロシアへ帰った（中村健之介・悦子『ニコライ堂の女性たち』参照）。

ニコライの日本宣教の熱心な支援者の一人として、コンスタンチン・ポベドノースツェフ（一八二七〜一九〇七）を見落とすわけにはいかない。

ポベドノースツェフ

ポベドノースツェフは、「解放帝」アレクサンドル二世の末期から「革命の季節」に至るまで（一八八〇年四月から一九〇五年一〇月まで）宗務院総監の要職にあり、四半世紀にわたりロシア国政の中枢に立っていた。かれが皇帝アレクサンドル三世の懐刀《ふところがたな》、いや皇帝を指導する助言者であったことはよく知られている。

ロシアの宗務院総監ポベドノースツェフ

「大審問官」とあだ名されたこの権力者が、ニコライを親しい友人のように迎え、皇族や知名人への紹介の労をとり、募金活動や日本への貨物送致など、いろいろな面で日本宣教団のために支援していたのである。ニコライの日記には、次のようにある。

「お招きに従って、セルゲイ・シェレメーチェフ伯爵〔宮廷人事長官、歴史家〕のお屋敷の聖体礼儀に出かけた〔シェレメーチェフ家はロシア屈指の富豪地主〕。

聖体礼儀が終わると、セルゲイ伯爵が、こちらへとお呼びになった。たくさんの立派な方々がお集まりだった。ポベドノースツェフも来ていた。かれは日本宣教団のためを思ってしてくれる人で、かれが、伯爵に勧めてわたしを招くように取り計らってくれたのだ。たくさんの豪華絢爛たる部屋を通り抜けて、図書室だと思われる部屋にみなが集まり、お茶になった。伯爵夫人は、わたしの席をご自分の近くに置かれた。

日本の宣教団について、次から次へと質問が飛んできた。ポベドノースツェフは、話を引き出すようにしてわたしを助けてくれた。みなさんが熱心に耳を傾けていた。話がカトリックのことに及んで、わたしがカトリックの特徴を話しはじめると、何人かの客が席を立って出ていった。きっとカトリックで、わたしの話が気に入らなかったのだろう。

わたしは浮き浮きした気持ちで帰ってきたが、それは、もちろん、伯爵から〔東京の〕聖堂建設のために寄付がいただけるだろうと予想しているからだ」(1880. 1. 20)。

期待に違わず、シェレメーチェフ家からは、二万ルーブリという「大口寄付」があった。

ポベドノースツェフは、聖堂建設の寄付だけでなく、国庫〔ロシアの宗務院〕からの宣教資金の増額にも力を貸してくれた。

「五時頃、招待されていたので、コルニーロフ〔スラヴ慈善協会代表〕宅へ行った。夕食のテーブルに集まっていたのは一一人。

宣教団の件〔日本宣教資金を国庫支出とし、増額する件〕が、無事国家評議会を通ったことで乾杯。

フィリーポフ〔国家評議会議員。宗教行政の専門家。ドストエフスキーの友人〕が言うに、この件はあやうくお流れになってしまうところだったという。アバザ〔財務大臣〕がドミートリー・トルストイ伯爵〔ポベドノースツェフの前の宗務院総監〕に反対して、〈ロシアでは聖堂を閉鎖し輔祭たちを一掃せねばならなくなってきているというのに〉云々と発言したという。経済省の〈提督たち〉は、アバザを支持して、トルストイに〈短い「間投詞」で反対した〉。

フィリーポフは、ポベドノースツェフの援助を受けて説得にかかり、ようやくこの件を日本宣教団に有利なかたちで決定することができたという」（1880. 2. 1）。

このとき国家評議会で承認された国庫支出の日本宣教団宣教資金は、毎年二万九六九五ルーブリであった。ニコライはポベドノースツェフに感謝した。

ポベドノースツェフについて付言すれば、一九世紀末のロシアのすぐれた百科事典『ブロックガウス・エフロン』には、ポベドノースツェフは、抜群の知識と見識をもつ、秩序尊重主義者であると書かれている。アレクサンドル三世時代の、権力の中枢に位置したポベドノースツェフは、ロシアにはロシアなりの秩序があらねばならない、と考えていたという。

ポベドノースツェフの友人で歴史家のセルゲイ・シェレメーチェフは自著で、「一八六〇年代（アレクサンドル二世の「解放」の時代）のポベドノースツェフと、アレクサンドル三世時代のポベドノースツェフは別の人間《ラーズヌィ》だ」と書いている（ショーヒン編『セルゲイ・シェレメーチェフ伯爵の回想《メモワール》』二〇〇四年）。ポベドノースツェフも、時代で信念を変えるロシア人なのである。アレクサンドル三世時代になって、ポベドノースツェフは、ロシアの現実に合った秩序を実現しようとした。

ポベドノースツェフは、西欧の社会体制は、性善説・理性主義・個人主義を基礎としているが、それをそのままロシアに適応しようとするのは危険な誤りで、現実のロシア人の「慣性〔inertia〕」を重視して社会を形成してゆかねばならない、ロシアでは健全な「自主性」は育たない、ロシアでは「自主性」は危険なアナーキーになる、と考えたのである。

ドストエフスキーの『カラマーゾフの兄弟』の「大審問官」は、これと同じ考えである。

ポベドノースツェフは、ロシアはイギリスとは違うのだと考える。だから、ロシアにおける議会制にも反対し、正教会と国家権力が管理する、「進歩をめざさない」社会運営を実行した。ロシアは芯から「官尊民卑」の国であるから、教会も、国民から尊敬されるためには、官であらねばならない。

国民は国家と教会に頼り、強い国家と教会が国民を護り、包んでやらなければならない。そうしなければ、ロシアには現実の秩序はない。アナーキーよりは、管理される秩序のほうがよい、という考えである。ロシアを知らない昭和日本の進歩主義的なソ連研究者たちが、ポベドノースツェフを「反動の権化」と見たのは当然であった（中村健之介編訳『ニコライの日記』岩波文庫上巻注（5）参照）。

「日本のニコライ」の名は、ロシア正教の異邦伝道者として当時のロシア知識人の間ですでに広く知られていた。そのため、一時帰国中のニコライに会いたいと思って来る人たちが多かった。当時の新聞界のボスのミハイル・カトコーフや、汎スラヴ主義運動のリーダーのイワン・アクサーコフ、そして宗教哲学者のヴラヂーミル・ソロヴィヨーフなども訪ねてきている。

ドストエフスキー

その中の一人に、作家ドストエフスキーもいた。このころのドストエフスキーは、イワン・アクサーコフと同じように、「〈正教の大義のために〉ということばこそ、ロシアの未来を示す標語である」（『作家の日記』一八七六年七・八月号）と声高に説く汎スラヴ主義者であったから、極東の島国でロシア正教の宣教にはげむ「日本のニコライ」に関心を抱いたのだろう。

ドストエフスキーは一八八〇年六月一日の日曜、モスクワに滞在していたニコライを訪問した。ニコライはその日の日記に、こう書いている。

「もどると、アレクセイ座下（副主教。モスクワでのニコライの宿舎であるサワ分院の院長）のところに、有名な作家フョードル・ドストエフスキーが来ていて会った。

ニヒリスト（旧習や伝統宗教を否定する進歩主義者）たちについて、ドストエフスキーは、遠からずしてあの連中はすっかり生まれ変わって、信仰の篤い人間になるでしょう、〈現在すでに、経済学的次元を脱して精神的地盤に入っていますから〉と断言した。

日本人については〈あれは黄色人種ですからね。キリスト教を受け入れるにあたって何か特別なことはありませんか〉と訊いた。

やわらかみのない、よくあるタイプの顔。目がなにか熱っぽくかがやいている。かすれた声、咳をする（肺病のようだ）」（1880. 6. 1）。

ここにある「ニヒリスト」についてのドストエフスキーのことばは、当時のかれの小説や評論の考えと合致している。

日本人について、当時流行の黄禍論に乗って、「あれは黄色人種ですからね」と見下しているところに、何かにつけて独断的国民性格論を打ちたがるドストエフスキーの癖が出ている。ドストエフスキーは小説『白痴』でも、日本人の「切腹」を取り上げ、日本人というのは「自分を侮辱した者の前で自分の腹を切って、まるで実際に恨みをはらしたみたいに、満足感を味わう」奇妙な国民だ、と言っている。

モスクワでニコライに会ったころのドストエフスキー
（1880年，パノーフ撮影）

ドストエフスキーは、ニコライと会った直後、スターラヤ・ルーサの自宅にいる妻アンナに宛てた手紙で、こう書いている。

「きのう、アレクセイ副主教と日本のニコライを訪ねた。この人たちと知り合いになれて、とてもうれしかった。二人とも、わたしに心を開いて話してくれた。わたしの作品を読んでいてくれた」（1880. 6. 2）。

この手紙からもわかるように、ドストエフスキーはロシア正教についての自分の考えが、アレクセイ副主教やニコライなど、ロシア正教会の高位聖職者のキリスト教理解と合致していると想像していた。

しかし両者は、合致していたわけではなかった。同時代の批評家コンスタンチン・レオンチエフが指摘したように、ドストエフスキーは、汎スラヴ主義の旗を振りながら、ロシア正教をフランス渡来の「バラ色の博愛主義」と同一視していた。そして、博愛主義を「新しいキリスト教」として讃美していたのだった（中村健之介「ある日のドストエフスキー――宣教師ニコライに会う」参照）。

「ドストエフスキーはロシア正教神学の伝統に連なる作家である」と説く、宗教家や評論家、研究者は多くいるが、それは間違いである。私はそのことを、三〇年も前から何度も書いてきた（コマローヴィチ著・中村健之介訳『ドストエフスキーの青春』参照）。

ヴァルター・ベンヤミンも、「ギリシャ正教会の教義学（Die Dogmatik der griechish-katholischen Kirche）（「ロシア正教会の教義学」という意味）によって促された諸傾向」を物語において表現したのは、ドストエフスキーではない、レスコフである、と言っている。そして、「この教義学においては、周知のように、ローマ教会によって排斥されたオリゲネスの万物再帰説――すべての魂は楽園に参入するという説――についての思弁が、重要な役割を果たしている。レスコフはオリゲネスから大きな影響を受けていた。彼はオリゲネスの著作『原理論（De Principiis）』を翻訳しようとしていた。彼はロシアの民間信仰と結びつけて、キリストの復活を、変容というよりも、むしろ（メールヒェンに近い意味で）魔法からの解放と解釈していた。オリゲネスについてのこのような解釈が、『魅せられた旅人』一八七三年の根底にある」と言っている（ベンヤミン『物語作者』三宅晶子訳）。

ドストエフスキーがモスクワに出てきたのは、政府と政府寄り世俗知識人と教会上層部の三者が立ち上げた、ロシア最初の「プーシキン記念祭」で講演するためだった。ドストエフスキーは、ロシア愛国主義者の団体「スラヴ慈善協会」の副会長だったのである。その愛国主義的汎スラヴ主義の目で「日本のニコライ」をも「同志」と見て、「知り合いになれて、とてもうれしかった」と、妻アンナ宛の手紙に書いたのだろう。ロシア正教神学に共鳴して「うれしかった」と言っているわけではない。

先に紹介したポベドノースツェフ、国家評議会議員で宗教行政評論家のテルチー・フィリーポフ、さらにはジャーナリズム界のボス、ミハイル・カトコーフなど、ニコライを支援した人びとは、当時のロシア社会の体制派有力者であり、政界の改革派のロリス＝メリコフやアバザを政権から追い落した保守派の領袖たちである（1880. 2. 1)。

そしてかれらは、そのまま作家ドストエフスキーの親しい「同志」たちであった。

ドストエフスキーは小説『カラマーゾフの兄弟』をカトコーフの雑誌『ロシア報知』に連載しており、ポベドノースツェフはそのドストエフスキーに対し熱心に執筆指導を行なった。指導は、小説だけでなく、社会評論『作家の日記』にも及んでいた。プーシキン記念祭の直前、ドストエフスキーはポベドノースツェフに宛てた手紙でこう書いている。

「尊敬申し上げるポベドノースツェフ様、モスクワ〔のプーシキン記念祭〕からスターラヤ・ルーサ〔自宅〕へもどりましたら、『カラマーゾフの兄弟』完結の仕事に取り組みます。来年からは、必ずや『作家の日記』を再開します。もうそう決めました。そのときは、ご指導いただきたく、よろしくお願いします。これまでもあなたのご指導に頼ってきましたが、これからまたあなたを頼りにしています。どうぞ、否とは言わないでください」（ドストエフスキーの手紙、1880. 5. 19)。

また、フィリーポフは、『カラマーゾフの兄弟』の最後の、「死後の再会」を説くアリョーシャの演説に感激し、ドストエフスキーに「感謝」したい、手紙だけでは足りないから「直接お目にかかって感謝の意をお伝えしたい」（フィリーポフのドストエフスキー宛の手紙、1880. 12. 4）とまで言っている。

フィリーポフの説く教会と国家の関係が、『カラマーゾフの兄弟』のイワン・カラマーゾフの「教会論」に活用されていたのである。

ドストエフスキーは一八七〇年代からロシア皇室に接近し、政治権力者たちとも親しく交わった。そして、前に書いたように、一八八〇年四月からは右派の愛国者団体「スラヴ慈善協会」の副会長となって、汎スラヴ主義の旗振りをしていた。一八七六年、七七年に、バルカンの正教徒スラヴ人を異教徒トルコの圧政から救えという大キャンペーンが起きたときも、ドストエフスキーは「トルコ撃つべし」と燃え上がった。トルストイは、このキャンペーンに対し冷淡だった。ドストエフスキーはそのトルストイに食ってかかっていった（ドストエフスキー『作家の日記』一八七七年。ニコライ著・中村健之介訳『明治の日本ハリストス正教会』訳注⑲「スラヴ問題が燃え上がり」参照）。

ドストエフスキーは、プーシキン記念祭の講演の準備で忙しい中、ニコライをわざわざ訪ねて行った。それは、自分の「仲間」であるポベドノースツェフたちがニコライと親しかったから、自分もニコライに会ってみたかったのかもしれない。しかし、ニコライの日記からは、かれがドストエフスキーと意気投合したわけではなかったことがわかる。ニコライは、相手を冷静に観察しているだけで、話が盛り上がった様子はない。

宣教資金と大聖堂建設資金

国家評議会で承認された毎年二万九六九五ルーブリに加えて、モスクワの「正教宣教協会」から二万三八〇〇ルーブリ、そして有力修道院とペテルブルグ府主教座から八〇〇〇ルーブリ、合計約六万一〇〇〇ルーブリ、これが、これから毎年定期的に日本宣教団へ送られてくることになった宣教資金である（1903. 8. 4/17）。ニコライのねばりづよい請願の成果である。これで、ニコライのロシア帰国の第二の目的も達せられた。

最後の、東京に大聖堂（東京復活大聖堂）を建てるための資金は、右の宣教資金とは別に、ニコライとかれの支援者たちが「民間」で集めたものである（詳しくは拙著『宣教師ニコライとその時代』「第二章 活動資金に悩みつつ」参照）。

毎年ロシアから送金されてくる六万一〇〇〇ルーブリは、明治二〇年代、三〇年代、日本円に換算して、約六万八〇〇〇円余であった。日本人信徒からの教会費や献金は、ニコライの最晩年まで、すずめの涙でしかなかった。

参考までに挙げておくと、明治三〇年、公立小学校教員の俸給月額が定められたが、都市部の尋常小学校本科正教員の月給は、一〇〜一二円であった（森永卓郎監修『物価の文化史事典』）。

ロシアからのこの宣教資金六万一〇〇〇ルーブリによって、ニコライは一六〇人から二〇〇人の日本人司祭・伝教者を日本全国に配置し、その家族をも養いながら、布教活動を展開した。またこの資金によって、東京本会では、伝教学校、神学校、女子神学校を運営し、出版局からは数種の雑誌を発行し、翻訳をふくむ多くの宗教書を出版した。

ニコライは、自分の年俸三六〇〇ルーブリ（約三九〇〇円）のほとんどすべても、日本宣教のために注ぎ込んだ。教役者の「月費」（給与）や学校運営経費などは宣教資金を充てるわけだが、病気の治療費や結婚支度金など、教役者たちに対するさまざまな援助や絶え間ない臨時の出費には、自分の俸給を充てた。

東京に大聖堂を建てる資金については、日本宣教団を支援し、募金に協力するロシア人が教会の外にも多くいた。とりわけ貴族の婦人たちが熱心だった。皇太子妃アレクサンドラ・フョードロヴナ（後のニコライ二世妃）からはじまって、大公妃エカテリーナ・ミハイロヴナ、伯爵夫人エカテリーナ・シェレメーチェワ、伯爵夫人マリヤ・オルロワ＝ダヴィドワ、公爵夫人マリヤ・メシチェルスカヤ、芸術大学学部長夫人ワルワーラ・ヨルダンなどたくさんの女性の支援者がいた。彼女たちは知人たちを自宅に招いて「家庭集会」を開き、ニコライに日本宣教について話をしてもらって、寄付を募った。マリヤ・メシチェルスカヤは、家族ぐるみでニコライを支援した。一八七九年一一月の日記に書かれているように、プゥチャーチンは宮廷の女官たちの間に知己が多く、かれの紹介によって宮廷で働く、信仰の篤い貴族夫人たちから、東京の大聖堂建設のために多額の寄付が寄せられた。

ペテルブルグのノヴォデーヴィチ女子修道院の尼僧たちも、日本宣教団の支援者だった。その縁で後に、イリナ山下りんがノヴォデーヴィチ女子修道院のイコン工房へイコン制作修行のために入ったのである。

これらの支援者たちによって、ロシアで、東京復活大聖堂建設資金の募金運動が大々的に展開された。ニコライ自身も、奉加《ほうが》帳を持って熱心に教会、修道院、個人宅を訪ねた。

教区司祭たちも協力してくれた。

「セルツェフ神父といっしょに出かけて、さらに一二〇〇ルーブリ獲得した。オビーヂナから二〇〇ルーブリ、スピリドーノフから一〇〇〇ルーブリである。

セルツェフ神父はこの人たちみんなに、われわれが行くことをあらかじめ連絡しておいてくれたのだ。かれのおかげで宣教団は合計一九三〇ルーブリの寄付を得た。主よ、かれを救い給え！　こういう好意的支援者がもう少しいたら、どんなにありがたいことか！」（1880. 4. 8）

新聞雑誌界のボス、ミハイル・カトコーフの夫人ソフィヤ・ペトローヴナが、新聞広告を出すというアイデアを提案した。

「カトコーフ夫人は、『モスクワ報知』〔カトコーフ発行の日刊紙〕に、わたしが〔ロシアへ〕来たのは募金のためであり、かくかくの額を集める必要があるという小さな広告を載せてはどうかと勧めてくれた。彼女は広告の文章をほとんど全部自分で言った。実に機敏活発な人だ」（1880. 4. 10）。この広告が功を奏した。献金も劇的に増えたし、たくさんの人が教会用銀器やイコンなどを寄進してくれるようになった。

さらに、ニコライを支援する教区司祭たちが、「異邦宣教者」として有名になったニコライが、何月何日自分たちの教会で聖体礼儀を執り行なう予定であるという予告記事を新聞に載せた。この新聞による予告については、正教会上層部から批判の声も出たが、府主教イシドルの威光があったので、ニコライは恐れないですんだ。おかげで予告されたニコライの聖体礼儀の日には、参禱者が押し寄せ、献金は激増した。

国教ロシア正教会には非協力的であるはずの分離派の大商人の妻から、思いがけない多額の聖堂建設献金が寄せられたこともあった。

「夫人のマリヤ・フョードロヴナ〔モロゾワ〕に会った。わたしの手に接吻〔祝福を受けること〕さえもしない。それだけでも、彼女が分離派に属していることがすぐわかった。〈あなたさまのことは以前から存じ上げております。もう少し寄付させていただけないでしょうか〉、そう言って、一〇〇〇ルーブリ持ってきてくれた」（1880. 6. 3.「分離派」については、中村健之介監修『宣教師ニコライの全日記』第一巻 註解No. 213「古儀式派」参照）。

ニコライのロシア滞在期間中の募金活動の成果は、予想以上だった。

「宣教団を応援しようという見も知らぬ善意の人たちには、おどろかされる。外国宣教団というものが、信心深いロシア人たちの願望にぴったり合ったのだ」（1880. 4. 7）。

最も大きい寄付は、商人ではモスクワの豪商サモイロフの五万ルーブリ、貴族では富裕な大地主シエレメーチェフの二万ルーブリである。

柴山準行編『大主教ニコライ師事蹟』によれば、ロシアから寄せられた東京復活大聖堂建設のための献金は、総計「一三万一八三四ルーブリ」にものぼったという。これはニコライ自身がカトコーフ宛の手紙（1885. 10. 25）で書いている額と同じであるから、正確な数字だろう。ニコライの帰国の第三の目的も、ほぼ達せられたのである。

しかし実際にかかった建築費は、この献金額をはるかに上回った。ニコライが更なる募金のために奮闘したことについては、後で述べる。

故郷ベリョーザ村の人びと

一八八〇年六月のプーシキン記念祭が終わると、その月の末、ニコライは故郷ベリョーザ村へ出かける。現在なら車でモスクワから西へ約四時間、工業都市ルジェフの近くである。このニコライの帰国時点では、鉄道は途中のオスタシコフスカヤまでしかなかった。あとは歩いてルジェフまで行き、宿屋に一泊し、それからは、雇った馬車で田舎道を行く旅であった。当時のロシア西部の農村の実景が見られるので、そのときの往復九日間の帰郷日記からいくつかの個所を抜き出して紹介してみよう。

「ルジェフで、そしてルジェフから故郷へ。

ヴォルガ川のすばらしい眺めに見惚れながら歩いた。

店で〔故郷の村へ持っていく〕みやげを買った。最初の店で更紗《さらさ》の服とプラトーク〔スカーフ〕、二三ルーブリ。次の店でウールの服地、三四ルーブリ。三軒目の店で、キャンディ、紅茶、砂糖、一九ルーブリ。合計七六ルーブリ。四軒目の店で、さらに耳飾り数個とバンド数本。

店に入っていると、どの店もひっきりなしに乞食たちが入って来る。どれもこれもひどいよぼよぼの年寄りだ。おまけにそれがみな絵になるような姿なのだ（イタリア風の人物描写の好きなロシア人なら描きたくなることだろう）。明らかに民衆は貧しさに打ちひしがれている。

キャンディを買った店で、二人の百姓女が輪形パン半フント〔約二〇〇グラム〕を買いに入ってきて、わたしのために待たされたので、その女たちに、こどもたちにみやげにしなさいと言って、輪形パンを二フント（一八カペイカ）買って与えた。二人はとてもよろこんで、一所懸命お礼を言った。

一二時、ガタピシの四輪馬車に乗って、ルジェフを出発。はじめのうちはひどく暑い上に風がつよくて、もうもうたる土埃《つちぼこり》のなかを進んだ。

一軒の百姓小屋に立ち寄って食事を出してくれるよう頼んだのだが、パンとクワスと塩の他何一つ出すものがないという。仕方がないからそれをいただいた。それにしても農村の暮らしのなんと貧しいことか。ひどい暮らしだ。わたしの立ち寄ったその百姓小屋にしても、畜糞とわらのまじった堆肥を踏んで行かねばならないし、入り口の小部屋は床とも言えない朽ちた木だし、小屋の中は天井は低く、耐えがたい暑さだ。しかしそこにいたのは絵にでも描かれるような賢そうな老人だ。息子の嫁も、どこへ出してもはずかしくない立派な女だ。それなのに、かれらはその生活をよくしようという考えが頭に浮かばない。怠惰と無知だ。

汽車や汽船に乗ってきた身には、田舎のでこぼこ道を四輪馬車で行くのは、なんともきつい」（1880. 6. 25）。

ニコライは、農村の「どの店もひっきりなしに乞食たちが入って来る」と書いている。

ロシアは、いたるところに乞食集団がいた。かれらは、統率者を得ると巡礼者集団となり、ロシア各地の富裕な修道院を巡り歩いた。トロイツェ・セルギイ大修道院には、毎年三〇万人を超える巡礼者が集まった。キエフ・ペチェルスキー大修道院、ミトロファン修道院、夏のソロヴェツキー修道院なども同様であった。ロシア修道院は、これらの貧しい大群衆に食事と宿泊の場所（夏は野外）を提供せねばならなかった。それが、ならわしになっていた。そうすることで、社会の安寧が保たれていたのである。食事提供のための出費は、巨額なものになったが、それを提供しないと、恐ろしい事態になるのだった。ロシアは、むかしから、定職らしい職に就かず、ぶらぶらしている群衆が無数にいたのである。

いわば「職業化」した巡礼者集団や乞食集団があり、乞食集団はロシアの「闇社会」ともつながっていた（中村健之介監修『宣教師ニコライの全日記』第一巻 註解No.205「参詣者」参照）。

「ベリョーザ村が見えてきた。教会の緑の屋根。赤い屋根は、明らかに、村はずれの居酒屋の屋根だ……。

甥のアレクサンドルとその妻マリヤ・ペトローヴナは家にいた。わたしはすぐに、旅でよごれた体を洗いにベリョーザ川へ行った。帰り道、リャサを着たワシリイ・ルゥジェンツェフ師（ベリョーザ村の司祭）に出会った。

そのあとで、姉（三歳上の姉オリガ）に会った。教会へ行った。ワシリイ（ルゥジェンツェフ）師がイスポラを歌った。

ワシリイ師と、聖パン焼きのマルファ・グリゴーリエヴナに挨拶。

自分の心のなかにあるのもくだらないこと、そしてまわりの者たちにあるのもくだらないこと。ただ自然だけが、沈む気持ちを引きたて、怒りを鎮めてくれた。しかし、人間はその邪魔をした」（1880. 6. 26）（「イスポラ」は、教会の礼拝（奉神礼）で主教が或る儀礼を行なうとそのすぐ後から、「主教よ、幾年も健やかに」と歌う歌のこと。主教となったニコライが、この教会で奉神礼を行なったのである）。

「朝早く、村を見てまわった。夏用の教会（暖房設備がない）と冬用の教会の二つの教会で、ジェムチュージニコフ師に会った。明らかに二日酔いだ。おばをいじめるようなことはしないと約束した。悪いのは輔祭なのだと、輔祭に罪をなすりつけた。そのすぐあとで輔祭に会ったが、かれは司祭が悪いのだと言った。しかし、どうやら菜園はおばのものになるようだ」（1880. 6. 28）。

「これ以上ないほどのすばらしい朝。早課を教会で果たした。きちんとした奉事だった。わたしは以前と同じように聖歌隊席で歌った。

早課のあと水浴に行った。ベリョーザのすばらしい景色、鏡のような川面……。

お茶のあと、わが家のお斎《とき》にもどった。パニヒダ〔死者慰霊の祈禱〕を行ない、ご馳走がたっぷり出たのだが、フォークもナイフも小皿もなしなのだ。わたしは空腹のままじっと座っていた。

その後、水浴をして、暑い盛りの草原で一眠りした。

夜は身内の者たちと話をし、わずかだがつかってくれと金をあげた。身内の者たちの欲のないのにおどろいた。だれもが〈いらない。あんたこそ必要なはずだ〉と言うだけだ」（1880. 6. 29）。

「土埃の舞い上がるでこぼこ道を、〔馬車で〕なんとかルジェフにたどり着いた。ここで、〈聖母の奇跡のイコン〉が或る村へ遷御《せんぎょ》なさる行列に出会った。それを見物して、それからナイフ、フォーク、フロックコートのためのもの、窓のためのものその他を買った〔食器や布地を買って姉の家に届けさせたのだろう〕」（1880. 7. 1）。

「汽車は、眠たいのに眠れないという状態だったので、一晩中死ぬほど苦しかった。

午前一〇時、ペテルブルグ到着。とてもうれしかった」（1880. 7. 2）。

わずかな帰郷の日記断片であるが、乞食が群れをなして旅しているロシアの貧しい農村の光景、そして、広々とした平原と鏡のように静かに流れる川の大きな豊かな自然の景観が、浮かび上がってくる。ニコライはそこを出たひとである。首都ペテルブルグに着いてほっとするようになった人である。

しかし、故郷の寒村ベリョーザ村の記憶は、人事を越えて、ニコライの内に根太い生命力の源泉として残った。

ニコライが帰任の途についたのは、ロシア暦一八八〇年八月一五日（西暦二七日）である。

日本へ帰任

ニコライはこの日、ペテルブルグのアレクサンドル・ネフスキー大修道院内にある十字架聖堂で、イシドル府主教とともに聖体礼儀を執り行なった。それから、ペテルブルグを発ち、日本へ向かった（1904. 8. 15/28）。

ペテルブルグから汽車で、キエフを経由してオデッサへ向かった。日本へ向かう汽船は、南ロシア（現在のウクライナ）の、黒海に臨む港オデッサから出ていた。一九世紀末のオデッサは、ペテルブルグ、モスクワ、ワルシャワに次ぐ、ロシア帝国第四位の大都市であった（シベリア鉄道の起工は一八九一年、完成は一九〇三年である）。

オデッサでニコライは、日本宣教団の聖歌教師を雇った。

「オデッサのプラトン大主教は、自分のところの輔祭を日本宣教団にゆずってもよいと許可してくださった。そういうわけで、このオデッサでようやく聖歌教師が二人見つかった。輔祭ドミトリイ・クルィジャノフスキーと、教会学校で聖歌教師をしていたドミートリー・リヴォフスキーである」（1880. 9. 6）（この二人は、来日後、長く東京本会のニコライのもとで聖歌教師として働いた）。

一八八〇年九月一三日、ロシアの汽船「オデッサ号」がオデッサを出航。コンスタンチノープル（イスタンブール）、アレクサンドリア、ポートサイド、スエズを経て、東へ進んだ。二カ月の船旅である。

香港を出て、あすは横浜という一一月七日、ニコライは日記にこう書いている。

「いまから一〇年前〔1871. 3. 18 参照〕、わたしはやはり昂《たか》ぶった気持ちで、初々しい感情をたっぷりかかえて、帆船に乗って函館へ向かっていた。まだ寒い時期だった。空には宵の星が明るく輝いていた。わたしはその星に、おまえはわたしに幸運を告げているのかと尋ねた。然り、その星は幸運を予告するものだった。それからさらに八年の勤労の歳月が流れた。

そしていまわたしはこうして三度《みたび》、日本へ近づきつつある。若いときの昂《たか》ぶりはない。歳月はわが血を冷ましてくれた。いまあるのは、このうんざりする旅が一刻も早く終わってほしいという、こらえきれないくらいの願いだけだ。

これからの一〇年はどのようになっていくだろうか。一〇年後、またロシアへ旅することになるだろうか。

午前零時。横浜まで残すところ約八〇マイル。

あすは任務につく。そして、まるで何事もなかったかのように、これまでと同じようなさまざまな面倒なこと、授業、翻訳などなどが、再びわたしの肩にかかってくる。主よ、どうぞ活き活きと重荷を負ってゆけるよう力をお与えください！」(1880. 11. 7/19)

明治一三年（一八八〇年）一一月八日（西暦二〇日）、土曜、朝、ニコライと二人の日本宣教団員クルィジャノフスキーとリヴォフスキーは、横浜に到着した。

日記には、「東京駅では生徒と信徒たちが出迎えてくれた。駅から駿河台へ。宣教団本会に着いて、教会で感謝祈禱を捧げた。よろこびの感情は、ロシアでどんな人と会ったときと比べても、はるかに高揚しており、つよかった」(1880. 11. 17/29) とある。

一一月、ニコライが東京へ帰任したときの日本正教会の教勢は、「信徒総数六〇九九人、主教一人〔ニコライ〕、掌院一人〔アナトリイ〕、司祭六人〔すべて日本人〕、輔祭一人〔ドミトリイ・クルィジャノフスキー〕、伝教者七九、教会九六、講義所二六三」である（柴山準行編『大主教ニコライ師事蹟』）。

主教に昇叙され、聖職者叙聖権を得て日本へ帰任したニコライは、早速、伝教者だったパウェル田《た》手《で》恭助とティト小松韜蔵《とうぞう》を輔祭に叙聖した。翌明治一四年には田手とパウェル新妻敬治を司祭に、一五年には小松を司祭に叙聖した。帰国後のニコライは、迅速に日本人聖職者集団を形成していったのである。

そして駿河台本会の諸施設の改善、充実を図った。神学校と伝教学校（明治七年創立）、女学校（明治九年創立）を整備充実させ、機関誌や翻訳書などを編集発行する正教会の出版社「愛々社」を明治一三年に設立し、文書伝道の道を広げた。帰任後のニコライの活動には、目をみはるものがある。

第九章　大聖堂建築着工と有志義会事件

1　明治一三年〜一七年の日本正教会

日本宣教団員・修道司祭アナトリイ（チハイ）は、函館の教会を司祭ガヴリルに任せ、明治一一年（一八七八年）からは大阪管轄司祭となった。かれは大阪に土地を買い、宣教師用の住宅を建て、伝教学校を開設した。そしてさらに、大阪に新しく教会堂を建てることをめざしていた。

山下りんのロシア留学

そしてアナトリイは、明治一三年一二月から一年余、ロシア（モスクワ）へ帰国した。実弟の聖歌教師ヤーコフ・チハイとその家族（妻エレナ横井量《りょう》と二人の幼児）も一緒であった。

アナトリイはロシアへもどると、すぐ慈善家たちによびかけて募金活動を開始した。ニコライの後年の日記には、「大阪の土地と建物は、一八八二年、アナトリイ師によって購入された。その金は、一八八〇年から一八八一年の休暇でアナトリイ師がロシアへ帰ったとき、ロシアで募金した金である」と書かれている（1901. 7. 9/22）。

アナトリイとヤーコフ・チハイ一家のロシア帰国の旅に同行したのが、二三歳の画家イリナ山下りんである。彼女はニコライの指名によって、イコン制作修得のため、ペテルブルグのノヴォデーヴィチ女子修道院のイコン工房をめざして旅立ったのである。発刊されたばかりの正教会の新しい機関誌『正教新報』に、次のようにある。

「本所教会の山下イリナ氏（二十三年八ヶ月）は、油絵の修業のため、アナトリイ師と偕《とも》に、過ぐる十二日、横浜を出帆して露西亜《ロシア》国に航行せられたり。彼《か》の地へ到着の上は、サンクトペテルブルグなる女修道院長エウストリヤ姉《し》（「姉」は、シスター、修道女）の管下なるフェオファニヤ姉に随従して学ばるる由《よし》」（『正教新報』第一号。明治一三年一二月一五日）。

ここに「油絵の修業のため」とあるのは、いわば表向きの口実であった。突然指名を受けた山下のあわただしいロシア行決定の事情、西欧の油絵を学ぶことを断念した「無念」については、中村健之介・悦子『ニコライ堂の女性たち』第二章「イリナ山下りん」を参照されたい。りんは、「心を鬼にして、よし死なば死ね、生きなば生きよ、ただ行く所まで行きつきて」（山下りん「履歴」）と決心して、「聖像《イコン》画師」となるべく船に乗ったのだった。

第七章第1節の「神学書の翻訳と『教会報知』の発行」で紹介したように、日本正教会の最初の機関誌『教会報知』は、明治一〇年（一八七七年）一二月から、月二回発行で、明治一三年（一八八〇年）一一月まで続いてきた。そして、ニコライ帰任直後の明治一三年一二月一五日から、ページ数も増え、装いも新たに、新しい機関誌『正教新報』が発行されることになった。やはり月二回の発行であった。その第一号の表紙をかざったのが、山下りん作の「天使が福音書を持って飛んでいる」銅版画であった。それは、山下が、「遙々画草《したえ》一枚を欧州（ペテルブルグ）より郵寄（郵送）」したもので、「早速彫刻して本号の表紙に用ゐた」のだった（『正教新報』明治一五年一〇月一五日）。

東京の工部美術学校（官立絵画学校）で、イタリア人画家フォンタネージに学んだ山下りんは、このころも、西洋画を描きたいという深い、熱情的願望を抱いていた。

ニコライはといえば、りんを、教会に役立つ画師、聖像画師に育てたいと考えていた。それでニコライは、ロシア帰国中に親しくなった、ペテルブルグのノヴォデーヴィチ女子修道院長エウストリヤの下《もと》へ送ったのである。右の『正教新報』の記事からわかるように、「イコン画師」の修道女のフェオファニヤがりんの指導に当たることまで、すでに決まっていた。

山下りんの「滞露日記」（小型手帳）には、ノヴォデーヴィチ女子修道院での、修道女たちとの交流や、西洋画を学びたい本心を抑えながら、「おばけ絵」の古いイコンを模写しなければならないりん

工部美術学校時代の山下りん（前列右端）
1人おいて前列左端，神中糸子。後列左から2人目山室政子。その隣，フォンタネージ。

ペテルブルグのノヴォデーヴィチ女子修道院
山下りんは，ここでイコン（聖像画）の制作を学んだ。

山下りんの銅版画による『正教新報』第1号の表紙

の苦しみが綴られている。りんは、ペテルブルグの美術大学で学びたいという希望をもっていたが、それは叶えられなかった。ことばも不自由で、修道女たちとの関係もなめらかではなく、体調もわるくなり、苦しいイコン制作習得であった（中村健之介・悦子『ニコライ堂の女性たち』「第二章　イリナ山下りん」参照）。

　山下りんは、およそ二年半後の明治一六年（一八八三年）四月、ペテルブルグでのイコン制作習得はまだ「中道」であったが、日本へ帰ってきた。そして、駿河台の女子神学校内に住み、構内にあった小屋を工房として、イコン制作の仕事にとりかかった。

「同姉は当地に在て、日本教会中に用うる聖像を描《えが》くことを負担《ひきう》け、傍《かたわ》ら、絵画を以て教会に務むるの志《こころざし》ある者には、画法を教授せらるるとのこと」（『正教新報』明治一六年六月一日）。

　しかし、山下りんは、ロシアから帰って間もないころに書いたという自筆「履歴」の冒頭に、「余生来画を好む」と書いている。洋画を学びたいというこの願望は、二年余のイコン制作修行によっても消えなかった。明治一七年一〇月のニコライの日記に、「イリナ山下が来て、宣教団を辞めさせてもらいたい、〈絵のことがわかりません。勉強しなくてはなりません〉と言った」（1884. 10. 1/13）とある。オリガ・プゥチャーチナが東京本会に着く三日前である。りんは「聖像画師」になりきることができなかった。彼女は、駿河台を去った。

　だが、明治初期という混乱の時代に、しかも有力な縁故もない女性が、画業によって口を糊することは、至難であった。その一年後、りんは正教会本会にもどった。

以後山下りんは、女子神学校二階角部屋を住まい兼工房にして、イコンの制作、修復の仕事を長く続けた。「聖像画師」として、日本正教会のために働いたのである。

りんが故郷笠間にもどったのは、大正七年（一九一八年）、六二歳のときであった。

翻訳協力者中井木菟麿の上京

帰任して一年半後、明治一五年（一八八二年）初夏、ニコライは「南西地方」の教会を巡回した。その旅の途中、ニコライは兵庫県加古川でパウェル中井木菟麿《つくまろ》と会った（1882. 5. 27/6. 8）。中井は大阪教会に所属しており、加古川で副伝教者として布教に励んでいた。『正教新報』（明治一五年六月一五日号）にも、「主教、明石を経て播州加古川教会に到着、伝教者中井氏外諸兄弟と面会あり」とある。このときニコライは中井に上京し、正教会の出版活動の手伝いをするよう命じたという。

翌七月、中井木菟麿は親戚たちの反対を押し切って、継母春《しゅん》、妹蘭《らん》、一二歳年下の異母妹終子《しゅうこ》（当時四歳）を伴って上京し、神田区袋井町の借家に入った。正教会本会から徒歩三〇分の近さである。上京すると中井は挨拶するため、本会主教館のニコライを訪ねた。するとニコライは、「待っていました」と言って、その場ですぐ机に向かい、二人並んで聖典の翻訳に取りかかったのである。このとき以来、中井木菟麿は、毎日朝は七時に家を出、昼休みはあるが、晩は晩で日曜日でも五時半に家を出て、ニコライ師の居室で共に奉神礼（ミサ）のための聖典の翻訳に励むことになったのである（中井木菟麿「燕居のニコライ大主教」）。

ところで、中井木菟麿の妹終子は「ニコライ主教と中井家との関係」という文章に、ロシアと中井家との最初の出会いは、ニコライ来日の一八六一年（文久元年）からさかのぼること七年、嘉永七年（一八五四年）の下田での「日露和親条約」のときであると書いている。これは事実である。

嘉永七年九月八日、プゥチャーチン提督一行は軍艦ディアナ号で函館を発った。同月一七日、大阪

明治15年（1882年）7月，東京本会での公会記念写真

前列中央（右向き），主教ニコライ。2列左から2人目，上京したばかりのころの中井木菟麿。

の天保山沖に着き、一八日に安治川口の沖合いに停泊した。突然のロシアの黒船の出現に京都、大阪の人びとは上下を問わず大いに驚き恐れた。このとき、懐徳堂の並河寒泉と中井桐園（木菟麿の祖父と父）が幕府に命じられて、漢文での通訳の任に当たったのである。

ロシア人との「応接」は、漢文によってなされた。応接に当たったロシア人「中国語通訳官」は、ゴシケーヴィチであった可能性がある。本書第二章第1節の「初代ロシア領事ゴシケーヴィチ」で紹介したように、プゥチャーチンの「通訳官」ゴシケーヴィチは一〇年も清国のロシア正教会宣教団で働いていた経験があり、「漢文」による筆談ができたのである。

そのゴシケーヴィチが、後に初代ロシア領事として函館へ赴任してきて、さらに、そのゴシケーヴィチの要請によって、文久元年（一八六一年）、函館領事館付属教会の司祭として、ロシアからニコライが来日した。そしてそのニコライが、明治一五年に、並河寒泉の孫で中井桐園の息子である中井木菟麿を、自分の聖典翻訳の助手として招いたのである。まさに奇縁である。

中井木菟麿は正教会の「愛々社」の社員となり、『正教新報』編集の仕事もしたが、自分の本来の使命はニコライの聖典翻訳の手伝いであった。それ以外は「余業」であった、と語っている。「自分が最初東京へ上ったのは、大主教座下の翻《ほん》経《きょう》事業をお助け申すためで、正教神学校や女子神学校に勤めたのは、大主教遷逝《せんせい》〔永眠〕後の余業にすぎない」（中井「移住の就きての告白と感謝」、『正教時報』大正九年一二月一五日）。

中井木菟麿はニコライとの出会いを、何か運命的なことのように思っていたのではないだろうか。木菟麿は幼少時から、ロシアの黒船が大阪湾に入港したときに懐徳堂が応接掛に任ぜられたことを祖父や父から聞いていたであろう。それを妹終子に語り継ぎ、終子は七四歳の高齢になってもこのことを中井家の大事として「ニコライ主教と中井家との関係」に書き留めたのである。

中井木菟麿がハリストス正教の信徒となったのは、懐徳堂代々の校医の子孫古林《ふるばやし》見蔵の導きによるという。懐徳堂という儒家の家で育ったこの二人が、廃校後の激動を生き抜く支えを西洋の新しい教えキリスト教に求めたのも不思議といえば不思議だが、当時大阪にはカトリックもプロテスタントもすでに宣教に乗り出していたのに、なぜロシアから伝わったキリスト教であるハリストス正教であったのか。単なる偶然であったのだろうか。大阪で最初の信徒となった懐徳堂の二人の正教入信のきっかけは、まだなぞに包まれている。

木菟麿の日記や手紙やその他の文章を読むと、彼は何事においても、まず祖先との縁を尊んで行動しているのが分かる。ロシア艦船ディアナ号が大阪湾へ来た際に、祖父と父が漢文通訳官であったことも、木苑磨がハリストス正教会へ親近感を抱く契機になったのかもしれない（『ニコライ堂の女性たち』「第七章　ワルワラ中井終子」参照）。

2 「ニコライ堂」建築をめぐって

大聖堂建築着工と資金不足

ニコライが第二回目のロシア帰国を終えて東京へ帰任したのは、明治一三年（一八八〇年）一一月二〇日（西暦）である。それから、聖堂建設地の確定や整地で三年余の準備を要した。駿河台の地下は縦横に地下道が走っていることがわかって、それを埋めなければならなかったのである（1891. 10. 5/17）。

明治一七年三月、いよいよ東京復活大聖堂の建築工事がはじまった。設計施工を担当したのは、鹿鳴館など、優れた西洋建築で知られるイギリス人建築家ジョサイア・コンドルである。

すでに書いたように、第二回ロシア帰国中の募金活動は大成功で、ニコライは「一三万一八三四ルーブリ」（当時のレートで換算して約一四万七〇〇〇円）という巨額の大聖堂建設資金を得て東京へもどって来たのだった。ところが、帰任した時点ですでに、東京の土地は値上がりで、新しい建築用地の入手は困難になっていた。その上、日本の物価全体の急激な高騰で、建築資材、人件費をはじめ大聖堂建築費用も当初の予想をはるかに超えることが明らかになった。

ニコライは、ぐずぐずしていては聖堂は建てられなくなるとみて、着工に踏み切った。ロシアからの追加送金の約束はまったくなかったのに、「神の援《たす》けは来る」と期待しての、大きな不安をかかえての大胆な決断だった。最終的には大聖堂建築経費は約「二十四万円」にもなったというから、約六割しかない資金で見切り発車したのである。

工事開始と同時にニコライは、ロシアの慈善家たちに次々手紙を送り、追加寄進を願う活動をはじめた。

翌明治一八年の日記にも、「きっと神は今年、何かを与えてくださるだろう。聖堂建設の金がない。神は送ってくださるだろうか。もし送ってくだされば、神は日本の教会を愛してくださっているということだ」と書いている（1885. 1. 2/14）。

ロシアの新聞雑誌界の「ボス」ミハイル・カトコーフにも、さらなる募金活動の協力を頼む手紙を送った。その手紙（一八八五年一〇月二五日付）は「モスクワ報知」新聞（一八八六年三月四日）に載った。ニコライは、ロシアで集まった一三万余ルーブリの寄付金で新たに土地を買いそこに大聖堂を建設するつもりだったが、帰国してみると土地の値段が大幅に上がっていたこと、それで新たな土地の購入はあきらめて宣教団本会のある駿河台の土地に建てるために、土を盛って駿河台の丘を広げざるをえなくなったことなどを説明している。そして、「大聖堂はぜひ早く建てなければなりません。それは、日本の生まれて間もない正教徒の信仰を支えるためです。そして、カトリックとプロテスタントの宣教団に負けないで、正教会宣教団の威厳を示す必要があるからです。〔中略〕この建設を途中でやめたらロシアの恥です」と書いて、追加寄付を訴えている。

この手紙には、親友で日本宣教団「同労者」のブィストロフ、ヂョームキン、スレテンスキー、正教宣教協会理事会、宗務院経理局などのアドレスが付記されている。ここに寄付を集めてほしい、ということだった。

正教神学校教師だったアルセニイ岩沢丙吉は、明治大正昭和と三代にわたって東京の日本正教会本会に所属して、そこで起きたさまざまな事実を間近で見、それを正確に記憶していた人である。その岩沢が、大聖堂建築費について、次のように書いている。

「我が大主教の如く金銭の価値を実際的に知りつくせし人は、少なからん〔少ないだろう〕。外よりは、莫大の金力を使用し得る人と誤認され、内よりは、吝嗇家《りんしょくか》〔ケチ〕と誹《そし》らるるも、伝道費・学校費・聖堂建築費等、みな師の熱心な請願と布教の成績によって得しものなり。

特に聖堂建立に関しては、予算に倍せし〔倍にもなる〕出費を生じ、師は徹夜して数十通の献金懇願書を篤志者に書せしこともあり。

また、右費〔建築費〕の増加に関して、疑はれしことすらありたり。その頃モスクワに留学せし故人石亀〔一郎、ペトル〕君の言によれば、一日〔ある日〕モスクワの貴族サマリン〔宗務院のニコライ・サマーリン〕は使者を以て寄宿舎より石亀君を自宅に呼び、告げて曰く、〈今日伝道会社〔正教宣教協会〕の会議において、ある評議員はニコライ主教の東京新築聖堂費用の増額請求に疑いをはさみ、これ〔ニコライ〕を召喚して糾問すべしと提言したるも、多数の評議員は、その必要なしとて、この提案は消滅したるも、余〔自分、サマーリン〕においても不審の点なきにあらねば、貴君〔石亀〕に質《ただ》さんとて、呼び寄せしなり〉云々と。

以て知るべし、師が大聖堂建築につきて如何に苦心せしかを。

また、ほとんど見当違ひの疑念をすら人に抱かしむるまでに至りし窮状は、筆紙につくし難きものならん」（岩沢丙吉「思ひ出――ニコライ大主教の一周忌における」。『正教時報』大正二年五月）。

泣きっ面に蜂で、建築資金不足に加えて、予期せぬ災難もあった。イギリスの銀行“Oriental Bank Corporation”が倒産したのである。ニコライはこの銀行に一万七〇〇〇ルーブリもの金を預けていたのだったが、それが煙となったのである（1884. 5. 7/19, 1897. 8. 18/20. および日記の「覚え書」一八八四年の終わりを参照）。

しかも、ニコライの宿願だったこの大聖堂建設の大工事に対し、いわば身内である正教会の内から反対の声があがった。

有志義会事件

「当時信徒の総数一万に近く、領洗〔受洗〕者の数は年々一千人以上に及んだ。斯《かく》の如く教勢の発展するに随って、自然〔自然と〕不純分子も此間《このかん》に発生し、若干の伝教者及び信徒等起《た》ちて有志義会と称するものを起し、パウェル沢辺〔琢磨〕司祭を擁して、主教に反対する事を企てたのであった。彼等の主張する所に依れば、此の創業伝道の時期に当たって、伝道費の豊ならざるために教勢の進展意の如くならざるものあり。然《しか》るに之《これ》を顧《かえり》みずして、大聖堂建築の如き不急〔いま急いですることのない〕の工事のために莫大の費用を投ずるは、全く時宜《じぎ》〔タイミング〕を失したるものなり。故に此の大工事を廃止して、其《その》費用を伝道費に投じ、教勢の進展を計るべきものであると、多数の信徒を誘導し、全国の教会に其の所説を流布し、将《まさ》に動乱を生ぜんとした」〔柴山準行編『大主教ニコライ師事蹟』〕。

信徒が急増してきているのに、「伝道費の豊ならざるために教勢の進展意の如くならざるものあり」と唱える者が出てきたのである。そこからもわかるように、有志義会の根にあったものは、必ずしも「宣教の熱意」だけではなかった。「教勢の進展」に乗じて、ニコライがロシアで集めてきた巨額の聖堂建設資金に目をつけて、「金をよこせ」の欲も出てきたのである。

ニコライは、ロシアの正教徒たちが日本の首都に正教の大聖堂を建立するために寄付してくれた浄財を、「伝道費〔日本人教役者の活動費、生活費〕」に「転用」することはできなかった。ニコライは、使用目的を明らかにして募金した金はその約束どおりに使うことが、ロシアの慈善家たちの信頼を保つ道だと考えていた。日本宣教団の団長として、ニコライは、日本人教役者《きょうえきしゃ》に給する「月費《げっぴ》」〔月給〕が多くないことは知ってはいたが、かれらの生活費の不足分はそれぞれの管轄教会の信徒たちが補うべきだと考えていた。

しかし、巨額の費用を要する大聖堂建築に反対する声は、司祭沢辺琢磨の煽動によって日本正教会全体に広がった。そのため教役者も信徒も、主教ニコライ派と沢辺派とに分裂し、教会は激しく揺れ、教会を去る者が続出した。「教会政治に就《つ》きて建議を為し〔意見を提出したが〕、議容《い》れられずして、惜しむべき伝教者十数名袂《たもと》を連ねて退職せり」という状態にまでなった〔中野儀三郎『追懐餘誌』〕。また、男女神学校でも、親の言いつけにしたがって、「行李《こうり》を携えて帰郷する」生徒が次々と出た〔高橋五子《いね》編『鏡花録』〕。

怒りを抑える努力

明治一七年〔一八八四年〕前半のニコライの日記は、宣教の具体的事実の記事が少ないのに反比例して、ニコライ自身の怒りと苦しみ、そして怒りを抑えようという自戒の記事であふれている。

「腹が立ってならないが、腹を立てては何事も成らない」「落ち着きと忍耐が必要だ。腹を立てる勿《なか》れ」「事を成し終えたら、何年間か日本を去ろう」「いまの沢辺〔琢磨〕は敵だ。かれが諸教会を巡回することをくい止めないと、すべてが混乱する。沢辺とその一派が弱い教会を叩いている」「協力者がいなくて苦しい。沢辺に、伝教者たちを勤務地から離れさせるようなことをしないようにと注意の手紙を送ったところ、聞き随《したが》うどころか、〔抗議のために〕六人の伝教者を送ってよこした。悲しくてたまらない。宣教師がこんな風になってはいけない」「こんなに苦しいことはない」「アナトリイは敵側についた」「神よ、どうぞ怒りのことばを発しないようにさせてください」などとあり、「自分自身の怒りがおそろしい」とまで言っている。

「パウェル新妻神父〔新妻敬治。ニコライ派〕からの手紙によれば、新川《にっかわ》、塩沢、足利、佐野の教会がかれを受け入れないという。新川では〔伝教者、信徒に〕殴られそうになったという。塩沢では黙ったままで、受け入れてくれなかった。だれも迎えに出なかったのだ。

　ティト萩原が来て、〈これはどういうことなのですか、何に従えばよいのですか〉と尋ねた。萩原は教会を離れたくないと思っている。それで反抗者たちには与《くみ》しなかった。〈主教と沢辺のどちらかを選べというのであれば、自分は主教につく〉と言った。苦しみのあるところには、なぐさめもあるということだ」(1884. 5. 9/21)。

「すべてがお前〔わたし〕の肩にかかっている！　ああ、この人たちを失うようなことになるのは、恥ずべきことだ。それなのにわたしは、ほとんど失いかけたのだ。気力をなくしたなら、すべてが失われる」(1884. 6. 4/16)。

「公会〔西暦七月上旬〕では、教会の敵たちに対して、できるだけおだやかに接することだ。沢辺については、〈過ちを認め、過ちをくり返さないと約束しさえすれば〉、かれをよろこんで迎え入れる用意があることを、はっきりと言明すること。

　主よ、助けたまえ、なぜなら、これが悪魔の仕業であることはまったく明らかなのですから。そして悪魔を相手の戦いにおいては、わたしたちは力弱い者たちなのです。主よ、どうぞわたしを助けてください。戦う力をお与えください」(1884. 6. 13/25)。

「主よ、公会が終るまでの、これからの三週間が大事なのです。怒りのことばを発しないようわたしを助けて下さい。どうか、主よ、いきどおり、無分別、いらざることを、一切口に出さないようにさせてください。

　これまでも常にわたし恐れさせてきたもの、そしていまも恐れさせているもの、それは、わたし自身の怒りやすさだ。それこそが、自分にとっても教会にとっても、最もおそろしい敵だ。

　小型イコンを身につけることにしよう。イコンは、怒りのことばを発しないよう、そして心が怒りで猛《たけ》ることのないよう、感覚的に気づかせてくれるはずだ」（1884. 6. 16/28）。

「朝、アンナ〔菅野秀子。女子神学校舎監〕が女学校に送られてきた手紙を持ってきた。実にけしからん手紙だ。匿名だが、いまの教会の敵の一人が書いたものだ。早く結婚したいという女生徒がいるのなら、密通ということにならないために、女学校をやめればよいと勧めている。卑劣なやつらだ」（1884. 6. 17/29）。

「夜一一時。いまようやく、イオアン大和田〔敬時〕が別れの挨拶をして出て行った。もう二度目だが、〈公会でよからぬことが起こりませんように〉、気をつけるようにと警告してくれた。何が起きるというのかと訊くと、〈建白書《ケムパクショ》がたくさん提出されるでしょう。そして私心を押し出す人びとが煽動をはじめるでしょう〉という」（1884. 6. 23/7. 5）。

後になってわかったことだが、沢辺琢磨は自派を引き連れてプロテスタントへ移ることを考え、「一致会」〔日本基督一致教会〕へ声をかけていた（1885. 11. 8/20）。

公会を乗り切る

明治一七年七月上旬、いよいよの定例公会となった。有志義会派の伝教者たちは、攻撃の狙いを、大聖堂建設資金から、ロシアから定期的に送られてくる宣教資金に向け、宣教資金を他に転用せよという「請願」を出してきた。また、女学校は宣教の役に立たないから廃止し、女学校のための経費を伝教者へまわせ、と主張した。ニコライは、それにこう答えている。

「余《よ》が露国の聖務会院〔宗務院〕ならびに伝道会社〔正教宣教協会〕より受くるところの金員〔金銭。宣教資金〕は、外国より来《きた》りいる神品〔聖職者〕教師の給料をはじめとして、伝道費、神学校、女学校、伝道学校、唱歌学校〔詠隊学校〕の費用、その他出版費、修繕費等のために用いざるべからず。この金を他の事件に流用すべからざるなり。

又、女学校を廃すべしというが如きは、全く野蛮人の吐くべきことにて、決して採用すべき事柄にあらざるなり。故に、この請願書に言う所は、一つも採用すべき所なし」（『大日本正教会公会議事録』明治一七年七月）。

ニコライは自分の怒りと有志義会派の攻撃を抑えて、公会を乗り切った。公会当日の日記は書かれていないが、二カ月後の短い日記にこうある。

「一八八四年〔明治一七年〕九月九日〔二一日〕記。もろもろのことを切り抜けさせてくださった神に栄光、守護の天使に賛美！」

明治18年（1885年）ごろの東京の女子神学校
1階，生徒たち。2階，教師たち（右から白極良子，山下りん，伊東祐子，児玉菊子など）。この建物は明治19年12月に焼失した（『洛汭《らくぜい》女子追悼録』より）。

また同年の「覚え書」には、こう書いている。

「沢辺〔琢磨〕、津田〔徳之進〕、矢附《やつき》〔近忠〕、カマモト〔漢字表記未詳〕その他のために、恐るべき混乱が生じた。これ以上ないほどのいまわしい、平和のない年だった。特に、公会まではひどかった」。

有志義会事件は教会の外にまで知られるほどの「正教会の動乱」であったのだが、それを治めたニコライは自信を回復し、宣教団長としての自覚が深まったようである。

「きのう、ダヴィドフ〔ロシア公使〕が、フランス公使からこんなことを聞いたと言った。

〈カトリックの宣教師たちは、あなたが亡くなったら日本の諸教会は崩れてしまうだろうと噂している。

いまでもすでに分裂が生じているのだが、なんとか我慢してもっているのだ〉と。しかし、第一に、どうやらわたしはあす死ぬようなことはないようだ。第二に、ここの教会は正教の教会である。だからキリストご自身が教会をお守りくださるだろう。カトリックの宣教師たちが、この地の正教会が倒れたならその跡地を利用しようといくら待っても、そうはいかない！」（1884. 9. 29/10. 11）

「ようやく、自分は〈長官〉のように生きなくてはならないのだと分かった。すなわち、誰に対しても決して心を打ち明けてはならない、考えや感情をだれかと共有してはならないのだ。これまでも、感情を分かち合える相手はいなかった。しかし、そういう相手はいるだろうという期待を抱いていた。しかし、できそうにないことはやめるべきだ。人間の集団には指揮者が必要なのだ。人びとは指揮者に従うことを欲している。その方がらくだし、責任も少ないからだ。

〔函館の領事館にいたころ〕なぜゴシケーヴィチはわたしにうるさく注意しないのか、指導しないのか、教訓を垂れないのか、わたしもいつかこんな風になるのだろうかと、当時、不思議に思ったものだ。ところが、いまやわたしも同じようになってしまった。人生がそうさせたのだ」（1885. 1. 20/2. 1）。

しかし、有志義会事件の傷跡は、後々まで日本正教会に残った（1892. 11. 13/25）。

沢辺琢磨という人物

有志義会を立ち上げ、これを率いた沢辺琢磨（旧名山本数馬《かずま》）は、西暦年でいうと、一八三四年生まれ、一九一三年没、ニコライは一八三六年生まれ、一九一二年永眠である。ニコライが函館で沢辺琢磨に洗礼を授けたのは一八六八年であるから、二人の生涯の後半生は、時においても所においても大体重なる。

本書第三章第3節の「沢辺琢磨の接近」に書いたように、パウェル沢辺琢磨は日本正教会最初の信徒で、最初の日本人司祭である。そして、ニコライの在世中、日本正教会の長司祭（司祭のなかの上位者）として、長く教会内に威光を放った。

沢辺琢磨は、元は土佐出身の幕末の憂国の志士であった。坂本龍馬の従弟山本代七の息子数馬が、幕末の江戸からいかにして蝦夷の箱館（函館）へ流れ着いたか、その小波乱に満ちた行程は、坂崎紫《し》瀾《らん》の坂本龍馬伝『汗血千里の駒』（林原純生校注）第一四回に簡潔に描かれている。

剣術に勝れていた山本数馬は、函館の神明社（現、山上大神宮《やまのうえ》）の宮司沢辺幸寿《ゆきとし》に気に入られ、沢辺家の娘婿として養子となった（「山上大神宮記録」）。その山本数馬が神明社の神官沢辺琢磨になってから、函館のロシア領事館教会付き司祭だったニコライに近づき、やがて正教の洗礼を受けるにいたった経緯については、拙著『宣教師ニコライとその時代』第一章「激動の日本へ」に書いた。

また、沢辺琢磨の生涯については、福永久壽衛『沢辺琢磨の生涯』（昭和五四年発行）という詳細な伝記がある。

ここでは、ニコライの日記によって、沢辺がどのような人物であったかを見てみたい。

パウェル沢辺琢磨はニコライにとって、初期の宣教活動を推し進めるための有能な「義勇兵募集係」（リクルーティング・オフィサー）であった。函館にいた沢辺は、維新の混乱のなかで生きる路を模索していた仙台藩士たちを、ニコライのもとに連れてきた。

沢辺が「募兵係り」となった動機は、本書第三章第2節の「『古事記』を教えた新島襄」にも書いたように、「国の為」「国家の改革」のためであった。かれにとって信仰は、観想や修養ではなかった。大義の旗をかかげて人を動かす活動だった。正教会に入ったのは、「信仰」を用いて人心を煽動し、事《こと》を起こすためだった。ニコライも後年、そのことに気づいていた。

「ペトル石川（喜三郎）が、自分の編んだ日本教会の歴史（『日本正教伝道誌』）を読んで聞かせてくれた。きのうはじめて、きょうは二日目である。石川の筆は生き生きとしている。さながら歴史物語だ。神の摂理の糸もあちこちにきらりと見える。

それにしても、最初期に、純粋な宗教的欲求があまりにも少ない。宗教的な渇き、真理を求める心があまりに少なくて、お話にならないほどだ。

その〔キリスト教〕受容の動機は、〈国の役に立とう〉というものだ。キリスト教の教えはたましいの上辺《うわべ》にとどまり、たましいの内側はキリスト教の影響を受けないままだ。パウェル沢辺〔琢磨〕は、洗礼を受けてキリスト教徒になって二年も経っているのに、サムライ流に友人たちの生活費をこしらえるのだといって、妻を娼家に売ろうとした〔『日本正教伝道誌』巻之一、第四章〕」（1899. 9. 21/10. 3）。

ニコライの日記に現れる沢辺琢磨は、いつも同じである。事《こと》が起き活躍の場が生じると、沢辺は活気づき、人並み外れた行動力と人心操作力を発揮する。明治二九年六月、東北三陸地方を大地震、大津波が襲った。そのとき沢辺は、おどろくべき素早さで、罹災地に義援金を送れと、全国の正教会に呼びかけた。

ニコライは日記で、「いつものことだが、気持ちが高揚しているときの沢辺神父は、意気盛んになり、使徒の時代の人に似てくる」と書いている（1892. 11. 12/24）。

そして、操作的人物の常として、沢辺琢磨も、自己を正当化し、サヴァイヴァル（生き残り競争）の術に長けていた。

明治二四年（一八九一年）、東京復活大聖堂の成聖式が終わって三日後の三月一一日、成聖式に合わせて開かれた公会（通常は七月上旬）の席上、沢辺琢磨は自分が率いた有志義会について、「衆〔多くの〕議員に向かひて一場の演説」をなした。そこでかれは、自分は大聖堂建築費をめぐって反主教の動きをしたかに思われているが、そんなことはない、自分は「教会衰頽のことを頻《しき》りに人々と談じ、かつその〔教勢回復の〕手段を計画」しただけなのだと言って、次のように語った。

「このこと、如何なる行き違いなりしか、かえって主教と予《よ》との間の感情を悪しくせしむるに至れり。もっとも、当時教会衰頽云々のことにつきては、東京に有志会《マ》あり《マ》、その他続々と予の意見に符合せし者起こりたりき。彼らの目的はしらざるも、予の目的とする所は、決して教会を破るにあらず。ただ教会の衰頽を回復せんとする一片の赤心なり」（『大日本正教会公会議事録』明治二四年三月）。

この「彼らの目的はしらざるも、予の目的とする所は、ただ教会の衰頽を回復せんとする一片の赤心なり」という言い方に、沢辺琢磨という人物の正体があらわになっている。操作的人間は、必ず正義の旗、大義の旗をかかげ、自分に都合のわるいことはすべて他人《ひと》のせいにして生き延びる。

「有志義会」事件では、沢辺の「意見に符合〔同調〕」し、その指揮に従って、多くの優れた伝教者や有力信徒たちが教会を去った。熱心な伝教者や信徒を失った宣教団長ニコライの苦悩は、測り知れなかった。しかし、「反乱」の首謀者だった沢辺自身は、教会を去ることなく、白河教会と東京の麴町教会を根城《ねじろ》として、その後もわるびれる様子もなく「長老」の座にあって、正教会内に隠然たる勢力を張った。

仙台藩士だったパウェル津田徳之進は、沢辺琢磨の函館時代からの盟友であった。まじめな伝教者津田は、沢辺のかかげた大義の主張に共感し、「有志義会」に加わり、会の中心となった。ニコライは日記に、「沢辺、津田、矢附《やつき》、カマモトその他のために、恐るべき混乱が生じた」とニコライは書いている。そのために津田は、事件後自らの廉恥のゆえに、いわば不遇の道を選んだ。みなは、津田が正教会初期からの中心的信徒の一人であり、長老的存在であることを知っていたが、沢辺は遂に津田を司祭に推挙することはなかった。津田は、生涯伝教者の地位にとどまり、「修道士的」生き方をしたという（『正教新報』明治四四年九月一五日）。

時を遡《さかのぼ》ってみれば、函館神明宮の宮司沢辺幸寿《ゆきとし》が、函館に流れ着いた山本数馬〔沢辺琢磨〕を婿養子に迎えたが、そのとき、沢辺の親族の者たちは「悉《ことごと》ク之《これ》〔琢磨〕ヲ嫌忌《けんき》シ、沢辺家ヲ亡ス者ハ土佐ノ浪人〔琢磨〕ナリ」と言っていたという〔沢辺悌太郎口述「沢辺老司祭略歴」〕。
沢辺琢磨のことをいろいろ調べたが、かれには、義父沢辺幸寿に対する恩義の気持ちや自分が背負った沢辺家に対する責任感はまったく見当たらない。幸寿も「土佐ノ浪人」に乗せられたのであろう。

西郷従理の葬儀

明治一八年（一八八五年）五月六日、ニコライは東京本会の十字架教会において、海軍大臣西郷従道《つぐみち》〔隆盛の実弟〕の長男、西郷従理の葬儀を執り行なった。日記にはこうある。

「西郷大臣の息子、一〇歳と八ヵ月の少年アレキセイ西郷〔従理〕の埋葬式を執り行なった。アレキセイ西郷はワシントンのストルーヴェ〔キリル・ストルーヴェ、一八八二年まで在日ロシア公使〕の家で亡くなった」(1885. 4. 24/5. 6)。

西郷家と在日ロシア公使の屋敷が隣合っていたことから、両家は親しくなり、ストルーヴェ夫妻は幼い従理をわが子のように可愛がり、従理もすっかりなついてしまったという。それでストルーヴェ夫妻は、ロシアへ一時帰国するとき、西郷夫妻に従理の帯同を懇願した。従理も行きたがったので、西郷夫妻は幼い長男〔五、六歳〕のロシア行を許した。ストルーヴェは従理をペテルブルグへ連れて行った。従理は短期間だが貴族学校に入り、皇帝アレクサンドル三世と皇后マリヤ・フョードロヴナにも愛され、受洗してロシアで正教徒《リツェイ》になった。

日本へ帰任してしばらくして、明治一五年、ストルーヴェは東京からワシントンへ転勤した（1882. 1. 15/27）。八歳の従理はまたストルーヴェ一家と一緒に、今度はアメリカのワシントンへ行った。しかしそこで腸チフスにかかり明治一七年一二月、一〇歳で亡くなった。その小さな遺体を当時アメリカにいた大山巌《いわお》が労をつくして日本へ運び、正教会での葬儀となったのである。後の日露戦争時の日本陸軍最高司令官大山巌は、西郷隆盛・従道の従兄弟で、西郷家とは近い親戚であった。

ニコライはじめ多くの正教会聖職者が正装し、西郷家の人々も参列して、主教館二階の十字架教会でおごそかに正教の葬儀が執り行なわれた。堂内での式が終わると、道の両側に多くの人びとが出て見守るなか、七〇人近い会葬者が、警官が先導して青山墓地まで歩いたという。従理の墓はその後、東京西郊の多磨霊園に移された。多磨霊園の一角に西郷家の墓域があり、従理の碑には「神僕亜歴世《アレキセイ》西郷従理之墓」と刻まれている。

明治のキリスト教界の重鎮植村正久は、「如何に愛児の信仰を尊重せられたとはいえ、葬儀における信教自由は今日の如くに認められておらず、西郷家のこの態度は、その影響の及ぶ所、決して僅《きん》少《しょう》ではなかった」と、含みのある批評をしている（佐波亘編『植村正久と其の時代』）。

ニコライはその後、自分の居室の壁に幼い西郷従理の大きな写真をかけていた。そして、「これは故西郷従道侯の長男で露国全権公使スツルウェ〔ストルーヴェ〕の子供と一緒にペテルブルグへ行って教育を受けそこで洗礼を受けた人である」と語っていた。

それにしても、ことの全体にどこか不思議な感じが残る。西郷従理を溺愛したストルーヴェ夫人マリヤ・ニコラエヴナは、ニコライの日記に現れているかぎりでは、迷信深く、感情的で、西郷家が安んじてわが子を託せるような女性とは思われない（1882. 1. 17/29）。

第十章　他派宣教師との交友

1　ニコライと来日プロテスタント宣教師

交流する宣教師たち

幕末に日本が「開国」すると、欧米諸国の外交官たちとともにローマ・カトリック教会、プロテスタント諸派の宣教師たちが日本に入ってきた。ロシア正教会の宣教師ニコライもその一人である。明治期になって、その幾筋かのキリスト教の流入はますます勢いを増していった。かれらは日本宣教において互いに競い合い、また一方で連絡し合ったりもした。

その中で、正教会のニコライと親しい関係にあったのは、英国系ならびに米国系の聖公会《エピスコパリアン》である。ニコライの日記では、前者は「イギリス教会」「イギリス聖公会」、後者は「アメリカの英国教会」「アメリカ聖公会」と呼ばれている。

ここで、ニコライと聖公会の宣教師たちなどとの日本での交流の例を、いくつか紹介しておこう。

ウィリアム・ライト

ウィリアム・ライトは、イギリス海外福音伝道会の最初の日本宣教師である。ニコライはライトと、日本で早い時期に知合ったようである。ニコライは晩年の日記にこう書いている。

「ライト師は英国教会の日本へ来た最初期の二人の宣教師の一人だ。かれは一八八二年（明治一五年）に日本を去った。いまはイギリスのヨークの近くで教区司祭をしている。わたしはかれとかれの同僚のショウ師と仲がよかった〔ショウは、軽井沢を避暑地として開発したことで知られる〕。

ライト師はとても長い手紙をよこして、こう書いてきた。

〈「諸聖人の交わり」について語り合ったときのことを覚えておいでですか。あなたは、われわれ英国国教徒はそのことの意味を理解していないと言われたのでした。またあなたは、われわれは死者たちのために公開の祈禱をなすべきであり、聖母と諸聖人への祈りを捧げるべきである、と言われたのを覚えておいででしょうか。わたしは、後者の祈りを行なうことが正しいことだとは、そのときは納得できなかったのでした。しかし、それはわたしの偏見と無知のせいだったのです。

われわれの教会のかなり広い範囲にわたって、大きな変化がありました。オーソドクス〔東方正教会〕および古カトリック主義者〔オールド・カトリック。教皇無謬説に批判的〕との再合同〔リユニオン〕を推進するために二つの協会が設立されました。こうしたことは、きっとあなたの興味をつよく引くことでありましょう。あなたとしょっちゅうこの問題を語り合ったわたしにとっても、とても興味深いことなのです〉

むかしの友人がこんなうれしい知らせをよこしたのに、返事を出さないでおられようか」（1909. 8. 1/14。ライトの手紙の引用部分は英語）。

ライトが東京へ来たのは明治六年（一八七三年）、ニコライが函館から東京へ出てきた翌年である。当時の欧米の宣教師で東方正教会について理解と敬意を持っていた人は、きわめてまれだっただろう。

森安達也の『東方キリスト教』によれば、一九世紀になっても「西ヨーロッパにおいては、東方正教会は土俗的なキリスト教、ないし福音とは無縁な、異教的古代の水準に留まるキリスト教といったイメージでとらえられていた」という。欧米が東方正教会をある程度正確に認識するようになるのは、ロシア革命後である。同書には、「今世紀の世界を揺るがせたロシア革命（一九一七年）の結果、〔ロシアの〕多数の正教聖職者や思想家がロシア革命とその後の宗教弾圧を逃れてヨーロッパやアメリカに亡命した。そして新たに教会を建て、亡命者のために布教活動を行なったが、これが西ヨーロッパに東方正教思想を知らせる上で大いに貢献した」とある。

実際、ニコライの日記にも、夕方駿河台の聖堂を訪ねて来た若いイギリス人宣教師が正教をまるで異教のように思い込んでいるのを見て、ニコライは不愉快になる場面がある。明治三三年（一九〇〇年）一〇月のことである。

「大聖堂の扉を開けてイコノスタスのそばまで連れていってやった。もう遠くからでは見えなくなっていたのだ。かれはロシア語の単語を混ぜてこう尋ねた。

〈これが、あなた方のボーグ〔神〕ですか〉

〈神は天地の創造主であり人間の救い主です。これは聖なるイコンです〉とわたしは答えた。

イギリス人はイコンを眺めて、わたしのことばを信じないような薄笑いを浮かべた。わたしは続けてこう言った。

〈ごらんなさい、これは教えを述べておられる救世主です。これは母の腕に抱かれている救世主。こちらはこどもたちに祝福を与えておられるところです。こちらの王門の上にあるのは、生神女《しょうしんじょ》福音〔聖母受胎告知〕と福音書記者たちです。ひとことで言えば、これは色彩を使って表された福音書であり、朗読される福音書が耳で理解されると同じように、目で理解されるのです〉

〈ところで、あなた方（正教会）の聖書はどういうものですか〉

〈どういうものとは、どういう意味ですか。もちろんあなた方のものと同じですよ。わたしたちの教会の神学生は、だれに聞いても、プロテスタントの肝心なことはかなり詳しく知っています。ところがあなたは、われわれの教会についてはあまりにも無知でおられる。恥ずかしいとは思いませんか。いつになったらあなた方はわれわれのことを知ろうと思うようになるのですか〉」（1900. 10. 13/26）。

ところが同じイギリス人宣教師でもウィリアム・ライトは、まだ外国人宣教師が数えるほどしかいなかった明治最初期（一八七〇年代）に東京でニコライと出会ったおかげで、すでに正教会の神学を知り、英国国教会と東方正教会との協力をニコライと語り合うほどになっていたのである。

「オクスフォード運動」　聖公会と正教会のキリスト教は、国民国家（nation state）の宗教であり、ローマ・カトリックの教皇制（papacy）を退けて、自国の国王・皇帝を讃える。両教会は「国教」であるという点で類似しており、それが聖公会の宣教師たちとロシア正教会のニコライとの接近を招いた理由の一つであると思われる。

それに加えて、両者の接近には具体的な理由もあった。一八三〇年代からイギリス国教会の信仰復興運動（いわゆる「オクスフォード運動・The Oxford movement」）の影響によって、聖公会（イギリス国教会）と東方正教の諸教会との間に「教会合同（Union）」の可能性を探る動きが起きたのである。当然、東方正教会の代表格であるロシア正教会との間にも、「教会合同」を模索する動きが生じた。

ところが、イギリス国教会が「信条」（日本正教会では「信経《しんけい》」という。Creed）に「子からも（filioque）」ということばを残そうとしたため、東方正教会との「教会合同」は暗礁に乗り上げることになる。

東方教会の「信経」には、このことばは存在しない。「フィリオクエ」はカトリック教会によって作られた教義だった。それを拒否することが、西方カトリック教会に対する、東方正教会の正統性のしるしだった。

しかし、イギリス国教会（聖公会）は、教皇が世界のキリスト教会の最上位者であるというカトリックの主張を否定している点では、東方正教会と意見が合致していた。それで両者とも、「教会合同」の暫定協定を成立させようと努力した。両者の高位聖職者の間では、友好関係を醸成しようとする交流が続いていた。一八七九年に、イギリス国教会の司教がロシア正教会府主教イシドルを訪問したのも、その一例である（1880. 1. 13）。その影響が、日本にいたニコライにまで及んできたのである（『ベデカー旅行案内ロシア編』一九一四年版参照）。

ロシア革命が起きる前に、イギリス国教会内にロシア正教会との「教会合同」の道を探る動きが生まれて、ウィリアム・ライトはそれに賛同していたのである。イギリス人ライトが偏狭な優越意識の強い人でなかったということだろうが、ニコライの側にも、欧米人宣教師に東方正教会の意義を理解させようとする意欲があったということである。

ウィリアム・オードリー

ニコライは、明治二九年（一八九六年）に来日したイギリス聖公会司教ウィリアム・オードリーとも親しかった。二人は互いに頻繁に往き来して、オードリー夫人もふくめて友人としてのよい関係が続いていたことが、日記からわかる。

またニコライは、セシル（ボーフラワー）司教とも、日本における宣教方法について何度か話し合っている。セシルが、どのように日本人伝道者を活動させるのがよいのかといった問題について、ニコライに教えを乞うている。もちろんニコライ自身も、こうした聖公会の宣教師たちと交友することで、視野が広がっていったのである。

あるときオードリーはニコライに、「英語を餌《えさ》にして日本人をキリスト教に釣り上げている」という話を長々とした。それをニコライは日記に書いているが、宣教師としてはややうらやましい気持ちもあったのではないだろうか（第七章第2節の「日本人による布教」参照）。

「奈良でも、警察官が英語とキリスト教を学んでいる。オードリーは、主な都市はどこもそうなるだろうと見ている。

いくつかの中学校からも、英語教師派遣の要請がきている（英語と合せてキリスト教を教えるのだが、そのことはどこも内々の申し込みとして言ってくる）。宣教師でない教師は恥知らずな生活をしているからということで、宣教師をたのむと言ってくる」（1900. 3. 6/19）。

一九世紀の、インド、南アフリカ、西アフリカ、カリブ海東部のトリニダード等々、大英帝国の植民地における、英国国教会をふくむプロテスタント諸派の「伝道」競争の勢いはすさまじい。その競争は長く続いた。たとえばインドでは、一八一三年にカルカッタ、一八三三年にはボンベイ（ムンバイ）に英国国教会の「主教区」が作られている。そして、一八九〇年になっても内陸部に次々と宣教拠点が形成されている。各派ミッションは一〇を超える（A・ポーター編著『大英帝国歴史地図——イギリスの海外進出の軌跡』横井・山本訳 参照）。ニコライに「宣教の成果」を語っているオードリーも、「イギリスの海外進出」の優秀な指揮官だったのである。

ニコライも日記で、何度か欧米教会の外国宣教について書いている。

「外国で、正教以外の国々で、いま何が起きているか、目をあげて見るがよい。かれらの社会には、役立つ者になって仕えようという熱意があふれている。キリストの名を世界の果てにまで伝えるべく、どれほどの数の人々が、それも優れた人々が、逡巡や未練もなく、永久に故国を後にして旅立っていることか。ああ、どうしたことなのだ。わが国の不幸な歴史は、われわれを打ちのめして死に至らしめてしまったのか」（ロシア暦1871. 3. 4）。

逆に見れば、ニコライはロシア正教会では例外的な海外伝道者の一人だったということである。

チャニング・ウィリアムズとジョン・マッキム

アメリカ人宣教師チャニング・ウィリアムズは、ニコライより二年早い、安政六年（一八五九年）に、アメリカから来日した日本聖公会初代主教である。

明治三三年（一九〇〇年）夏、ニコライは京都に自分たちの教会を建てる準備のために上洛した。同志社の建築を請け負ったことのある小島という棟梁について聞きたいと思い、同志社へ行った。

「わたしは、プロテスタントの人たちに会って小島について情報を集めたいと思って出かけた。ついでに挨拶もしておきかった。だがパートリッジ司教には会えなかった。ところが代わりに老司教ウィリアムズがいたのだ。こんなところで出会えて、お互いに心から喜び合った。なにしろ古い友人同士なのだから」（1900. 7. 24/8. 6）。

横浜で発行されていた英字新聞「ジャパン・デイリー・メイル」に載ったウィリアムズ永眠の記事を読んで、ニコライは日記にこう書いている。

日本聖公会初代主教チャニング・ウィリアムズ
（大江満『宣教師ウィリアムズの伝道と生涯』より）

「ウィリアムズは日本におけるキリスト教伝道の最古参のパイオニアだった。かれとわたしは仲がよかった。自分のすべてをキリストに捧げた、聖なる人だった。独身主義だったが、わたしには〈ぼくは結婚できるんだからね、そうなんだよ、結婚できるんだよ〉と言っていた」（1910. 11. 22/12. 5）。

ニコライが修道士だから結婚できないのを、ウィリアムズがからかったのである。

また、ジョン・マッキムも、ニコライの日記に頻繁に登場する。マッキムは明治二六年（一八九三年）、ウィリアムズの後任としてアメリカ聖公会の主教に任命され、立教学院理事長となった。ウィリアムズ同様、マッキムもニコライと「仲よし」であった（1895. 5. 26/6. 7）。ニコライが最晩年、築地の聖路加病院に入院したのも、マッキムとの関係からである。なお、マッキムは関東大震災で全壊した聖路加病院を再建した。

クリストファー・カロザース

アメリカ長老派教会宣教師クリストファー・カロザース（カラゾルスともいう）は、明治二年（一八六九年）に来日した。かれから洗礼を受けた日本人の一人が原胤昭《たねあき》である。カロザースは築地で、現在の明治学院大学の礎石となる「築地大学校」を開設した。夫人ジュリア・カロザースも日本の英語教育のために力をつくし、築地居留地にA六番女学校（女子学院）を開設した。

ニコライは明治五年（一八七二年）一月、函館から東京へ出て、築地の居留地（ニコライは「寄留地《キリュウチ》」と書いている）の旅館に泊まり、やがて近くに家を見つけて「築地講義所」を開き、宣教を開始した。その上京したばかりのころ、ニコライはカロザースと出会ったのである。

ところで、カロザースは築地にいたころ、キリスト教関係の書店も開いていた。日本政府「太政《だじょう》官《かん》」（内閣）の間諜《かんちょう》（スパイ）正木護《まもる》は身分をいつわってその書店に店員として潜入し、書店を訪《おとず》れる日本人キリスト教徒の動向を官憲に報告していた。キリスト教が「御禁制」の宗教だったからである。

明治六年（一八七三年）四月、ニコライの最初の弟子の一人イオアン酒井篤礼とその弟子ペトル千葉卓三郎（本書第六章第1節の「正教徒の釈放」参照）が、カロザースのこの書店を訪ねている。正木の報告書「耶蘇教書肆《しょし》（書店）日誌」に次のようにある。

「十一日、漢訳〔聖書〕六十三冊、金七円三歩《ぶ》〔歩は分。ここは一円の四分の一〕。仙台宮城県下の老人（年齢五十余り）と書生（年齢二十歳余）と、両人にて求む。老人云《いうに》、この教《おしえ》は神儒仏のごとき人造の教にあらず。全能の主宰《しゅさい》たる真神の立《たつ》る処にして、無比最勝の教なれば、これを学び、これを信じて、人をも善道に導かんと思へばなり」。

ニコライの初期の弟子たちの多くは旧佐幕派の「志士」で「捲土重来の壮図」をもって正教に近づいたのだったが、酒井篤礼だけは「美魂の医師」とならんとして入信したのだった。そして「人をも善道に導かんと」東北各地を遍歴し、布教して歩いた。「漢訳六十三冊」はその布教のためであった（中村健之介・悦子『ニコライ堂の女性たち』第四章「テクサ酒井澄子」参照）。

カロザースを直接知っていた日本人牧師のことばによれば、カロザースは「実に勤勉な働き手ではあったが、ヘボン、ブラウン、フルベッキ、タムソン牧師の如き君子然《くんしぜん》たる風采《ふうさい》はなく、また学者肌の人ではなく、百姓丸出しと言う様な風貌の人であった」という。

カロザースはヘボンなど、これらの同僚宣教師たちと対立していた。特に、明治八年（一八七五年）にインブリーが来日してからは、同僚宣教師たちのとの関係が悪化したという。インブリーは、ニコライも日露戦争時の日記で酷評しているアメリカ人宣教師である。「明治九年四月、カロザースは宣教師の辞表を叩きつけるようにして広島英語学校へ転任し、築地大学校は廃校になった」という（清水正雄『東京築地居留地百話』参照）。

その後カロザースは、明治二八年（一八九五年）、仙台の第二高等学校で英語の教師となったが、翌二九年二月の紀元節（建国の日）に「不敬事件」を起こし、教師の職を解かれた。そして「その後の消息は不明」と『日本キリスト教歴史大事典』（教文館）に書かれている。

カロザースがニコライと知り合ったのは、明治五年、居留地にいたときだった。それで関係は切れていた。それが、二三年後に再びニコライの前に姿を現した。ニコライは日記に次のように書いている。

「アメリカ人 Carrothers〔カロザース〕が来た。二三年前〔明治五年〕は Reverend〔聖職者〕だったが、いまは世俗人だ。あの当時築地〔居留地〕にいた宣教師といえば、わたしとかれくらいのものだった。

その後〔明治五年九月〕、わたしが駿河台に移ったころから、カロザースの姿はわたしの視界から消えた。それがきょう突然現われたのだ。口ひげをはやし、すっかり世俗人の姿になっていた。宣教師の仕事はだいぶ前にやめて、日本人に英語を教える教師になっていたのだという。どうやら、いまその職を解かれたので、朝鮮へ渡って教師のポストを探そうということらしい。それと合わせて〈ロシアの外交のために役立ちたい〉、〈ぼくは日本人に好感がもてない。朝鮮はロシアに寄りかかったほうがいいと思う〉と言った。

わたしは、自分は外交には踏み込まないことにしていると言って、推薦状を書くのは断った」(1895. 5. 25/6. 6)。

カロザースがニコライを訪ねてきたのは、明治二九年(一八九六年)六月、すなわち仙台での解職直後である。その後のカロザースの消息は、ニコライ日記でも不明である。

2 親しかった他派宣教師

ヘンリー・ジェフェリス

長く前橋や仙台で伝道に従ったアメリカ聖公会の宣教師ヘンリー・ジェフェリスとニコライの関係もおもしろい。ジェフェリスはニコライをまるで兄のように敬愛していた。東京に出てきたときには必ず駿河台に姿を現わし、正教会の聖堂で正教会の聖歌を歌い、その後はニコライの部屋で紅茶をごちそうになる。復活祭も正教会で祝っている。

ニコライは毎日午前、中井木菀磨と二人で奉神礼用儀典書と新約聖書の翻訳を続けている。

その翻訳時間中の来客は、たといロシア公使でも断っている。ところが、ジェフェリスだけは例外である。ある朝、翻訳時間なのに、ニコライは訪ねて来たジェフェリスと、こんな会話をかわしている。

「〈六ヵ月の休暇（furlough）をもらいましたよ〉

〈それはおめでとう。長いこと日本でがんばってきたのだから、うれしいでしょう。それで何をするつもりですか〉

〈出かけますよ、でもアメリカじゃなくて中国へね。それでお願いに来たんです。あなた方の中国宣教団長宛に手紙を書いていただけませんか、その手紙に、ぼくが正教会に非常に好意を抱いているということを言っていただきたいのです〉

〈おやすいご用です。君が日本に来たときから、君のしていることで、それはわかっています〉」（1900. 11. 16/29）。

日本へ来た各派のキリスト教宣教師たちとニコライは、概して良い関係にあった。

しかし、日露戦争のときは、日本にいるプロテスタントの宣教師たちにニコライは激しい反発を感じている。日露戦争が勃発すると、プロテスタントの宣教師たちは日英同盟の路線に乗って日本をほめそやし、ロシアに対して軽蔑と嫌悪をあらわにしたからである。日本人の間の起きた「ロシア憎し」の波に劣らない「ロシア・バッシング」が、かれらの間から起きた。「プロテスタントの宣教師たちほど、ロシアを憎み、ロシアの不幸を願っている者はいない」（1904. 11. 19/12. 2）という怒りのことばが、日露戦争中のニコライ日記にくり返し現われる。

「オクスフォード運動」の節で述べたように、日本で「教会合同」を模索するプロテスタントの聖公会と正教会との交渉は、ニコライの日記に何度も出てくる。明治四二年（一九〇九年）の日記には、二〇人余の宣教師たちが集まった両教会の協議会の議論と最終的な決裂の模様が書かれている（1909. 10. 12/25）。ニコライが「聖公会との教会合同」の可能性を探る会に参加したのも、ジェフェリスに説得されたからである。

ニコライと欧米人プロテスタント宣教師は、相性がいいとは言えないのだが、ジェフェリスは別である。

なお、この協議会に正教会側代表としていつも参加してきたペトル石川喜三郎の著書『羅馬《ローマ》教（カトリック）弁妄論』（明治三八年刊）は、この「教会合同」模索から生まれた、正教会の立場からのカトリック批判である。

日露戦争時に欧米人宣教師の間に起こった反ロシア感情の広がりのなかで、ジェフェリスだけは、ニコライとロシア正教会に味方した。

ニコライの日記には、「すべての外国人のなかで、アメリカ聖公会の宣教師ジェフェリス師だけは、正教会に、そしてロシアに、心から好意を寄せてくれる。自分の購読している宗教雑誌に少しでもわれわれに好意的な記事を見つけると、切り抜きかあるいはその雑誌をまるごと、短いコメントをそえて送ってくれる」とある（1904. 6. 2/15）。

明治のキリスト教徒はカトリックもプロテスタントも正教会も、信徒を埋葬する墓地の問題で日本政府の禁止や仏教側の反対や嫌がらせを受けて、非常に苦しんだ（『明治の日本ハリストス正教会——ニコライの報告書』中村健之介訳注⑫「キリスト教徒の埋葬」参照）。この問題でもジェフェリスは正教会に好意的だった。「仙台で県知事がアメリカ人と日本人プロテスタント信者のために墓地を斡旋するので、正教会もこの機会に墓地を確保してはどうか」と、ニコライに親切に知らせてきてくれたのだった（1903. 10. 22/11. 4）。

ジョン・モット　アメリカの学生キリスト教運動（SCM）、キリスト教青年会（YMCA）の指導者ジョン・モット（一九四六年、ノーベル平和賞受賞）は、少なくとも二度ニコライを訪ねてきて、宣教についていろいろと質問している。プロテスタントとロシア正教の教養の違いもわかるので、ニコライの日記に残されている二人の対話をここに紹介しておきたい。

「夕方、若いアメリカ人 Mr. John R. Mott〔ジョン・R・モット氏〕が、日本人プロテスタントの丹羽清次郎〔初代日本YMCA総主事〕と一緒に訪ねてきた。いくつか質問をしたいので参りました、という。わたしはよろこんで答えた。

〈日本でキリスト教を広めるにあたって、それを妨げるものにはどのようなことがありますか〉

〈日本に古くからある諸宗教には、大きな妨げになるものはありません。最大の障害は、富裕層の人びとが鈍感で宗教に無関心だということです。日本人はいま、無信仰の外国人たちという手本を与えられて、ますます深く催眠術にかかってきています。無信仰の外国人は、日本に来ているさまざまな分野の雇《やと》われ教授たちの間にもいます。また、日本人は外国を旅したときにも、無信仰者に出会います。

ですから、日本でキリスト教を受け入れるのは、この世の苦しいこと、悲しいこと、さまざまな不幸に出会って、ふつうの人たちより深く心を揺り動かされた人たちです。ほとんどがそういう人たちです〉

〈キリスト教の教えのなかで日本人が一番気に入っているのは何でしょうか〉

北米 YMCA の指導者ジョン・モット
（『日本キリスト教歴史大事典』教文館，より）

〈教義《ドグマ》です。道徳上の教えは、日本人の教えも優れています。たとえば、隣人愛の教えは、仏教の影響で非常に深く浸透しています。貧しい者が本当に困ったときに、同じような貧しい者によって助けられたという例は、いたるところに見られます。

しかし、宇宙の創造主である神、至聖三者〔三位一体〕、救い主などの教義は、仏教にはないことで、神の啓示によってはじめて、反論の余地のない真理として知ることができることです。そういう教義について話すと、日本人は興味をもって聞きますし、よろこんで受け入れます〉

〈いま教育を受けている日本の青年にとって害になっているのは、どういうことでしょうか。お考えを聞かせてください〉

〈教育がまったく非宗教的であるということです。日本は、あらゆる種類の学校の網が国中に隙間なく張りめぐらされています。そして、たしかにそれらの学校はあらゆる面で優れています。しかも道徳教育も行なわれています。しかし、宗教的基盤に立たないで道徳が可能でしょうか〉

〈ご自身の宣教団があげている成果はどこからきているとお考えですか。それは他のすべての宣教団の成果を大きく上まわっています。正教会は宣教師は二人しかいませんが、プロテスタントは六〇〇人もいます〉

〈要《よう》は人の数ではなく教理です。

ところで、教えていただきたいのですが、あなた方〔プロテスタント〕は聖書を「神のことば」と呼

んでおられる、それはなぜですか〉

〈第一に、歴史的証拠〔複数〕に基づいてです。第二に、聖書の中にあるいくつもの徴《しるし》によってです。第三に、聖書が人のたましいに及ぼす作用によってです〉

〈しかし、歴史的証拠というのは完全ではないでしょう。たとえば『エウレイ人に達する書〔ヘブライ人への手紙〕』は使徒パウェル〔パウロ〕が書いたとされるが、歴史的証拠はそうではないと言っています。そういったことが、他にもいろいろとあります。第二と第三の根拠は合わせて一つになりますが、いずれも、人がそれぞれ自分のめがねでものを見ているという弱点がある。あなた方から見れば「神のことば」でも、テクスリー〔Тексли〕などが見ればまったく違う〔テクスリーはハクスリー〔Тексли〕のことだろう。トーマス・ハクスリーはイギリスの生物学者、ダーウィニスト。その著書『人間不平等論』は広く読まれた〕。

ところで、仮に聖書が「神のことば」だとしても、それではあなた方は、その神のことばをどのように解釈するのですか。各人勝手に解釈しているではありませんか。

われわれは聖書以外に「聖なる伝承」も受け継いでいます。「聖なる伝承」は、いわばわれわれの教会の母の、途切れることのない生きた声です。キリストとその使徒たちの時代から現在まで続いている、そしてこの世の終わりまで続く声です。「聖なる伝承」の上に、聖書全体がバランスよくしっかり立っているのです。それは、われわれが聖書に書かれていることの意味を誤りなく理解するよう助けてくれます〉」（1897. 1. 3/15）。

日本人がキリスト教の「教理」を好むことがわかったのは、ニコライにとって新しい発見だった。ロシア人は信心深く、教会の祭りや精進をよく守るが、教理は知らない。知らなくてもかまわないのである。生存の苦しさから何か頼るものを求めて、儀礼宗教の正教によりすがっている。それに対して、日本人は宗教によりすがりたいのではない。上昇したい。ニコライは、「日本人は知りたがり屋だ」と何度も日記に書いている。知的な興味本位で教理を知りたがるのである。教理を知ったからといって、どうなるものではないが、とにかくそれを知りたい日本人が多いのである。

ジョン・モットとの対話から、ロシア正教にはプロテスタントの「聖書主義」はないことがわかる。ニコライは、新約聖書は人間が書いて編んだ歴史的文献だという事実に立っている。この点ではプロテスタントの方が歴史無視だと言えなくはない。ファンダメンタリストに近いのは、プロテスタントのモットである。それでいて、プロテスタントから、ブルトマンの新約の文体研究が生まれ、聖書が歴史的文献だという証明がなされるのだから、考えてみると奇妙なものである。

ニコライの方が、伝承と典礼と神秘を保持する「前近代的宗教」であり、聖書主義を唱えるモットの方が「近代的世俗主義」だったということである（岩波文庫『ニコライの日記』下巻「あとがき」の「ニコライがもたらしたキリスト教」参照。同下巻訳注（5）「イコン」および（17）「教会暦が生活暦」も参照）。

他派宣教師たちから敬愛される

京都の同志社で旧友チャニング・ウィリアムズと会った翌日、ニコライはカトリック教会へ出かけている。

「シメオン三井（道郎）神父と、カトリックの宣教団へ向かった。ここの責任者はオリエンチー神父（もらった名刺に日本語でそう刷ってあった）で、いつか汽車でわたしと出会ったことがあり、訪ねて来てほしいと言っていたのだ。カトリック宣教団は京都の町の中心部にあり、一二〇〇坪もの土地をもっている。そこに立派な石造りの聖堂と宣教団の建物が立っている。

京都のカトリック信者は全部で六〇〇人とのこと。神父は熱心に説明してくれた。かれはワインの匂いをさせていた。食事をすませたばかりだったのかもしれない。あるいは所在なさで飲んでいたのかもしれない。日本に住んでもう二三年になるという。〈でも、ニコライ主教、あなたと同じくらいまで（つまり四〇年）日本にいられたらと願っております〉と最後に言った」（1900. 7. 25/8. 7）。

「切支丹禁制」の時代に日本へやって来て四〇年間も宣教活動の陣頭に立ってきたニコライは、このころには他派の宣教師たちからもいわば先輩として尊敬されていたのである。

ニコライの日記には、ニコライが宣教師の間で有名であったことを示す記事がときどき見られる。

「徹夜禱〔土曜日の夕方から行なわれる祈禱〕のとき、四人のプロテスタントの男性の宣教師と一人の女性宣教師が聖堂にいた。奉事の終わるのを待っていた。かれらはプロテスタントの大会が終わったばかりなのだ。わたしが大会に出なかったのを残念がった。大会には五〇〇人もの参加者があったという。

〈会議では、ニコライ主教が出席しておられないのが残念だという声が、何度か出ました。〉

〈もちろん、キリスト教の本質的なことは、われわれはどの派もみんな同じなわけです。しかし、わたしはちょっとその会議の議論を聞いてみたいという気持ちはありました。プロテスタントの宣教師の会議に参加したいというのではありません。参加するのは、あまり好ましいことではないかもしれませんから。〉

〈いいえ、それこそ願わしいことだったのですわ。ただ、わたくしはこの時期ニコライ主教は東京にはおいでにならないと聞いていたものですから。東京にいらしたのに、本当に残念でしたわ〉と、彼女は言った。そして、若い宣教師がジョン・モット氏からのわたしへの挨拶を伝えた。モット氏は若いアメリカ人でキリスト教青年会同盟の熱心な推進者で、前にも日本へ来ていて、わたしを訪ねて来たことがある」（1900. 10. 21/11. 3）。

「午前、ミス・アッカーマンというアメリカ人旅行者から手紙がきた。どうやらものを書く仕事をしている女性らしい。〈お目にかかってお仕事についてお話をうかがいたいと心から願っております。マッキム司教〔聖公会〕が、あなたこそ日本へやって来た宣教師のなかでもっとも偉大な方だ、それは間違いない、と教えてくださいました。わたくしどもはあなたの教会のイースターの礼拝に参列致しましたが、本当にすばらしいと思いました〉云々。〔引用の手紙は英語〕

他の宣教団と比べて正教の宣教が成果をあげていることに、外国人はおどろく。しかし、わたしが何が立派な宣教師なものか。一つ所にいて、翻訳をし、〔日本各地の〕伝教者からの手紙を読んでいるだけだ。わたしは宣教師という名に価する者ではない。心の底からそう感じる」(1901. 4. 11/24)。

「ロシア・アメリカ新聞『光《スヴェート》』〔アメリカで出ていたロシア語新聞か〕に、アメリカ人主教一〇六人と複数のロシア人正教会主教たちが集まった集会で、わたしが〈世界第一の宣教師〉に選ばれたという記事が出ていた。なんと大げさな。またしても美化のしすぎというものだ。もっとも、われわれの教会にとっては益がないわけでもないかもしれない」(1910. 11. 3/16)。

私たちは宣教師ニコライを、日本ハリストス正教会の創建者として、また日本とロシアの融和の「橋」の架橋者としてばかり評価しがちである。しかしニコライは、上京した最初期に親しくなった他派の宣教師たちとの関係からしてすでにそうなのだが、来日した多くの欧米人キリスト教宣教師に、ロシア正教、東方キリスト教の実態を伝えて、それが決して「福音とは無縁な」キリスト教ではないことを認識させる、そういう啓蒙的働きもしたのである。当時のほとんどの欧米人宣教師は、日本へ来て初めてロシア正教に出会ったのである。

欧米人宣教師たちは、ロシア正教の宣教師ニコライに会って、ある信頼感を持つことができたようである。函館の初代ロシア領事ゴシケーヴィチは、今度日本へ派遣される司祭は「日本人に対してのみならず当地に居留する外国人にも、わが国の聖職者について良い印象を与えることのできる人物」

であってほしいと言っていた。その願いは、叶えられたと言える。これはニコライの小さからぬ功績である。

第十一章　大聖堂竣工と大津事件

1 「ニコライ堂」の完成と大津事件

昭和の小説家山田風太郎の奇想天外な小説『ラスプーチンが来た』は、「神田駿河台の丘の上に、異様な建物が建てられつつあった」からはじまる。

建設中の大聖堂

この「異様な建物」とは、日本正教会の東京復活大聖堂（ニコライ堂）のことで、その建設は当時の東京で大ニュースの一つであった。竣工前から建築現場を訪れる見物人も多かった。それが皇居を見下ろす高さの建築物になるということで、「愛国者」たちからは「不敬だ」という抗議の声も上がっていた。

山田風太郎の小説はそこをとらえて、乃木希典《まれすけ》がニコライに抗議に来た場面を創作した。乃木とかれを案内するニコライが、工事中の聖堂の高い足場に立ち、明石元二郎、長谷川辰之助（二葉亭四迷）、少年谷崎潤一郎が足場の下に見物に来ているという場面である。この登場人物たちの「全員集合」は、もちろんフィクションなのだが、時間の上では「ありうる」ことなのである。かれらはみな「同時代人」で、このころ全員が東京にいた。少年谷崎潤一郎は、祖父谷崎久右衛門が正教徒で、駿河台から近い蠣殻町《かきがらちょう》に住んでいたのだった。

山田風太郎の小説には書かれていないが、工事中には事故も起きていた。

「何たる不幸！　聖堂で、大工で足場解体作業員の一人、平田〔三〇歳、埼玉県芝《ケン》村〔川口市の近く〕出身〕が、不注意から足を踏みはずし、北側のアーチ下のレンガの台に墜落して死んだ。かわいそうに、妻と三人の小さなこどもたちが残された。かれの仲間たちは板を打ち合わせて戸板を作りそれに遺体を載せて、家に運んでいった。こどものうちのどれかを、われわれの学校へ引き取ってやれるだろう。せめてそうでもして援助できたらと思う。悲しい」(1889. 1. 12/24)。

ニコライはすぐ手を打って、遺された家族を援助し、一年後には平田の女の子カネを女子神学校の寄宿舎に引き取り、パウラという聖名を与えて育てた。パウラ平田カネは、女子神学校卒業後、母校の教師になり、その後、伝教者・ペトル藤原林次郎の妻となった(1900. 7. 11/24)。

外国人も見物に来た。「ロンズデール〔イギリス人旅行家〕が、おとつい、われわれの宣教団を見学にきた。案内してやった。足場〔建築中の大聖堂の〕の上に連れてゆき、質問に答え、宣教団のことを話してやり、統計表と日本各地の正教会所在地の地図をプレゼントした」(1889. 8. 31/9. 12)。

大聖堂は次第に美しい偉容を表してきた。

「表《おもて》側の足場が取り払われて、大聖堂の正面入り口がはじめて姿を見せた。白い色がよく似合っている。暗いカトリックとまだらのプロテスタントに対して、白は正教の無垢を表している」(1889. 12. 9/21)と、ニコライは感嘆の声を上げている。

「足場がほとんど解体された。残っているのは、堂役者《どうえき》〔教会の雑務係り〕たちの火鉢《ヒバチ》のための煙突を取り付けるわずかな個所だけだ。

大聖堂はすばらしい。その姿は東京のあらゆる地点から見える！

大聖堂がすばらしい姿を見せている、その証拠はきょうもあった。イギリス大使館の書記ネピール（サンクト・ペテルブルグの元イギリス大使の息子）が、細君をつれて大聖堂を見に来た。細君はきょう悲しいことがあった。兄が亡くなったという電報がとどいたのだ。それで、夫は妻を慰めようと思って祈りの場へ、わたしたちの大聖堂へ、つれて来た。残念ながら、聖堂の内部はまだできあがっていない。しかし二人は外からの聖堂見物と鐘楼の上からの眺めだけでも満足していた。

かれらを送り出すと、すぐにまた聖堂見物の人たちが来た。無神論者福澤〔諭吉〕の学校のユニテリアンとその細君だった。ユニテリアンの宣教師 Mr. Knapp〔アーサー・M・ナップ〕が日本へ連れてきた三人のアメリカ人教授の一人だ」(1890. 1. 10/22)。

「東京復活大聖堂」の竣工

第九章で書いたように、明治一三年（一八八〇年）三月、ニコライは東京復活大聖堂の建築着工に踏み切ったのだが、その時点ですでに建築費が当初の予定をはるかに上回ることがわかっていた。ニコライは、ロシアの慈善家や正教宣教協会にたくさんの手紙を書き送り、新たな「献金懇願」「建築費増額請願」のはたらきかけをした。

このはたらきかけがまたロシアの人びとの心を動かし、次々と寄付が寄せられた。おかげでニコライは、資金面の大きなクレバスを乗り越えながら、東京復活大聖堂建築という大きな輝かしい荷物を曳いて行くことができたのである。ロシアの慈善家や聖職者たちの、ニコライに対する信頼と支援意欲がいかに熱かったかがわかる。

明治一七年三月に起工した東京復活大聖堂建築は、このような数々の困難を乗り越えて進んでいった。駿河台にロシア正教会の聖堂がそびえ立ち、皇居を見下ろしているということで、日本の愛国者たちの憤《いきどお》りの声が新聞にしばしば載ったが、それも次第におさまっていった。

当時の新聞に「ニコライ大会堂、明治十七年三月起工、足掛六年の大工事」という大きな記事が載

明治23年（1890年），建設中の東京復活大聖堂（ニコライ堂）（北海道大学北方資料室蔵）

っている。

「ニコライ氏の教会堂。神田駿河台北甲賀町《きたこうがちょう》なる露国宣教師ニコライ氏の新築工事は、芝区今入町《いまいりちょう》二番地の長野泰助〔イリヤ長郷《なごう》泰輔の誤り〕が引受け、去る明治十七年三月より起工したるものなるが、目下日々百余名の職工を使用して工事を急ぎ居るも、落成を告ぐるは来る二十二年五六月頃の見込みなるよし。

右の煉瓦《れんが》は他に比類なき堅牢なるものにして、建物の厚さは六尺余、之を貫くに鉄の棒を用ゐたれば、如何なる地震にも崩壊の気遣ひなく、又三百坪一杯の建物にて、或は〔ある個所は〕六七階の所もあれば、その高さは大凡《おおよそ》二十間《けん》あり。又その頂上に鐘塔を設くるに付ては二十五六間の高さに至るべしと云ふ」（『時事新報』明治二一年二月一六日）。

この記事に付して、「建築中のニコライ会堂の頂上より女子師範学校及び湯島聖堂の森を俯瞰」する「写真（岩崎家所蔵）」も載っている。これを見た人は「ニコライ氏の教会堂」のおそろしいほどの高さを感じただろう。

明治二三年、建築が完成間近になってきた。ニコライは竣工祝いを考える。日本の国会が開設された年である。

「去年大聖堂がほぼ完成した。したがってことしは、必ず成聖式〔献堂式〕を行うことになる。大聖堂の写真を入れた冊子を編み、一万部印刷する必要がある〔実際にはなお時間がかかり、竣工は一年後の明治二四年（一八九一年）二月であった〕。

ことしから日本では、国会が開設された。日本の国会の最良の仕事かつ奉仕は、日本に正教のキリスト教を確立することであろう」（1890. 1. 1/13）。

「大聖堂の、大理石の宝座と奉献台がすっかりできあがった。

一一時、宣教団〔本会〕にいる全員が大聖堂に集まり、聖水式が執り行われた。

われわれの宣教団の詠隊〔聖歌隊〕の歌声が、大聖堂に初めて響き渡った。詠隊の規模は、大聖堂にとって大きすぎもしないし、小さすぎもしない。どうやら大聖堂の音響効果はかなりよいようだ」（1890. 5. 25/6. 6）。

明治二四年（一八九一年）二月、ついに、東京復活大聖堂は竣工した。

「実に七年の星霜を費した大工事で、その壮大雄麗堅牢優美なること、東洋第一と称せらる。工費は二十四万円、その他装飾及び聖器、聖像、祭服等はみな露国貴賤の寄進に係り〔よるもので〕、当時世の評価は五十万円と称された」（柴山準行編『大主教ニコライ師事蹟』）。

成聖式（献堂式）は三月八日に執り行われた。「その式に参列した者は、〔ニコライや司祭たちに加え〕伝教者百二十四人、来賓は（各国公使、日本大官）百余人、参拝者は三千を超えた」（同前）。

大聖堂の完成と、日本正教会府関係者や各国公使たちを招いたそのはれやかな「お披露目」の儀式は、日本において正教会が承認されたことを象徴していた。

東京復活大聖堂は、竣工するやたちまち東京名所の一つとなり、見物人が押し寄せた。当時の『正教新報』には次のようにある。

「毎月本誌誌上にて報告するが如く、駿台《しゅんだい》復活大聖堂の未信徒の参拝者は、毎日平均百二三十名くらいもある由なるが、近来はまた一般に農家の好景気なるより、東京見物の人出も特に多く、駿台の

東京神田駿河台に建立された「東京復活大聖堂（ニコライ堂）」の全景
明治17年（1884年）3月起工し，明治24年（1891年）2月竣工，3月8日成聖式を執行した。右側の2階建ての建物は，主教館（本書88頁参照）。

聖堂も今は自《おの》ずから東都名所の一に加はり、東京を見物する者は、上野、浅草、九段坂を遊覧するの途《と》〔途上〕、必ず駿台の大聖堂を見物する。

堂を出でて更に学校〔男子神学校、女子神学校〕の周囲、又は堂の裏手より全都の風景、品海、富嶽の遠景などを遊観せり」（『正教新報』明治二九年四月）。

当時東京の人たちは、ニコライのことはもちろん、正教会もその建物も、信徒も、神学校、女子神学校の生徒たちも、ロシア人宣教師も、すべて「ニコライ」と呼んでいた。駿河台は「ニコライの町」だったのである。そして「ニコライ」からは、東京全体、品川の海、富士山が望まれたのである。

東京遷都三〇周年記念の明治三一年（一八九八年）四月には、地方から「ものすごい数の人たち」が東京へ出てきた。それが駿河台にも押しかけ、「一日中、引きも切らさず大勢の見物人が大聖堂と宣教団へ押し寄せ」てきた（1898. 3. 29/4. 10）、とニコライは日記に書いている。

車夫の見たニコライ堂

翌明治二五年（一八九二年）のニコライの日記に、大聖堂（それも「ニコライ」と呼ばれていた）が東京の名所としてすでに親しみをもって受け入れられていたことを感じさせる、おもしろい記事がある。ニコライは人力車で、八王子から五日市へ向かっていた。ニコライを乗せた年嵩《としかさ》の車引きが、駆けながら後の新米《しんまい》に話しかけている。それをニコライは日記に次のように書き留めている。

「〈いずれはよ、日本人はみんなヤソ〔キリスト教徒〕になるぜ〉
〈どうして。ヤソは何で引っぱるんじゃ〉
〈死んだらラク（幸福）になるからよ〉
〈てことはなにかい、ヤソじゃホトケ（死者）は大事にされるのかい〉
〈たいそう大事にするのよ。ヤソは、駿河台に一〇年がかりでニコライを建てたでよ〉
先輩格の車夫の話題が身近なものになったので、わたしは車夫にたずねた。
〈駿河台に行ったことはあるのかな〉
〈行かないでどうしやしょう。東京で一二年も車引きをやっておりましたんで〉
〈ニコライを見たことはあるかな〉
〈へえ〉
〈どんなだったかな〉
〈背はあなた様より小そうございましょう〉
〈姿かたちは？〉
〈あなた様には、へい、ちいとも似ておりませんで〉

〈親切な男かな、嫌なやつかな〉

〈あっしの車じゃなかったもんで、それはなんとも〉」(1892. 10. 26/11. 7)。

わたしがその「ちいとも似て」いないニコライだと名乗るわけにもいかず、苦笑しているニコライの顔が目に浮かぶ。

この小さな記事からは、明治中頃のキリスト教伸張の勢いは庶民にも感じられるほどであったこと、そして「ニコライ」がキリスト教の「代名詞」として庶民の間でもよく知られていたことがわかる。当時の新聞の東京の記事を見ると「ニコライ」の聖堂が皇居を見下ろす位置に建ったことに反発を覚えた日本人が非常に多かったような印象を受けるが、日記のこんな記事を読むと、地方の庶民はそれを不快に感じていたわけでもなかったようである。

ニコライ堂の存在意義

八王子の車夫のやりとりからもわかるように、当時の日本人の多くは、正教もカトリックもプロテスタントも同じく「ヤソ」、つまり「キリスト教徒」と見ていた。そのため「ニコライ堂」は、正教だけではなく、「全基督《キリスト》教の総本山でもあるかの如く」に思われたという(『大主教ニコライ師事蹟』)。東京復活大聖堂すなわち「ニコライ堂」は、当時それほどまでにつよいオーラを発していたのである。

言いかえれば、「ニコライ堂」がなかったら、日本ハリストス正教会は影のうすい教会になってしまっていただろう。

正教神学校の校長だった瀬沼恪三郎《かくさぶろう》が、次のように語っている。

「東京駿河台の復活大聖堂は、実にニコライ大主教の終生の大事業であります。この大聖堂は同時に、また我《わ》が正教会の日本の社会における一大目標で、この大聖堂によって我が正教会を日本全国に知らしめることができたのであります。もしこの大聖堂がなかったならば、世間は、あるいは〔もしかすると）我が正教会の存在を今日ほど広く知ることはできなかったでありましょう」（瀬沼恪三郎「偉人の俤《おもかげ》」、『正教時報』昭和九年二月）。

瀬沼は、建築物としてのニコライ堂の宣伝力を正確にとらえている。しかし、瀬沼のこの「大聖堂」には、ニコライの言う「神の恩寵が降る霊的癒しの場」（1880. 2. 24）という聖堂観が見られない。正教会の大半の信徒にとって、大聖堂は広告塔ではなく、聖なる儀礼と祈禱の場だった。ニコライの聖堂観は信徒たちのものでもあっただろう。

正教会の外にも、大聖堂を「霊的癒しの場」と感じていた人たちはいた。「イギリス大使館の書記ネピール」とその妻もそうだった。二人は、妻の兄の訃報という「悲しいこと」があって、聖堂で祈りたかったのである。

夏目漱石も、ニコライの聖堂観を共有していたように思われる。明治四二年（一九〇九年）、漱石は『それから』の主人公長井代助の口をかりてこう語っている。

「御祭〔ニコライ堂の復活祭〕が夜の十二時を相図《あいず》に、世の中の寝鎮まる頃を見計らって始まる。法衣を着た坊主が行列して向ふを通るときに、黒い影が、無地の壁へ非常に大きく映る。彼〔代助〕は生活上の世渡りの経験よりも、復活祭当夜の経験の方が、人生に於て有意義なものと考へてゐる」。

代助の「経験」が何であったのかはわからない。漱石がロシア正教（東方正教）の信仰に理解を持っていたようには思われない。しかしかれが、ニコライ堂が「世渡りの経験」とは違う場であり、自分たちの求道的心情を受けとめてくれる「霊的癒しの場」であるように想像していたことは、確かである。

ニコライ堂竣工の三カ月後、明治二四年（一八九一年）の五月一一日、日本中を震撼させる事件が起きた。日本を訪問したロシア皇太子ニコライ〔後のニコライ二世〕が、滋賀県大津を巡行中、巡査津田三蔵に切りつけられた。「大津事件」である。

大津事件時のニコライについての日本正教会の記録は、どれも、短い表面的なものしかない。主教ニコライは京都へ直行し皇太子ニコライに会い、事件の激震を鎮めるべく努力した、そのニコライの「隠れたる〔日本のための〕忠誠は、知る人ぞ知る」（『大主教ニコライ師事蹟』）という程度である。

ではニコライ自身の記録では、どうなっているか。

不思議なのだが、ニコライは、自分の教会に深刻な影響を及ぼすと予感される重大な事件について、日記に何も書いていないことがときどきある。抜群の秀才で日本正教会の全教役者と信徒の輿望《よぼう》を担ってペテルブルグ神学大学で学んでいたアレキサンドル松井寿郎が、明治一八年七月、チフスに罹って客死したときも（高橋昭夫「神学生松井寿郎小伝」参照。『仙台郷土研究』平成二〇年六月号）、ニコライは日記に何も書かず、なぜか沈黙している。

大津事件の時もそうである。日本中を「恐露病」におとし入れ、ロシアとの戦争さえ懸念されたこの重大事件について、ニコライは、被害者の皇太子に直接会ったのに、日記には何も書き残していない。

そして数年後になって、大津事件について日記で短く言及している。

「おそらく、津田三蔵もこのような種類の論文〔ロシア留学から帰国した小西増太郎の、ロシアを悪罵する論文〕から感化を受けて育ち、自分の祖国に、拭いがたい恥辱という傷を負わせたのだ」（1895. 5. 27/6. 8）。

「あの〔津田の〕蛮行は、ほとんどすべての日本人にとって真の悲しみとなったのだった。あの事件だけで、日本全体に黒い覆いをかけてしまってよいものだろうか」（1897. 7. 28/8. 9）。

「大津での皇帝陛下受難の後、ロシア海軍は日本を憎むようになった」（1900. 6. 15/28）。

おそらくニコライは、「あの事件だけで、日本全体に黒い覆いをかけてしまってよいものだろうか」という考えをもって、皇太子ニコライに受難後の対応を助言したと思われる。「明治文化研究会」の中心であった歴史家・尾佐竹猛は、典拠は示してはいないが、次のように書いている。

「兇報達するや〔東京の〕露国公使館〔公使はシェーヴィチ〕の驚愕一方《ひとかた》ならず、書記官三名を〔京都へ〕急派し、一同祈禱室に籠り、御平癒を祈り、一切面会を謝絶した。

ニコライ主教は〔公使館へ〕駆けつけ、間もなく立ち帰り、午後七時新橋駅より発せんとした。この時小川町警察署よりニコライ堂護衛の旨を伝えしに、主教は深くその厚意を謝し、かつ兇人〔津田三蔵〕は巡査なる由なるも余は真の巡査なりと思わず、定めて偽巡査ならん、かかる儕輩《さいはい》〔同輩。警官〕のために警視庁はもちろん日本政府に配慮をかけるはいかにも気の毒に感ずと語った。さすがはニコライ主教である。汽車は内相外相と同車し、大津にて警部長より御軽傷なりと聞き大いに悦び、京都に行き〔常盤ホテルに皇太子ニコライを〕御見舞い申し上げた。

ニコライ主教は露皇儲《こうちょ》〔ロシア皇太子〕に謁見したるに、皇儲には日本座敷の風趣を愛すとて、日本風の室に居を設け、金屏風の傍に日本服にて起《た》っておられた。主教はまずお見舞を申し上げ、かつ日本人民が殿下を歓迎し奉る実に至れり尽せり、しかるに一兇漢ありてここに及びしは、かえすがえすも痛嘆の至りなり、と申し上げしに露皇儲は〔中略〕幸い余が傷所も浅ければ、一日も早く全快して東京に赴きたし、天主堂〔大聖堂のこと〕も既に落成せしとのことなれば参詣したく思うなりとて、いと快げに見上げた。ニコライ会堂は本年落成したのである」（尾佐竹猛『大津事件』岩波文庫）。

しかし、父・皇帝アレクサンドル三世と母・皇后マリヤ・フョードロヴナの命令で、皇太子ニコライは東京へ行く予定を変更し、新築の東京復活大聖堂を見ることなく、神戸からロシア軍艦「アゾワ号」でヴラヂヴォストークへ去った。

ニコライは、皇太子ニコライの誕生日五月一八日（ロシア暦五月六日）に、東京復活大聖堂に皇太子と同行のギリシャ親王ゲオルギイを迎えて、イコンを献呈すべく、「聖像画工イリナ山下りん」による「新調製の聖像二面」を用意していたのだった。それが、大津事件という「凶変」が起きたために、皇太子と親王の東京行はとりやめになり、献呈式もなくなった。それでニコライは、司祭と信徒の代表にそのイコンを持たせ、皇太子のもとへ向かわせた。かれらは、日本宣教団員で東京のロシア公使館司祭になっていたセルギイ（グレーボフ）神父の仲介によって、五月一九日、神戸の「御召艦《おめしかん》アゾフ号」に乗船し、日本を離れようとしていた皇太子ニコライと親王ゲオルギイに、直接イコンを奉呈することができた。

「佐藤（秀六）、新妻（敬治）二司祭、三井（道郎）、浜野（茂）二氏、信徒総代として、彼地《かのち》（神戸）に赴《おもむ》き、親しく両殿下に見《まみ》えて、予《かね》ての（あらかじめ用意した）聖像を奉呈せり」と『正教新報』（明治二四年六月一日）にある（三井道郎が司祭に叙聖されたのは、三年後の明治二七年で、モイセイ浜野茂は盛岡の煉瓦製造会社の社長であった）。

なお、この皇太子ニコライに奉呈された山下りんによるイコン「ハリストスの復活」が、サンクト・ペテルブルグのエルミタージュ美術館に無事保管されていたことが、昭和六二年（一九八七年）、岡山大学の鐸木《すずき》道剛《みちかた》によってつきとめられた（鐸木道剛監修『山下りんとその時代』参照）。

日本にニコライがいなかったら、日本正教会がなかったら、この大津事件をきっかけに、日露の関係は歪んだものになったかもしれない。日本政府は、この大事件で、日本のためにとりなしに動いたニコライの「隠れたる忠誠」を忘れてはいなかった。日露戦争中のニコライと日本正教会に対する保護、ニコライ永眠時の天皇からの花輪の御下賜などに、日本政府のニコライへの感謝がうかがわれる。

2　日本各地巡回の旅

日本人留学生たちの帰国

このころ、「〔ロシアの〕神学大学を出た者は三人になった。シメオン三井〔道郎。キエフ神学大学卒〕は去年帰国した。そしてアルセニイ岩沢〔丙吉。ペテルブルグ神学大学卒〕とパンテレイモン佐藤〔叔治《よしはる》。カザン神学大学卒〕は、セルギイ〔グレーボフ〕師と一緒に帰ってきた」(1888. 10. 27/11. 9)。

「きょう、ロシアの神学大学を卒業した者たちが帰ってきた。サンクト・ペテルブルグ神学大学を卒業したエミリヤン樋口〔艶之助〕とキエフ神学大学を卒業したマルク西海枝《さいかいし》〔静〕である。二人とも見たところ、太って健康そうだ。内面がどうなっているかは、間もなく明らかになる。どうか、かれらが自分にかけられている期待に応えてくれますように！」(1895. 10. 16/28)

樋口と西海枝は、明治二三年（一八九〇年）に留学した。イオアン河本恪三郎〔瀬沼恪三郎。当時河本家の養子だった〕も同じ年にキエフ神学大学へ留学したのだが、帰国時にエルサレムその他へ旅行したため帰国は少し遅くなった。全員がそろったところで、東京のニコライの下《もと》で会議が開かれた。

「一〇時から教師たち〔神学士たち〔ロシアの神学大学卒業者〕〕の会議があった。河本氏を新しく教師陣に加えて、次の学期〔神学校は三学期制。その第二学期〕の授業の時間割を組むためである。一二時、全員一緒に食事をした。八人の神学士と現在の神学校校長のロマン千葉〔忠朔〕神父、それとわたしの合計一〇人である」(1895. 12. 28/1896. 1. 9)。

八人の神学士とは、岩沢丙吉、佐藤叔治、川崎〔後、源と改姓〕圭蔵、石亀一郎、小西増太郎、西海枝静、樋口艶之助、河本〔瀬沼〕恪三郎である。三井道郎も同じく神学士だが、このときすでに京都正教会の司祭だった。

ロシアの神学大学を卒業して帰国した日本人「神学士」たちは、駿河台の正教神学校で教壇に立った。ニコライはかれらによって神学校の教育は充実すると大いに期待していたのだが、逆に、かれらは、ニコライに苦しみをもたらした。そのことを嘆く記事は日記に多い。

「一日中苦しい思いが消えず、頭がずきずき痛んだ。

ここの教育のことを考えると絶望的な気持ちになる。ロシアで教育を受けてきた者たち、わたしが大きな期待をかけていたアルセニイ岩沢〔丙吉〕も、もともと頭はわるくない石亀〔一郎〕も、また他の者たちも、日本教会の教育において、助けにならないどころか、周りの者たちに対して悪い誘惑の力をもつ敵であることがわかった。わたしはかれらに、あなた方教師は、生徒たちの目には誘惑者と映るのだ、だから生徒たちが教会に来るときはあなた方も必ず教会に来るようにしなさいと説得した。それはあなた方の義務なのだとも言った。ところがかれらには、義務を果たさねばならないという考えもその気持ちもない。義務を果たしてみようとする気さえも起きないのだ。

大斎第一週には全生徒が三回教会へ来る。その第一週に、かれら教師たちのうちのせめて一人でも教会に来てくれればよいのだが。

きょう領聖〔聖体拝領〕のときに、岩沢、佐藤、石亀、川崎の四人の教師全員が姿を見せたが、何の準備もしておらず、「規程書」を最後まで聞くことすらしていなかった〔領聖の前には「規定書」を読むなり、その朗読を聞くなりしておかねばならない〕。ひどい！　こんなつらいことはない！　かれらはロシアの神学大学でこのような無信仰にすっかり染まってしまったのだろうか。だがわたしはかれらに聖体を授けた。なぜなら、人の内心の状態はだれにもわからないし、すべての人が招かれている〈杯《さかづき》〔領聖〕〉にかれらだけ与《あずか》らせないわけにはいかないではないか。

しかし、かれらのためや自分のためではなく、教会のためを思って、一日中このひどい苦しみを耐えた」（1893. 2. 13/25）。

しかもロシアから帰国した神学士たちは、教会の外にまで、ニコライの悩みの種をこしらえた。ニコライの日記には、次のようにある。

「万里小路《までのこうじ》〔秀麿〕男爵が来て、苦情を言った。われわれのところの神学士がロシアのことを新聞で悪しざまに批評している、またロシアの新聞から日本を悪く言っている記事を選んで翻訳して発表している、特に小西〔増太郎〕が目立つ、ということだ。万里小路は、それをやめさせるようにと要求した〔ダニイル小西増太郎は、ニコライをだまして、最初キエフ神学大学へ留学し、その後、モスクワ神学大学に学んだ。そして日本に帰国後、ロシアを悪しざまに論評した〕。

しかし、どうしたらいいというのか。ロシアの神学大学に留学させる前から、一人一人に〈君たちは、自分の祖国とロシアが親しくなるようにするという使命も負っているのだ。後で日本でロシアのことを紹介するものを書き、またロシアで日本のことを書くようにしなさい。ロシアでは「裏庭」〔「下等、劣悪な場所」。クルィローフの『寓話』による表現〕へ足を踏み入れないように。「裏庭」から泥を日本に持ち込んだりしないように〉と言い聞かせてある。

それでもかれらが自分の身に汚れたものをたっぷり詰め込んできたのであれば、かれらがあたりを汚したり、臭気を発したりするのを止めようがないではないか」（1895. 11. 12/24）。

神学校を離れる教師や生徒

日本の神学校からロシア各地の神学大学へ留学した者は、明治一五年（一八八二年）のアレキサンドル松井寿郎（ペテルブルグで病死）から明治二二年のイオアン瀬沼恪三郎とエメリヤン樋口艶之助まで一二名いるが、卒業して帰国し、日本で神学校教師あるいは司祭などの教役者として正教会のために長く働いたのは、シメオン三井道郎、アルセニイ岩沢丙吉、イオアン瀬沼恪三郎、マルク西海枝静の四名である。他はしばらく教師をした後、ニコライの日記にあるように通訳や他の学校の教師などに転職していった（それぞれの転職先については、ポズニェーエフ『明治日本とニコライ大主教』中村健之介訳注参照）。

もちろん、同様の方針変更は、神学士だけでなく、翻訳局員たちや神学校の生徒の間でもしばしば起きた。

「こどものときから教会で育った」有能な翻訳局員マトフェイ上田将も、ニコライに上手に言い訳をして、日露貿易会社へ転職していった（『宣教師ニコライの全日記』、「覚え書」新暦 1890. 1. 1）。

「イオアン瀬沼（恪三郎。神学校校長）が来て、神学校四年のコノン岡が神学校を退学すると言う。〈岡は結婚しなければならないのです。もう結婚する相手も用意されています。家の仕事をしなければならないのです〉

しかし岡は、入学を願い出たときは、教会の教育を受け教会のための仕事に一身を捧げますという正規の誓約書を書いて印を捺《お》したのだ。

〈よい教育が受けられる。身持ちがわるくなる心配もない。頭もよくなる。これを利用しない法があるか。裏切っても、少しも責任を問われることはない。手の打ちようもないだろう。私立学校だから、賠償を求めて国に訴えるわけにもいくまい。どこにも裁く場はない〉というわけだ。

しかし、こういう事態はわれわれのせいではない。そしてこの状況を変えることは、われわれにはできない。だから、神のご意志のままになりますように！

元気を出して前へ！」と、ニコライは自分を励ましている（1899. 12. 31/1900. 1. 12）。

特に日露戦争時には、軍の通訳や軍の学校の教師に転職した者が多く出た。ニコライは苦渋に満ちた胸中を日記に吐露している。

「ロシアの神学大学で教育を受けた者がまた一人、宣教団より高い給料に誘われて教会の仕事を離れた。カザン神学大学を卒業した神学士、パンテレイモン佐藤〔叔治《よしはる》〕である。七〇円の給料で軍当局に勤めるといって去っていった〔宣教団からは四五円もらっていた〕。きょう佐藤はやってきて、哀れな声で〈これは教会のためにもなると思ってすることなのです。どうぞ悪く思わないで下さい〉とくどくど言い訳をした。金で買われるたましいの連中は、去るときにはみな同じ哀れっぽい調子で話す。わたしは、心に鋭い痛みを感じたがそれは隠して、笑みを浮かべて、かれの話を最後まで聞き、椅子から立ち上がり、祝福を与えて帰した。

他の二人、岩沢〔丙吉〕と西海枝〔静〕は半分は神学校に半分は軍〔陸軍大学校〕に勤めている。軍は、破廉恥にもわれわれ宣教団を苦境に追い込んでいる」（1904. 3. 23/4. 5）。

ロシアの神学大学へ留学した日本人たちは、少数の例外を除いて、質が悪かった、あるいは、悪くなって帰って来た、と言わざるをえなかったのである。

地方巡回の旅

明治一二年（一八七九年）九月、ニコライは二回目のロシア帰国をした。そして、宣教資金と大聖堂建設資金を確保し、自らは主教に昇叙されて、翌明治一三年一一月東京へもどった。

明治一四年から、ニコライは正教会全体の状況を把握するために、日本各地の正教会を巡回視察する旅を開始する。日本の各地にいる管轄司祭、伝教者、信徒たちに直接会い、その教会の信徒台帳《メトリカ》を調べ、現状を聞き、はげまし、その教会を活性化するために講話をし、正教会の宗教書「輪講会」を開くよう勧めた。とりわけ明治一四年から一五年、そして二四年から二六年は、長期にわたる巡回の

明治24年（1891年）**8月4日，主教ニコライの函館正教会巡回写真**（函館の信徒百余人と教会の中庭で）
前列中央の椅子に掛ける主教ニコライ。その左，函館の司祭アルセニイ。
この後，ニコライはアルセニイを伴い，有川，松前，江差，寿都，小樽，札幌，苫小牧，室蘭など，道南の「北方巡回の旅」に出た。

旅が多い。

巡回の旅の日記は、その地の教会の現状の記録が中心であるが、それに加えて、教会の外の当時の地方の都市や農村漁村の生活のありさま、各地の地場産業の現場の情景などが詳細に描かれており、明治期日本社会を知るための貴重な史料となっている。

また、そのニコライの巡回の旅日記には、私たちが予想していない、意外な事実も書きとめられている。

ここでは、「隠れ正教徒」となってしまった岩手県旧水沢藩主留守家や伊予伊達家の人びとと、滅亡の危機にあったシコタン島のクリル人正教徒たちを紹介しておきたい。

明治一四年六月、ニコライは東北地方巡回の旅で、初めて岩手県水沢（現奥州市）を訪ねた。そのときのニコライの日記に、旧水沢藩の藩主留守宗衡《むねひら》の夫人留守伊予子《いよこ》が登場する。水沢藩は伊達藩の支藩であった。

伊予子は、文化元年（一八〇四年）、仙台藩岩ヶ崎城主中村日向《ひゅうが》義景の娘として生まれ、一三歳で留守宗衡に嫁いだ。伊予子は、和歌や手芸などに親しみ、学識が豊かで、その上気丈な女性だった。

留守家は、後に満鉄総裁になった政治家後藤新平の主家《しゅか》であり、新平がわんぱく盛りのころ小姓として仕えたのが留守伊予子の次男、第一二代藩主の留守邦寧《くにやす》である。

留守家の藩主留守宗衡は、郷学校立生館《りゅうせいかん》を創立し、講堂を建て、家臣たちの教育に力を注いでいた。この、日本が江戸から明治へ変わる激変の時代に藩主の妻となった伊予子は、夫を支え、よく留守家の安泰のために尽くした。しかし、長男邦命《くになが》、夫宗衡が相次いで病死した。伊予子は、「白河戦役」（仙台藩は佐幕派であった）に出陣する次男邦寧を励まし、邦寧は無事戦場からもどったのだったが、これも間もなく病死するという不幸に見舞われた。伊予子は、夫の死後は貞教院と号し、高齢の身で水沢の小学校の教師となり、女子教育に尽力していたが、家を継いだ孫基治《もとはる》はまだ幼く病弱だったから、前藩主夫人として苦労が絶えなかった。

旧水沢藩主留守宗衡の妻，
エレナ留守伊予子
（『水沢市史３』より）

そんな留守伊予子は、明治一二年春に水沢市中で開かれた正教会の伝教者パウェル影田勝之助の「講演」を聴いた。心をうたれた伊予子は、水沢松森の自邸に影田勝之助を招き、教理を学び始めた。そこに住んでいた嫁や腰元たちも共に学んだ。

そして伊予子は、明治一二年一二月一六日、水沢の管轄司祭だったマトフェイ影田孫一郎から洗礼を受けた。聖名《せいな》（洗礼名）はエレナである。水沢最初の女性正教徒である。

このとき水沢では、女姓は伊豫子を含め三名、男姓は七名、合わせて一〇名が正教の洗礼を受けた。そのなかには、伊豫子の嫁や腰元や家臣もいた。

ニコライが初めて水沢を訪ねたのは、右に書いたように、その一年半後、明治一四年六月である。ニコライは、そのときの日記に次のように書いている。

「水沢の戸数は一〇〇〇を下らない。そのうち四〇〇戸近くが仙台の家老の元陪臣《バイシン》〔間接的家臣〕。信徒は一九人、啓蒙者〔未受洗だが教理を学んでいる者〕は一七人。執事〔信徒代表〕は、ペトル富沢など三名である。

正教がここに根づいたのは三年前、パウェル影田〔勝之助〕による。影田は藩主の老夫人も正教に改宗させた。エレナ、八一歳〔七八、九歳だった〕である。現在の当主留守基治《もとはる》の祖母である。〔中略〕

わたしが水沢に着くと、元藩主夫人の老女エレナが来ていた。わたしは非常に心を打たれた。エレナは、もう歩くのも困難な身なのに来てくれたのだ。彼女に洗礼をさずけたマトフェイ神父〔影田孫一郎〕によれば、エレナは非常に熱心な信徒であるという。守らねばならない正教の慣例やきまりのことをくわしく聞き、それをすべてないがしろにすることなく守っているという。

今回、エレナは祝福を受けるために、がんばって人力車に乗って、やはり正教徒になった年取った侍女と下男につき添われてやって来た。おみやげにたくさんの砂糖菓子も持ってきてくれた。見るからに気品のある、本当に神の御旨《おむね》にかなった老女だ。

わたしは聖体礼儀代式を行ない、説教をした。エレナは、年をとったために説教はよく聞こえませんでしたと言っていた」（1881. 5. 29/6. 10）。

このわずか二カ月後、留守家の第一三代当主〔第一二代で「藩」は廃された〕になったエレナの孫息子留守基治は、脚気のために亡くなった。二二歳だった。そして一〇歳の弟景福《かげやす》がその後を継いだ。

伊豫子は、水沢を訪ねたニコライに直接会って、その教えと人柄に深く感動し、信仰心を新たにしたのだろう、一族の相次ぐ不幸にも屈せず、旧家臣たちの反対を押し切って、留守家に連なる者たちを次々と正教へ導いた。

そして、ニコライの水沢訪問の翌年、明治一五年三月二二日、復活祭を前に、水沢正教会では、男女一一名が受洗した。「盛岡正教会信徒台帳《メトリカ》」には、当主留守景福《かげやす》を筆頭に、邦寧の正室ニィナ伊豫子（エレナ伊豫子と同名）、邦寧の側室で基治、景福の生母スザンナ昌緒《まさお》、基治の妻アンナ藤子、そして、基治と藤子の長女マリヤ巨梅《こうめ》も二歳三カ月で受洗したことが記されている。

また、腰元や家臣の間にも信徒になった者がいた。その中からは、八幡《やわた》頼信（聖名ニコライ）のように、正教会の伝教者になる者も出た。ニコライ八幡は、留守家の家老職も務めたことのある重臣八幡家の子孫である。

ニコライは、明治二二年（一八八九年）と明治二六年にも水沢を訪ねた。

その明治二二年一〇月、ニコライの二度目の水沢訪問時の日記には、次のようにある。

「小さな聖堂の一階に伝教者のパウェル勝又〔温平〕が住んでいる。その妻マリナと赤ん坊もいっしょだ。

ここの信徒たちのうちでとりわけすぐれているのは、アンナ留守〔藤子〕である。亡くなった藩主夫人エレナ留守の孫である〔夫基治とはいとこ同士だった〕。アンナは夫に先立たれたが、一〇歳になる娘〔マリヤ留守巨梅《こうめ》。後、後藤新平の東京麻布の別邸に寄寓し、伊達邦宗に嫁す〕がいる。アンナの家には、彼女の義弟であるペトル〔留守景福〕（一九歳）と義母のニィナ〔留守伊豫子。藩主邦寧の正室。エレナ留守伊豫子とは別人〕が同居している」（1889. 9. 29/10. 11）〔なお、ニコライが日記に、アンナ藤子の「弟、母」と書いているのは、アンナの夫基治の弟、母であることが、「盛岡正教会　銘渡利加〔信徒台帳〕」で判明したので、これまで「母」を藤子の「実母」としていたのを、ここで訂正した)。

エレナ留守伊豫子は、息子の正室、側室も、孫も曾孫も、みな正教に導き、一緒に暮らすようにしたのである。

実に、留守家では、第一〇代の宗衡《むねひら》からはじまって第一四代の景福《かげやす》まで、五代にわたる藩主・当主の夫人、あるいは母、あるいは祖母、そして現当主までが、正教徒だったことがわかった。そして、その人たちに連なる親類縁者、家臣、侍女たちにも正教徒が多くいたこともわかってきた。

これらのことは、エレナ留守伊豫子が「キリスト教徒」だったということ以外は、これまで、日本正教会の聖職者も水沢史研究者もまったく知らなかった事実であり、ニコライの日記によって初めて知られ、さらに「留守家古文書」(水沢図書館所蔵)や「盛岡正教会　銘渡利加〔信徒台帳〕」を調査して明らかになったことである。

しかし、留守家の旧家臣たちは、主家の人びとが外来の新宗教キリスト教に近づくことを好まず、留守家の正教徒たちに圧迫を加えた。それはすでにエレナ留守伊豫子の生前から起きていた。

明治一七年五月、藩主邦寧の側室で、基治、景福兄弟の実母スザンナ昌緒が四四歳で永眠した。エレナ留守伊豫子は、翌明治一八年一〇月、八二歳で永眠した。葬儀は、家臣たちが「正教式」の葬儀に反対したため、「神葬式」で行なわれ、その後、留守家菩提寺である大安寺に葬られた。

エレナ留守伊豫子の孫娘アンナ留守藤子や縁者の信徒の場合も同様であった(1898. 8. 16/28)。伊予吉田藩の当主ステファン伊達壮吉と兄ルカ伊達五郎も、熱心な正教徒だったが、親族と旧家臣の反対で、正教式葬儀はできなかった。

家臣たちはそのように覆いをかけて、キリスト教の色が表に出ないようにしたのだった。そして、時とともに、かれらがキリスト教徒であったことは、忘れられていったのである。

明治期にはこのように、「神葬式」あるいは「仏式」で葬られて、かれらが正教徒であったことがわからなくなり、「かくれ正教徒」になってしまった人びとが、各地にいたことだろう（これについては『宣教師ニコライとその時代』〔講談社現代新書、二〇一一年刊〕にも書いたので、そちらも合わせ読まれたい）。

ニコライは五〇年にわたる日本宣教の間に、北海道、東北、北陸、中国、九州、四国などを旅している。来日した最初の赴任地北海道函館（箱館）には、江戸時代末の文久元年（一八六一年）から八年間も住んでいる。そして明治五年に東京へ移りそこに宣教団本部を置いてからも、北海道へ何度か足をのばしている。

明治24年のシコタン島斜古丹湾畔の村落
（北海道大学附属図書館編『明治大正期の北海道』より）

明治三一年（一八九八年）夏、ニコライは、北海道根室の沖東約七〇キロに浮かぶ島、現在「北方領土」の一部として知られるシコタン島に渡っている。このときニコライが出会った、シコタン島の「千島アイヌ（クリル人）」正教徒たちの悲惨な状態を紹介しておきたい。

明治八年日本とロシアとの間に千島・樺太交換条約が成立し、千島列島が日本に「譲渡」された後、ロシア領に近いシュムシュ島で生活していた千島アイヌの人びとは、日本政府によってシュムシュ島からシコタン島へ強制移住させられた。かれらは、千島列島がロシア領であった時代に、ニコライが異邦伝道の師と仰ぐ宣教師インノケンティ（ヴェニアミーノフ）によって洗礼を受けたロシア正教徒たちであった。

日記には次のように書かれている。

「朝八時、郵船会社《ユウセンクワイシャ》の貫効丸《クワンコオマル》で根室を出発した。

そして午後五時、シコタン島の、われらがクリル人信徒の移住地のある湾〔シャコタン湾〕に着いた。

何よりもまず教会の建物が目に飛び込んできた。大きくはないが、しかし外観は本式の教会建築である。浜辺には人々の姿が見えて、その人たちは、村から離れたところにある平底船のほうへ走っていた。沈みゆく太陽が、貧しい感じのその小さな村の穏やかな光景をやわらかな光でつつんでいた。平底船がこちらに近づくまで、わたしたちはかなり長い間待った。船を漕いでいたのは若い女たちで、それに男が数人混じっていた。わたしたちが名を尋ねると、全員がキリスト教徒の名を名乗った。その発音はとてもきれいだったが、しかしロシア語が話せる者は一人もいなかった。何人かがロシア語の単語をいくつか知っている程度だった。

まだ明るいうちに、信徒たちの家を見に出かけた。一二軒全部の訪問を終えた。一軒は住人がいま不在なのでかんぬきがかかっていた。それと、別の家族と一緒に住んでいる家が二軒あった。ここの住民の長であるヤーコフ・ストロジョフはいま漁に出ていて留守であったが、かれの家は立派で、他の家より広々している。全体の家の半数が板張りで、残りの半数が藁《わら》と葦《あし》の家であった。どの家も、かまどは前の部屋にしつらえられており、寝台は奥の部屋にあった。寝具は粗末で、よごれていた。全体にかれらの家には、みじめな貧しい生活があらわに見てとれた。それぞれの家の背後には、冬を越すための半地下の小屋がある。穴を掘って藁の屋根を葺き、土をかけたものである。煙を出すための隙間と窓が一つ切ってある。

家々の集まったあたりの背後の草地に、雌牛が一〇頭放牧されている。どの家にもイコンはあったが、みな黒く煤けてしまっていた。紙ではなく板の、新しいイコンを送る必要がある。

暗くなってきたので、われわれはみな教会に集まった。集まってみると、こどもを産んだ三人の女のための祈禱を行ない、赤ん坊二人に傅膏《ふこう》〔洗礼が行なわれた後に額、鼻などに聖油を十字に塗る儀式。正教会の「機密《きみつ》〔秘跡〕」の一つ〕を行なわなければならないことがわかった。赤ん坊二人の洗礼は信徒たち自身によってすでになされている〔三人目は死んだ〕。祭服をまとったイグナティ神父〔同行した釧路正教会の司祭加藤主計《かずえ》〕が祈禱と傅膏を行なった。

教会でのことをすべて終えて、わたしたちはヤーコフ・ストロジョフの家へ行った。前に日記に書いたおみやげの包み二つをそこに置いておいたのである。おみやげをすべて渡し、不公平にならないよう分けるようにと言った。かれらはとても仲良く暮らしている。

かれらに最後の祝福を与えて、別れた。かれらは全員そろって平底船のところまでわたしたちを送って来た。船の漕ぎ手は、来たときと同じく娘たちと数人の若い男である。娘たちは、着替えるいとまがなかったので教会へ来たときの晴れ着のままであった。かれらは漕ぎながら歌った。美しく悲しいメロディの歌だ。そしてめざましい意気込みと熱心さで漕いで、たちまち汽船まで送りとどけてくれた。

かれらと別れて悲しかった。

もしかするとかれらは前に住んでいたパラムシル島〔千島列島の最北、カムチャツカに一番近い島。シコタン島の人々は、直接にはシュムシュ島から移住した〕へもどることを許されるかもしれない。もしそうなったら、きっとかれらは絶滅をまぬがれるだろう。このままここに残されるなら、おそらく、かれらの村は遠からずして消滅するだろう。ここシコタン島へ移されて以来、パラムシル島では得られた食料を得ることができないために、もう半数以上が死んでしまった」(1898. 8. 1/13)。

ニコライが訪ねたのは明治三一年（一八九八年）であるから、日記に登場しているのは、移住から一四年経ったシコタンの人たちである。

翌明治三二年、鳥居龍蔵はシコタン島をはじめとする千島列島のアイヌの調査を行なった。そのとき、シコタン島のアイヌはわずか六二人となっていた。鳥居は自著『千島アイヌ』の序に、こう書いている。

「千島アイヌ！　千島アイヌ！　汝は古来波風荒き千島列島に、水草を追ひて、移住往来し、北はよくカムチャダールを圧し、南はよくヤングルを恐れしめたり。嗚呼《ああ》何ぞその剽悍《ひょうかん》勇猛なる。されど適者生存、優勝劣敗の原則は、汝の手より幸福を奪ひ去り、今や昔日の勇気已《すで》に消滅に、その人口の如き、又減じ減じて、憐れにも僅かに六十有余名を残すのみ。この形勢を以て進み行かば、汝の運命将《まさ》に知るべきのみ。

この運命を知る者、何ぞ一滴の涙なき能《あた》はざらんや。その汝に向ての同情は、遂に余をして、本書を公にせしめるに至れり。

余はこの書に因《よ》り、不肖なりと云へども、汝の体質、言語、神話、口碑、昔話、風俗、習慣、古物、遺跡等を記載し、以て汝の何者たる、汝の祖先の偉大なりしことを永く世に伝へんとす」。

この鳥居の思いはニコライの思いでもあっただろう。ニコライは二四歳のとき、シベリアを馬車と船で横断して日本へたどり着いた。かれはその旅の途中、シベリアの少数民族たちを見てきた。「日本では想像もできないほど密に雪の降る」アムール川を、ニコライを乗せて下った小舟の漁師は、その一人である（ニコライ談「回想の日本」。聞き取り筆記石川喜三郎）。

シコタン島アイヌに対するニコライの深い同情は、シベリアの長い旅の見聞とニコライの生来の熱い同情心とによって培われている。それについては、中村健之介編訳『ニコライの日記』（岩波文庫上巻）の「まえがき――ニコライの来日と日記について」に詳しく書いたので、そちらも読んでいただきたい。

明治二〇年代初めに来日したイギリス人作家ラデヤード・キプリングの日本観察記（コータッツィ／ウエッブ編『キプリングの日本発見』加納孝代訳）と読み比べると、ニコライの巡回旅日記の特徴がよくわかる。

キプリングの日本観察記は、いたるところにヴィクトリア朝のイギリス人インテリの高慢さが見られる（G・M・ヤング著、松村昌家・村岡健次訳『ある時代の肖像――ヴィクトリア朝イングランド』参照）。それと比べると、ニコライの日記には、そういう高慢さはまったくない。

第三章のはじめにふれた『イサベラ・バードの日本紀行』は、キプリングと比べると数等優れた、きめこまかな日本観察記である。バードとニコライの日本観察は、日本滞在の立場は違うから比べて優劣を言うことはできない。前者は、本人が書いているとおり、健康回復のために日本へやって来た「旅の話」（上4）であり、旅行記としてすぐれている。バードは外国人ツーリストである。冷静なツーリストの常として、「異国」に生きる者たちのいわば「めずらしい生態」を新鮮に感じ、それを記録している。

一方ニコライは、外国人であるが、日本を通過する者ではない。かれは長期日本生活者である。かれにとって日本人のことは、ほとんど「わがこと」である。だから、バードにとっては、日本のアイヌは観察され記録されるめずらしい民族だが、ニコライにとっては、日本人正教徒と同じ自分たちの信徒なのである。ニコライはかれらを訪ねるときは、集落のアイヌの人数をあらかじめひとに聞いて、砂糖やらお茶やら糸やら細々した「みやげ」をたくさん用意する（1898. 7. 30/8. 11）。せめていまだけでも少しはかれらの暮らしを助けたい気持ちなのである。後になっても、「シコタンの信徒のために雌牛二頭買うための金一〇七円」（1904. 6. 7/20）を送ったりもしている。日本人に対してもアイヌに対しても、ニコライは単なる優れた観察者ではない。かれの目は、すぐ隣りに住む者の目であり、同朋を見る宗教人の目である。

また、バードは『イサベラ・バードの日本紀行』の「まえがき」で、「日光以北のわたしの〔旅の〕ルートはすでに踏破された道筋からまったくはずれており、完全に縦断した西欧人はひとりもいなかった」（㊤4）書いているが、ニコライの前ではその自慢はできない。ニコライはその地を「踏破」はしない。しかし、すでにわらじをはいたり、はだか馬にまたがったりして、東北地方の山奥の村々や三陸の小さな漁村の信徒たちの家々を、一軒一軒訪ねてまわっている。

ニコライが日本の長期生活者であることを示すわかりやすい例が、地震である。かれはロシアでは知らなかった地震を、来日以来なんども東京でも地方でも体験している。たとえば、明治二四年秋、中部地方の教会巡回中に、すさまじい地震に出会った。一〇月二八日の濃尾地震である。

「夜晩《おそ》く、大垣に着いた。町はほとんど壊滅状態。

夜でも地震の爪痕は見るも恐ろしかった。あすの朝見たら、どうなるだろう。恐怖と悲しみで呆然としてしまう。この感情を、何にたとえていいのか分からない。

ここでは地震に追い討ちをかけて火事まで発生し、かわいそうなこの町のほとんどすべてを、廃墟までも、焼きつくした。

廃墟が切れ目なく続く。人々は悲しみにうちひしがれ、ごみと埃をほじくっている。その間を行くうちに、さまざまなおそろしい刺激を受けて、頭が割れるように痛みだした。どんなにいいものをあげると言われても、二度とこんなひどい場所を通りたいと思わないだろう」（1891. 10. 25/11. 6 名古屋）。

ニコライは、漢文の『日本外史』を熟読し、毎日日本語の新聞も数紙読んでいる優れた知日派の知識人である。ニコライの日本観察記事の裏には、日本についてのゆたかな知識がある。日本に五〇年も住んで、日本人とほとんど同じ体験をしながら書いている知日派知識人ニコライの巡回旅日記は、いわゆる「日本観察記」や「日本旅行記」とはまったく異なる。

豊かな日本史の知識

ニコライは本が好きで、ニーチェからラス・カサスまで読んでいた。日本の歴史の本もよく読んだ。

各地教会巡回の旅の日記をみると、旅の途中の船の上や、信徒たちとの連絡がとれないで待っている間の時間に、由比正雪や大岡越前守など、日本の歴史上の人物の軽い講談本を読んでいたことがわかる。そういう「学術書」ではない本から、上杉謙信、武田信玄、明智光秀、木下藤吉郎などについてのたくさんのエピソードを吸収していたのである。

東京本会にいるときのニコライは、聖典翻訳と教会運営の仕事に専念しており、宣教以外の、外からの依頼はほとんど固辞している。友人だった副島種臣からの「外国語学校」教師の口も断った。しかしまれに、頼まれてやむをえず教会の外で講演をすることがあった。記憶力抜群だったニコライの講演の中には、蜂須賀《はちすか》小六やら大岡越前やら講談本の英雄が次々登場するし、天《あま》の岩屋戸《いわやと》、天橋立《あまのはしだて》、日光東照宮、西郷隆盛の霊廟など、各地で見た名所旧跡も鮮やかに語られるから、日本人聴衆からやんやの喝采を受けた。

晩年のニコライに東京で五年間も親しく接した日本学者でヴラヂヴォストークの東洋学院長だったドミートリー・ポズニェーエフは、ニコライが駿河台に近い美土代町《みとしろ》のＹＭＣＡで行なった講演を聞いた。かれはその思い出を次のように書いている。

「東京のキリスト教青年会（ＹＭＣＡ）のホールで開かれた講演会のことを、わたしは決して忘れないだろう。そこには一〇〇〇人を超える日本人聴衆が集まっていた。

ニコライ大主教のアクセントには外国人らしい強いくせがあった。それに加えて、八年間も函館にいたため、その発音には日本の北方方言の強いなまりが入っていた〔函館弁と南部弁の混じりだった〕。しかし、それは少しも理解のさまたげにはならなかった。豊富な語彙とらくらくとフレーズを作る能力によって、大主教の講演は力強いものになった。

聴衆の破《わ》れるような歓声と拍手のために、何度か講演は中断された。とりわけ、よもやヨーロッパ人が知っていようとは日本人の思っていない生き生きとしたイメージや実例や比喩を、大主教がそのおどろくべき博識のなかから取り出してみせるとき、そういうことが起こった」（ポズニェーエフ著・中村健之介訳『明治日本とニコライ大主教』）。

ニコライの巡回の旅の日記にも「生き生きとしたイメージや実例や比喩」がふんだんにちりばめられている。日本各地の光景とそこに住む人びとの生活の実景を記録し、そしてニコライの経験や豊かな知識も表しているかれの日記は、明治日本社会のすぐれた「実見記録」である。特に、地方の地場産業の現場の観察記録は、他に類例を見ない正確さとくわしさである。例えば、製糸工場の女工の勤務時間、賃金なども、いちいち聞いて書きとめている。

美しい祭儀

明治二七年（一八九四年）正月、ニコライ堂にめずらしい訪問客があった。

「きょう、司祭二人とともに聖体礼儀を執り行なっていると、教会に一人のギリシャ人が姿を現した。通訳も一緒のようだった。

聖堂から出てみると、その人は教会の構内を散歩していた。そのときになってようやく、その人が何者であるかわかった。横浜からの案内人であるギリシャ人輔祭フィリップも一緒にお茶に招き、そのあと食事に招いた。それは、ギリシャのザンテ島の大主教、ディオニシイ座下であった〔ザンテ島、公式名称はザキントス島。ペロポネソス半島の沖。古来、地震の頻発でも知られる〕。

ディオニシイ座下は祖国を出てもう七ヵ月になるという。アメリカに行ってきたのである。アメリカで寄付を集めようと思ったのだという。ギリシャでは地震によって三四もの教会が倒壊し、ご自身の主教館も倒れた。それらを再建するために、またその恐ろしい地震で被害を受けたすべての人たちを援助するために、募金運動をしようとしたのだ。

しかし、援助のための資金は集まらなかったようだ。アメリカは生活費が高いため、座下は自分の輔祭を帰国させざるをえなかった。

ディオニシイ座下が優れた説教者、雄弁家であることはすぐにわかる。何の話をしても、その話はすぐに美しい表現と身振りをともなう演説と化す。

ディオニシイ座下が権力ある地位の人、あるいは権力に慣《な》れた人であることも、明らかだ。この人は自分に必要なときだけ耳を傾ける。必要でないときは、こちらがどんなにことばを費《ついや》しても、ただ微笑を浮かべており、愛想よく"yes"〔そう〕と答えはするが、しかし何も理解していないことは明らかだ。こちらが話したことを聞いてもいないのだ（もちろん、それはほめられるべき態度とは言えないが、事実そうなのだ）」(1894. 1. 2/14)。

ニコライはディオニシイの挙げた聖体礼儀（ミサ）に深く感動して、何度も日記に書いている。

「ディオニシイ大主教は神現祭〔イエスがヨハネから洗礼を受け神として世に現れたとされる日。ロシア暦一月六日〕のトロパリ〔聖人を称える聖歌〕を歌った。ああ、なんとすばらしい！"και πνευμα"〔そして魂〕という個所はとりわけ忘れがたい」(1894. 1. 5/17)。

「ディオニシイ大主教が聖体礼儀を執り行った。実に堂々としており威厳があった。座下は〈福音経《けい》〉〔マタイ、マルコ、ルカ、ヨハネの四福音書に由る経典。聖体礼儀の中で唱える〕のあとで説教をした。その姿勢のとり方、身の動かし方、声の使い方のなんと美しいことか。ギリシャ人なればこそ、あのような美しい動きができる。

炉儀《ろぎ》〔鎖で吊った小型香炉を振って聖堂内などを聖別する儀式〕の前、至聖所に入ったあと、座下は神現祭のトロパリを歌った。ギリシャ語の歌を聞きながら、わたしは感動のあまり、また泣き出しそうな気分になった」(1894. 1. 6/18)。

宗教の儀式は、所作と聖歌によって演じられる、神への捧げものである。ロシア正教徒は教会で、いわばその美しい演技の舞台に溶け込むのである。だから聖歌は美しくなければならないし、聖職者の動きも美しくなければならない。

明治四二年二月、与謝野鉄幹・晶子夫妻は、千駄ヶ谷から駿河台紅梅町二番地に越してきた。東京復活大聖堂(ニコライ堂)は目の前である。鉄幹は大聖堂に入って拝観したのだろう。こんな歌がある。

しろがねの振香炉《ふりこうろ》より立つけぶり芝居に似たるＮＩＫＯＲＡＩ《ニコライ》の祭(鉄幹)

宗教とは無縁な体質の鉄幹にも、正教のキリスト教が、美しい所作で演じられる祭儀の宗教であることが感じられたのだろう。

ニコライは、ディオニシイ大主教が祭儀において歌った聖歌や、「姿勢のとり方、身の動かし方、声の使い方」によって宗教的感性を新たにされている。「美は真(神の真なることへの信仰)を呼び起こす」のが、東方正教の神髄である。そのことを、ドストエフスキーは「美は世界を救う」と言ったのである(ドストエフスキー『白痴』)。

第十二章　三国干渉とロシアを憎悪する日本

1　日本のナショナリズムの盛り上がり

三国干渉と閔妃殺害事件

明治維新から二八年、「脱亜入欧」を大方針とし国民国家形成に努めてきた日本は、いよいよ欧州の列強にならって、アジアの支配をめざすようになる。長く清国に朝貢していた朝鮮をわがものにせんとし、朝鮮の支配権をめぐって清国を相手に戦争を起こした。明治二七年（一八九四年）八月から二八年四月までの日清戦争である。日本の動員兵力は約二四万人とされる。その勝利によって、明治二八年四月の下関条約において日本は、遼東半島、台湾などを獲得し、朝鮮を従属国化することに成功したように見えた。ところがその直後、ロシア、ドイツ、フランス三国の、武力を背景とした干渉によって、日本は遼東半島を放棄せざるをえなくなった。

日清戦争の勝利に酔っていた日本国民にとって、この三国の圧力に屈したことは、腹立たしく悔しいかぎりだった。日本は自らに「臥薪嘗胆《がしんしょうたん》」を言い聞かせ、いまに見ておれ、仕返ししてやる、と誓った。

明治二八年五月一四日付の「東京日日新聞」には、「咄《とつ》（チェッ）」！　三国の干渉来る。幾万千の生霊を賭してかちえたる平和、いつか又攪乱さるるに至らむ」という大きな活字が躍《おど》っている。はやくもロシアとの戦争を予想しているかのようである。

そしてその予想を裏書きするかのように、ロシアは清国、朝鮮への進出の姿勢をますますあらわにしてきた。

「三国干渉」とロシアの朝鮮進出は、日本中に「ロシア憎し」という敵意を広げた。それが、高い壁となってロシア人ニコライの日本宣教活動を阻んだ。

右の「東京日日新聞」の記事の一二日後、ニコライは日記にこう書いている。

「ロシアが、日本と清国との戦争の始末にくちばしを突っ込んで、日本の利益をさまたげたために、日本の異教徒〔仏教、神道の信奉者〕はわれわれ正教会の信徒に攻撃をしかけてきている。われわれの伝教者たちは、信徒を守らねばならない。

このところずっと、制服警官と私服警官が宣教団〔駿河台本会〕の警護にあたっている。日本が清国から満州の一部分を取ろうとしたのに、ロシアがそうさせなかったということで怒ったファナティックな連中が、襲撃してくる危険があるからに違いない」(1895. 5. 14/26)。

生方《うぶかた》敏郎『明治大正見聞史』には、それまでの日本のキリスト教徒はカトリックも正教徒もプロテスタントもはっきり区別されず、全体が一つの「ヤソ」とされていたのが、この三国干渉のころから「よいヤソ」と「わるいヤソ」に区別され、その意識がこどもたちにまで植えつけられていったことが書かれている。ロシアから来たキリスト教である正教会は「わるいヤソ」にされた。そしてその後、その「ロシア憎し」の波は、時とともに強く高くなっていった。

日清戦争終結の半年後、明治二八年（一八九五年）一〇月、「閔妃《びんひ》殺害事件」が起きた。三国干渉の後、朝鮮がロシアに近づいたことに不満をもった日本人が、朝鮮国王高宗の妃《きさき》閔妃を残虐に殺害したのである。

日本の新聞はこの事件をさかんに報道した。ニコライも日記に、次のように書いている。

「新聞は各紙とも朝鮮の事件の関係記事が満載だ。実際、日本にとっては大変なスキャンダルだ。〈壮士《ソオシ》〉たちが朝鮮の皇妃を殺害したのだが、かれらだけの仕業ではない。在朝鮮日本公使三浦〔梧楼〕子爵、朝鮮の日本軍司令部、朝鮮の日本の警察、その全体が事件に関与しているのだ。日本の新聞まで〔とりわけ『日日新聞《ニチニチシムブン》』〔『東京日日新聞』〕〕が、この事件には首相の伊藤〔博文〕侯爵も関わっていたと非難している。思うにこのスキャンダルは、一八九一年のわが国皇太子〔ニコライ〕に対する襲撃事件〔大津事件〕以上に大きく喧伝され、日本にとってははるかに深刻な反響をよぶことになるだろう。

それにしても、なんと残虐なことをするのだ！　朝鮮国王〔高宗〕を乱暴に怒鳴りつけ、王妃がいる部屋を教えなかったということで皇太子を殴り倒し、王妃を見つけだすと、突き倒し、めった切りに斬り殺した。そのときさらに三人の女官をも斬殺した。それから、全員の髪をつかんで死体を宮殿の外に引きずり出し、〔石油をかけて〕焼いたというのだ」(1895. 10. 10/22)。

朝鮮国王高宗がソウルのロシア公使館へ逃れたことから、東京のロシア公使館が事件の詳細を把握しており、そこからニコライにも詳しい情報が届いていたのだった。

ロシア人ニコライにも、日本人から脅《おど》しまがいの手紙もくるようになった。ニコライが日記に書き留めている、そういう手紙の一部分を紹介しておこう。

「紀州〔和歌山〕の高野山《こうやさん》のふもとに住むプロテスタントの牧師《ボクシ》から手紙がきた。〈ロシアはキリスト教国の一つだとされているが、今般の朝鮮での事件〔朝鮮国王がソウルのロシア公使館にかくまわれたこと。露館播遷《ろかんはせん》〕は、神に対するロシアの冒瀆的行為である〉と書いている。そして、わたし〔ニコライ」に対して、〈朝鮮・日本とロシアとの間に立ち、ロシア皇帝を説得し、その不誠実な行為をやめさせるようにせよ。〔中略〕さもないと、東京のロシア大聖堂はもちろん、日本の全正教徒にも災難が襲いかかるだろう〉と要求している。

知識のあるプロテスタントの牧師でもこの程度のロシア理解しかもっておらず、こんな要求をしてくるのであれば、理解力と知識の点でこの牧師に劣る日本人がみなどういう風にロシアのことを思っているか、想像がつこうというものだ」(1896. 2. 14/26)。

この時期の日本の新聞に当たってみると、ロシアの南下、東洋への進出を予告する記事が目立つ。明治二九年(一八九六年)一〇月一日付の「東京日日新聞」には、「露国東洋へ向かって兵力増大、大艦隊を組織して極東に配置せんとす」という大きな記事が載っている。また、「露国外務大臣ロバノフ公は、明言して曰く、日本が勢力を朝鮮に樹立して常に露国及び清国に危迫するは、露国の忍ぶ能《あた》はざる所なりと」といった類の記事も多い(『新聞集成　明治編年史』第九巻)。

ナショナリズムの勃興

明治二八年の三国干渉の前後数年間のニコライの日記を通読すると、日清戦争や朝鮮国王妃惨殺という異常な事件の底に流れる、日本国民の意識を、ニコライがどのようにとらえていたかが見えてくる。

ニコライは、朝鮮に対する日本人の蛮行は、日本の急激な西洋化、強国志向、日本の指導者層の世代交代、そして新しいエリートの宗教的感情の枯渇などと関連している、と見ていた。いかにも宣教師らしい時代把握だが、しかしそれは、今日から見ても、的外れな見方だとは言えない。

「日本人は、さまざまな専門分野の欧米人の教師や指導員〔いわゆる御雇《おやとい》外国人〕から、信仰は時代遅れであるかのような話を聞かされた。かれら欧米人は無神論者なのだ。また日本人は、もし宗教の分野で何かするのなら、外来のものではなく、自分たちの宗教を存続させるべきだ、という話も聞かされた。そこで日本人は、神道を復興させた。神道はいまも皇室によって儀式の細部にいたるまで厳密に守られ保持されている。

いま日本人は自己満足の波の上を動きまわっている。その波は、清国人に対する勝利〔日清戦争での勝利〕のおかげで、ますます高まっている。日本人の自己称賛は果てしがない。

ヨーロッパとアメリカの先生方は日本人に、キリスト教への敵意と無神論という学科を教えた。日本人はその先生方の帽子を自分の頭に深くかぶった。おそらくこれからも長くかぶり続けることだろう」（1894. 9. 19/10. 1）。

「以前はこの国を指導する位置にあったのは、副島〔種臣〕や岩倉〔具視〕のように、賢明だが西洋的教養は持っていない人びとだった。かれらは〔キリスト教の〕信仰は持っていなかったが、〈もしかすると、学問の面からいっても宗教の真理は存在するかもしれない〉という半信半疑の状態を保っていた。

ところがいまや、あらゆる面で西洋流の教育を受けた人びとが、他を押しのけて国の頂点に登りつつある。ハーヴァード大学出の金子〔堅太郎。この頃は、貴族院書記官長だった〕その他だ。この人たちは全く信仰心がない。かれらは〈普遍的科学〉なるものを掲げて宗教の真理を否定する。日本人は群《む》れる傾向がつよい国民である。自分たちの群れのなかから立派な角《つの》を持つ者が先頭に立つと、全員がどっとその後についてゆく」（1896. 1. 11/23）。

ニコライは、明治時代半ばにあって、日本のナショナリズムの勃興と急速に進む「世俗化《セキュラリゼーション》」を感じていたのである。

日本は、一方で無神論の「帽子」をかぶって「普遍科学」を称揚し、もう一方で神道を復活させて天皇を「神」として高く祀り上げ、日本は神孫《しんそん》統治の国であるという「選民性」を喧伝するようになっていた。「普遍科学」と「神」は相容れないはずなのだが、その矛盾は無視した。

ニコライは、日本のその傾向を小さな事件にも感じとっていた。たとえば、明治二三年（一八九〇年）の教育勅語発布から七年目に起きた、山口県師範学校の学生放校事件である。

ニコライの日記に、次のようにある。

「〈神と天皇陛下と、どちらが上か〉

〈神は天皇陛下より上です〉

〈ということは、神と天皇陛下と、どちらが下か〉

〈万物の上に君臨しておられる神と比べるなら、天皇陛下は下です〉

右のような答えをしたために、一人の優秀な学生が学校を逐《お》われた。他の学生たちと教師たちの全員が、その生徒を責め立てて追い出したのだ。山口県の Normal School〔尋常師範学校〕で起きた事件である。"Japan Daily Mail," July 1, 1897〔『ジャパン・デイリー・メール』一八九七年七月一日〕が伝えるところによると、この学校でキリスト教徒はただ一人、プロテスタントの鬼武《おにたけ》十郎という青年だった。鬼武はそういう迫害を受けたのだ」（1897. 6. 19/7. 1）。

ニコライは続けてこう書いている。

「この事件で、前にあった一つの出来事を思い出した。五年前、パウエル新妻〔敬治〕が〔正教会修道司祭であったが、戒を破ったため〕聖職位を剝奪されて、かれの学校〔麴町《こうじまち》教会の伝教学校〕が本会へ移り、ここの伝教学校と合併したときのことだ。麴町の学校の生徒だった一人が、ある晩わたしのもとにやってきて、〈学校を辞めたいと思います〉と言った。

〈どうしてか〉

〈ここでは、神が天皇より上だと教えています〉

〈宇宙の創造主でありその摂理をつかさどっておられる唯一の神だから、そう教えているのだ。おまえは天皇の方がその神より上だと言うのか〉

〈日本人にとっては、天皇陛下の方が神よりも上です。天皇陛下より上の人はだれもいません〉

もう数ヵ月もキリスト教の授業を受けてきた人間が、そう言ったのだ！

わたしは、この生徒は頭がおかしくなったのではないかとその顔をまじまじと見た。しかし、その生徒は何の迷いもない落ち着いた目でわたしを見ていた。わたしは両手を左右に広げ（「何をか言わんや」のジェスチュア。“shrug”）、この生徒と別れることにした」（1897. 6. 19/7. 1）。

「天皇陛下の方が神よりも上です」、という共通の「腕章」をつけた日本人がふえてきていたのである。日本のキリスト教界全体にも、鬼武十郎を放逐した人びとと同種類のナショナリズムが広がってきていた。ニコライはそれにも気づいていた。

日本のキリスト教は日本人が運営する

その前年、明治二九年（一八九六年）八月の日記に、ニコライは日本のナショナリズム線上に起きた二つの事件を書いている。京都の同志社と奈良尋常中学校の事件である。

「日本人はみごとに米国人《ヤンキー》をだました。京都の同志社の事件だ。

アメリカの敬虔な組合教会《コングレゲーショナリスト》の信徒と民間人（金持ち）、そしてかれらの宣教団体は、おしむことなく何百万という金を出して、日本に広大な土地を買い、そこにキリスト教の大学、看護婦（nurses）養成所、病院など、立派なキリスト教の諸施設を作ることにした。学生と教師集団のあらゆる要求を満たす、贅沢なアメリカン・スタイルの建物が次々と建てられていった。教授たちの住居用だけでも、九棟も建てられた。

管理と教育にあたるのは、新島〔襄〕以外は、全員がアメリカ人の宣教師だった（新島はこのペテン事件全体の首謀者だ)。

ところが、新しく教育を受けた日本人たちが、徐々に学校の管理にも加わるようになった。そしてついに、日本人が、いろいろと都合のいい口実をもうけて、管理部門からアメリカ人を一人残らず追い出してしまったのだ。"Trustees of the Doshisha Corporation"〔「同志社」評議会〕は全員日本人になり、その president〔社長〕も日本人の Kozaki〔小崎弘道〕になった〔新島は三年前に死んだ〕。アメリカ人たちはただの教授ということにされてしまった。日本人は全権力を手に入れた上で、仮面をぬいだ。

しかし、かれらはちょっと早まったのではないか。アメリカの支援がなくなったら、日本人の同志社はやってゆけるのだろうか」(1896. 7. 26/8. 7)。

「奈良からニュースが届いた。アメリカ聖公会の人びとが、奈良に中学校を設立した〔明治二〇年(一八八七年)創立の「私立奈良英和学校」が、明治二七年(一八九四年)「私立奈良尋常中学校」に変わった〕。もちろん目的は宣伝《プロパガンダ》である。大金をつかって建物を建て、一切の設備を調《ととの》えた。校長は河村〔九《きゅう》淵《えん》。札幌農学校出身〕という男で、もちろんアメリカ聖公会の信徒である。学校の全職員も信徒だったらしい。

学校の経営にあたっていたのは"Trustees"〔評議会〕で、これも全員キリスト教徒であったことは間違いない。評議会メンバーには、日本人とアメリカ人たちがいる〔アメリカ人は宣教師たちである〕。最高監督者は Bishiop Mackim〔マッキム主教〕であった。

マッキムはつい最近新聞で、主教自《みずか》らが学校の管理者を指名するので、自分たちの学校では京都の同志社のようなスキャンダルは起きるはずがないと自慢していた。ところがそれが誤算だった。たちまち、京都の組合教会信徒たちの場合よりひどいスキャンダルが起きた。

河村はキリスト教徒ではあったかもしれないが、しかしそれ以上に（そこがいかにも日本流なのだが）、超《ハイパー》愛国主義者だったのだ。ある日、かれは生徒たちを神道の神社へつれていった。そしてそこで全員そろって神道の神に頭を垂れて礼拝を行なった。

評議会は、このような校長はキリスト教のプロパガンダにふさわしくないと考え、河村に辞任するよう求めた。それに対して生徒たちが抗議行動を起こした。河村は〈自分を支持するようアピールして〉、生徒たちを燃え上がらせた。

生徒たちはアメリカ人宣教師たちに何度か代表を送って、河村を校長として残してほしいと訴えたが、聞き入れられなかった。かれらは猛《たけ》って、学校の建物の中の、窓でも家具でも高価な物理の実験器具セットでも、こわせるものはことごとくこわしてしまった。

いま河村と宣教師たちは、日本の新聞でも英字新聞でも互いに非難の応酬を続けている」（1896. 11. 29/12. 11）。

キリスト教も、日本のキリスト教であるのだから、日本人が取り仕切って運営するべきだ、というナショナリズムの考えが広がっていたのである。

日本の独立キリスト教と天皇崇拝

「日本人にとっては、天皇陛下の方が神よりも上です」、「日本のキリスト教は自分たち日本人が運営するから、外国人宣教師は自国へ帰れ」という、「超《ハイパー》愛国主義」の声が高まってきていた。

教育勅語発布は明治二三年（一八九〇年）一〇月三〇日である。内村鑑三が教育勅語に敬礼するのをちょっとためらったために起きた「不敬事件」は、その三カ月後の明治二四年一月である。内村も愛国主義者で、外国人宣教師嫌いだったが（ニコライだけは例外だった。内村鑑三「美しき偉人の死」参照）、まだ「天皇陛下の方が神よりも上です」とは、思っていなかったのだろう。「不敬」を咎められた内村は、日本中から「村八分」の目に遭った。

同じ明治二四年の一〇月、仙台東華学校（明治一九年開校。仙台のキリスト教系学校のはじまりとされる。初代校長は新島襄）で、徳育教育の教科書から「聖書」が外された。西洋の神が日本の天皇より上であるとする考えは許しがたいという理由からである。それに抗議して、外国人教師たちが総辞職した。

しかし、内村の「不敬」を非難する動きは、長くは続かなかったようである（鈴木範久「内村鑑三年譜」、『内村鑑三の人と思想』参照）。明治二九年、三〇年ころになると、もう内村鑑三は日本各地の「青年会」や教会で講演して、欧米人宣教師に依存しない日本人のキリスト教を説いて活躍している。

日本の青年たちは、「独立」した日本的キリスト教を説く内村を歓迎した。内村の説く「聖書」は日本の青年たちにとって、「外国の徳育の書」ではなかった。かれらもまた、日本ナショナリズムを背景とした「日本のキリスト教」に近づいていったのである。内村の「無教会」は日本キリスト教会なのである。

「日本のキリスト教は日本人が運営する」の勢いは、明治三七、三八年の日露戦争の後も弱まることなく、欧米宣教師たち自身の間から「自分たちは日本から去るべきだ」という声が出てくるほどになった、とニコライは日記に書いている（1908. 1. 17/30）。

内村鑑三は、無教会主義と非戦論（日露戦争反対）を唱え、個人の「聖書研究」と「先生」によって指導される「集会」運営をすることで、教会中心の宗教的感情を重んじる伝統的キリスト教に対し、個人主義的日本派キリスト教を形成していった。それは、宗教というよりも倫理的求道運動となり、新しい時代のインテリ青年たちにアピールした。山路愛山は内村鑑三を評して、「君の如く、独り門下生とのみ交わる者が、所謂《いわゆる》高く小児と古文を談じる一種の天才癖を養ひ易《やす》きは已《や》むを得ざることなり」と言っている（山路愛山「我が見たる耶蘇《やそ》教会の諸先生」明治四三年。中村健之介監修『宣教師ニコライの全日記』第一巻解説の注6「内村鑑三と東方正教」参照)。

2　東北の地震・津波と正教会本会の施設新築

明治二八年(一八九五年)四月の三国干渉、同年一〇月の閔妃殺害事件という政治的凶事に続いて、大きな自然災害が日本を襲った。翌明治二九年六月、三陸沖大地震・大津波が起きたのである。平成二三年(二〇一一年)三月一一日に起きた東日本大震災の、一一五年前のことである。

三陸沖大地震・大津波

ニコライはこの大災害の情況を、被災正教徒を中心に日記に詳しく書いている。

「一五日から一六日にかけての夜中、本州東北沿岸と蝦夷の一部がとてつもない大災害に襲われた。金華山(宮城県牡鹿《おしか》半島の沖合いの島)近くの海底で地震が起き、それによって発生した津波が沿岸を呑みこんだ。釜石、大槌《おおつち》、山田、盛《さかり》その他の町々はほとんど壊滅に近く、何千人もの水死者が出た」(1896. 6. 7/19)。

「きょうの新聞によれば、津波による死者は、岩手《イワデ》県一万四〇〇〇人、宮城三一〇三人、青森三〇〇人。合計一万七四〇三人。負傷者は、宮城県だけで五五五人、その他の県は不明。崩壊した家屋は岩手県四〇〇〇、宮城県九七三(岩波書店『近代日本総合年表　第二版』によれば、「死者二万七一二二人、流失・破壊一万三九〇戸」)。

盛《さかり》の伝教者ニコライ八幡《やわた》(頼信)は、運よく家族全員無事だった。だが、家財はささやかなものながらすべて失った。八幡に七月分の給与の他に見舞金一五円を、また盛の信徒たちにも同じく一五円を送った。

伝教者イオアン篠原〔常吉〕の手紙に従って、気仙沼の信徒たちには一〇円送った。篠原は幸運にも被害をまぬがれた」(1896. 6. 8/20)。

「山田と宮古の伝教者イアコフ山内《やまのうち》〔長蔵〕も、ありがたいことに、死んではいなかった。しかし一二歳になる息子は死んだ。山内自身もからだに一五ヵ所も傷を受け、妻は肋骨を折り、娘は片足骨折、他の子どもたちも打撲傷。最近山田に建てられた教会堂は、土台の石以外はすべて流された。山田では四八人の信徒が死んだ。

津波の犠牲者は、負傷者を除いて、全部で三万九〇〇〇人を超える」(1896. 6. 11/23)。

「イオアン片倉〔源十郎〕神父に旅費一五円を送り、ただちに被災した諸教会を訪ね、死者のための埋葬祈禱を執り行い、生存者を慰めよと手紙で指示した」(1896. 6. 12/24)。

「『正教新報』編集者のペトル石川〔喜三郎〕が津波被災地の視察からもどり、現地の場景を話してくれた。聞いていると涙が出てくる。

アゲイ箱山とアヴラム箱山は、運よく家は流されずに残ったものの、水が屋根近くの高さで襲いかかったため、家の中にあったものはすべて使いものにならなくなった。石川は両箱山のキリスト教的愛を大いにほめた。いたるところにできた窪地に死体がたくさんころがっており、それが腐乱してきている。異教徒〔仏教徒〕たちは何《なん》やかんや言い逃れをしてやろうとしないのだが、二人は死体を肩にかついで焼却場へ運んでいる。

全体に、どこでも、われわれの信徒たちは死者をできうる限り丁重に葬っている。焼かずに土に埋める場合も、こういう事態のことだから粗末な棺ではあるが、必ず棺に入れ、よごれていない着物を着せてやっている。異教徒たちは、墓穴を掘ってそこへ死体をほうり投げたり、直《じか》に置いたりしている。もちろん信徒たちはどこでも、亡くなった信徒を葬るときは祈禱を捧げて葬っている。

政府は実によくやっている！　国民の苦しみを軽減するために迅速に、できるかぎりの手を打っている。これなら、飢え死にする者は一人も出ないだろう」（1896. 6. 18/30）。

ニコライも直ちに東京本会から人を派遣して被災地を見舞い、被災者援助の手を打ったのである。死者を丁重に埋葬することは、それまでもニコライが力をこめて司祭や伝教者に説き、自らも実行してきたことだった。東北の信徒たちが教えを実行しているのを知って、ニコライが嬉しく感じているのが、日記からわかる。

この三陸沖大地震・大津波のときは、沢辺琢磨も全国の正教徒に呼びかけ、義捐金を募り、迅速かつ適切に罹災者援助を行なった。

また、フェオドラ北川波津は、地震と津波で親と家を失ったこどもたちを引き取り、非常な苦労の重ねながら、その後長く養育した。北川波津がペトル桂木頼千代と共に運営した「孤児教育院」が、今日の「東京育成院」である。

これらの正教徒たちの救援活動は、当時の『正教新報』にくわしく報じられている。

図書館の建設

一方、正教会では、明治二八年（一八九五年）七月、東京本会の敷地内に、煉瓦造り三階建ての立派な図書館が竣工した。建築資金は、日本宣教団の支援者であるアントニイ（フラポヴィツキー）府主教とアンドロニク（ニコリスキー）主教が、ロシアで募金して送ってくれた。設計は大聖堂の場合と同じくイギリス人ジョサイア・コンドルである。

「朝、建築が完了した図書館の建物〔三階建て〕の成聖式が行なわれた。わたしが聖水式を執り行ない、壁、本棚、建物の内部全体、入口、外壁に聖水をふりかけた」（1895. 7. 19/31）。

ニコライは正教会の図書館の新築を非常に喜び、図書の配列、カタログ作成なども自分で行なうほどだった。図書館が新築されて間もないころのニコライの日記には、こんな記事がある。

明治28年（1895年）7月，東京本会の敷地内に建てられた正教会の図書館
ニコライは夏休みは避暑にも行かず，この図書館で本の整理をしていた（『正教要話』より）。

「ヘブライ語からはじまって最後はドイツ語の、さまざまな外国語の図書を図書館へ移した。両手に重い本を何冊も持っているので、図書館の屋根裏の格子組みの垂木《たるき》の下でうまくからだの向きを変えることができない。ほとんどうずくまるような姿勢で前へ後ろへと這いずりまわったが、そのうち、柱にガツンと頭をぶつけて、気を失ってあおむけにひっくり返ってしまった。意識がもどったので、丈夫な頭蓋骨で脳を被《おお》ってくださっていた創造主に感謝した。いまは、少し頭が痛いのと、頭のてっぺんの禿げた部分全体に赤黒い打撲痕《あと》が残っているだけだ」（1895. 7. 25/8. 6）。

その図書館の内部を実際に見てよく知っていたロシア人日本学者ドミートリー・ポズニェーエフは、こう書いている。

「日本の正教宣教団の図書館は、まことに驚くべき図書館である。あれだけのすばらしい蔵書をニコライ大主教はどのようにして集めることができたのか、それは神のみぞ知るである。図書館は、可能なかぎりのあらゆる種類の防火装置を備えた特別な建物におかれている。洋書だけで一万二〇〇〇点をこえる書物があり、その大半はロシア語の本であるが、英語、フランス語、ドイツ語の本もかなりある。それとは別に、日本語と漢語の蔵書もある」（ポズニェーエフ『明治日本とニコライ大主教』中村健之介訳）。

柴山準行編『大主教ニコライ師事蹟』にも、神学書から「哲学書や旅行記、俚諺集の類にいたるまでの」図書館の蔵書の種別がくわしく書かれている。柴山は、実際に本を手に取って見たのだろう、こう書いている。

「図書館に保存されたその書を見ると、法華経、日本外史、その他の諸書の欄頭に、紫の鉛筆で、露文の細書《さいしょ》〔こまかい文字の書き込み〕がある。甚だしきは、十返舎一九の戯作、〔東海〕道中膝栗毛にまで、欄外に露文の批評が書いてある」。

ニコライが函館時代から読んで書き込みをしていた本も、この図書館に収められていたのである。

ニコライは本が好きだった。ロシアからロシア語の神学関係の書物や哲学、文学の本を取り寄せただけでない。東京で、新聞やうわさでプロテスタントの宣教師の蔵書の売り立てがあることを知ると、出かけて行って良い本を買い集めた。中井木菟麿と一緒に和書の古本市にも出かけている。図書館はいわばかれの宝の蔵だった。夏の暑い盛り、神学校や女子神学校の教師・生徒たちが箱根塔ノ沢の避暑館に行っている間も、一人東京で図書の整理をしていた。

しかし、「かうした批評までついてある貴重な蔵書」を収めた、この東方正教系神学書を蔵する日本唯一の図書館は、「あらゆる種類の防火装置を備え」ていたのだったが、大正一二年（一九二三年）の関東大震災で倒壊し、その蔵書の多くは失われた。

ニコライは、愛書家であっただけでなく、非常な読書家であった。かれの読書範囲は、神学の域を越えて、日本の宗教や歴史や文学にまでわたり、ラス・カサスからニーチェ、ショーペンハウエル、レフ・トルストイ、ドストエフスキー等々にまで及んでいる。また毎日数紙の日本語と英語の新聞を読んでいた。

その上ニコライは、するどい歴史的考察力と文学的感受性、そして書き手としての優れた言語表現力に恵まれていた。
ニコライの日記が、宣教師の日記でありながら、キリスト教の外《そと》の読者をも惹きつけるのは、かれのそうした幅広い知識、柔軟な受容力、的確な表現力、そして何よりも、難事に出会っても粘り強く自分を持ちこたえる胆力が、読む者をとらえるからだろう。

神学校校舎新築

また、明治三〇年（一八九七年）九月には、東京駿河台北甲賀町の女子神学校の隣りに、大きな和風の建物が新築された。正教神学校校舎と寄宿舎である。建築資金は、明治二四年、来日したロシア皇太子ニコライ（後のニコライ二世）が寄付した一万円であった。皇太子ニコライは大津事件で負傷したため、東京まで来ることなくロシアへ帰ったが、「日本正教会の教育事業のため」に寄付してくれたのである。

ニコライは、「新しく建った神学校の建物の成聖式を執り行なった。全員に立派な昼食をふるまった」と嬉しそうに日記に書いている（1897. 8. 21/9. 2）。

それに対して、神学校長の瀬沼恪三郎は、新築の神学校が「純日本式の建築」であることを「時代遅れ」だとして、こう書いている。

「西洋風の建築が頻《しき》りに流行している今日、此《こ》の全く日本風の構造を有する学校は、悪く言へば、時代遅れとも謂《い》ふべく、贔屓目《ひいきめ》にも何とも奇怪の感を起させる。

正教神学校へ露国から少年が日本語を学ぶために十数人も入学して居るが、此等《これら》も矢張り皆な日本式の生活をさせてゐる。日本の衣服を着せ、下駄を穿《は》かせ、日本の食事をさせて、少しも日本人と区別させない。総てが斯《こ》う云ふ風である」（瀬沼恪三郎「ニコライ大主教の小伝」）。

実は一年前の明治二九年四月に、神学校は煉瓦造りの洋館に入ったのだが、生徒の間に次々病人が出た。それでニコライは、洋風建築は日本人生徒に合わないようだと考えて、日本人には日本式の建物がよいと和風の建物の新築に踏み切ったのだった（1896. 4. 15/27）。

当時の日本は結核患者が多く、ニコライは絶えず生徒たちの健康に配慮していた。「時代遅れ」の建物と見えたかもしれないが、この和風建築はそうした配慮から建てられたのである。

こうして明治三〇年代初頭までに、図書館、和風の神学校と、正教会には大きな新しい建築物が加わったが、肝心な宣教活動はふるわなくなっていた。原因は明白だった。日本中の「ロシア憎し」の波がいよいよ高まってきていたのである。図書館竣工から六年後、明治三四年（一九〇一年）四月の日記に、ニコライはこう書いている。

明治30年（1897年），東京市神田区駿河台北甲賀町12番地に新棟が建った「正教神学校」の全景

「正教神学校」の隣，北甲賀町13番地に建っていた「女子神学校」

「ことしは布教の成果が少ない。悲しい。一月一日から三月三一日〔西暦〕までの受洗者数は、これまでの数年間のそれと比べると半分どころか、四分の一にまで落ち込んでいる。この悲しい事態が、ヒルのように心に食い入り血を吸ってやまない。

減少の原因は何か。新聞各紙はこの三ヵ月間、ロシアが満洲を勢力下におさめようと狙っているのだと、雨あられのような罵倒をロシアに浴びせている。英語の新聞は毎日うるさいほど、口汚くロシアをののしっている。日本の新聞は、それにならっているのだ。そのため、日本人のロシアに対する憎しみが沸騰してしまった。Inde irae〔そこから怒りは発している〕」(1901. 3. 23/4. 5)。

日本は次第に、ロシアとの戦争へと向かっていった。世界史のその大きな流れの中で、ニコライは苦しみ悩んでいたのである。

第十三章　伝教学校、神学校、女子神学校

1　日本正教会の教育機関

各地の教育施設

ニコライの教会巡回日記からわかるように、全国のどの正教会（教会堂ではなく、信徒集団としての教会）にも、「輪講会」が設けられており、月何回と決めて、担当伝教者の指導による正教の学習、教育が行なわれていた。たとえば白河正教会の「勉強会」などは、「学校」と言っていいくらいの充実ぶりである。また、明治後半には、カトリック、プロテスタントと同じように、各正教会は、信徒のこどもたちを対象とした「日曜学校」を開くようになっていった。

それらの「輪講会」「勉強会」のいわば上に、教会付属の「私立学校」として、函館の教会学校、仙台の教会学校、大阪の伝教学校、東京麴町教会の伝教学校と女学校などがあった。

函館教会の私立小学校「正教学校」は、明治七年（一八七四年）二月に開設で歴史は古い。普通科が置かれて、信徒の子以外に一般児童も入学させていた。「男女の生徒合て七〇余名」であった。

函館教会には、信徒以外の女性の入学も許可する「裁縫女学校」もあった。「裁縫女学校」は、裁縫教授を主とし、他に読み書き算術の一般の学科も少し教えた。生徒三〇名ほどのいわば女塾のよう

な小規模の学校であったが、特色としてはキリスト教の教理、修身、西洋音楽を教えたことである（詳しくは『ニコライ堂の女性たち』「第一章　エレナ酒井ゐい」参照）。

函館の学校と連携して、仙台正教会では、中川つるが裁縫女学校を運営していた（本書第六章「迫害、信徒の増加」参照）。

大阪には、明治一五年（一八八二年）から、司祭アナトリイが「伝教学校」を開設した。しかしこれは、二年後には、東京本会の伝教学校に吸収された。

「東京の最重要地区の一つである麴町」の教会には、新妻敬治司祭が「第二の伝教学校と第二の女学校を開設し、後者にはかなりの数の女生徒と女教師が集まった」（ポズニェーエフ『明治日本とニコライ大主教』）（これについては、本書第十八章第1節参照）。

本章では、そうした多くの学習機関の最上位にあった、日本正教会の最重要教育施設である、東京本会の伝教学校、神学校、女子神学校を紹介する。

東京本会の伝教学校、伝教者

明治一〇年（一八七七年）時点での在日外国人キリスト教宣教師の数は、カトリック四五名、プロテスタント諸派九九名である。明治二九年の統計によれば、プロテスタントの聖公会のイギリス人とアメリカ人の宣教師だけで、一四四名いる（海老沢有道・大内三郎『日本キリスト教史』）。

それに対して正教会は、明治期全体を通じて、最多のときで四名、ロシア人聖歌教師まで含めて五名という少人数である。ニコライ一人だけという期間も相当長い（ポズニェーエフ『明治日本とニコライ大主教』訳注〈29〉参照）。

ところが、第十章「他派宣教師との交友」でも書いたように、正教会は、カトリックの宣教師もプロテスタント諸派の宣教師もおどろくほど、多くの信徒を生み出した。

その成果は、主として日本人伝教者のはたらきによる。沢辺琢磨、酒井篤礼、津田徳之進、高屋仲など、最初期の正教会の教役者（司祭、輔祭その他）は、函館でニコライに出会って信徒となり、ニコライやアナトリイに教理を習った。そして、そのころニコライはまだ主教になっておらず、司祭叙聖権がなかったため、沢辺たちは、別のロシア人主教によって司祭、輔祭に叙聖された。

東京の伝教学校、正教神学校が発足したのは明治九年頃で、それ以降の教役者は神学校と伝教学校で教育を受けた者たちである。神学校卒業生はほとんどがまず伝教者になる。一人の司祭の下に三人、四人の伝教者が配置され、伝教者として経験を積む。

ニコライはロシアで主教に叙聖され司祭叙任権を得て、明治一三年一一月、日本へ帰任した。これから、布教経験を積んだ伝教者たちが、公会で推挙されて、主教ニコライによって司祭に叙聖されるという叙任方式が確立した。神学校を出て、伝教者のキャリアを積み、東京でニコライによって司祭に叙聖された第一号は、明治一四年叙聖のパウェル新妻敬治である（金石仲華『鈴木九八伝』参照）。

日本正教会の布教の最前線で働いたのは、日本人伝教者である。

ニコライ自身、「日本の教会は日本人伝教者たちの事業なのである」とくり返し力説している（『一八七八年の報告書』）。

伝教者は、教会職員（教役者）であるが、聖職者ではない。聖職者位階制《ヒエラルヒー》の外の、平信徒伝道者なのである。布教を志願する平信徒に短期間の神学教育をほどこし、伝教者という職を与えて、聖職者である司祭の管轄下に布教に赴《おもむ》かしめる、そういう平民主義的伝道方式であった。

明治一〇年一一月から「石版刷り」で発行された正教会の機関誌『教会報知』を見ると、各地の最前線に立ったのが日本人伝教者であったことがはっきりわかる。当時ニコライをふくめて三人しかいないロシア人宣教師は教区全体を管轄する仕事で忙殺されて、巡回のとき以外は、函館と東京を動くことは難しかった。

一八八〇年代にロシア正教会の「ペテルブルグ主教区宣教委員会」総会でオルナツキーという司祭が日本正教会について講演した記録が伝えられているが、かれは、日本における宣教のめざましい成果が「カテヒザートル（伝教者）とよばれる日本人説教師たちの組織」によるものであると強調している（オルナツキー『日本におけるロシア正教宣教団と正教会』、一八八九年）。ロシア正教会では聖職者と平信徒は画然と区別されており、このような中間的「説教師」による布教は考えられなかっただろうし、オルナツキーには、それは何か独特な発明のように思われたのではないだろうか。

実はニコライの「伝教者組織」には手本があった。ニコライの知人イリミンスキーは、カザンで、ロシア正教に改宗したタタール人信徒を「誘引者」として使って、ムスリム・タタール人に対する正教宣教を行なっていた（中村健之介監修『宣教師ニコライの全日記』第一巻註解228参照）。ニコライはイリミンスキーの宣教方式からヒントを得て、日本で「伝教者」という教役資格を創設したと思われる。

伝教学校の閉校

明治一〇年代二〇年代は、神学校より伝教学校（「伝道学校」ともいった）の方が、入学者も多く、勢いがあった。当時神学校生徒だった岩沢丙吉は「之に反して（神学校生徒が少なかったのに反して）、伝道学校は隆盛を極め、ニコライ師も専ら伝道学校生徒教授に毎日三時間づつ充てた」と書いている（岩沢丙吉「ニコライ堂史」、『正教時報』昭和一七年一〇月一日）。伝教学校は、長きにわたって、正教布教の中心となる人材を生み出してきたのである。

ところが、明治三〇年代にもなると、伝教者養成の中心であった伝教学校への入学者がいなくなった。

なぜいなくなったのか。

ニコライの日記全体を通読すると、明治三〇年代、日本社会が安定してきたことがわかる。日本に「実際的で唯物論的な」価値観が復活し、世俗化《セキュラリゼーション》が進み、社会全体に安定した職業が急増したのである。それが、正教会の伝教者志望者の激減となって現れた。各地の神父たちに問い合わせても、信徒の間に入学希望者はいないという。明治三二年のニコライの日記に、次のような記事がある。

「〔公会出席のため上京した〕三井〔道郎〕神父に、〈京都の教会から、この九月に東京の伝教学校に入学を希望する者はいるか〉とたずねたところ、〈おりません〉という答えだった。おそらくすべての司祭が同じように答えるだろう。

将軍《ショオグン》の統治が帝《ミカド》の統治に変わり、その変化のために日本社会に階級の崩壊と再編成の動きが起きた。それが続いていた間は、どう生きたらよいのかわからない人間がたくさんいた。伝教学校を満たしていたのは、そういう人たちだった。

いまは、すべてが常態にもどった。階級は再び形成され、確立され、それぞれの階級が自分に合う考えの道を開き、その道を進んでいる。この実際的で唯物論的な国民のなかには、何をしてよいかわからないあぶれ者はいなくなった。理想主義者はいわずもがなだ」（明治三二年・1899. 6. 23/7. 5）。

戊辰戦争、西南戦争から続いた日本の激しいペレストロイカ、あわただしい「普請中」（鷗外のことば）の時期がようやく終わり、「階級は再び形成され、確立され、それぞれの階級が自分に合う考えの道を開」いたというニコライの鳥瞰は、正確である。悲しいことに、「理想主義者」も消えていった。

そして、明治四一年（一九〇八年）、生徒減少と宣教資金の減額のために、ついに伝教学校を閉校とせざるをえなくなった。残った伝教学校生徒は「わずか四人」である（1908. 6. 10/23）。

明治四一年七月七日、伝教学校の最後の卒業式が執り行なわれた。「これからは、神学校から優れた伝教者が生まれますように」(1908. 6. 24/7. 7)。「宣教団が設立されて以来、はじめて伝教学校が開かれないことになった。悲しい」(1908. 8. 23/9. 5)。

神学校の入学者の減少

日本正教会の聖職者養成機関の柱は、正教神学校である。正教神学校のはじまりは、明治五年の「露学校」にあった。そして明治九年(一八七六年)に「露学校」から神学校への改組が行なわれた。それについては、第六章「迫害」ですでに述べた。また、明治一一年段階の正教神学校の授業科目等については、第七章「明治一一年の日本正教会」で紹介した。

明治二〇年代になると、ロシアの神学大学を卒業した日本人神学士たちが帰国し、それまでロシア人宣教師のロシア語による授業だったのが、日本人教師の日本語による授業へと変わっていった。それについても、第十一章「大聖堂竣工」でふれた。

明治四一年、伝教学校が閉鎖されることになったとき、ニコライは「これからは、神学校から優れた伝教者が生まれますように」と、神学校に期待をかけた。

しかし、日本社会の安定化と世俗化進展の波は、もちろん、神学校にも及んでいた。日本の近代化は成功し、経済的豊かさをもたらした。第十一章第2節の「神学校を離れる教師や生徒」で紹介した神学校生徒の退学(明治三三年)も、明治三〇年代の日本の「経済成長」を示す小さな一例である。収入のいい職業がふえたのである。

伝教学校だけではなく、神学校の入学希望者も急減した。明治三〇年八月、ニコライはこう書いている。

「神学校入学希望者の試験を行なった。集まった生徒はわずか一六人。うち四人は試験の成績がきわめて悪い。別の四人は医師によって身体虚弱と診断された〔しかし全員入学〕。この一六人の生徒のうちの何人が、七年間の勉学の海を泳ぎ渡り、向こう岸にたどり着くことができるだろうか。しかも、教会に仕える仕事はそこからはじまるのだというのに。

ああ、なげかわしい！　日本ではだれもかれもが実利主義《マテリアリズム》に深く染まってしまった。教会に仕えるために多くの人が集まり、優れた者たちがそのためにやって来た時代は、どこへいったのだ。あの熱気ある時代をもたらしたのは、実は、神道、儒教、仏教という日本の古い指導的異教の教えだったのではないか。いま日本は、キリスト教の西洋新文明の影響下にあり、鉛の錘《おもり》のように下へ下へと沈んでいっている」（1897. 8. 19/31）。

明治三二年七月の日記には、次のように書いている。

「いまこどもをわれわれの神学校に入れてくるのは、貧しい人たちだ。その人たちは一般の教育機関では自分のこどもを上へやるだけの資産がない。そして神学校入学者の半数は、一般の学校の試験では身体的あるいは精神的に虚弱であるという理由で不合格になった者たちだ。だから、ようやく集まった二〇人のうち、運よく卒業にまでこぎつけるのは、半数（今年度がそうだ）、あるいはせいぜい二人か三人（来年はそうなるだろう）ということになる。

伝教者の職も金稼ぎに変わった。この仕事は月に一〇円から一四円にしかならないので、これに打ち込もうとする者は少ない。

だからといって、日本人が悪いと不平を言うべきだろうか。否だ。かれらは異教徒なのだ。あるいは異教を棄てたばかりの人たちなのだ。もしかれらが、われわれが望むような申し分のない、高潔で私心のない人間であれば、われわれ自身より優れているということであり、われわれ宣教師はここにいる必要はない。だから、心を安んじ、気持ちをおだやかにせよ。神はすべてをよくしてくださる」（1899. 6. 23/7. 5）。

2 女子教育

女子神学校同窓会

では、正教会のもう一つの学校、「女学校（女子神学校）」はどうであったか。

明治一七年（一八八四年）の「有志義会」事件のとき、沢辺琢磨の率いる有志義会派は、七月の公会で、女子神学校を廃校にせよと主張した。それに対してニコライは、「女学校を廃すべしというが如きは、全く野蛮人の吐くべきことにて、決して採用すべき事柄にあらざるなり」と強く廃止説を否定した。当時すでに、女子神学校はすでに日本正教会の「華」だったのである。

明治二四年の大聖堂竣工あたりから、伝教学校、神学校の衰退とは反対に、女子神学校は、隆盛期を迎える。そしてその勢いは、明治四五年のニコライの永眠まで長く維持された。明治二五年（一八九二年）一一月、女子神学校の教師たちの執筆編集による婦学雑誌『裏錦』が発刊されるが、その雑誌の内容の充実ぶりは、英字新聞「ジャパン・デイリー・メール」も称賛するほどだった。女子神学校という正教会の「華」は、大きくなっていったのである。

明治二九年（一八九六年）、女子神学校は創立二〇年を迎え、舎監菅野秀子の古希の祝いを兼ねて、同窓会を立ち上げた。発起人は、ワルワラ岡村政子、エレナ山田郁子など七名である。祝賀会の予告に次のようにある。

「本同窓会は、来たる四月救主《きゅうしゅ》復活祭の後、光明《こうめい》一週日内〔復活祭後の光明週間〕、桜花爛漫の佳期において、総長閣下〔ニコライ〕、校長佐藤〔秀六〕師父および舎監菅野〔秀子〕尊姉を招待して、東都駿河台女子神学校内に、盛大なる賀筵《がえん》をひらかんとす」。

その第一回同窓会の「盛大なる賀筵」は四月九日に開かれた。

「きょう、女学校は創立二〇周年と舎監アンナ菅野七〇歳のお祝いの会を開いた。九時半、女学校の在校生全員と二〇年間の卒業生のうちの近くに住んでいて参加可能な者たちが大聖堂に集った。わたしとパウェル佐藤〔秀六〕神父は、ステファン釘宮〔剛〕輔祭と従者とともに、感謝祈禱を捧げた。聖歌は、生徒は加わらず女教師たちと卒業生の中の歌の上手な者たちが歌った。感謝祈禱の終わりにわたしはこのお祝いにふさわしい挨拶をし、最後に、金と銀の飾り枠のついた生神女のイコンをかかげてアンナ菅野を祝福した。

大聖堂を出て女学校へ行くと、門のところで、女教師たちが聖歌〈神の使ひ、恩寵を満ち被《こうむ》る者〔マリヤ〕に呼びて言へり〉を歌って迎えてくれた。

その歌声を聞きながら、学校の講堂の指定された場所へ向かった。

わたし、パウェル神父、アンナの三人は机の前の椅子に並んで座った。講堂は生徒たちでいっぱいで、来賓は両方の壁ぎわにまでになった」(1896. 3. 28/4. 9)。

この後刊行された、高橋五子《いね》編『鏡花録《きょうかろく》──女子神学校同窓会兼祝寿筵記事』〔明治二九年〕には、同窓会幹事たちの、いずれ劣らぬ見事な祝賀の文章が寄せられている。北条衣子の「祝文」は、明治の日本女性の和文とはこういうものかと、その手本を見せられるようなのびやかな擬古文である。女子神学校の和漢の教養の厚みが実感される。

高橋五子

右の祝賀の文集『鏡花録』を編んだナデジダ高橋五子は、このとき二九歳。彼女は「正教女子神学校第一の人」と称せられていた人である。

『鏡花録』に収められている高橋五子の「奉寿女子神学校舎監菅野尊師七十序」は、全文漢文である。この「奉寿」の漢文を私は正確には読めないが、意味は八、九割とれる。

高橋五子が漢学者中井木菟麿《つくまろ》の愛弟子であったことの証明のような、かたちの整った顕彰の文である。高橋五子の漢学の実力は、中島六郎をはじめとする正教会の男性たちが圧迫を感じたほどであった（中井木菟麿編『洛汭《らくぜい》女史追悼録』参照）。彼女は書《しょ》においても一家を成した実力の持ち主であった（『ニコライ堂の女性たち』三八九ページに五子の書の写真が載っている）。

しかし私は、本当を言えば、そのことをうれしくは感じない。五子の師中井木菟麿は、人柄はまことによくて、こどもみたいに素直で正直である。しかしかれは、幼少期から、当時すでに時代遅れとなっていた漢学をたたき込まれてそれだけが自慢の「漢学オタク」であり、没落した懐徳堂中井家の誇りを胸に懐徳堂再興の夢を見てきた一種の妄想家である。

高橋イネの父門次郎は旧福島藩士であった。明治初年、一家で正教に入信した。イネは一四歳のとき、「聖歌を学びたい」一心で福島から徒歩で上京して本会に入った（『ニコライ堂の女性たち』「第六章　ナデジダ高橋五子」参照）。そのとき中井木菟麿は、正教会本会においてすでに「大先生」であった。「漢学オタク」が、純真かつ有能な高橋イネにとって権威ある師となってしまったのである。「イネ」はいけない、「五子《いね》」とせよと言ったのも木菟麿である。かれは、漢学（儒学）こそが学問であるという観念をイネに注入し、イネは儒教道徳で縛られてしまったと言っても過言ではない。

漢学や書道も一流ではあったが、イネが最も豊かに与えられていた才能は、従弟山田耕筰と同じく、明らかに音楽の才能であった。聖歌隊指揮者《レーゲント》としても、イネは「正教会第一の人」であった。中村悦子は「ロシア語を学び、ケーベルからピアノを習ってその並々ならぬ才能を認められた五子を、もしもニコライが音楽を学ぶためにロシアへ留学させていたら、どんなにすばらしかっただろう」と書いている（『ニコライ堂の女性たち』「第六章　ナデジダ高橋五子」）。高橋五子の論文「正教音楽に就きて」を読むと、ロシアで音楽を学ぶことこそ、彼女が心の奥で願っていたことではなかったかと思われてくる。「惜しい」という悲しいことばは、高橋イネにこそ使われるべきである。

東京女子神学校の隆盛

右に書いたように、明治三〇年代、伝教学校閉校、神学校衰退の時期に、女子神学校だけは年ごとに「異教徒」の入学希望者が増え、隆盛へ向かった。ニコライは、正教会の男子教育機関は聖職者養成の「専門学校」である神学校のみでよしとし、世俗の職業にも対応できる男子一般学校を開設しようとはしなかった。そして聖職者の妻〔マートゥシカ〕を養成する「花嫁学校」のつもりで、付属教育機関として女子神学校を開設したのだった。ところが、その女子神学校に、教師にも生徒にも優秀な人材が集まり、それが神学校以上に教会の外にも知られて、ニコライの意図とは違って「キリスト教系女子一般学校」として隆盛へ向かったのである。

ニコライの日記には、女学校入学希望者の増加や卒業生の優秀さのことが、くり返し書かれている。

「女学校〔東京の女子神学校〕の入学希望者が多い。もうこれ以上受け入れる余裕がない。きょう、アンナ〔菅野秀子。女学校舎監〕を呼び、今回受け入れられなかった希望者の人数を数えた。そして、余席が生じた場合に、その都度、受け入れると当人たちに通知することにした。入学希望者のなかには授業料自己負担の異教徒の娘たちもいる。裕福な家の娘たちだろう。われわれの女学校はますます世間の尊敬を受けるようになっているようだ」（1896. 6. 15/27）。

「われわれの女学校の入学希望者がますます増えてきている。二〇人以上の出願があったが、満杯のため希望に応えてやることができない」（1897. 4. 11/23）。

「男子の学校〔神学校、伝教学校〕では生徒数が減って困っているのに、女学校では逆に多すぎて困っている。入学希望者が次から次とやってくる。しかし八〇人以上は受け入れられない。

教役者の娘は全額教会負担で受け入れている。それ以外の者は授業料を払う。授業料は全額の場合は五円、半額の場合は二円五〇銭。もし非常に困窮している者がぜひ入学したいと願い出れば、それ以下にする」（1899. 6. 16/28）。

「どれほどの数の卒業生が教師になっていることか。われわれの女学校の卒業生はどこへ行っても歓迎されるし、どこでも優秀とみなされている。

女学校の門戸をもっと広く開け放つことができるなら、もちろんその方がいいにきまっている。きょうも一人信徒が来て、熱心な信徒が亡くなって、孤児となったその娘を女学校に入れてもらえないかという頼みだった。しかし学校が小さいので、どうしようもない。

いまや、もうこれ以上は絶対無理というすし詰め状態なのだ。それなのに、約二五人の入学候補者たちが順番を待っている。

校舎をもっと大きくできないか。ところが土地がない。土地を買い足そうか。金がないし、近くに適当な場所もない。遠い所では都合がわるい。

もし神学校の入学希望者がこれほどあるというのなら、こんな障害はすべて乗り越えることができる。ところがそうはいかない！　男の子となると、信徒たちは金を稼いでくる職業に就かせようとして、世俗の学校へやる。神学校にまわってくるのはごく少数で、それも貧しいか病弱かだ」(1900. 11. 24/12. 7)。

東京の女子神学校の拡張は無理だったが、京都に「分校」が設立されることになった。明治三三年（一九〇〇年）、ニコライは京都に布教拠点をつくるべく、「京都市中京区柳馬場《やなぎのばんば》」に、六五〇〇円で土地を購入した。

そして翌年、そこに、教会堂よりも前に、まず女学校を開設するという大任を帯びて、高橋五子が京都へ赴任した。五子の奮闘のおかげで、明治三五年、「京都正教女学校」は開校した。京都正教女学校は、小規模だっただけになお舎監高橋イネの薫陶は隅々にまでゆきわたり、その家族的な教育は充実したものになり、「異教徒」の入学希望者も徐々に増えていった。

翌年五月には、女学校に隣接して生神女福音聖堂が竣工し、成聖式が執り行なわれた。

東京女子神学校の教員と教育

明治の日本正教会は毎年七月の公会で教役者の人事異動を決定し、その年の一〇月あるいは翌年初めに『日本正教会教役者住所姓名録』を発行していた。

明治三三年（一九〇〇年）一〇月発行の『日本正教会国内教役者宿所氏名録』には、「司祭・輔祭・伝教者」合わせて一五九名、「学校諸教員」（聖歌教師も含む）二〇名、「翻訳及び記者」（事務所書記二名を含む）一四名、「堂長（大聖堂管理者）」二名その他の氏名と住所が記載されている。「正教神学校及び伝教学校の職員」はイオアン瀬沼恪三郎、アルセニイ岩沢丙吉など六名である。

「女教役者」の「教職」の欄には、エリザヴェタ児玉菊子、エフィミヤ伊東祐子、ナデジダ高橋五子《い》、テクサ酒井澄子、マリヤ白極《はくごく》良子《りょうこ》、ワルワラ中井終子《しゅうこ》という女子神学校の中心メンバーが名を連《つら》ねている。彼女たちは全員独身であり、その住所は、「神田区小川町五十七番地」に母春《しゅん》、兄木莵《つく》麿《まろ》と共に住む中井終子以外は、全員が「神田区北甲賀町十三番地　女子神学校内」に居住した。女子神学校はまさに「大家族」だったのである。

さらに、神学校にも女子神学校にも、開校初期から、それぞれに非信徒の校医がいた（1908. 2. 7/20）。

明治九年の創立以来、アンナ菅野秀子が女子神学校舎監（実質は校長）を務めてきたが、明治三二年（一八九九年）四月一六日、菅野が亡くなって、児玉が二代目校長に就任したのである。その日の日記にニコライはこう書いている。

「きょう午後三時、アンナ（菅野秀子）は永遠の眠りについた。

主よ、アンナを救いたまえ！　彼女は神の慈愛を受ける資格がある。二〇年以上もの間女学校のためにつくし、実の母親のように生徒たちを愛し、その面倒をみてきた。アンナは、開校されたばかりの女学校を引き受け、持ち前の賢い運営方法によって女学校を現在のこの素晴らしい状態にまで導いた」(1899. 4. 4/16)。

アンナ菅野の葬儀を終えた、二日後(明治三二年四月一八日)の日記には、「エリサヴェタ児玉が、空席になった女学校長の席につく。舎監は、エリサヴェタに代って、ナデジダ高橋がなる」、「この人たちは信頼できる」と書かれている(1899. 4. 6/18)。任せておけるという信頼関係があったのである。

聖画師山下りんは、正規には女子神学校教員ではなかったが、女教師たちの仲間で、住まいも同じ北甲賀町の女子神学校内であったので、名簿に並べて記載されていた。山下は女教師たちと一緒に暮らして、旅行なども一緒だった。また山下は、京都へ移った高橋五子とは親友だった。

山下りんについて書き加えておかねばならないのは、彼女は「画家」になろうという強靭な意志を持ち続けていたことである。正教会の聖像画師となってからも、初願をつらぬこうとして、明治二七年(一八八四年)一〇月、「絵の勉強をせねばなりません」とニコライに言って、教会を出た(1884. 10. 1/13)。しかし、一年も経たずに教会へもどらざるをえなかった。画業で生活することが、女性が自分の志を実現することが、困難だったからである(『ニコライ堂の女性たち』「第二章　イリナ山下りん」参照)。

正教会の女学校は、なぜ栄えたのか

この時代、女性たちが経営資金を保障された上で、自分たちで方針を決めて教育事業を実行できる場は、きわめて少なかった。ところがニコライは、責任感ある数人の有能な女性たちに学校という活動の場とその自主的運営権を与え、それを経済面でも人事面でも守ったのである。女性教師たちは意欲と喜びに燃えて、学校を自分たちの共同の家のように切り盛りし、自主的に教育に打ち込んだ。それが、正教会の女学校の隆盛の本当の理由である。

その教育内容と水準は、明治三五年(一九〇二年)、女子神学校を視察したイギリスの有名な教育家

エリザベス・ヒューズが感嘆するほどの充実と高さだった。感心したヒューズ女史は、自分が招かれて来日した女子高等師範学校（お茶の水女子大学の前身）へ、女子神学校の女教師たちを招待し、イギリスの女学校と女子神学校の手芸や絵の作品交換まで提案したのである（1902. 6. 13/26, 1902. 6. 23/7. 6）。女子神学校の教師たちは、和漢の文章の読み書きを軸としたカリキュラムを作り、教師も生徒もともに短歌を詠む練習をし、雑誌『裏錦』に載せた。外国語科目はなかったが（ロシア語の授業もなかった）、一般の学校と同じく世界史、世界地理も取り入れた。特色は、「聖歴史」「神学初歩」を必修科目として加えて、宗教的感情と宗教的教養を育てたことである。そして、東京の女子神学校の聖歌隊は、おそらく当時日本一の技量であった。

ニコライの日記には、女子神学校の卒業証書について、こんな誇らしげな記事もある。

「女子神学校長のエリサヴェタ児玉（菊子）が、これからの卒業証書の様式を従来の〈宗教学校の課程を修了〉ではなく履修科目が明記された様式に変えたい、その許可をいただきたいと言ってきた。もちろんそうするがいい。

〈どのような科目を学んだかによって、卒業生の扱われ方が全く違ってきます〉という。ある卒業生は、最初はただのお人好しのように見られていたが、彼女が何を学んできたかわかると、周りの人の態度が一変したという。

麴町教会の伝教者フォマ尾上《おのえ》（喜納）が、鹿児島から東京見物に来た自分の叔母（異教徒）を連れてきた。その叔母さんの話では、四年前にわれわれの女学校を卒業したリュボフィ伊地知（徳子。嫁して葛西）が、現在鹿児島の女学校で教師をしているという。あの年の卒業生の中で一番成績の悪かったリュボフィまでが教師になっているとは、おどろいた。

われわれの女学校では、理科は化学、生理学まで教えており、手芸は裁縫、編み物、刺繡を教えて

落成間もないころの「京都生神女《しょうしんじょ》福音聖堂」
左側奥に京都正教女学校とその寄宿舎，右側奥に司祭館があった。

いる。そのレベルは非常に高い（宝座や奉献台のための掛け布にこれほど見事な金糸の刺繍をする学校が、どこにあるか）。家庭科は家計簿記と料理を教えている。つまり日本の女学校で教えられるすべての科目だ。それに琴の練習もある。

さらに、これらの科目の他に、広範囲の神学関係の科目がある。旧約および新約の聖歴史、詳細な教理問答、聖書釈義、教会史、道徳神学、教義《ドグマチカ》が、順序立てて教えられている。こういった科目は異教の女学校では影もかたちもない。神学関係の科目は、知性を発達させ豊かにすると同時に、しっかりした品性の基《もと》をつくる」（1899. 6. 22/7. 4）。

聖歌教育は、教会の必要からも熱心に行われた。上野の音楽学校生徒たちが舌をまく実力で、毎年降誕祭にはたくさんの宣教師たちが女子神学校詠隊（聖歌隊）の聖歌を聴きにきた。裁縫、刺繍は特に熱心で、明治三〇年からは琴も教えた。

生徒は五、六歳から一七、八歳までの、多いときで七〇人である。それは一つの「家族」であり、「親」である教師たちが優れていたから、愛情のこもった躾《しつけ》が可能だった。道徳は儒教・キリスト教混合であった。

女子神学校卒業後、医学校に入り女医となった者たちもいた（1911. 4. 24/5. 7）。

高橋五子が開設し舎監として運営していた京都正教女学校も、東京の女子神学校に劣らずレベルの高い、「和風」女子教育を実現していた。京都正教女学校では、全生徒にロシア語も教えていた。図画の教師は、京都画壇でも有名な富田渓仙であった。生徒たちも優秀だった。

京都正教女学校の閉校

しかし、京都正教女学校は、ニコライ永眠六年後の大正七年（一九一八年）、二代目宣教団長セルギイ（チホミーロフ）の命令によって、廃校となった。一七年の歴史であった。その廃校の問題については、『ニコライ堂の女性たち』「第六章　ナデジダ高橋五子」を見られたい。

第十四章　『新約聖書』の翻訳

1　ニコライの翻訳事業

ロシア正教は儀礼宗教

ロシア正教は「宗教改革」を経験しなかった宗教である。東方正教会全体がそうなのだが、その一つであるロシア正教会でも、信徒は、プロテスタントのように教会で自分の信仰を告白したり、自分の聖書解釈を語ったりすることはない。聖職者個人が自由に聖書解釈するということも、認められていない。

「奉神礼（богослужение）」と総称される、定められた儀礼がまずあり、それは聖職者によって執り行なわれる。信徒はその奉神礼に参加したり、教会暦に定められた祭日を守り、お祝いをしたりする、そういう宗教である。

ロシア正教は、世界の多くの宗教と同じく共同習俗に近い宗教である。教会は教会暦を通して、また冠婚葬祭において、人びとの生活にとけこんでいる。

一九世紀後半のペテルブルグに住みロシア人を観察したイギリス人Ｄ・ワレスは、こう書いている。

「ロシアの民衆がある意味で宗教的だということは、認めなければならない。かれらは日曜日やその他の祭日にはきまって教会へ行くし、教会やイコン〔イコンは、個人宅にも仕事場にも駅や街路にもかざられていた〕の前を通るときは必ず十字を切るし、定められた時期に領聖〔聖体拝領〕をするし、水曜と金曜だけでなく〔水・金曜は「精進」の日。肉、卵の類は食べてはならない〕、大斎〔四旬節〕その他長い斎《ものいみ》の期間にも、肉をつかった料理は厳格に断つし、ときどきは聖なる僧院へ巡礼の旅にも出かける〔ドストエフスキーも幼年時、母に連れられて修道院参りをしていた〕。ひとことで言えば、自分たちの救いに必要だと思っている定められた儀礼は、ロシア人はきちょうめんに守っている。

しかしかれらの宗教心は、それでおしまいである。かれらは一般に、教理については全く何も知らないし、聖書についても、ほとんど知らないか、全く何も知らないかである」〔D・トレッドゴールドの論文「農民と宗教」参照〕。

私たちはロシア帝国の国教であるキリスト教を「ロシア正教」と言い、欧米人は「オーソドックス〔"Orthodox"〕」と呼ぶが、ロシア人は、自分たちのキリスト教を「プラヴォスラヴィエ〔«Православие», "pravoslavie"〕」と呼ぶ。「プラヴォ」は「正しい」、「スラヴィエ」は「うやうやしい讃美」という意味である。典礼に従って、「正しく、うやうやしく」神に讃美の儀式を捧げるのが、ロシア正教という宗教である。

元日本正教会の司祭高橋保行は「奉神礼が、新約聖書の書かれる前からあり、新約聖書の下地にもなっていることはあまり知られていない」と書いている〔高橋保行『ギリシャ正教』〕。「下地」ということばの意味ははっきりしないが、「書かれる〔編まれる〕前からあり」というのは、そのとおりである。しかも、新約聖書が編まれた後でも、羊皮紙は高価だったから、どこの教会でも聖書を用意しておくというわけにはいかなかったのである〔中村健之介「北海道へ来たロシアの宗教」参照〕。

新約聖書翻訳の試み

ニコライは、来日七年目、明治元年（一八六八年）に、函館からペテルブルグのイシドル府主教宛に手紙（「日本もまた稔りは多い――箱館のロシア人からの手紙」）で、聖書翻訳について、「日本語の文章語読解ができるようになるや、直ちに新約聖書を日本語に翻訳する仕事にとりかかりました」と書いている。

ニコライが司祭として働き始めた函館のロシア領事館付属教会では、礼拝参加者はロシア人だけだったから、新約聖書の日本語翻訳は必要なかった。そして、日本人にロシア正教を弘めるようになっても、実際には新約聖書は要らなかった。奉神礼用の祈禱書の日本語翻訳や漢訳の教理書があれば、それで十分だったのである。だからニコライは、奉神礼用聖典の翻訳を行なうのが急務だった。それなのに、まず新約聖書の日本語翻訳にとりかかったのは、幕末の日本人がだれもかれも「西洋追随熱」にとりつかれて、西洋人が聖典としているという新約聖書を読みたがったので、ニコライはその要望に応えようとして、「新約聖書を日本語に翻訳する仕事」に取りかかったのである（ニコライ著・中村健之介訳『ニコライの見た幕末日本』参照）。

右のイシドル宛の手紙でニコライは、「わたしは〔新約聖書を〕漢文から訳しました」と書いている。漢訳新約聖書がすでにあったのである。それを、まず旧仙台藩士の儒学者真山《まやま》温治が「日本語に翻訳」した。その訳は、漢字の横に「訓《よ》みが付され」、カタカナで、用言《ようげん》の語尾が付される、漢文読み下し文である。

同じ手紙でニコライは、「わたしの仕事は、もう一人の学問のある日本人〔旧仙台藩士小野荘五郎〕とともに、右の翻訳を点検し、訳を直すことでした」と書いている。そういう風にしてニコライは、幕末明治最初期の日本人の「西洋追随熱」に対処したのである（本書第五章「函館帰任」参照）。

ところが、翻訳作業が進むにつれ、元のテキストである漢訳聖書が「信用できないものであることがわかったのです」と、ニコライはイシドル宛のその手紙に書いている。そこでかれは、二つの新しい漢訳新約聖書を取り寄せ、さらにそれを「教会スラヴ語訳とロシア語訳との両方のテキスト」と綿密に比べてみた。すると、ロシア語訳には多くの誤りがあるのがわかった。それで、カトリック教会のラテン語訳聖書（ウルガータ）と、英語訳聖書、さらにギリシャ語新約聖書も取り寄せた。

ニコライが取り寄せたギリシャ語新約聖書がどの版であったかは、わからない。ウェスコット版の刊行は明治一四年（一八八一年）、ネストレ版は明治三一年（一八九八年）であるから、前者であったかもしれない。

ニコライが、「教会スラヴ語訳とロシア語訳との両方のテキストを綿密に比べてみた」という言っていることには、説明が必要である。

一九世紀初頭、ロシア正教会では、奉神礼で用いられる聖書は「教会スラヴ語訳」であるべきことが、公式に定められた。「教会スラヴ語」はロシア語の古語で、一九世紀当時以降の近代ロシア語とは非常に違う。そういう古語がロシア正教会の「正典（カノン）」とされたのである。つまり、教会で読み上げられる聖書のことばは、いわば「お経」であって、ロシアの一般庶民には理解できないものだったのである。そしてソ連時代も、現在のロシアでも、ロシア正教会はその一九世紀の決定を守っている。

「わからない教会スラヴ語も、教会でくり返し聞いていれば、わかるようになってくる」などと、とんでもないことを言う人がいるが、ことばを解さないのであれば、百遍読んでも聞いても、わかるはずがない。

理解できなくてもよいのだ。与えられるものをありがたがっていればよいのだ。理解できることばにしたら、信徒たちは宗教を理解しはじめる。かれらが行き着くその先は見えている。プロテスタントの行き着く先と同じだ。ブルトマンの「非神話化」だ。そうなったら、宗教から神秘は消え、宗教ではなくなる。だから、信徒が理解できない教会スラヴ語で、神がまします「かのやうに」演ずることこそ必要なのだ。――そう言う人もいるかもしれないが、それは、一九世紀後半のロシアの宗務院総監ポベドノースツェフの思想であり、ポベドノースツェフから「執筆指導」を受けたドストエフスキーの『カラマーゾフの兄弟』の「大審問官」の論理である。

権力の中枢にあったポベドノースツェフは、まじめな秩序尊重主義者であり、「ロシアにはロシアなりの秩序がなければならない」と考えていた。第八章「第二回ロシア一時帰国」に書いたように、国民は国家と教会によりかかり、国家と教会が国民を護り、包んでやらなければ、ロシアには現実の秩序はないという考えである。

この「由らしむべし、知らしむべからず」という考えからすれば、教会が民衆には理解できない教会スラヴ語を使うことは、「正しい」のであり、ロシアの秩序維持に適《かな》っていたのである。

しかしロシアでは、一九世紀の後半になって、信徒が理解できない「正典」聖書だけではさすがに困ることになって、教会スラヴ語訳聖書の意味を知るための、その一種の翻訳として、政府と宗務院によって、「ロシア語聖書」（『一八七六年ロシア語聖書』）が作られた。ところが、ニコライも書いているように、この「ロシア語聖書」には誤訳が多かった。明治三四年六月に刊行された日本正教会・ニコライ訳の『我主イイススハリストスノ新約』では、それらの誤訳個所は訂正されて日本語に訳されたのである。

このように、ニコライの新約聖書翻訳作業は、漢訳聖書を基本テキストとして、さまざまな翻訳およびギリシャ語原典を副テキストとして参照しながら行なわれたのである。

このように、函館のニコライは、すでにあった漢訳聖書を活用して、日本人漢学者の協力を得て、聖書の日本語翻訳を開始した。

漢文という共通語

明治二年（一八六九年）から明治四年にかけてのニコライの第一回目のロシア帰国中、函館に集まっていた旧仙台藩士たちも、ニコライの函館帰任を待ちながら、漢文のキリスト教入門書によって、キリスト教（ロシア正教）をグループ学習していた。その入門書とは、グゥリイ・カルポフ編訳の漢文の教理書『東教宗鑑』（北京、一八六三年刊）である。中国文化圏内に、漢訳聖書だけでなく、漢文のロシア正教入門書がすでにあったのである。

忘れられがちなことだが、日本人にとって「西洋」（当時の日本人にとってはロシアも西洋だった）の新しい思想の扉を開く最初の鍵は、英語ではなく、漢文であった。武士は漢学の素養があった。日本人は「漢文」という鍵によって中国文化圏へ出入りすることができた。そして中国文化圏で、漢文に文献化されていた「西洋」に深く入ることができたのである。

私たちは、たとえば久米邦武が明治四年に米欧を見学視察した旅行報告記『米欧回覧実記』（明治一一年刊）を読むとき、西洋の技術についての久米の理解力に驚嘆しないではいられない。

お雇い外国人もまだいなかった時代に、西洋の科学知識の蓄えもほとんどなかったのに、『米欧回覧実記』の科学技術用語の漢字表記は、実に豊かであり、技術の説明は詳細を極める。「こんな専門用語が当時の日本によくもあったものだ」と、妙な感心の仕方をしてしまうほどである。「硝酸」「酢酸塩」「亜細児加里（アルカリ）液」などの漢字の化学用語が、すでに慣れたことばのように使われている。『米欧回覧実記』の「漫識特《メンチェストル》（マンチェスター）」の「玻瓈（ガラス）の製造場」の項を開けば、「曹達（ソーダ）」「砒石（アルセニック）」「硅土（シリケット）」「硅酸石灰（ケイサンカルキ）」等々の用語を駆使して、ガラスがいかなる材料からいかなる工程を経て製造されるかが、実に精確に記述されている。仮に英語の解説書があったとしても、実際にガラスを作った経験のない者が、ガラスの製造工程をこれほど精確に理解し、それをこのように具体的に説明することは、神業《かみわざ》に近い。染色技術にしても、西洋の技術を実によく理解して書いている。英語の複雑な技術書を読んで理解したのだろうか、と不思議な感じがしてくる。

高田誠二著『維新の科学精神』には、『米欧回覧実記』のその科学用語の漢字表記の「不思議」の解き明かしがなされている。高田の研究によれば、久米は、米欧回覧から日本へ帰り着く直前、上海で、そこの兵器廠《しょう》の翻訳局が翻訳出版した化学書を「仕入れて」きた。「生物系以外の理工学主要科目の洋書が、軍需機関の傘下でつぎつぎと漢文に訳されていたのだ。この種の書は、明治維新直前に上海へ渡航した一部の日本人識者（高杉晋作など）には知られていた」。かれらは「この手の本をむさぼり読んで西欧知識の吸収に励んだ」のである（高田誠二『維新の科学精神』）。

武田雅哉も論文「大英博物館を見たふたつの東洋」で、同じ問題に光をあてている。「江南機器製造総局の翻訳館で訳された欧米の科学啓蒙書は、そのまま日本でも翻刻され、わが国の科学啓蒙に寄与していた」というのである（武田雅哉「大英博物館を見たふたつの東洋」。田中彰・高田誠二編著『《米欧回覧実記》の学際的研究』所収）。

中国（清国）は中華思想という自尊の国であるから、外国に学ぶことには元来消極的なのだが、アヘン戦争（一八四〇年～四二年）でイギリスに敗れた結果、「科学技術は西洋に学ばねばならない」という認識が生まれて、西洋の技術書をさかんに中国語に翻訳し、天津でも大量に出版したのである。それを江戸末期の日本の知識人は読んでいた。『米欧回覧実記』の西洋の地名の表記にしても、みな中国で使われていた地名表記を借用している。

宗教についても中国は、中華思想という誇りと自信があったおかげで、排外的にならず、清朝時代でも外来宗教に対して寛大であったから、キリスト教の宣教師はどんどん中国に入っていくことができた。やがて宣教師たちが孔子を批判するようになると、西洋帝国主義への反発と重なって、反キリスト教運動が発生し、それが一九〇〇年の義和団事件へと進むわけだが、それまでは中国は外来宗教に対して寛容だった。当然、漢訳聖書もたくさん出版された。函館で仙台藩士たちが「教科書」として用いた、グゥリイ・カルポフ編訳のロシア正教の漢文の教理集『東教宗鑑』も、その流れにある。『清国正教宣教団小史』（ロシア語。編著者名なし。一九一六年刊）の最後には、北京正教宣教団が発行した三六点のさまざまなロシア語書籍の題名が挙げられている。そしてそれに続けて、「北京東正教堂印字房鉛印」の正教関係中国語書籍の題名が、合計九〇点列挙されている。

　これらの正教関係中国語書籍題名で使われている多くの「漢字」は、日本正教会でもそのまま使われた。たとえば「晩堂課」「聖詠経」「日誦経文」「時課経」「教理問答」「八調」「行実」「領洗」「進堂」などである。また、そこで使われている「新約」「旧約」「聖母」「主日」「創世記」「民数記」「申命記」などの語は、日本正教会だけでなく、プロテスタントでも使われるようになっていった。

「聖母」だけは、日本正教会では、「聖母」と言わないで、ギリシャ語の「テオトコス（神を生む女）」を直訳して「生神女《しょうしんじょ》」としている（「生神女」も中国語書籍の中で用いられていたのか、ニコライの翻訳協力者中井木菟麿が造り出した訳語なのかは、未確認である）。

　ニコライは、函館で日本の武士知識人たちに漢文の正教入門書を取り寄せて与えた。かれらは漢文が読めたからである。『日本正教伝道誌』には、津田徳之進、佐藤秀六など旧仙台藩士たちの多くは、藩校である養賢堂に学び、漢学の知識が豊かだったことが書かれている。だから日本人は漢文のおかげで正教の教養を学ぶことができたのである。

　高杉晋作にとっても久米邦武にとっても、旧仙台藩士の正教徒にとっても、漢文は日本語でありながらいわば東洋のラテン語だった。かれらは東アジア文化圏の知識の宝庫を開く鍵をもっていた。多くの日本人は最初、英語ではなく、漢文という「日本語の文章語」によって、西洋の科学知識や宗教を吸収していったのである。かれらは、「和魂漢才」であった。いまも私たちは、「飯店」「公司」などという漢字を見れば、中国料理店、会社だと理解する。発音は彼我《ひが》まったく異なっているのに、意味は通じるという漢字のありがたさである。

旧仙台藩士たちが教科書とした漢文の『東教宗鑑』は、明治五年（一八七二年）、今田直胤《なおたね》によって和訳され、『教理問答』と題して刊行された。明治一〇年からは『教之鑑《おしえのかがみ》』と改題され、正教会の教理入門書として長く用いられた。

なお、漢文を通してのキリスト教吸収は、正教に近づいた旧仙台藩士たちに限ったことではない。プロテスタントにも見られたことである。平田篤胤の神道を自分の教養とする松山高吉《たかよし》、儒教を精神的バックボーンとする松村介石など、数え上げればまだ多くいるだろう。しかしその後、プロテスタントは急速に英語を学び、「欧化」に同調していった。そこが正教徒との分かれ道だった（中村健之介・悦子『ニコライ堂の女性たち』「まえがき」参照）。

奉神礼用諸書の翻訳

府主教イシドル宛の手紙でニコライは、「直ちに新約聖書を日本語に翻訳する仕事にとりかかりました」と書いた。漢訳聖書を使って、まず新約聖書の日本語への翻訳の取り組んだのだった。しかしかれは、その翻訳を続けなかった。この後、その仕事は、長く放置されたままになった。直《す》ぐ完成する必要がなかったからである。

同じイシドル宛の手紙でニコライは、「漢文から、ロストフの聖ディミトリイの『正教信仰』、求道者のための問答書、旧約聖書略史、朝晩祈禱書を日本語に訳しました。教会スラヴ語から、異教徒の入信式と洗礼式を訳しました」と書いている。「朝晩祈禱書」とは、今日使用されている「奉事経」

の前身である。
これら諸書の翻訳は完成した。すなわち、ニコライの翻訳作業においては、聖人の伝承、儀礼用の書物の翻訳の完成が、新約聖書の翻訳より優先されたのである。初期には、「按手式」でさえ、儀礼用の書物の日本語訳がまだなかったので、「教会スラヴ語のまま音読」していた、と日記にある（1902. 7. 10/23）。だから、そういう重要な祈禱文を、まず日本語にする必要があったのである。
ニコライの聖典翻訳作業全体の特徴は、ここにある。信徒が一人で読むための翻訳は、不急である。聖職者が聖堂において祈禱のことばを唱え、厳粛に儀礼を執り行なうことが最も重要だった。そのための翻訳が必要だった。新約聖書は、信徒が黙読するものではなく、教会の祈禱の中で朗誦されるのを聞くものだった。
ニコライの訳した明治時代の正教会の奉神礼用諸書の翻訳出版には、次のようなものがある。
明治四年頃『天主経』（石版印刷、函館）
明治四年『日誦経文』（右に同じ。明治一六年に第五版発行）
明治一七年『時課経』
明治一七年『八調経略』
明治一八年『聖詠経』
明治二七年『奉事経』
明治二八年『聖事経』
ニコライは、明治三四年六月に、中井木菟麿を助手として翻訳した全新約聖書を刊行したが、その後も、次のような奉神礼用の書物を訳して刊行している。
明治三六年『五旬経略』

明治三七年『三歌斉経』
明治四二年『八調経』
明治四三年『祭日経』
（主代郁夫編「明治期日本正教会出版物目録」、尾田泰彦「明治期正教関係図書目録」、その他 参照）

これで教会の奉事を執り行なうときの式文・祈禱書の日本語訳書が一応完備したのである。新約聖書の翻訳は、それら儀礼の諸書の後でよかったのである。

ところで、旧約聖書の翻訳について言えば、旧約聖書全体の正教会による日本語訳は、現在も存在しない。明治時代にすでに、神学校の生徒たちから、正教会としての旧約全体の訳がほしいという要望は出されていたが、全体の訳は教会の奉神礼に必要がなかったのである。

旧約の「箴言《しんげん》」について、ニコライは日記に次のように書いている。

「〈箴言〉の教会スラヴ語訳とロシア語訳のテキストにいくつも異同があるため、きょう図書館から〈箴言〉の解釈について役に立ちそうな、あるかぎりの文献をひきずり出してきた。ギリシャ語テキストに従うのか、ウルガータに従うのか、いまだに決まらない。いまのところ、どちらからであれ、そのとき適している方を採用している。教会で誦経するためだから、それでいい」（1899. 3. 10/22）。

ニコライは、旧約聖書の一部分である「箴言」の全体を日本語に訳そうとしているのではなく、「箴言」の一部分（教会スラヴ語祈禱書に入っている部分）を訳しているのである。正教会では、「教会〈奉神礼〉で誦経するためだから、それでいい」わけなのである。

ニコライの身近にいた神学校校長の瀬沼恪三郎は、ニコライの旧約聖書の翻訳は、明治四四年（一九一一年）七月段階で、「創世記」「詩篇」が成されただけで、「完成には遠い」状態だった、と書いている。そして瀬沼も、ニコライの翻訳の中心は「祈禱書」であったと強調し、祈禱書とは、「正教会で、基督教に〔おいて〕最も重きをなすものと認むる所の、聖堂内で行はれる種々の祈禱の式文である」と言っている〔瀬沼恪三郎「ニコライ師の小伝」〕。

ロシア正教会では、聖書の本文批評〔テキスト・クリティーク〕は発達しなかった。発達する必要がなかったからである。なお、正教会の聖書・奉神礼儀典書の翻訳については、ニコライ著『明治の日本ハリストス正教会』の中村健之介による訳注(29)も参照されたい。

『我主イイスス・ハリストスノ新約』

ニコライとパウェル中井木菟麿《つくまろ》が、新約聖書の翻訳を開始するのは、本会構内に図書館が竣工した二カ月後、明治二八年〔一八九五年〕九月からである。ニコライは日記に次のように書いている。

「夕方六時から、わたしとパウェル中井〔木菟麿〕は新約聖書翻訳の仕事を開始した。マトフェイ〔マタイ〕による福音からはじめた。最初の一六節を訳した。訳したといっても、出てくる名前を書き写しただけだ。しかし、福音書と新約聖書の題名をどうするか、また«Сын»〔スィン。息子、son〕を「子《コ》」と訳すか「裔《スエ》」と訳すかなどについて長時間話し合った〔最終的には「子」と訳した〕。九時、いつものように晩の祈禱の時間になったので、翻訳の仕事をやめた」(1895. 8. 21/9. 2)。

ニコライと中井の新約聖書の翻訳作業の場所は、本会主教館のニコライの居室である。二人は毎日朝晩、机をならべて勤勉に仕事を続けた。

柴山準行編『大主教ニコライ師事蹟』には「新約聖書の翻訳に至っては、七年の星霜を費した」と書かれているが、ニコライと中井が新約聖書の翻訳に集中したのは、実際には明治二八年九月からの一年二カ月である。

「今朝《けさ》、わたしとパウェル中井〔木菟麿〕は新約聖書の翻訳を終えた。去年〔明治二八年・一八九五年〕の九月からだから、一年以上かかったことになる。毎日朝は七時半から一二時まで、晩は六時から九時まで机に向かった。翻訳の直しのために、これからさらに一年以上かかるだろう。それを終えたら印刷に踏み切る。毎日よい翻訳にするために全力をつくした。そして毎日、自分たちの訳に不満が残った。

テキストをしっかりとらえて明瞭に表現するために、あらゆることをやった。目の前に三種類のギリシャ語テキスト、二種類のラテン語テキスト、そして教会スラヴ語、ロシア語、英語、フランス語、ドイツ語のテキスト、三種類の漢訳、日本語訳、ロシア語の注釈書、英語の注釈書、さらに、たくさんの辞書を用意した。毎日、いやほとんど毎時間、これだけの数の書物に当たって調べた。――ひとことで言えば、われわれは良心的にやった。

しかしそれでもまだ、よい訳だとは言えない。もちろん、これまでの複数の漢訳と一つの日本語訳よりは優れているが。

これによって日本人は、中井のような学問のある者でなくても、十分聖書が理解できるようになると考えていいだろう。われわれの翻訳は、少なくともわかりやすい。そして言われていることの筋道はできるかぎり途中で切ったりしないようにしてある。もちろん、できるかぎりそうしたということだ。そうはできない場合もあって、たとえば使徒パウェル〔パウロ〕の長たらしい文章は、いくつかに切って訳さざるをえなかった。

正教会の新約聖書『我主イイススハリストスノ新約』の初版本

パウェル中井木菟麿を助手に，主教ニコライが長年かけて翻訳した（大寺敬二氏提供）。

神よ、これからは、この訳をできるかぎりよりよいものにしてゆけますよう助けてください！」（1896. 11. 26/12. 8）

ニコライはここで「翻訳の直しのために、これからさらに一年以上かかるだろう」と予想している。それが予想を上回って、訳語の統一、ゲラ刷りの校正などに四年もかかった。ゲラ刷りの校正は、アレキセイ大越文五郎とイアコフ鈴木透が担当した（1901. 1. 1/14）。

訳文推敲においては、「奉神礼のための聖書にする」、すなわち教会で読み上げ、人びとが聞くに適した訳文にするという課題があった。ニコライは、実際に「〈イオアン〔ヨハネ〕に因る福音書〉を、神父、伝教者、信徒たちの前で朗読して」聞かせて、聞いて理解できるかどうかを試した（1900. 4. 13/26）。それらの作業がすべて終わったのは、明治三三年（一九〇〇年）一二月であった。日記には、「新約の最終的校正と点検も終えた。あとは印刷するだけだ」（1900. 11. 23/12. 6）とある。

正教会訳の新約聖書『我主イイスス・ハリストスノ新約』が刊行されたのは、明治三四年（一九〇一年）六月である。発行部数は一〇〇〇部であった。

2　翻訳協力者中井木菟麿

中井木菟麿の『旧約』翻訳の試み

注記として、中井木菟麿の『旧約聖書』翻訳の試みについて書いておく。明治三四年にニコライとの共同事業である新約聖書翻訳『我主イイスス・ハリストスノ新約』が刊行された後、中井木菟麿は、ニコライと共に祈禱書や「旧約聖書」の一部分の翻訳をした。その翻訳の仕事はニコライの死の寸前まで続けられた。ニコライは「旧約聖書」を翻訳したいと願っていた（1904. 4. 14/27）。しかし、「旧約聖書」全体の訳は完成しなかった。

中井木莬麿は、「どうしても大主教の御遺業の一なる教典翻訳の未成書、旧約全書、不入典書、十二冊の月課教の一小部分にても、継続致したく熱望」した（中井天生「大主教ニコライ師と私」）。中井はヘブライ語からではなく、ギリシャ語訳「七十人訳《セプトゥアギンタ》旧約聖書」から訳そうとした。そこで中井は、五年間のギリシャ語学習期間を与えてほしい、五年後には必ず何らかの成果を上げるからと、セルギイ（チホミーロフ）主教と明治四五年七月の公会に、請願書を提出した。しかし、それは認められなかった。

そのころ中井は、ケーベルの弟子の田中秀央からギリシャ語を習っていた。昭和一三年（一九三八年）一二月二一日の妹中井終子の日記にも、「〔このころ〕兄氏《あにうじ》希臘語を学ばんとて、〔田中秀央〕氏に請はれしに、兄の足疾〔足の病気〕を慮《おもんぱか》りて、わざわざ来宅教授せられしこと数年」とある。中井木莬麿は、もしセルギイ主教に「余の熱烈なる祈願を容るゝ度量があつたならば、爾来今に至るまで三十年の長日月、多少の成績を挙げてゐるのだが」（中井木莬麿「大主教ニコライ師と私」）と、死の前年まで残念がっていた。

翻訳作業中の問題

ニコライと中井木莬麿は、奉神礼用諸書と新約聖書を、漢文読み下《くだ》し調の日本語に翻訳した。その翻訳作業中に起きた問題の一、二を、ここに紹介しておきたい。

正教会訳『新約』の訳文の文体は、次のようなものである。

「如何《いか》にして彼〔ダワィド〕は、神の家に入りて、司祭等の外何人《ほかなんびと》も食《くら》ふべからざる供前《きょうぜん》の餅を食ひ、且之《かつこれ》を従者に与へしを、未《いま》だ嘗《かつ》て読まざりしか」（「マルコ福音」第二章。新共同訳では、「ダビデが、自分も供の者たちも、何をしたか、一度も読んだことがないのか。ダビデは神の家に入り、祭司のほかはだれも食べてはならない供えのパンを食べ、一緒にいた者たちにも与えたではないか」）。

「我等已《すで》に其《その》血を以て義とせられたれば、況《いわん》や今彼に由りて怒りより救はれんをや」（「ロマ書」第五章。新共同訳では、「わたしたちはキリストの血によって義とされたのですから、キリストによって神の怒りから救われるのは、なおさらのことです」）。

またニコライは、聖霊（「プネウマ」、ロシア語では「ドゥフ（дух）」）を、右肩に小丸付きの神「神゜」と表記することにし、そのための活字を新たに鋳造させた（1900. 11. 1/14）。

例えば、「神゜《しん》の貧しき者は福《さいわ》ひなり、天国は彼等の有《もの》なればなり。心の清き者は福ひなり、彼等は神を見んとすればなり」（「マトフェイ福音」第五章）というようにである。

このような「漢文読み下し調」を選んだのは、漢学者である翻訳協力者の中井木菟麿である。そのため、翻訳作業中に何度も同じ問題が出てきて、解決がつかず、ニコライは非常に苦しんだ。それは、「漢文訓読調」日本語の慣用的言い回し（コロケーション）の問題である。たとえば次のような問題である。

「月曜の聖体礼儀の後に、パウェル佐藤（秀六。旧仙台藩士。藩校養賢堂で教授もしていたから、漢学に造詣が深かった）神父がこう注意した。〈読《よ》マザリシカは間違っています。カはシの後には置かない。ヤにしなければなりません〉。

わたしは中井にそのことを言った。中井は〈それは違う〉と、パウェル神父と論争をはじめた。司祭たちのほとんどが、パウェル神父の方が正しいと言う。しかし中井はわたしのところから文法書をうんとこさ持っていって、〈ヤではなくカだということを、佐藤神父に証明してやる〉と息巻いている。

また、どの場合に過去はシとなり、どの場合にタルとするのか（見シ、見タル）。わたしと中井はあてずっぽうに、あるときはシにし、あるときはタルにしている。正しくはどちらなのか、自分でもわからない。そもそも日本語文法全体がわからない。こういうケースがたくさんある」（1900. 4. 6/19）。

「翻訳は、日本語の面で不完全で、不満が残る。しかし、日本語文法がぐらぐらしていて、確定していないのだから仕方がない。中井だけではない。文法の最高の権威である大槻〔文彦。『言海』の編者〕でさえ、いくつかの語形について〔質問したが〕答えられないのだ。たとえば、われわれは〈オレリ〉という言い方を使おうとする。これは現代の文章でも一般に用いられているからだ。ところが大槻は〈それは間違った言い方だ〉と言う。使ってはならないというのだ。こういう、正しいのか誤っているのかだれにもわからない言い方が、ごまんとある。お手上げの状態だ」（1900. 11. 1/14）。

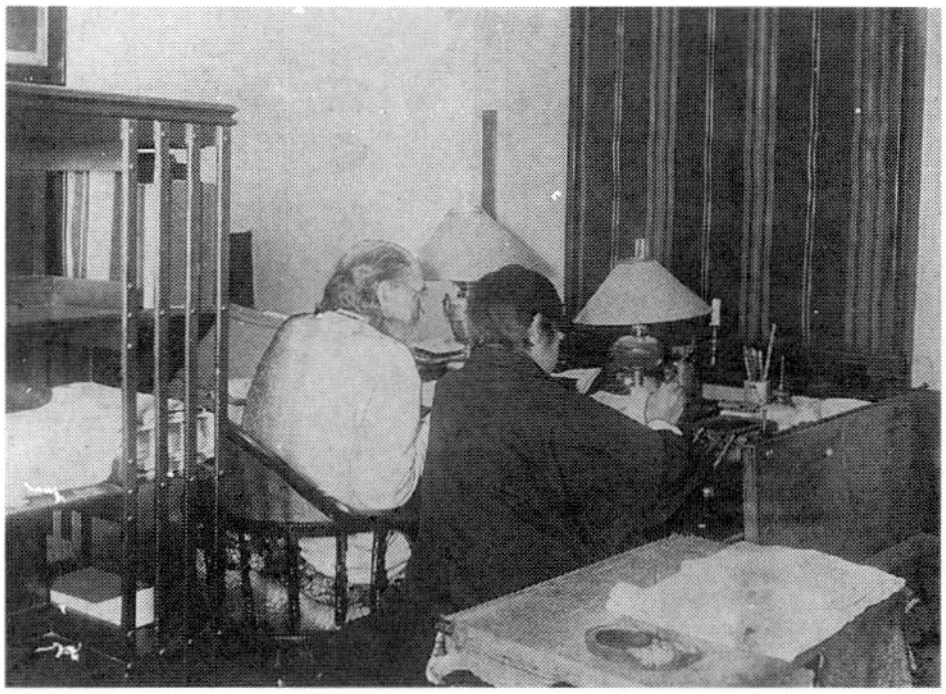

主教館のニコライの居室で，祈禱書の翻訳に従事する主教ニコライ（左）と翻訳協力者の中井木莵麿

翻訳作業中にこの種の問題が次々と出てくるのだが、中井木莵麿は答えを出すことができない。

「聖典の翻訳をしているとき、わたしと中井の間で、文法についての論争がこれまでも何度も起きた。珍現象というべきもので、日本でしか見られないことだろう。中井は大変学問のある人とされているのだが、かれの言う日本語文法の規則がしっかりしていないのだ。それで、われわれが従うべき文法規則に、しょっちゅう混乱が生じる。一年前、いや半年前には正しいとされていた規則が、いまはバツをつけられ、まちがいとして追放される。なぜなのか。

〈文法がそうなっているのです〉

〈それなら、なぜ最近まで文法はそうなっていなかっ

たのか〉

中井は黙ったまま笑いを浮かべるか、不機嫌そうに眉をひそめるかである。

わたしは、ここ二〇年の間に買い集めた、たくさんの日本語の新しい文法書を読み返してみることにした。きょう早速それにとりかかった」(1898. 10. 28/11. 9)。

ニコライと中井の正教会訳新約聖書は、こういう風にして生まれたのである。二人は、厳密な本文批評を経た新約聖書のテキストを日本語に訳したのではない。あれやこれやの新約聖書を参照しながら、「カ」と「ヤ」のどちらか正しいのか決められないまま、自分たちの必要を満たす「漢文読み下し調」の訳文をこしらえていったのである。そこで出来上がった漢文調訳文は語調なめらかで朗誦には適していたかもしれないが、それが「文法的に正確」であるかどうかは、問うても意味がないのである。

翻訳協力者としての中井

ニコライの聖典翻訳作業の右腕であった中井木菟麿は、悪事をたくらむ人では決してないが、非攻撃的エゴイストであった。中井は、翻訳文の全体的統一性や翻訳作業の進行速度を忘れて、「カか、ヤか」でパウェル佐藤秀六と論争をはじめ、「文法書をうんとこさ持っていって、〈ヤではなくカだということを、佐藤神父に証明してやる〉と息巻いている」。そこにも中井の「漢文オタク」の顔が見える。漢文訓読の慣用の問題だから、平安朝の文章や現代文の場合とは違って、文法的正解の出る問題ではないのに、他人の批評によって自分の誇りが傷つけられたと感じて、自説の「正しさ」の証明に燃え上がるのである。

ニコライの日記に描かれている、明治二九年(一八九六年)の女子神学校創立二〇周年記念式典での次のシーンも、同じことを示している。

式典の中で、漢文に強いアレキセイ大越《おおごえ》文五郎が、中井木菟麿作の漢詩を朗読することになっていた。

「大越老人は、中井の漢詩がほとんど理解できなくて、何度もつっかえたり、文字をどう読むのか中井に訊いたりした。わたしは中井のすぐそばにいたので、〈自作の詩なのだから、自分で読んだらどうか〉と言った。かれは頭を振って拒否した。結局、中井の詩はだれも理解できなかったという結果になった。これを滑稽と言わずして何を滑稽と言うだろうか。たくさんの朗読がなされたが、中井の詩はおそらく一番すばらしい真珠だったのだろう」（1896. 3. 28/4. 9）。

ニコライならずとも皮肉の一つも言いたくなる、「漢文オタク」ぶりなのである。

ニコライは、自分と中井の新約聖書翻訳について「われわれは良心的にやった。これまでの複数の漢訳と二つの日本語訳よりは優れている」と自賛している。

しかし、右の例から推測できるように、中井木菟麿はニコライの優れた協力者とは言えなかった。

ニコライは日記で何度も嘆いている。

「翻訳があまりにも鈍《のろ》い。なんとか、マトフェイ〔マタイ伝〕の第一二章までたどりついた。もっと早く進めたいが、どうしてもできない。人〔中井以外の、翻訳を助ける適当な人〕がいないのだ。中井は翻訳が嫌《いや》でたまらないし、仕事があまりにも遅い。こちらは我慢も限界というところだ。中井は一歩進むごとに考え込み、そのまままきりなく考え続けている。わたしが〈それで、どうだ〉、〈どうしたらもっと良くなるか〉とうながして、なんとか訳文を決めない限り、いつまでも黙り込んだままだ。

しかし、もっと活き活きとした、仕事熱心な人物が、どこにいるか。われわれの教会には一人もいない。非正教徒の中から見つけてこようか。非正教徒に当たってみることになるかもしれない。適切な人が見つかるのであれば、給料は惜しまない」（1895. 9. 4/16）。

中井木菟麿は、仕事が鈍《のろ》かっただけではない。かれは、明治後半の正教会の聖典訳文を、決定的に時代遅れの文体にしてしまった。

中井が翻訳協力の中心になる前の正教会の教理問答集などの文章は、たとえば明治一六年刊行の『初実の果』を見ればよくわかるように、当然ながら旧かなづかいであるが、ふつうの文語体であって、きわめて読みやすいし、わかりやすい。ところが明治一七、八年以降の、つまり中井木菟麿が翻訳協力者になってからの聖典になると、当時でもすでに使われなくなっていた漢語が多く使われるようになる。

たとえば『我主イイスス・ハリストスノ新約』でも、「何ぞ寝《い》ぬる。起きて祈禱せよ。誘《いざな》ひに入らざらん為なり」（ルカ第二二章四六節）は、まだわかる。ところが、同じ文意の文を別の個所では、「爾等《なんぢら》儆醒《けいせい》せよ（起きていなさい）。祈禱せよ。誘惑《いざなひ》に入らざらん為なり」（マトフェイ第二六章四一節、マルコ第一四章三八節）とやる。「儆醒《けいせい》」という漢語を使いたいのである。

中井木菟麿はまことに純真な人で、嘘はつけない人だった。他人に親切で、人に悪しかれと思ったりする心のない人だった。しかし、決断し、事を明快に決めることのできない性質だった。

明治四三年（一九一〇年）、中井の悲願だった「懐徳堂記念会」が設立され、自家懐徳堂再興の動きが出てきた。中井は狂喜した。しかし、大正五年（一九一六年）「重建懐徳堂」が成ったとき、記念会理事たちは、中井家の直系である木菟麿を学主に迎えなかった。その理由は、木菟麿がキリスト教徒だったからだけではないだろう。かれの、何事においても「もたもたしている」性質も大きな要因だったと思われる。中井木菟麿の著作物の全体がそれを示している（『ニコライ堂の女性たち』「第七章　ワルワラ中井終子」参照）。

「聖師父」の伝承

ニコライは、奉神礼諸書や新約聖書の翻訳に劣らず、「聖師父たち」（二～八世紀のキリスト教会の指導的人物たち。教父たち）の著作を日本語に訳すことが是非とも必要だと思っていた。

前に紹介した、ＹＭＣＡのリーダー、ジョン・モットに対するニコライの質問（第十章「他派宣教師との交友」）を思い出していただきたい。

「あなた方〔プロテスタント〕は聖書を〈神のことば〉と呼んでおられるが、それはなぜですか。われわれは聖書以外に〈聖なる伝承〉も受け継いでいます。〈聖なる伝承〉は、いわばわれわれの教会の母の、途切れることのない生きた声です。キリストとその使徒たちの時代から現在まで続いている、そしてこの世の終わりまで続く声です。〈聖なる伝承〉の上に、聖書全体がバランスよくしっかり立っているのです。それは、われわれが聖書に書かれていることの意味を誤りなく理解するよう助けてくれます」（1897. 1. 3/15）。

また、ニコライは日記に次のようにも書いている。

「新しい世紀に最初に取り組むべきこと、それは、聖師父たちの著作をできるだけ早く翻訳することだ。きょう、このことについてペトル石川〔喜三郎〕と相談した。石川は前に、金口《きんこう》イオアン〔ヨハネス・クリュソストモス、四世紀〜五世紀、アウグスチヌスと同時代の聖師父。アンティオキアの主教。説教が巧みで「黄金の口をもつ」といわれた〕の新しいロシア語訳の第一巻を借りていった。イオアンの『処女についての講話』からの抜粋訳を『裏錦』〔女子神学校の尚絅《しょうけい》社から発行されていた婦学文芸雑誌〕に載せるためである。

いずれにしても、できるだけ早く聖師父たちの著作を日本語で読めるようにしなければならない。それがないのは、指針となる伝承がないということだから、聖書も正しく理解されないし、信徒たちに教会生活とはどういうものかわからせることもできない。

間もなく〔正教会訳の〕聖書がこの国に与えられるだろう。聖書をいかに理解すべきか、その正しい理解が日本に与えられねばならない。信徒が自分の息子や娘たちをいかにしてキリスト教的な生き方へ導いていくか、その手本も与えられなければならない」（1900. 12. 31/1901. 1. 13）。

「キリスト教の原点は新約聖書である。その原点へ遡及するのが正しい信仰のあり方である」という考えは、ニコライによれば、誤りである。逆に、「キリストとその使徒たちの時代から現在まで続いている、聖師父たちの声」が、キリスト教の基礎なのである。それが「聖なる伝承」だと言っているのである。

第十五章　日露戦争時のニコライの日記

1　日露戦争開戦

日露戦争

日本とロシアを結ぶ宣教のために、四五年にわたって全力をつくして働いてきた六七歳のニコライの前に立ちふさがった壁、「愛する二つの国」日本とロシアの間を引き裂いた、自分の意志と努力では越えることのできない巨大な壁、それが、明治三七年（一九〇四年）から明治三八年にかけての日露戦争だった。

この生涯の最大の困難の時期に、ロシア人宣教師ニコライは、日本にいて何を感じ、何を体験したのだろうか。

日露戦争時のニコライについて知るための、最も信用できる記録資料は、かれ自身が戦争中一日も欠かさずに書き続けていた日記である。本章では、ニコライが戦争中の自分の体験を直接、リアルタイムで語っている一九〇四年、五年の日記を中心に、これまでほとんど知られることのなかった日露戦争中のニコライと日本正教会、そして当時の日本社会に、光を当ててみたい（中村健之介「日露戦争時のニコライの日記」、平川祐弘編『異文化を生きた人々』所収、中村健之介「宣教師ニコライの日記・一九〇五

日露戦争のころのニコライ
（ロシア語の小冊子『お別れの記念に』より）

年」、原暉之・外川継男編『スラブと日本』所収、および中村健之介監修『宣教師ニコライの全日記』第八巻・第九巻　参照）。

日本に留まる

明治三七年（一九〇四年）二月六日（西暦）、日本はロシアに国交断絶を通告した。八日に日本軍は朝鮮の仁川《インチョン》に上陸し、旅順港外のロシア艦隊を攻撃し、九日には仁川のロシア軍艦二隻を撃破した。その後で、一〇日、ロシアに宣戦布告した。

まず、宣戦布告の一カ月前、ニコライが日本に留《とど》まる決意をした明治三七年一月の日記を見てみよう。

「〔日本では〕怒りを含んだ好戦的な空気がますます強くなってきている。新聞によれば、数日前、横浜に住むわが国の海軍諜報員のアレクサンドル・ルーシンの通訳であるグリゴリイ高橋〔門三九《もんさく》。正教神学校卒業後、一時期伝教者だった〕がロシアのスパイであったとかいう理由で逮捕され投獄された。夜中に、三〇人の警官が教団の警備についた。敵の連中〔日本の過激な愛国主義者たち〕が教団を襲撃してわたしを殺そうと計画していたからである。

その丸一日前、四〇人からの集団が、『二六《にろく》新報』の編集部にロシアのスパイがいるとかいう理由で新聞の編集部を襲い、窓は割る、室内のものは一つ残らずこわすで、めちゃめちゃにしてしまった」（1904. 1. 8/21）。

駐日ロシア公使ローゼン男爵は、ロシア公使館全員の日本退去が決定したことをニコライに伝え、自分たちと一緒に帰国するよう勧めていた。

「ローゼン男爵が心のこもった手紙をくれた。〈貴兄のロシア人としての心にいま一度呼びかけたい。ご自身を説き伏せていただきたい。われわれの二五年の友情によって、心からお願いする。わたしたちと一緒に帰ろうではありませんか〉と書いている。

いかにすべきか。利己心からいえば、ロシアへ帰りたい。もう二三年も帰っていない。単調な仕事から離れて休みたい。しかし、教会の利益〔どうするのが教会にとって益となるか〕は、ここに残ることを命じている」(1904. 1. 24/2. 6)。

日露戦争開戦後，東京の正教会本会の北門付近（向かって右側）を警護する日本兵たち

宣戦布告の前から、ニコライがまず思ったのは「教会の利益」であった。かれは宣教師であり、自分が生み育てた信徒たちを見捨てることはできなかった。

ニコライは東京本会にいる教役者たちを集め、自分はロシアへ帰った方がよいと思うか、自分が日本に残ることを望むか、「熟議」させた。

しかし、「或者《ある》は師の帰国を其《そ》の一身にとつて最も安全だと主張し、或者は寧《むし》ろ米国に身を避けたが宜《よ》いと説き、又他の者は、我邦《わがくに》に留まつたが得策だと論じ」、結論が出なかった。

翌日、東京全市の信徒代表なども加わって「四十五人」で討議した結果、「ニコライ師は、依然我邦《わがくに》に留まるやう願ふ」という結論に達したという〔瀬沼恪三郎

「ニコライ師の小伝」)。

その結論は、ニコライの決心と合致していた。自分が創建し手塩にかけて育ててきた教会が、いま創立以来最大の危機に直面している。ロシアへ逃げ帰るわけにはいかない、とニコライは心を決めていた。東京の信徒たちは、そのニコライの気持ちを支持してくれたのである。

早速ニコライはロシア公使ローゼンに、自分は日本に残留する決意を伝えた。

「ローゼン男爵に礼を言った。しかし誘いは断った。教会を見捨てたならば、わたしは良心の呵責に苦しむだろう」(1904. 1. 28/2. 10)。

「もし〔日本政府によって〕日本に留まることが許されない場合には、できるだけ教会の近くにいることにする。上海に留まるつもりだ。かもめでさえその巣から遠く離れたところまでは飛んで行きはしない。わたしのまだ一人前になっていない幼い教会を、どうして置き去りにできようか。わたしがかれらを放《ほう》り出してロシアへ帰ってしまうかもしれないと思っただけで、かれらはみな落ち着かなくなっている。明らかに〔日本の〕全教会にこういう不安が起きている」(1904. 1. 26/2. 8)。

二月九日、フランス公使がニコライの身元保障人を引き受けてくれることになり、日露戦争中のニコライの日本滞在が最終的に許可された。

日露戦争中の正教徒

日露開戦となるや、ニコライは直ちに全国の教会に対し「日本人は日本の勝利を祈れ」という「主教教書」を発した。それは、指導者として的確な指示であったと言うべきだろう。しかし、信徒たちの周囲の日本人はすべて「異教徒〔仏教徒あるいは神道信奉者〕」であり、かれらは、日本人正教徒を、「おまえたちはロシアのスパイ〔露探《ろたん》〕だ」と責め立てた。そして、正教徒が村八分にされたり、近辺の者たちに家を襲われたりという事件が各地で続発した。

明治三七年（一九〇四年）のニコライの日記には、日本各地の教会や信徒たちから次々と本会へ寄せられる迫害の報告が摘記されている。

たとえば、函館の教役者《きょうえきしゃ》全員が軍によって教会を追い出された。小田原の信徒の商店では、客足が全く途絶えた店主が、正教会から「脱会《だっかい》」して、仏教にもどった。信者である親が死んだが、息子は周囲からの攻撃を恐れて、仏式で葬儀を営んだ、等々である。

各地で信徒たちが、近辺の住民から、「ロシア人と同じ信心なのだからロシアが勝つのを願っているのだ」とののしられ、殴られるという事件も発生した。正教会の神父が暴漢に襲われそうになったので、信徒たちが護ったが、その後、四〇人からの「異教徒」が「仕返し」にきたこともあった。正教徒の墓が壊された、倒されたなどの報告もあった。

ニコライは、各地の日本人司祭や伝教者たちが報告してくるそうした正教徒迫害を、くい止めることができない。しかし、聞いて承知しておかなければならなかった。

精神的に苦しいニコライは、「例の日本人たち〈過激な愛国者たち〉は、〈ロシアのスパイ〉という想像にすっかり夢中になってしまった。〈正教会の〉信徒はすべてスパイだときめつけて、あっちでもこっちでもこういう扱いをする」と、口惜しそうに日記に書いている（1904. 1. 30/2. 12）。

戦争中、日本人はほとんど全部が「愛国的異教徒」であった。かれらは、少数者である日本人正教徒を取り囲んで、正教徒も愛国者であったのに、「おまえたちはロシアのキリスト教を信じているのだから」という理由で、何かにつけて、右のような圧迫を加えて迫害した。

だが日本政府は、信仰を理由とする迫害の拡大を嫌った。桂太郎首相は、「今般の戦争はただ日本の安寧を確保せんとするものであって、人種や宗教とは一切関係がない。従って民族や宗教の違いによって何らかの衝突や嫌疑などの事件が生ずるようなことがあったとしたら、それは愚かなことであり不幸なことである」という政府の考えを、プロテスタントの「福音同盟会」代表本多庸一や小崎《こざき》弘道に語り、新聞に公表させた（1904. 4. 22/5. 5）。

この政府の方針の公表には、理由があった。日露戦争において、日本は初めて国際社会の環視を浴びることになったのである。欧米からたくさんの「観戦記者」が日本本土と満州へやって来た。そこで日本政府は、「紳士的」な態度をとらねばならなかった。「宗教の違い」による迫害、特にキリスト教徒に対する迫害が、欧米諸国から指弾されることは、すでに明治最初期の岩倉使節団の経験でわかっていた。日本人正教徒もまたキリスト教徒である。宗教の違いによる迫害は「愚かなことであり不幸なことである」という判断は、日本政府の「国際化」であり「進化」であった。

それが最も顕著に現れたのが、ロシア人捕虜に対する扱いである。日露戦争におけるロシア人捕虜は、最終的には八万人近くにもなったのであるが、捕虜たちは、日本政府の打ち出した「文明国」としての姿勢のおかげで、後の語り種《ぐさ》になるほどの「厚遇」を受けた（才神時雄『松山収容所』参照）。

そのような政府の「紳士的方針」によって、また戦局が日本の優勢へと進んだこともあって、日本人正教信徒に対する周囲の「愛国的民衆」からの迫害は、拡大激化の方向へは向かわなかった。各地の警察も、次第に正教徒に対する近隣住民の迫害を抑える態度に出るようになった。

日本と欧米諸国のロシア蔑視

そしてまた、ニコライの全く予期していなかったことも起きた。日露戦争がはじまると、欧米人はロシアに対して強い反感、軽蔑をあらわにしたのである。

ニコライと交友関係のあった少数の宣教師は別として、一般の在日欧米人の発言や、“The Japan Daily Mail”, “The London Mail” など、東京で読める英字新聞には、欧米諸国が持っていた「ロシア蔑視」が公然と表れた。それはロシア人宣教師ニコライを深く傷つけた。

「それにしても各新聞のロシアに対する罵倒のすさまじいこと！　きょうの“The Japan Daily Mail”では、丸々大桶一杯のものすごく汚い、すさまじい臭《にお》いの汚水が、ロシアめがけてぶちまけられている。ロシアは〈実に野蛮で実に卑劣な国であるから、地球の表面から拭きとって消してしまってもまだ仕打ちが足りないくらいだ〉というのだ。われわれに対する憎悪はすさまじい。世界のあらゆる国民がロシアを憎んでいるかのようだ。イタリアはといえば、日本人がロシアの艦隊を撃破したといって、喜んでさえいる。一体われわれがイタリアにどんな悪いことをしたというのだ。イギリス人ときたら、歓喜のあまりわれを忘れている」（1904. 1. 30/2. 12）。

ニコライは母国ロシアの「後進性」を自覚していた。しかしそれを欧米人に指摘されると、とりわけそれまで仲がよかったイギリス人とアメリカ人から言われると、腹が立った（フランスは、同盟関係のロシアをむしろかばった）。

ニコライは横浜で発行されていた日刊紙“The Japan Daily Mail”を購読していた。この英字新聞はしばしば、ロシア軍の指揮系統の乱れやロシアの「文化的な遅れ」を取り上げて「ロシアは野蛮国なり」と論評した。ニコライはそれらの記事を読んでは、編集長のアメリカ人ブリンクリーに対して、日記の中で何度も怒っている。

プロテスタント諸派の欧米人宣教師たちのロシア批判は、とりわけ激しかった。日本における宣教において、ロシア人宣教師ニコライの正教会と競合していたことが一因であったかもしれないが、とにかくかれらはロシアを罵倒し続けた。

ニコライは、アメリカ人もイギリス人も、ライヴァルであれ、キリスト教徒という仲間だと思っていた。その同宗の西洋人から、「ロシアは仲間じゃない」と言われて、腹が立ったのだった。

もっとも、あの理性的なドイツ人医師ベルツにさえ、被害者意識型のナイーヴな愛国感情が見られる。ベルツは、日露戦争中の明治三八年（一九〇五年）一月二八日の日記に、次のように書いている。「『東亜ロイド』の極度に親露的な長崎特派員が、上海の新聞で、ステッセルの長崎滞在を機会に、そのドイツ嫌いに関する興味ある詳細を伝えている。ところが、そのステッセル自身たるやドイツ生まれなのだ。誰もドイツの血をひいていると言わないのは、昔からの現象である。

何人といえども、自分がイギリス人またはフランス人の系統をひくことを否認するものはないし、オランダ人またはスイス人系であることすら否認しない——しかし、ドイツ人の系統をひくことだけは、それが普仏《ふふつ》戦争（プロイセンを中心とするドイツとフランスの戦争）のあった一八七〇年以降のことであってさえ、否認されるのだ！」（トク・ベルツ編・菅沼竜太郎訳『ベルツの日記』岩波文庫）

ベルツは沼津へ東宮一家を診察に出かけたことがあった。御用邸のこども部屋に万国旗をつるした細いひもが張ってあったが、そこにドイツの旗がなかったのに気づいて、「嘆かわしいことだ」「不快な経験」だ、「ここには反独政策が姿を見せている」とまで書いている。かれ自身が、そこにはドイツの旗だけでなく、「ロシアとフランス」の旗もなかったと書いているにもかかわらずなのである（同前三月三一日の日記）。

この反応は、第三者には不思議な感じがする。一九世紀においては、ドイツ人にとっても、ヨーロッパの先進国は断然イギリス、フランスであって、ドイツ人は「自分たちはヨーロッパの後進国だ。ヨーロッパ人であるのに仲間外れにされている」という被疎外の意識を内にかかえていたのだろうか。

ニコライは「イギリス人とアメリカ人ときたら、とりわけその宣教師たちときたら、みな、人間を憎むという悪魔の罪に喉元までどっぷりつかっている」（1904. 8. 1/14）、「ブリンクリーもイギリス国教会のオードリーも、〈カラスはカラスの目玉をつつきはしない〔相身《あいみ》互い〕〉ということわざを知らないのだ」（1905. 11. 16/29）と、日記に怒りをぶつけている。

日本仏教界の日本人指導者たちも、プロテスタントの日本人も、ニコライを直接攻撃することはしなかった。しかし、ロシアに対しては敵意と軽蔑をはばかることなく公言した。

ニコライは日記にこう書いている。

「ロシア罵倒の熱心においてとりわけ際立つのは、プロテスタントの小崎《こざき》〔弘道〕である。かれは政治の領域についての演説をして、ロシアは一六世紀の野蛮国だ、それに対して日本は二〇世紀の文明国だと言った。

仏教界の代表大内〔青巒《せいらん》〕は〈日本人は黄禍《こうか》〔日清戦争後、黄色人種の日本人の進出が白色人種に禍をなすという「黄禍論」が広まった〕などでは全くない。日本人は黄色い肌の下に白い心を持っている。ロシア人こそは、まさに黄禍なのである。かれらは白い肌の下に黄色い心を持っている、と述べた」（1904. 5. 3/16）。

欧米人と、その欧米人にあこがれと劣等感を持つ日本人が、ロシア人を見下《くだ》して手を取り合う光景が、日本中で見られたのである。日本人正教徒がロシア人ニコライを軽蔑した様子はまったくないが、しかしニコライは、この時期日本に留まって、ロシア人であるがために「劣等者」の位置へ押しやられたのを感じただろう。

ニコライの愛国心と孤立

戦争が進み、次々と日本軍の勝利が報じられ、ロシア軍の敗北が確認されてくると、ニコライの内で、ロシア人としての愛国心が疼《うず》き出す。

「またしても日本軍は旅順を攻撃し、わが軍の駆逐艦《くちくかん》〔高速小型軍艦〕一隻《せき》を撃沈した。わが軍ときたら、みんな思い上がって、あくびをしていて、〈日本人に何ができるか〉とあなどっていたのだ。馬鹿にしていたその日本人にやられて、この体《てい》たらくだ。いまや連中が君たちのことを、

〈なんだこりゃ、ロシア人は腰抜けだ〉と嘲笑《あざわら》っているではないか。

陸上ではまだ戦闘は起きていない。陸上ではわが軍は日本軍を打ち破るだろう」(1904. 2. 28/3. 11)。

ロシアからの多大な資金援助で日本の教会を運営していたニコライは、祖国ロシアを誇りにしてきたし、ロシアは大国だと思っていた。そして、優秀な日本人神学生をロシアの神学大学へ留学させてきた。日本の正教会にとってロシアの教会は、大きな国の「母なる教会」であった。その、愛し誇りにしてきた大きな自国ロシアが、いま、小さな島国の日本に惨敗を喫している。そしてそのロシアを、欧米人たちが嘲笑っている。この屈辱的状況の中で、ニコライの愛国心は目覚め、苦しんでいた。

「ああ、ときどき、おそろしいほどの無力感に襲われる。奉神礼を上げても、いろいろ考えてみても、意志に力をこめようとしても、どうにもならない。

人と話をして気をまぎらわせたいと思うが、話す人がいない。わたしの悲しみは、周りにいる者たちにとっては、喜びなのだ。そしてその喜びは、当然のものだ。祖国の勝利と栄光を喜ばない者がいるだろうか。何をする気にもならない。簡単な手紙を書くことさえできない」(1904. 4. 4/17)。

さすがのニコライも、打ち続くロシア軍の敗北が身にこたえて、気力を失い、孤立感にとらえられていった。

マカーロフ提督の戦死

明治三七年(一九〇四年)春、名将の誉れ高いステパン・マカーロフ中将がロシア太平洋艦隊司令長官として旅順に赴任してきた。新司令長官マカーロフの着任によって、ロシアの将兵の士気は急速に高まった。ところが、そのマカーロフ提督が、四月一三日、日本側の敷設した機雷にふれて轟沈《ごうちん》した旗艦《きかん》と共に、戦死した。この悲報に接してニコライは強い打撃を受け、しばらくショックから立直ることができなかった。

「ああ、なんというロシアの不幸が起きたことか。一昨日、水曜日、ステパン・マカーロフ提督が戦死した。戦艦ペトロパーヴロフスクも沈んだ。マカーロフと共にかれの参謀たちもすべて戦死した。合わせて約七五〇名が、爆破され沈没した戦艦と共に海の藻屑《もくず》と化した。なんという痛ましい事件、なんという大きな悲しみだ。ロシア海軍の華にして力であったマカーロフが死んだ。ロシアは、自らの無知と高慢さの代償を払っているのだ」(1904. 4. 2/15)。

ニコライはマカーロフを個人的にも知っていたのだった。かれは日記に次のように書いている。

「わたしはマカーロフを、かれがまだ一二歳の少年のときに知っていた。一八六一年、わたしが日本へ来る途中、ニコラエフスク〔シベリア東端〕で冬を越したときのことだ。かれの父の家で、陸軍幼年学校の外套を着ていた少年マカーロフに会ったのだった。

東京の大聖堂を建てるのに、マカーロフは実に暖かな関心を寄せてくれた。大聖堂の建設について、寄付を募《つの》るために文章を書いたり、パンフレットを出版したりしてくれた。自身もわざわざそのためにペテルブルグとモスクワへ行って、募金活動をしてくれた。ついには、大公殿下アレクサンドル・ミハイロヴィチ〔アレクサンドル二世の弟ミハイルの息子〕にはたらきかけて、宣教協会から一度に一万四〇〇〇ルーブリもの寄付をもらえるようにしてくれた。それで大聖堂建設は成ったのだ。

主よ、マカーロフを天国に召し給え。かれと共に海に沈んだすべての者たちのたましいにも、安らぎを与え給え」(1904. 4. 3/16)。

「マカーロフのために心をこめて祈った。おかげで、かれのことを思う悲しみが少しやわらいだ。しかし、わたしの悲しみは複雑だ。わが国が打ち破られることの悲

マカーロフ提督

しみはまだ残っている。

わたしの愛する日本人たちは勝利を祝っている。しかし、いかにわたしがかれらを愛していても、いまは、かれらとは一緒になれない。祖国のほうが愛《いと》しいし、大切だ。祖国が日本人を打ち破っているのではなく、かれら〔日本人〕がわれわれ〔ロシア人〕を打ち破っているということが、非常に悲しい」(1904. 4. 5/18)。

ニコライの日記を読んでいると、ニコライは、欧米の宣教師たちとは違って、日本人に対する優越感は持っていないことがわかる。だが、愛する親しい母国ロシアの敗北で、ニコライの心は揺さぶられ、悲しい動揺が湧き起こり、それを抑えることができないのである。

ニコライは新聞でロシア軍敗北の報を読むたびに、「大変な恥辱だ」と感じ、気が滅入る。熱い活動的な性質であるだけに、その気分の「落ち込み」も激しい。

「戦争はロシア側の目もあてられない惨敗の連続だ。おかげで気分は最低だ。しかし不機嫌な顔をしているわけにはいかない。毎日ショックを受けるのを避けるために、新聞を見るのは三日に一度としよう」(1904. 6. 16/29)。

「一人きりで友人がいないこと、戦争、切迫した資金不足、――ロシアからは見捨てられ、日本からは閉め出されて、実につらい。本当に苦しい。もしも自然死がすぐそこに迫ってきているのだったら、喜んで死にたい」(1904. 5. 23/6. 5)。

ニコライは自らの意志で日本に留まったのだが、開戦後は日本からは閉め出されている、と感じざるをえなかった。

戦争の間、日本政府の計《はか》らいで、駿河台のニコライの教団は警官と憲兵の警護下にあった。だがそのために、ニコライはその東京本会の柵から一歩も外へ出ることができなかった。そして、柵の内側にあっても、ロシア人であるがゆえに、心を許しているはずの日本人教役者との間にさえ、見えない壁を感じてしまうのだった。

日本人の正教徒や教役者たちは、ニコライを敬愛し、その気持ちを慮《おもんぱか》るからこそ、ニコライのいるところで戦況について語ることは避けていた。そのため、たとえば明治三八年（一九〇五年）元旦の旅順陥落も、ニコライは三日まで知らなかったほどである。もちろんニコライは、日本人のそうした心遣いは痛いほど感じていた。だからニコライも母国ロシアの敗北の悲しみを「自分の内に隠しておかなければならない」。日露戦争のあいだ、かれはそういう「複雑な」孤立状態におかれていたのである。

「わたしの悲しみは複雑だ。わたしの愛している日本人たちは勝利を祝っている。しかし、いかにわたしがかれらを愛していても、いまは、かれらとは一緒になれない」という日記のことばは、そのニコライの苦しみを的確に表している。

ニコライは優れた指導者であった。それでいてかれは、人を見下す高慢と優越感の指導者ではなかった。そのことは、日本人信徒たちについての日記の記述から、はっきり感じられる。たとえば、教団の図書館建設のときによく働いてくれた大工のこと（1904. 8. 28/9. 10）や、岩手の水沢で苦しい状況で信仰を守っている菓子屋の老人のこと（1904. 7. 15/28）などの記事には、同じ人間としての対等の愛惜、愛情が感じられる。

ニコライは、また、知識人ではあったが、冷たい青い血の人ではない。かつてニコライの推薦と援助によってロシアのカザン神学大学へ留学し、帰国後駿河台の神学校で教鞭をとっていたパンテレイモン佐藤叔治《よしはる》（かれのことはゴーリキーの『私の大学』に書かれている）が、教団の給料が安いという理由で教職を辞め、日本の軍にロシア語通訳として雇われていった。ニコライは、悔しさと怒りをやっと抑えて、佐藤を送り出したのだった。しかしその佐藤の戦死の報が入ると、深く悲しみ、自らパニヒダ（死者追悼の祈禱）を挙げている。そして、遺族から頼まれると、佐藤の遺児を女学校に引き取り、教会の給費生として養育することにした（1904. 9. 9/22）。長年本会の書記を務めたセルギイ沼辺愛之輔が老齢で辞職するときの配慮も、実に暖かい（1905. 6. 9/22）。

「わたしの愛する日本人」というニコライのことばには、真実味がある。だからこそ、日本とロシアの戦争にニコライは深く傷ついた。

傷を負った自分の心を励まそうとして、ニコライは、自分はロシアにではなく「キリストに仕《つか》える者」なのだと自分に言い聞かせ、ロシアの敗北はロシアに対する神の警告なのだと解釈しようとする。ニコライは、真剣に自分の苦しみからの脱出を図ったのである。

「わたしはこのような状態で長く歩いていくわけにはいかない。精神のバランスを回復し、落ち着いて自分のなすべき仕事ができるようになる、そういう観点を見出す必要がある。

ここではわたしはロシアに仕える者ではない。キリストに仕える者なのだ。みんながわたしに見るに違いないのも、後者なのだ。そしてキリストに仕える者は、常に喜ばしく、元気で、落ち着いているべきなのだ。キリストの事業は、ロシアの事業とは違って、真っすぐで、公明正大で、しっかりしており、真実であって、行き着く先は恥辱ではなく、善なのだ。キリストご自身が、見えないところで、この事業を導いて方向を定めておいでになるからだ。わたしも自分自身をそのように見るべきなのであり、気が滅入るとか元気をなくしてしまうとかいうことを自分に許してはならないのだ」（1904. 2. 16/29）。

しかし、自分は「キリストに仕える者」なのだと何度自分自身に言い聞かせても、ロシアを愛する心が消えるわけではない。ニコライはやはり苦しんでいる。

「気の重い一日。ロシアにとって不運な戦争と、プロテスタントの宣教師たちを先頭に人びとが吐き出しているロシア罵倒とで、悲しい、苦《にが》い思いが湧いてくる」(1904. 7. 17/30)。

「愛国心もまた、自我の意識と同じように自然な感情なのだ。どうしようもないではないか。この苦しい、絶え間ない刺すような痛みを我慢しなければならないのだ」(1904. 8. 4/17)。

「魂の中に二つの流れがある。下の、表に出ない流れは、荒れ騒いでいて、ひりひりと痛み、苦しい。心も戦場にあって、重傷を負ったのだ」(1904. 11. 4/17)。

日露戦争と日本人正教徒

一方では、田山花袋《かたい》の『田舎教師』や生方敏郎の『明治大正見聞史』などに見られるように、明治三〇年代、とりわけこの日露戦争の時期、日本では国民的規模の愛国心が確立し、それがとりわけ庶民層において熱烈に燃え上がった。

もちろん日本人正教徒たちも愛国者であり、日本軍の勝利を喜んだ。しかし、本章第1節の「日露戦争中の正教徒」に書いたように、周囲の日本人、ニコライのことばを使えば「異教徒」たちは、日本人正教徒を、「おまえたちはロシアの信仰の人間だ」と蔑視し、敵意をあらわにした。日本人正教徒は、自国への忠誠と、ロシア正教会を母教会とする自分たちの信仰という、二人の「主人」の間で苦しんだのである。

面と向かって非難をあびせてくる「異教徒」たちに対して、小田原の正教徒多田《ただ》は、毅然として、「信仰は信仰だ。これはたましいと神の問題だ。そして祖国は祖国だ」と反論した(1904. 3. 19/4. 1)。多田は息子を戦場へ送り出していた。周囲の異教徒の日本人たちは、多田の反論に黙った。

しかし、そういう反撃のできる正教徒は、少なかった。

苦しい立場に立たされた日本人正教徒たちは、本会の司祭、伝教者、神学校教師などの教役者を中心に、ニコライの資金援助と指導を得て「正教信徒戦時奉公会」と「俘虜信仰慰安会」を設立した。

外からの悪罵攻撃を少しでもかわし、自己弁明の根拠を作ろうとしたのである。「俘虜信仰慰安会」の初期の活動の一例が、瀬沼恪三郎編『軍用日露会話』の出版と軍への「献上」である（明治三七年九月）。この本は、日本人正教徒が「われわれも日本の愛国者である」という釈明だった。

そのように日露戦争の間、周囲の日本人の迫害と白眼視を耐えてきた正教徒日本人にとって、明治三九年九月の講和締結のニュースは大きな朗報だった。

「入り口の階段のところにアキラ加島〔斌《あきら》〕が立っているのが見えたので、わたしは何か尋ねようと思って声をかけた。するとかれは答えて〈講和が締結されました！　アメリカから電報が入りました！〉と叫んだ」（1905. 8. 17/30）。

伝教者アキラ加島の歓喜は、ニコライには直《じか》に伝わった。日本人正教徒たちは、信仰のゆえに、世間から「露探《ろたん》」（ロシアのスパイ）という濡《ぬ》れ衣《ぎぬ》を着せられてきたのだった。ニコライはその日本人に信仰の種を播いた者であり、かれらの指導者である。アキラ加島のうれしさは、ニコライの喜びであるはずだった。

ところが、右の日記の続きは、「ロシアにとって恥辱だ。せめて一度だけでも勝って、これまでの連続の負け戦《いくさ》の恥をそそぐならまだしも、それもしないで、いま講和を望むような者が、本物のロシア人なら、どこにいるだろうか。わたしはアキラ加島に何かぶつぶつ言って、部屋へもどった」である。

「講和が締結されました！」と聞いた瞬間のニコライの気持ちは、落胆だったのである。

2　ロシア人捕虜のための活動

捕虜のための「宗教的慰安」活動

日露戦争が開戦してしばらくすると、ニコライの日記に、ロシア人捕虜に関する記事が現われてくる。そしてその後、日本へ送られてくるロシア人捕虜が続々と増え、松山、姫路、浜寺、豊橋など日本全国二九カ所の収容所に分散して収容された。

ニコライは、そのロシア人捕虜たちの「宗教的慰安」のための活動を開始する。ニコライ自身が収容所へ慰問に出かけて行くことは、日本外務省から禁じられていたので、できなかったが、ロシア語のできる日本人司祭たちに教会スラヴ語の奉神礼（ロシア正教会の奉神礼は教会スラヴ語で行なわれる）を教えて、各収容所へ派遣し、その日本人司祭たちに手紙でたえず指示を与えた。また、たくさんの宗教書やイコンを送ったりもした。また、収容所勤務の司祭たちには、通常の「月費《げっぴ》（月給）」に特別手当を上乗せした。

日本へ移送されたロシア人捕虜たちの「宗教的慰安」活動については、日露戦争勃発の最初期、明治三七年（一九〇四年）四月六日すでに、ロシア皇帝ニコライ二世の意を伝える指令の電報が、駐日フランス公使を介して、ニコライに届いていた。

「正教主教ニコライ殿。皇帝陛下は貴下に対して、貴下がわが国の負傷した捕虜となった海軍兵士たちに、イコンや書物等の、かれらの宗教的希求を満たすに必要なあらゆるものを送り届けるよう、望んでおられる」（1904. 3. 24/4. 6）。

ロシア人捕虜の「宗教的希求」の充足は、ロシアの宗務院から派遣された宣教師であるニコライにとっては公務であった。また、ロシアの宗務院総監ポベドノースツェフからは、捕虜たちに配布するロシア語の宗教的書籍が、一二九包みも、ニコライ宛に送られてきていた。

しかし、ニコライは、命じられてロシア人捕虜のために働いたのではない。自ら、かれらの「慰安」のためにつくしたのである。気落ちしがちな捕虜のロシア人将校たちと文通してかれらを励ましたり、日本宣教団の資金の中から何台も幻燈機を買って各収容所へ届けさせたりした。また、文字の読めないロシアの兵隊たちが読み書きを学びたがっていると聞くと、ロシア語の初等教科書を送ったりして、たえずさまざまな心くばりをした。

日本政府のロシア人捕虜に対する「厚遇」と、ニコライと収容所付きの日本司祭たちの温かい「宗教的慰安」によって、捕虜たちは、母国にいたときに劣らぬほどの「よい生活」ができたのである。

ニコライは日記に次のように書いている。

「日本人がロシア人捕虜にこのように親切にすることは、日本の正教会のためにも、また日本とロシアの関係全体にとっても、少なからぬ益をもたらすだろう。捕虜たちが、やがてロシアへ帰り、ロシアの何千もの地方に散って行き、いたる所で日本人と日本の正教会のことを良く言うだろう。ロシアで捕虜になっている日本人に対しても、同じように良い待遇が与えられることを望まないではいられない。かれらもまた、故国日本へ帰れば、同じようにロシアについて良く言うだろうから」(1904. 7. 23/8. 5)。

ニコライは、日露戦争時、外的にも内的にもそれまでの人生で経験したことのなかったほどの敵意と複雑な孤立に耐えねばならなかったのであるが、それでもかれは、このロシア人捕虜の慰安活動を通して、自分が愛するロシアと日本という二つの国をつなぎ合わせようと努力していた。

捕虜の増加と日露戦争終結

ニコライのロシア人捕虜慰安の仕事は、戦争の後半になって、かえって増えた。明治三八年(一九〇五年)に入ると、ニコライの予想していなかった数のロシア人捕虜が、日本へ送致されてきたのである。明治三八年一月の旅順陥落による捕虜約四万四〇〇〇人と、三月の奉天の戦いでの捕虜約二万人である。陸軍省編纂『明治三十七八年戦役統計』によれば、捕虜の数は、日本が陸海軍合わせて二一〇四人、ロシアが陸海軍合わせて七万九四五四人であった。

明治三八年のニコライ日記の全体を覆う最大の問題は、ロシア人捕虜の問題である。捕虜についての記述のない日はないと言ってよい。

「こういうことは毎日書いておく必要はない。いつもいつも同じ、手間のかかる単調な仕事なのだから。捕虜たちから、あるいはまたロシアから、手紙のこない日はない。ロシアからの手紙は、捕虜に宛てたものもあれば、捕虜に関する問い合わせもある。そこでわたしは、あっちへ手紙を書き、こっちへ手紙を書き、まるで回転かごの中のリスのようにあくせく動き回ることになる。

さらに、捕虜たちのところへ派遣されている〔日本人の〕司祭たちから、切れ目なくさまざまな問い合わせと頼みがくる。香油、ワイン、蠟燭《ろうそく》、イコン、書物、イコンを描く材料〔イコンを描きたいという捕虜がいた〕、小さな十字架、その他諸々のものを送ってほしいという頼みだ。みんなの願いをかなえてやらなければならない。それが、毎日毎日押し合いへし合いだ。

〔日本人に対する〕宣教の仕事は、まったく置き去りにされている。奉神礼用の書物の翻訳も中断したままだ。わたしは日本各地の教会からの手紙も読んでいない。書記〔沼辺愛之輔と藤沢次利〕がみな読んで、手を打つ必要のあるものについては、すぐ実行に移すべくわたしに伝えるという状態だ」(1905. 5. 31/6. 13)。

「またしても〔捕虜たちのためにとロシアから送られてきた〕大量の本その他の選別、配分、発送の仕事だ。送り先のすべてに、送った本のリストを付さねばならない。そしてその写しをとっておかなければならない。〔中略〕手伝ってくれる人はいない。このシジフォスの仕事で、疲れ果てた」(1905. 8.

愛媛県松山捕虜収容所のロシア人捕虜たち

7/20)。

ニコライは、「七〇年の人生の疲れが出てきた(このとき六八歳だった)」のを感じながらも、老体にむち打って、約八万人に達したロシア人捕虜のために、「シジフォスの仕事」を続けた。

そしてさらに、ロシアから、そして時にはアメリカからも、日本にいるロシア人捕虜のために使ってほしいと、駐日フランス公使館を介して、ニコライ宛にたくさんのロシア語の書物や数千円単位の義捐金が次々と送られてきたのだった。後にニコライは、それぞれの寄付金額と使途の詳細な報告書を作成し、関係者に送っているが、それによれば寄付金は総計「九万一三二二円四〇銭」にのぼった(1906. 3. 2/15)。通常の年の日本宣教団の宣教資金の約一年半分という莫大な金額である。

ニコライは日本宣教団の資金とこの寄付金によって、さまざまな捕虜慰安活動、援助活動を展開し、全力でその責任を果たしたのである。

さまざまな奉仕

明治三八年(一九〇五年)九月五日の日露講和条約(ポーツマス条約)の調印をもって、朝鮮、清国、日本海を戦場とした、このアジアの新興国とヨーロッパの大国との戦争は終わった。明治三七年二月一〇日の宣戦布告から一年七カ月後である。

日本陸軍の戦死者は四万五三七七人、負傷者一五万三五八四人、日本海軍の戦死者負傷者は合わせて三六九二人、ロシア陸軍の戦死者一万九四六七人、負傷者一二万一四八五人、ロシア海軍の戦死者負傷者は不明だが、バルチック艦隊のみで五八五五人とされている（陸軍省編纂『明治三十七八年戦役統計』参照）。

戦争が終わっても、ニコライの「ロシア人捕虜」のための仕事は終わらなかった。終戦後も、八万の捕虜たちがいわば無為徒食の状態で、日本に留まっていたからである。収容所によってはさまざまな「内職」にはげむ捕虜も出てきたが、傷病者をのぞけば、捕虜たちは基本的に仕事はなく、暇をもてあましていた。

ニコライは、戦争が終るやいなや、直ちに自ら松山の捕虜収容所を慰問しようとした。だが、それは「まだ危険である」という理由で、日本外務省から許可が下《お》りなかった。しかし、捕虜のための「宗教的慰安」活動はなお必要だった。

ニコライは自分が教え育てた日本人司祭たちのうちから、ロシア語を解する者はもちろん、ロシア語のできない者にも、教会スラヴ語による聖体礼儀の速成教育をほどこして、次々と松山、熊本、姫路、福知山、名古屋、習志野、鯖江、秋田等々、各地の捕虜収容所に派遣した。すべてのロシア人捕虜たちが聖体礼儀に与《あずか》ることができるようにし、無為の捕虜たちの生活にロシアにおけると同じ節目を設け、精神的安定を図ったのである。

ニコライはまた、日本人信徒たちが組織した「俘虜信仰慰安会」をも支援し、指導した。司祭たちばかりでなく、一般の日本人正教徒たちも各地の収容所を慰問し、日露交歓の働きをするようにした。

ワシリイ昇直隆（曙夢）など、ロシア語のできる神学校生徒たちには、幻燈機を持たせて収容所を慰問させたり、復活祭ともなれば、東京本会の教役者や信徒を総動員して、日本全国すべてのロシア人捕虜に、赤く染めた復活祭のたまごを送ったりした。習志野の収容所には八〇〇〇人のロシア人捕虜がいたが、かれらにはみかんを「一四三箱」も送ったという（1905. 12. 23/1906. 1. 5）。

またニコライは、祈禱書を六万五〇〇〇部も印刷して各地の収容所へ送った（1905. 6. 15/28）。首にかける「銀の十字架」も、正教徒の捕虜全員に送った。また、教育のある捕虜の将校たちと手紙で連絡をとり、気の沈みがちな者たちを励まし、「ロシア語の新聞が読みたい」、「ロシアから金が受け取れるようにしてほしい」などといったかれらの依頼を受けて、それをいちいち果たした。また、ロシア本国からフランス公使館を介して届く、戦争で行方不明となったロシア人についての多くの問い合わせに応じて調査を行ない、返事を出してやったりもしている（1905. 5. 27/6. 9）。それは、驚嘆に値する勤勉と誠意である。

特に注目をひくのは、ニコライのロシア民衆《ナロード》教育へ熱意である。文字が読めないロシア人捕虜の数を調べ、東京でロシア語習字帳を編集印刷して、各収容所へ送った。豊橋や静岡の収容所では、教育のある大尉などが先生となって「学校」が開かれた。その知らせを受けると、喜んだニコライは、そこへ理科の実験教材も送った。その他靴作り、帽子作りなどの職業教育も熱心に奨励した（1905. 3. 22/4. 4, 1905. 6. 11/24）。ニコライはロシアのナロードの兵隊に、日本で捕虜になっている間に、教育を受けよ、手に職をつけよ、と勧めたのである。

日露戦争開戦の三年前、ニコライは、同郷のモスクワ大学教授セルゲイ・ラチンスキーが故郷スモレンスクのベールィに農民学校を開設しようとしていると聞いて、大いに喜び、自分の年金を寄付している。そして、民衆教育こそロシアの急務です、とラチンスキー宛の手紙（ロシア暦1901. 3. 18）

明治38年（1905年）**10月，習志野ロシア人捕虜収容所での帰国感謝祈禱式**
前列左から２人目，十字架を持つ司祭イアコフ藤平《とうへい》新太郎（『正教新報』第600号 参照）。

で強調している。その学校には後に「ニコライ」の名前がつけられた。

幕末に来日したときからニコライは、「日本とロシアの違いは教育にある。日本では国民の全階層にほとんど同程度にむらなく教育がゆきわたっている。それが日本をよい国にしている」と感じていた（ニコライ『ニコライの見た幕末日本』）。その認識と実感があったから、ニコライは、日本で捕虜になっているロシアの兵隊たちを相手に、少しでも教育に取り組もうとしたのだろう。

こうした捕虜たちへの寸暇《すんか》もない「奉仕」は、明治三八年（一九〇五年）九月の講和成立の六カ月後になって、ようやく終わりを迎える。八万人の捕虜のロシア送還が完了するのは、明治三九年（一九〇六年）二月九日である。

捕虜たちの帰国が近づいてきたころのニコライの日記には、繁く手紙を交わした捕虜を懐かしみ、かれらの才能（日本語が上達した者たちもいた）を惜しむ文章が、何度も現われる。捕虜たちもまたニコライに感謝し、別れを惜しんだ。

「帰国することになった者たちから、別れの挨拶の電報や手紙がくる。なかには心を打たれるものもある。いまマクシモフスキーからの手紙を読んでいて、思わず涙が出た。まるで親しい身内の者と別れるような気持ちだ」(1905. 11. 18/12. 1)。

捕虜たちが順次ロシア軍艦でヴラヂヴォストークへ向けて帰国する段階になると、ニコライは、残っていた寄付金をすべて使って、大量の暖かなフランネルの下着類を購入し、輔祭モイセイ河村伊蔵を横浜港へ派遣し、乗船する捕虜たちにその衣類を配った。ロシアはもう厳寒だったのである(1905. 12. 1/14)。

ロシアと日本の対比

ニコライは、ロシア軍の連敗を知ってただ悲しんだり憤《いきどお》ったりしていたのではない。かれは、日露比較文化論ともいうべき考察も日記のあちこちに書いている。それを二つ紹介しておこう。

バルチック艦隊の大敗の後、ニコライはこう考える。

「ロシアは海洋国家ではない。神はロシアに、世界の六分の一をなし、島嶼《とうしょ》なく切れ目なく大陸に結ばれる土地を与え給うた。その土地を平和に治め、その豊かな資源を開発し、資源を自国民の幸福に役立て、その大地に住む者たちの物質的、精神的福祉を考えるべきなのだ。

ところがロシア政府は、どれもこれも足らないと思って、その支配権をますます広げていった。それもまったくひどいやり方でだ。満州を領有する、それを清国から奪う、というのだ。それが果たして善いことだろうか。〈不凍港が必要なのだ〉というが、何のためにそれが必要なのだ。漁師に自慢するためにか。

今後は、前代未聞の恥ずかしい敗北でも自慢するがよかろう。明らかに、神はわれわれロシアに味方されなかった。なぜなら、われわれが正義を踏みにじったからだ。〈ロシアには、大洋への出口がない〉と言っているが、何のために必要なのだ。わが国に貿易があるというのか。全然ないではないか。

わたしは何度も日本人に断言したものだ、〈わたしたちはいつまでも友達でいるだろう。なぜなら、ロシアと日本は衝突するはずがないからだ。われわれは大陸国であり、あなた方は海洋国だから、わたしたちは共に互いを助け、互いに不足を補い合うことができる。将来も敵対する理由がないからだ〉、そうわたしは言ってきた」（1905. 5. 30/6. 2）。

この海洋国と大陸国の対比は、ニコライが明治一二年（一八七九年）に、ロシアの雑誌『旧いロシアと新しいロシア』に発表した論文「日本とロシア」でも、すでに述べている。

そのニコライの持論が、日露戦争で破られたのである（ポズニェーエフ著・中村健之介訳『明治日本とニコライ大主教』「第三章　日本における正教の布教」参照）。

「またしても災難発生。アレキセイ沢辺（悌太郎）神父は、現在の教区信徒である浜寺（捕虜収容所、大阪府堺市）の、旅順での捕虜たちからたいへん愛されていた。それが突然、かれらのところへ行ってはならない、かれらのところで奉神礼を執り行なってはならないという命令だ。陸軍省の決定であって、もう変更はきかないというのだ。どうしてこういうことになったのか。アレキセイ沢辺神父が、何かちょっとした規則違反をやったからなのだ。

しかし、これが日本のやり方だ。日本は法律と規則が支配している。日本はそれがゆえに強いのだ。それによっていまロシアを打ち負かしているとも言える。

ロシアにあるのは法律ではなく、〈裁量《さいりょう》〉だ。そしてそのために、ロシアに混乱と無秩序が生じている。法律は裁量権を持っている者によっていつでも破られ得《う》るものであることを、ロシア人はみな知っている。だから、その権利を持っていない者たちは、法律を知ろうとは思わない。

日本はそうではない。法律と規則を守ってさえいれば、〈ご安心ください。だれもあなたの生活もあなたのやることも邪魔しません〉だ。ところが、定められた規律をほんの少しでも破ると、すぐさま馘《くび》だとくる。今度のアレキセイ沢辺神父の場合もそれだ。

疑いもなく、この点では、ロシアは日本を模範としなければならない。

とはいうものの、もしロシアの〈裁量〉を、――その〈裁量〉は、いまロシアで蔓延《まんえん》している、限度をしらない、めちゃくちゃな、勝手極まる裁量ではなく、良識のある、事情をよく勘案《かんあん》する裁量であるが、――それを取り入れることによって、日本の形骸化したやり方をいくらかでも活性化するならば、日本は大いに得をすることになる、ということも言っておくべきだろう」(1905. 7. 19/8. 1)。

明治二三年(一八九〇年)に来日し、三年間ニコライの下で日本で布教活動に従事したロシア人、掌院《しょういん》セルギイ(ストラゴロッキー。後に、スターリン時代に、ロシア正教会総主教となった)も、その日本観察記で、同じような日本観察を述べている。

「日本人の際立《きわだ》つ特徴は、法律を尊ぶということである。規則がある以上、それは守らなければならないのである。わたしは、われわれスラヴ人の放埒《ほうらつ》さを思った。われわれの場合は、規則を文言《もんごん》に書くのは、規則を守るためではなく、むしろ守らないためなのである」(セルギイ・ストラゴロツキー『極東にて』)。

なかなか手厳しい自国批判である。ニコライもセルギイ(ストラゴロッキー)も、自分の体験によって、「ロシアは無法の国だ」、規則や約束はロシア人にとって無いも同然だ、と言っているのである。

このロシアの「無法」に関連する日露対比をもう一つつけ加えると、「経済的なだらしなさ」に対するロシアと日本の「社会的制裁」の違いである。ニコライは日記で、次のように言っている。

「セルギイ座下〔ニコライの後継者になったセルギイ・チホミーロフ。座下は主教の敬称〕に加えて、ロシア人宣教師がもう一人必要だ。宣教団の経理部門を担当する、正直で理性的な宣教師が必要だ。そういう補佐役がいないと、セルギイ座下は、ロシアでさんざんやってきたようなでたらめを、これからもしでかすだろう。

日本ではそういう経済的なだらしなさは、ロシアとは比べものにならないくらい危険なことになる。ロシアならそういうだらしなさは、内輪のこととして、好意的にもみ消され、やがて忘れられる。しかし日本では、それは宣教団と教会のスキャンダルとなり恥辱となる」(1908. 12. 31/1909. 1. 13)。

自分の後を継いで、日本正教会の二代目宣教団長となるはずのセルギイ(チホミーロフ)主教が、経済的にだらしのない人物であることが、晩年のニコライの深い悩みだった。

残った小さな船

明治三八年(一九〇五年)九月の講和締結の後、まだ捕虜たちのための仕事は残っておりそれを懸命に果たしていたニコライではあったが、緊張の糸が切れたように、気持ちが沈み、「無気力感に襲われて、あらゆることが手からこぼれ落ちていく感じ」(1905. 10. 8/21)になっていた。疲れが出たのである。

戦後のそのようなニコライを内から支え、生きるよろこびをもたらしてくれたのは、聖職者としての義務であり、日本の正教会であった。

「聖体礼儀をあげた。これからまた、わたしは平時のとおりの日曜と祝日毎《ごと》の聖体礼儀を再開する〔戦時中は、ニコライは公開の場には出ないようにしていた〕。聖体礼儀で御聖体を授けることが、天の恵みである効果をもたらしてくれる。教会を出るときは心がかろやかになって、悲しい、滅入る気分はすっかり消えていた。

ロシア艦隊は砕《くだ》け散った〔明治三八年五月二七日、ロシア・バルチック艦隊は、日本連合艦隊に破れた〕。

しかし、少なくとも、小さな一艘《そう》の船は、いささかも損傷を受けることなく残った。日本の正教会である。キリストが御自《おんみずか》ら、この船の舵《かじ》取りをしておいでであることが明らかではないか」(1905. 10. 9/22)。

八万人の捕虜の帰国は、明治三九年(一九〇六年)二月に完了した。捕虜たちが次々と帰国して行ったこの一九〇五年、一九〇六年は、ロシアはすでに「革命」という動乱の時期に入っていた。ニコライは日記に、「革命」はロシア中の人びとを巻き込んで、ロシアを「ずたずたに引き裂いて」いったと書いている。

ニコライは、ロシアから「動乱」のニュースを受けとる度に、ロシアは破滅の淵へ近づきつつあるのではないかと感じるようになった。そのような不安のときも、ニコライの支えとなったのは、自分が造り、四〇年以上も指導者として働き続けてきた日本の正教会という「小さな一艘の船」であり、そこでの聖職者としての義務であった。

日露戦争終結の半年後、明治三九年四月になって、ロシア正教会の宗務院から、ニコライを大主教に昇叙するという報せが届いた。戦争中の捕虜慰安活動がロシアで高く評価されたのである。大主教昇叙は栄誉であり、日本正教会にとっても大きな益となることであった。しかしニコライは、その叙任式のためにモスクワへ行かねばならないとしたら困る、「だれにこの教会をまかせて行かれよう」(1906. 4. 3/16) と悩んでいる。

ニコライは、「小さな一艘の船」である日本正教会が、自分がロシアから伝えたキリスト教を乗せて航行を続けて行ってほしいという切なる願いを抱いていた。そして、自分は神の迎えがくるまで、この船から離れまいと決意していた。同時にかれは、動乱の母国のニュースが届く度に、母船ロシアが沈んだときには、自分たちのこの小舟は、老いた自分と日本人信徒の力では、航行できなくなるのではないかという強い不安も抱いていた。ニコライはすでに七〇歳である。

この二年後、明治四一年六月には、日本正教会を背負うべき後継者セルギイ（チホミーロフ）主教が来日するのだが、このセルギイは、全幅の信頼を置ける人物であるとは言い難かった。

日比谷事件の夜

明治三八年（一九〇五年）九月五日調印予定の日露講和条約（ポーツマス条約）に、日本国民は不満であった。大きな犠牲を払って獲た「大勝利」であるのに、見返りの「戦利」が少なかったからである。調印成立のその日、数万の群衆が東京日比谷公園の講和反対国民大会に集まり、やがてそれが暴徒化し、新聞社、警察署、内相官邸などを襲った。「日比谷事件」である。

東京神田駿河台にそびえ立つロシア正教の「東京復活大聖堂（ニコライ堂）」は、暴徒たちの恰好の襲撃目標であった。

その「日比谷事件」の夜のニコライの日記を、少し長いが、紹介しておきたい。ニコライは、九月五日深夜から六日朝にかけての、攻撃される側にあった自分たちの状態を、日記に次のように書きとめている。

「深夜、眠りに落ちようとする前の、一一時ころ、ほとんど休みなく鳴り続ける電話のベルに気づいた。どうしたのかと部屋を出ると、廊下で、夜わたしの部屋〔主教館一階〕の警護にあたっているニキフォル〔三〇年間東京本会で働いた白岩条蔵《くめぞう》〕と一人の憲兵に出くわした。ニキフォルが言った。

〈近衛兵《このえへい》四〇名が本会の護衛に向かっています〉

〈理由は〉

〈市内で暴動が発生しました。市中各所で大勢の者が騒ぎ立て、警察署に火を放っています〉

〈なぜ〉

〈日比谷公園でたくさんの人が集まり、次々と政府に反対する演説が行なわれました〔「講和条約反対国民大会」〕。警察が阻止しようとして、集まった者たちを追い払いにかかったところ、乱闘がはじまりました。警察はサーベルを抜きました。これがきっかけとなって、その者たちは激しく怒り狂い、警察にかかっていったのです。いまは街中をのし歩き、あちこちの交番や警察署の建物を選んでは、火を放っています〉

たしかに、市中各所の空に火事の照り返しが見えた。

そうこうするうちに、生徒たちや、この建物に住む者がみな起き出し、廊下はどこもここも人でいっぱいになってしまった。

わたしは、外へ出て建物の向こう側へ出ようとした。ところが警官数人が追いかけてきて、警戒して、〈どうか外へ出ないで、身を隠してください〉と言う。構内はどこもここも警官たちの叫ぶ声や走り回る音である。銃をもった近衛兵たちが三つの門すべての守備についた。

われわれの教会の者たちは、身を隠してくださいと言ったが、わたしは笑いとばした。おそろしいとか心配とかいう感じは全然しなかった。

そこで、〔主教館の〕三階へむかった。三階の半円形のベランダから市中いたるところで上がっている炎の照り返しを眺め、怒り狂った群衆の怒号《どごう》を聞こうと考えた。従者ニカノル〔食堂長・高瀬駒太郎〕と、このときわたしの護衛役になっていたマルク〔伴頼三か〕が、ぴったり離れないでついてきた。ニカノルはたえず〈立ち上がらないでください。姿が見られますから〉と警告し、そこにあった椅子に座らせた。

群衆の怒声はいよいよ近くなってきた。かなりの数の兵が下手の門へ走った。

ついに怒号と金切り声をあげて群衆が姿を現わし、門の中へ押し入ろうとしはじめた。内と外で護りについている近衛兵たちが門を護り、群衆に下がれと叫んでいた。門は鋳鉄製《ちゅうてつ》だったから群衆の圧力に耐えたが、錠前はこわされてしまった。だが、鉄製の環《わ》は外れなかった。

群衆は長い間、まるで何千匹ものねこが一斉に鳴くような甲高い声と叫びをあげていたが、叫び声をあげたまま、どっとわきへ動き出した」(1906. 8. 24/9. 6)。

翌九月六日、日本政府は東京府下に戒厳令を敷いた。

ニコライの日記は、次のように続く。

「後でわかったが、宣教団に対する破壊行動も計画されていたのだった。きのう、浅草の一二階の塔〔凌雲閣、俗称「十二階」〕に、〈今夕八時、ニコライ炎上〉と書いた大きな垂れ幕が下げられていたのだ。同内容のポスターが市内いたるところの電柱に貼られていた。

それで、八時前にはたくさんの野次馬が、大聖堂がよく見えるあちこちの場所に集まった。大聖堂が燃えるのをたっぷり楽しもうというわけだ。じっくり見物しましょうと高台を探して陣取った連中もいた。

八時になると、その全員が目を皿のようにして宣教団を見つめた。

ところが、八時をすぎた。連中は、〈どうして燃えないんだ?〉と言っていたという。そして、すっかりがっかりして、三々五々帰っていった。

イサイヤ水島〔行楊、伝教者〕がきのう市内を歩き回って、この〈観客たち〉の一つのグループの動きを観察して、連中が言っていたことを聞いて、わたしに話してくれたのだ」(1905. 8. 25/9. 7)。

日比谷事件についての文献資料は多いが、襲撃された正教会の側からの、このようなリアル・タイムの「目撃証言」は、貴重である。この日比谷事件を「ニコライ堂」が無傷でくぐり抜けたことは、奇跡的だったと言ってよいだろう。

第十六章　ロシアの混乱とニコライ堂の内紛

1　ロシアに革命

ロシアの革命の波

明治三八年（一九〇五年）のニコライの日記には、ロシア軍敗退の記事に加えて、「革命（一九〇五年革命）」が勃発したロシアの政情不安・社会混乱のニュースが増えてくる。それらのニュースは、母国ロシアを愛するニコライにとって大きな打撃であった。

「きょうのようにつらい日も、めったにない。憂鬱感と無気力を乗り越えることができない。悲しい報せが絶え間なくたましいの上に重くのしかかり、たましいは悲鳴をあげ、悲しみにくれて泣いている。戦争ではいつも負けてばかり、しかもロシア国内がまたひどい状態だ。こんなことは、知らないでいられたら、どんなにいいことか。ロシアの宗教関係の機関までが、激しく動揺している」（1905. 6. 18/7. 1）。

「ロシアでは、革命が起きている。ロシアに、大いなる災厄が襲いかかってきたのだ。おそらく、こうなるだけの理由があるのだろう。主よ、ロシアに罰を下して、改心させてやってください」（1905. 7. 20/8. 2）。

60代半ばごろの主教ニコライ

「〔来日した、捕虜送還の責任者〕ダニーロフ将軍の〔捕虜たちに対する〕声明文には、〈ロシアの暴徒どもは、家々に火をかけ、人を斬り殺し、こどもを生きたまま火に投げ込んでいる〉などと書かれている。あまりにもあからさまな書き方だ。

しかし、さまざまな新聞の電信記事の伝えるところは、それよりもひどいくらいだ。暴動の火はますます広がっている。軍隊はほとんど全部が、公然と暴動を起こしている。忠誠を守っているのは、コサック兵だけだ。バルト地方はロシア帝国から離脱し、すでに自己の政府を有している。カフカスでは白兵戦が続いている。農村の混乱はますます広がっている。

ひとことで言えば、ロシアはまったくの無政府状態だ。そしてこの闇には、光が見えない。間もなく状況は好転するという希望がない」（1905. 12. 6/19）。

さらにロシア国内の「無政府状態」や「革命」のニュースは、さまざまな窓口を通して、日本にいるロシア人捕虜にも伝わっていた。加えて、ケナンやラッセルなど反帝政派の「オルグ（工作員）」が日本へやって来て、ロシア人捕虜たちへの「思想工作」活動を行なった。かれらの煽動が成功し、講和成立後、捕虜の帰国が計画されはじめた時期から、熊本をはじめとする各地の捕虜収容所で、捕虜たち（ポーランド人もいた）が革命派と反革命派に分かれて対立抗争したり、捕虜の兵が上官に反抗したりする事件が次々と起きた。指揮官たるロシア軍将校たちの間にも、「革命熱」が広がった。「日本にいるロシア人将校の三分の二が革命的風潮に感染している」というニュースも、ニコライに伝わってきた（1905. 11. 18/12. 1）。

ニコライは日記に、次のように書いている。

「熊本のアレクサンドル・ヴェプリッツキー中佐から手紙がきた。熊本の収容所には、海軍と陸軍の、合わせて六〇〇〇人の捕虜がいるが、それが暴動を起こしているという。

浜寺〔大阪府堺市〕の収容所には、旅順から送られてきた捕虜二万二〇〇〇人がいる。その浜寺からも、きょう同じような報せがとどいた。ロマン千葉〔忠朔〕神父からの手紙によれば、工作員《オルグ》が何人もやって来て、捕虜たちに向かって革命礼賛の演説をし、捕虜たちの間に分断を引き起こした。捕虜たちは二派に分かれて、瓦《かわら》や石で闘いをはじめ、互いに多数の負傷者を出しているという」（1905. 10. 28/11. 10）。

革命によってロシアに新生をもたらすと称する「インテリゲンツィヤ（「革命的民主主義者」と呼ばれる世俗知識人たち）」に対するニコライの反応は、強い否認である。西欧由来の無神論と進歩主義を信じる「世俗知識人」は、「教会知識人」であるニコライの目から見れば、ロシアを破滅へ駆り立てている者たちに見えたのである。ニコライはこう言っている。

「地獄の闇がロシアを覆いつつみ、絶望が襲いかかっている。いつか光明の射す日がやってくるだろうか。神を失っては、道徳を失っては、愛国心を失っては、民族は自立して存続することはできない。

畜生になり下がり、けだものと化した、卑劣でいまわしいインテリゲンツィヤが、単純で粗野で無知なナロードを、地獄へ引きずっていく」（1905. 7. 3/16）。

ニコライのこの「インテリゲンツィヤ」観は、ドストエフスキーの見方と基本的に同じである。ドストエフスキーは、社会評論「現代の欺瞞の一つ」で、「現代の最高の教師たち〔インテリゲンツィヤ〕に、ロシアの旧い社会を打ちこわし新しい社会を建てる機会を与えてみよ。そこに出現するのは、と

祭壇中央に立って祝詞を受けるニコライ大主教
1906年（明治39年）7月11日，「東京復活大聖堂」で行なわれたニコライの主教叙聖25年と大主教昇叙祝典の献品式の光景（「中井終子のアルバム」より）。

てつもない暗黒、ものすごいカオス、おそろしいほど盲目的で非人間的な何ものかだろう」と書いている（ドストエフスキー『作家の日記』一八七三年）。

ドストエフスキーはまた、「ロシアの世俗知識人は、紙でできた人間なのです」と、小説の中でも言っている（『悪鬼ども』一八七一年）。ニコライは、このドストエフスキーの「インテリゲンツィヤ」観に共感しただろう。

ロシア滅亡の予感

明治三九年（一九〇六年）に入って、ロシア人捕虜の本国帰還が終わりに近づいてくると、さすがにニコライもほっと息をつく気配があるのだが、しかしロシアからのニュースは、ますますニコライの未来展望を暗いものにしていった。そのころの日記には「ロシアの滅亡」ということばがしばしば見られるようになる。

「最近ロシアから届いた新聞雑誌にあらためて目を通し、読み返した。極端に保守的な『モスクワ報知』と『ロシアのことば』、そして極端に自由主義的な『教会報知』と『神学報知』である。わが国の宗教関係の雑誌も、自由主義者たちの笛につられて踊りはじめた。

このドンチャン騒ぎの全体は、一体どういう結末に至りつくのだろうか。

ロシア正教会とロシアのことを思うと、絶望に襲われる。本当に、われわれは神の裁きによって、ずたずたに引き裂かれて滅びる定めとなったのだろうか。そうなるような気がする」（1906. 2. 4/17）。

「革命派がすべてを手中におさめ、ロシアを、逃れ難い破滅の淵へ引きずり込んでゆきつつある」（1906. 2. 5/18）。

ロシアの破滅を予感したとき、ニコライは、ロシアから日本正教会へ送られてきている宣教資金についても、暗い予感を抱いていたはずである。日記では直接そのことにふれてはいないが、ロシアから送られてくる宣教資金が日本正教会の命綱だったのだから、危機感が募っていなかったはずはない。日本正教会という「家族」を抱えて、ロシアの破滅の予感と先行き不透明の状態で、このときニコライは、不安に陥っていただろう。

2　日本正教会の内紛

神学校長瀬沼恪三郎の問題

ロシアにおそろしい混乱が広がった二〇世紀初頭は、日本の明治四〇年代である。この頃日本正教会本会内に、思いがけない混乱と抗争が生じた。神学校校長イオアン瀬沼（旧姓河本）恪三郎と妻エレナ郁子に対して、女子神学校教師たちと若い伝教者たちが怒りと批判の矢を放ったのである。

その直接原因は、瀬沼の妻郁子と、ロシアの金持ちの商人の息子で東京帝国大学医学部に留学していたニコライ・アンドレーエフとの恋愛にあり、そこから発した数々のスキャンダルが、当時新聞でさかんに報じられるようになったのである。その醜聞によって、「あの恥知らずな夫婦の仲間か」と世間から指を差されるようになった日本正教会の信徒や伝教者たちが、たまりかねて、瀬沼郁子批判、校長瀬沼恪三郎排斥の声を上げたのである（『ニコライ堂の女性たち』の「第五章　エレナ瀬沼郁子」）。

瀬沼恪三郎はどのような人であったのか。

瀬沼は「神奈川県」南多摩郡八王子の出身で、東京本会の正教神学校で学び、ニコライの推薦でロシアのキエフ神学大学へ留学し、そこを卒業して、明治二九年（一八九六年）一月に帰国した。

瀬沼はロシア留学中から、東京のニコライに「敬虔な」手紙を書き送ってきていた。

「今朝、河本〔当時瀬沼は、河本家の娘と結婚する約束で養子になっていた〕の、エルサレムからの手紙を受け取った。手紙は敬虔な感情にあふれている」（1895. 11. 28/12. 10）。

ところが、ニコライは、帰国した瀬沼に落胆した。日記にはこう書かれている。

「困った！　神学校長にするつもりだった河本が、頑固でわがままな、ろくでもない性格だとわかった。その発想の愚かなのに、ぎょっとした。わたしが静かに反対を言うと、河本は聞き分けのない幼児のようなわがまま勝手な答えをした。〔中略〕かれは、自分を抑えるという基本的な品性さえ持ち合わせていない」（1896. 1. 26/2. 7）。

「河本に期待していたが、無駄だったようだ。日本で勉強していた間は、河本の性格はわからなかった。それにロシアへ行ってからは、丁寧なよい手紙を寄こしていたのだ。だからわたしは、かれはすばらしい人間だと思った。ところが、静かな淵には悪魔が棲む」（1896. 1. 29/2/10）。

しかしニコライは、失望し疑いながらも、当初の予定どおり、明治二九年四月、河本（瀬沼）を神学校長に任命した。それは、ニコライが、留学中の河本に約束したことだったからである。だが新任校長河本が前任者より優れているかどうかは、神のみぞ知る。「夕方、祈禱の後、ロマン千葉〔忠朔〕神父の校長退任を発表した。だが新任校長河本が前任者より優れているかどうかは、神のみぞ知るだ」（1896. 4. 15/27）。

瀬沼校長就任一カ月後、明治二九年五月、ニコライは瀬沼を校長職から降ろしてエミリヤン樋口艶之助を新校長にしようとした（1896. 5. 6/18）。だが樋口の兵役の問題があって、瀬沼解任は実現しなかった。そしてその後は、ニコライは、瀬沼解任を試みていない。

それからのニコライの日記には、不思議なことに、瀬沼に対する落胆や批判はほとんど見られなくなる。かれは教育者に不適であると言っていたのに、そのことが忘れられたかのように、ニコライは、瀬沼に操られ、かれを「よい人間」と思うようになっていった。

瀬沼罷免を求める声　瀬沼のかつての教え子、青木精一や伴頼三といった若い伝教者たちは、妻郁子のアンドレーエフとの恋愛を容認している瀬沼を批判した。正教会の全体会議（公会）でも、瀬沼校長の罷免を求める声が上がった（1908. 7. 5/18）。その声は公会の後も消えなかった。

「瀬沼を神学校校長職から外《はず》せと提案した伝教者たちは、提案が公会で却下されたことに納得せず、きょう再び集まって、自分たちの請願を受け入れてもらいたいと司祭たちに願い出た」（1908. 7. 8/21）。

かれらの「瀬沼校長排斥」の動きに対抗して、瀬沼は直ちに手を打った。若い伝教者たちの請願が提出されたその日のうちに、巧妙にニコライの耳に毒を注いだのである。日記には、「瀬沼が部屋へやってきて、〈パウェル青木を呼びつけて、神学校の悪口を言うのを禁じていただきたい。あれは、神学校の生徒たちに悪い影響を与えかねません〉と願い出た」（1908. 7. 8/21）、とある。

瀬沼は、「神学校の生徒たちに悪い影響を与える」ということばがニコライに「効き目」があるのを知っていたのである。そしてニコライは、新聞で瀬沼郁子とアンドレーエフの派手な恋愛の記事を目にしても、瀬沼夫妻にねたみを抱く者が流した讒言《ざんげん》による記事だと思い込んでいた。

ニコライがこの「騒動」に不審な感じを全く持たなかったわけではない。なぜそうまで瀬沼を攻撃するのか、伝教者たちに会って真相究明を試みはした。しかし、探り当てることはできなかったのである。

「麹町の伝教者パウェル青木〔精一〕をよび、かれとその友人のマルク伴〔頼三。伝教者〕がなぜあのように激しく神学校校長イオアン瀬沼を批判したのか、なぜ瀬沼を神学校から追い出そうと一生懸命になったのか、訊いた。

しかし、まったく何も聞き出すことができなかった。

あらゆる努力を払って青木を説得し、瀬沼に対する怒りをやわらげようとしたのだが、何にもならなかった」(1908. 7. 18/31)。

青木は群馬県出身の士族である。ニコライ自身も日記に書いているが、当時の士族は一般に誇り高く、日本人の卑しさや卑劣さが外国人に知られるのを、異常なほど恥じたという。ニコライが明治五年に上京して開いた「露学校《ろがっこう》」で金銭の盗難事件があったとき、士族の学生たちは「日本人の面目を損じる」として、犯人の学生に切腹をせまったという(「故大主教ニコライ師回想談」、『正教時報』大正八年六月)。

青年青木精一もそのような誇り高い士族だったのだろう、ニコライが何度理由を訊いても、「瀬沼は校長でいるべきではない」と泣いて言うばかりで、瀬沼批判の理由をニコライに告げなかった。

付記しておくと、青木精一は日露戦争にも従軍し、後、伝教者を辞して「大阪新報」東京支局長となり、群馬県から衆議院議員に七回当選した。昭和九年には逓信省《ていしん》（のちの郵政省）政務次官となった。昭和二〇年四月、アメリカ軍の空爆によって東京で死んだ。青木も妻も最後まで正教徒だった。

青木や伴が批判の声を上げたのは明治四一年（一九〇八年）である。翌四二年になっても、伝教者ティト越山照、伝教者リン佐藤新衛、翻訳局員アキラ加島斌、さらには辞職したワシリイ山田蔵太郎までが、連名の文書で瀬沼批判を行なった（1909. 2. 21/3. 6）。それでもニコライは、瀬沼の言に丸め込まれ、瀬沼を批判的に見ることができない。このあたりのニコライの瀬沼に対する「甘さ」は、かれの日記を読む私たちでさえ、はがゆいばかりである。

しかし、妻郁子の不倫事件の全貌がくり返し新聞に出て、もはや事実を隠しきれなくなった段階になって、瀬沼はまたしても迅速に行動する。かれは自分からニコライを訪ねて、自分の家庭の不幸を打ち明け、助けてくださいと泣きついた。郁子が恋人アンドレーエフの子を産んだときも、瀬沼はそれをまずニコライに知らせた。ニコライは、そのように重大な秘密を自分に打ち明ける瀬沼を信用し、「イオアン瀬沼は可哀そうだ。このような苦しみに耐える瀬沼は、聖人のようだ」とかれに同情した。

ニコライの人を見る目

日本正教会創建という大きな事業を成し遂げた「偉僧」ニコライには、「人を信じやすい」というアキレス腱があった。だから、伝教者たちが瀬沼の退任を求めても、この退任要求は実はパウェル森田亮《あきら》神父が「瀬沼のポストをねらって」仕組んだ「陰謀ではないか」という見当違いの疑心まで抱いて、瀬沼の狡猾さを見抜くことができない（1908. 7. 18/31）。あまりにも愚かな盲目的信頼である。

最終的には、瀬沼は、校長職は継続在任、ただし神学校校舎内の公宅からは出る、と決まった。そのときでさえ、ニコライは瀬沼を被害者だと思って同情していた。その日の日記には、次のようにある。

「公会三日目、最終日。〈校長イオアン瀬沼は神学校の建物を出て校外に住むべし〉という要求が、全員の要求として出された。イオアン瀬沼は、まさに苦行者の如き忍耐をもって、自分を襲った不幸を耐え抜いた」(1911. 7. 7/20)。

司馬遼太郎はこうしたニコライを評して、「馬鹿みたいに純真な人だ」と言っている(司馬遼太郎『街道をゆく　十五』)。まさにそうなのである。「純真な人」ニコライは、他からの正面攻撃を受けて立つとき強いが、受難者のふりをした策謀家の泣き落としには易々とはまる。しかも、何度もだまされるのである。

ニコライには、相手が善い人であると思いたいという深い願望がある。それがかれを盲目にする。ニコライは、留学中の瀬沼が「丁寧なよい手紙を寄こしていた」、「わたしは、かれはすばらしい人間だと思った」、と日記に書いている。良いことを言う人は「すばらしい人間だ」と、そのまま信じてしまうのである。

ロシアの神学大学で学んで帰国した日本人「神学士」たちが、次々正教会の教役者の職を離れていったとき、ニコライは自分について、こう書いている。

「わたしは老いた愚か者であり、いまだに鉛と銀の見分けがつかない。それは悲しいことではなく、滑稽なことだ。どうやら、人の見分けがつかないということが、わたしの性格の特徴のようだ」(1899. 6. 19/7. 1)。

ニコライは仁義を大切にするし、経理や教育などの面ではしっかりしたリアリストであるが、根は「馬鹿みたいに純真」だった。相手を、自分の純真さのレベルで、同じ目の高さで、見てしまう。だから、副島種臣や後藤新平や内村鑑三のような優れた人たちからは尊敬されながら、幇間《ほうかん》のような者からは馬鹿にされ、自分で認めているように、「滑稽なほど」簡単にだまされた。酒井篤礼や津田徳之進や影田孫一郎などのような明治初期の「理想家」たちが相手なら、ニコライは失敗はしないが、腹黒い打算家たちが相手だと、たえず失敗の危険があった。

さらに言うと、相手を善い人であると思いたいニコライの願望の奥には、生来の真っ正直と敏感さがある。たとえば、ニコライは自分の乗る人力車を引く車夫に対して、いつも心苦しく感じる。人の労苦を敏感に感じすぎるのである。他人を軽んじないのは正しいことだろうが、瀬沼のようなタイプの者は、他人を大切にするニコライを侮《あなど》る。人と人との関係において、対等な友愛的心情は時には危険であり、疎遠な関係こそが身を守ってくれるということを、ニコライはよくわかっていない。体に埋め込まれている善良で敏感な感覚は、晩年になっても、なかなかニコライから抜けなかった。

その鋭敏な対等感覚は、たとえば聖職者位を剝奪され教会を出た新妻敬治への同情と嫌悪（1892. 10. 7/19）や、ロシア人捕虜に配った「銀の小十字架」の銀含有量が少ないとわかったときの激しい憤《いきどお》りと羞恥（1905. 10. 29/11. 11）にも現われている。

沢辺琢磨に対しても、同じ感覚が働いていた。沢辺は、明らかに何度か主教ニコライをないがしろにした策謀家である。本来なら、沢辺を降格するか、減俸するかすべきなのである。ところがニコライは、パウェル沢辺琢磨をしかりつけることができない。

それは、ニコライが、沢辺は、函館で正教徒になって以来ずっと内に苦しみをかかえているのだ、と想像しているからである。ニコライは沢辺琢磨の最初の妻トモを知っていた。「若く、とても美しい妻」だったとロシアへの「報告書」にも書いている（掌院ニコライ『一八七二年（明治五年）の報告書』、アントニイ・メーリニコフ「亜使徒・聖日本のニコライ」）。琢磨と結婚したとき、トモは一四歳だった（福永久壽衛『沢辺琢磨の生涯』）。夫沢辺が「禁制」のキリスト教徒となり、母親や親戚との激しい争いが続き、母親が沢辺を官憲に訴えるとまで言い出し、その苦悩の中でトモは発狂し、自家に火を放った

（アントニイ・メーリニコフ、同前）。そしてトモは、そのまま長く生きた。トモの発病後は、金沢家に嫁し二人の子もいた妹のタネが沢辺家へ戻り、琢磨の妻となった（福永久壽衛『沢辺琢磨の生涯』）。沢辺琢磨には二人の妻があったのである。

ニコライは、トモの発病が自分の宣教に関係があることを深く意識していた。一方沢辺は、ニコライが「同情深い人」であることを知っていた。だから、沢辺はニコライを恐れなかった。ドストエフスキーが『悪鬼ども』で言っているように、邪《よこしま》な者はやさしい人によって育つ。

昇直隆と岩沢丙吉

明治四〇年代、神学校長夫人瀬沼郁子のスキャンダル事件が新聞で騒がれ、正教会本会を内側から揺さぶったとき、神学校の重鎮教師アルセニイ岩沢丙吉と明治三六年（一九〇三年）に神学校を卒業し母校の教壇に立ったワシリイ昇直隆も、神学校内の公宅に住む瀬沼夫妻の様子を、至近距離で見ていた。

昇直隆は慎重な人で、瀬沼に対しての批判は毛筋も表に出さなかった。瀬沼は、ロシア文学翻訳者として活動しはじめた教え子の昇に激しく嫉妬していた。賢い昇は、「さわらぬ神に祟《たた》りなし」と判断したのだろう。

ロシア革命後のソヴェト・ロシアに対する昇の態度は鵺《ぬえ》的で、単なる「ロシア語遣《つか》い」として大活躍するだけで、ニコライに信仰を学んだ人らしい内的葛藤も批判的ソ連観も出てこない。ドストエフスキーについても、二葉亭四迷のようなはっきりした自分の見解はない。

昇は、一般に正教会内の激しい意見や波立つ問題を用心深く避けたように思われる。伝教者だったリン佐藤新衛は、「昇先生は多年、本山（本会）山上に棲息して霞を呼吸して」いるような人で、宣教に熱心で批判精神旺盛な伝教者に接すると、「あゝこれ反逆児」と突き放す人だった、と言っている（佐藤新衛「四谷教会の本山への合流に就て」、『正教時報』昭和一三年四月一日号）。

アルセニイ岩沢丙吉は、神学校長瀬沼が旅行に出たときなどには「校長代行」を務める、神学校のナンバー・ツーであり、明治後期以降の日本正教会の隠れた実力者であった（1908. 8. 21/9. 3）。そして昭和初期には、岩沢は日本正教会の代表に就任し、軍国主義時代の日本の正教会を操縦するようになる（『正教時報』昭和一八年一一月一日参照）。

その岩沢が、昭和五年に「アナトリイ尾崎容兄《ひろし》の永眠」（『正教時報』昭和五年七月）で、「アナトリイ尾崎氏〔岩沢と同じ伊豆出身〕は、少年生徒の世話役は得意で適任であった。この人を神学校などの庶務係か生徒監に任用せざりしは遺憾であった」と書いている。

ニコライは、瀬沼恪三郎を疑わず、瀬沼罷免を求めた若く真面目な伝教者たちが教会を去るのを止めなかった。岩沢は、上司である瀬沼の言動については、昇と同じく沈黙を守ったが、上手に顔を使い分ける瀬沼と、その瀬沼に籠絡されるニコライを間近で観察していた。岩沢は、ニコライの偉大さを理解できる人だったが、このときニコライの人材起用能力の限界を見たのだろう。明治初期から長く日本正教会に仕えたアナトリイ尾崎の人事について、岩沢丙吉が「遺憾であった」と言った裏には、ニコライと瀬沼に対する批判が感じられる。岩沢は尾崎を「神学校などの庶務係か生徒監に」と書いているが、「校長に」と思っていたのかもしれない。

新聞「新正教」の瀬沼評

瀬沼恪三郎は、かれを直接知る正教会の人たちにとって、不可解な人格だった。ニコライ永眠の後、信徒たちは、瀬沼が自宅に、妻の間夫《まぶ》（アンドレーエフとは別人）が同居しているのを容認していることを知って、おどろき、「瀬沼氏〔について〕の研究問題が勃興」したという（「中井終子の日記」参照）。瀬沼は、最後は妻郁子を憎しんだが、長い間、美人だった郁子を飾りたて、不倫を認めていたのは、実は瀬沼自身であった。

ニコライ永眠の一年後に創刊された、加島斌《あきら》編集発行の月刊新聞「新正教」の第二号（大正二年三月一日付）には、「瀬沼恪三郎君に対する公開書」が載っている。そこには、瀬沼の「家庭内の私事」が神学校の「体面を傷つくる」ことも書かれているが、神学校での瀬沼の授業が、「第一課に聖書、第二課に『源氏物語』」という「無秩序」であって、「何らの統一もない」ことが暴露され、瀬沼には「責任の観念」が全く欠如していることが指摘されている。

加島は、瀬沼にはロシア語で話すのが快感だった、ロシア人とみれば相手かまわず近づいて話しかけ関係を結ぶことが瀬沼の際立つ特徴だった、と言っている。ニコライが日記で「いかがわしい女」（1908. 3. 27/4. 9）だと注意しているロシア女性コンデとの関係も、それである。ロシア語で話ができるのであれば、相手がどんな者であれ、快感なのである（『ニコライ堂の女性たち』「第五章　エレナ瀬沼郁子」参照）。

瀬沼恪三郎は「人の間を遊泳する」のが上手で、ニコライ永眠後のセルギイ（チホミーロフ）主教時代になっても、セルギイの懐刀《ふところがたな》となり、校長の権限で人事を動かした。

瀬沼が、引き続く家庭の醜行で自分の人格のほころびを隠しようもなくなり、ついに校長の席を降りたのは、大正五年（一九一六年）五月である。

足尾銅山鉱毒事件と大逆事件

この章の最後に、明治二〇年代末から社会問題化した足尾銅山鉱毒事件についての、ニコライの日記を紹介しておこう。足尾銅山では、明治四〇年（一九〇七年）二月には、軍隊まで出動して鎮圧に当たる大暴動が起きるのだが、その五年前、明治三五年一月の日記に、こうある。

「昼すぎから、市内の青年会館（東京監督教会青年会館、ＹＭＣＡ会館のこと）（神田美土代町《みとしろちょう》）で開かれた集会へ出かけた。

正教青年会の会長ワシリイ山田（蔵太郎）は、数日前足尾へ行ってきた。商人古河（市兵衛）所有の銅山のために、足尾の住民が被害を蒙っている、その住民の被害状況を視察に行ったのだ。東京へもどると山田は、被害者たちを支援する慈善集会を開こうと思い立った。それがきょう開かれたのだ。大成功だった。主催は、われわれの教会の〈青年会《セイネンクワイ》〉である。

会場は、一階も二階も満席だった。おそらく一五〇〇人は下《くだ》らなかっただろう。

プログラムによれば、講演者は一一人予定されていた。

鈴木万次郎の次に島田三郎が登壇した。すばらしい演説だった。多くの事例と数字をあげて、三〇万人もの人が毒に冒されたその責任は、疑いもなく政府にあること、そして、古河の銅山は、ぜひとも維持しなければならぬほど重要な事業ではない、それがもたらす利益は、人びとが思っているほど大きくはない、等々のことを論証した。立て板に水の雄弁で、壇上の態度も紳士的であった。

島田の次に、田中正造が壇に上がった。田中は一〇年間も、足尾の住民たちのために息をつく間もなく働き続けている。国会議員だったが辞職して、最近は足尾の人びとのために嘆願書を天皇に直接提出した。壇上の田中はもう老人で、自分の頭に水をかけながら悲しそうに語り出した。

聴衆は一人も席を立たなかった。この問題が強く人びとの関心を惹いている証拠だ。このような許すべからざる事件であるのに、政府は体裁《ていさい》を気にしているような態度で、事態を調査中であるなどと、ことばを濁している。調査に当たっている学者たちは、のらりくらりと言を左右するか、あるいは、非良心的にも古河を大目に見ているかである。これにはまったく驚き呆《あき》れる。議会は冷淡な態度だ。では天皇は？　しかしだれもが、この前田中が天皇に直訴《じきそ》したのに逮捕投獄されなかったのは、温情に浴したことだ、と思っている。だが、人はどんどん死んでいく。

日本政府は、国民代議制を採用したことで世界中から褒めそやされたが、その実態がこれだ。ロシアは専制君主制だが、そのロシアで、だれもが見ている前で、このように三〇万もの人間がただ死んでいくなどということがあるだろうか」(1902. 1. 17/30)。

明らかにニコライは、足尾の住民に同情し、島田三郎、田中正造を支援する気持ちを抱いている。しかし、二週間後のニコライの日記には、次のように書かれている。

「どんなことであれ政治的なことには、巻き込まれないよう十分気をつけなければならない。先日、足尾銅山の鉱毒に冒されて苦しんでいる人びとを支援する演説会へ出かけた。その結果、わたしの名前が、政府に敵対する者たちの味方として、あっちこっちに持ち回られている。きょう、ある信徒から〈なぜ、政府に歯向かう者たちのお先棒をかつぐ(提灯取る《チョオチントル》)のか。それは、キリスト教宣教にとって極めて有害なることである云々〉といういきびしい詰問の手紙が寄せられた。あの集会の招きに応じるべきではなかった。今後は注意しなければならない」(1902. 1. 29/2. 11)。

これは、ニコライの、政治性を帯びた社会的事件への対応の典型的一例である。

ニコライは、幕末の来日以来一貫して政治とは距離を保った。旧知の元宣教師カロザースが、「ロシアの外交のために役立ちたい」と言って、朝鮮へ渡って教師のポストを探すための「推薦状」をニコライに書いてもらいたいと頼んだとき、ニコライは「わたしは、外交には踏み込まないことにしている」と言って、はっきり断った(本書第十章「他派宣教師との交友」参照)。ニコライは、ロシア政府からも日本政府からも適正な距離を保ちたかったのである。

もちろん、政治や社会正義に無関心であったのではない。距離を保ったのは、自分は個人の正義感だけに従って動いてはならない立場にあるという自覚からだった。指導者であるニコライの政治への加担は、その小さな兆《きざ》しでさえ、沢辺琢磨のような老練な煽動家もいる信徒集団にとって、危険な刺激となりかねなかった。ニコライは、日本正教会が、政治的派閥闘争に巻き込まれて分裂することのないよう、常に慎重でなければならなかったのである。明治三七年二月、日露戦争開戦となるや直ちに、「日本人は日本軍の勝利を祈れ」と全国の正教会に「主教教書」を送ったのも、教会の一体性と安全を守るためであった。

ロシア正教会の清国宣教団（北京宣教団）と日本宣教団との違いは、ここにある。本書第二章のゴシケーヴィチの履歴紹介で述べたように、清国の正教宣教団は、ロシアと清国との外交交渉という政治的任務を帯びていた（『宣教師ニコライの全日記』第一巻 註解No.58「清国のロシア正教」参照。一九九〇年、私はモスクワ、ダニーロフ修道院の総主教庁で、「これから、正教会の拠点を再建するために北京へ行く」という若い修道司祭ディオニシイ師と知り合った。「プンクトを再建する」とかれは言った）。

宗教は、人を束ねる政治的性格を持つ。それは、一六世紀のイエズス会のヴァリニアーノやルイス・フロイスを持ち出すまでもなく、どの宣教団についても言えることである。ロシア正教会宣教団もそうである。ロシア帝国内のムスリムを対象とした正教会宣教団は、ムスリムを改宗させることで「よきロシア帝国民」とする使命を帯びていた（『宣教師ニコライの全日記』第一巻 註解No.170「国内の宣教団」参照）。そもそも宗務院自体が、ロシア政府の機関なのである。

それに対して明治期の日本宣教団は例外であって、ニコライの請願によって生まれた、純粋に「キリスト教宣教」を目的とする宣教団であった。ニコライは、明治二四年五月、大津事件が起きたとき、日本政府の依頼を受けて、ロシア皇太子への「とりなし」を引き受けた。日露戦争時には、ロシア皇帝ニコライ二世から、日本にいるロシア人捕虜のために宗教的慰安活動をするようにという命令がきて、捕虜の慰安活動に当たった。この二つは半ば政治的任務であったと言えなくはない。しかしそれも、その任務が日本での正教宣教活動に必要と判断したからだった。ニコライにとっては、日本正教会を守り育てることが、常に最優先されたのである。

第十七章　日露戦争後のニコライ堂と各地の聖堂建設

1　「ニコライ堂」に対する日本の好意的対応

晩年の課題

明治三九年（一九〇六年）四月、ニコライはロシアの宗務院によって大主教に昇叙された。ニコライはそれまで、名義上は「レーヴェリ（現エストニアのターリン）の主教」であった。当時エストニアはロシア帝国領であり、レーヴェリは「リガ大主教管区」に含まれていたので、ニコライは名目上はリガ大主教の下《もと》にいたのである。それがいま大主教になったことで、日本に独立の「日本大主教管区」が誕生したのである。

その大主教ニコライの前には、母国ロシア社会の混乱と母教会であるロシア正教会の動揺、宣教資金や後継者の問題、日本正教会内の内紛など、多くの難問が立ちはだかっていた。

その上、毎日休むことなく取り組んできた、中井木菟麿と協同の、奉神礼用諸書の翻訳と改訳も続けなければならなかった。

明治四一年六月、ロシアからニコライの後継予定者セルギイ（チホミーロフ）主教が日本に着任した。それは、七二歳のニコライにとって大きなよろこびであった。だが、同時に大きな不安ももたらした。セルギイはロシアで金銭上の大きな不始末を起こして、「ロシアで抹殺されないために」（セルギイ・ストラゴロツキーからのニコライ宛の手紙。1908. 4. 26/5. 9）日本宣教団行きを志願した、そういう人物だったからである。

　また、ロシア社会が混乱してロシアの正教会が揺れるようなことになれば、日本正教会へ送られてくる宣教資金はどうなるかという大きな不安もあった。日本宣教団団長ニコライは、日本教会の経済的自立への道づくりを急がねばならなかった。

　さらに、明治四二年には、日本正教会の各教会の法人化という課題が生じた。

「日本政府から、正教会の個々の教会に〈法的人格〉の権利が与えられた。司法省によって〈教会財産を所有する法的権限〉を認められたこの法人団体が、その教会財産を、司法省が認める一定の教会活動という目的のために使用する権利を有することになった。そして、神田教会の不動産が、この法人団体の所有として登記された。宣教団は大きな不動産を有しているから、宣教団もこの方式に従うことになる」（1909. 2. 6/19）。

　当時日本の法律では、外国人が不動産を所有することはできなかった。それで、各教会の土地や建

明治41年（1908年）**10月，正教神学校柔道部のロシアと日本の生徒たち。校庭で**（真鍋理一郎氏提供）

２列中央，大主教ニコライ。その左，主教セルギイ・チホミーロフ。その左右，神学校の教師たち。３列目右から５人目，ワシリー・オシチェープコフ。

物の登記は、佐藤秀六、高屋仲など日本人司祭の名義になっていた。それを「日本ハリストス正教会維持財団」名義に書き換えなければならなくなったのである。

ニコライは、大阪、鹿児島、熊本県の人吉《ひとよし》などの教会に、モイセイ河村伊蔵やニコライ吉田雄吉を派遣して、この名義書き換えを実行していった（1911. 2. 7/20）。

東京神田駿河台東紅梅町六番地の本会の土地は、前にも書いたように、戸田邸の土地を日本外務省が買い上げ、それを「ロシア公使館付属地」としてニコライに貸与した「借地」であったから、名義変更の対象にはならなかった。

右に引用したニコライの日記は、次のように続く。

「宣教団所有の不動産とは、神学校〔駿河台北甲賀町一二番地〕と女学校〔駿河台北甲賀町一三番地〕の土地と建物である。神学校の土地は七三四坪《ツボ》四合《ゴオ》七勺《セキ》と崖《ガケ》〔斜面〕が二五坪九合である。女学校は六〇三坪六合七勺と崖一〇〇坪三合四勺、合わせて一三三八坪一合四勺と崖一二六坪二合四勺である。

右の神学校と女学校の土地は宣教団の金で購入したものだが、パウェル佐藤〔秀六〕神父名義で登記されており、佐藤神父から、わたしが長期間にわたって借りていることになっている。かれが存命中は何の問題もない。宣教団が東京市の土地税を払ってさえいればよい。神学校と女学校の建物も同様である。それらの建物の価格は二万円以下ではない。それに対する建物税を払ってさえいればよい。

ところが佐藤神父はいま中風《ちゅうぶう》で、いつ亡くなるかわからない。亡くなった場合は、土地と建物の名義は、公務員になっている息子イオシヤ佐藤〔勤〕の名義に書き換えなければならない。

土地は崖をふくめて全部で一四六四坪三合八勺である。駿河台の土地は、東京市の一番低い評価で一坪あたり五五円である。

われわれのすぐ近くの岩崎家〔正教会本会の北。駿河台東紅梅町一、十五、一六、一七番を占める広壮な

ニコライ堂の復活大祭
明治42年（1909年）４月，祝賀会会場の野外舞台で演じられた余興，「海老一」座の少年たちの剣舞を観る信徒たち。

屋敷。三菱財閥岩崎家本邸。これもコンドルの設計〕では、父親が亡くなって〔岩崎弥之助は明治四一年（一九〇八年）三月没〕息子〔岩崎小弥太〕に名義変更をしたときには、その最低評価額ではなく、一坪八五円で評価された。それでいくと、われわれの土地は八万五四〇円の評価額になる。名義変更するときは、一〇〇〇円につき四五円の税を政府に納めなくてはならない。

際限もなく税金を払う必要がないようにするために、また、教会の資産を強固かつ揺るぎない状態にしておくために、わたしはこれらの資産を法的権利を持つ宗教法人の名義に書き換えることにした。つまりこの資産を、教会が用いるために寄進されたものとして、宣教団に移行させる。

われわれの土地の評価額は総額八万五四〇円であるから、右に書いたように一坪あたり五五円と評価された場合、二四一六円三〇銭の税金を払わなくてはならない。

ところがそこへ、役人たちが親切な助けの手をさし延べてくれた。われわれの教会の有力な世話好きであるイオフ矢萩〔源次郎〕が、役人たちに事情を上手に説明したのだ。〈土地も建物もみな、慈善家たち、それも外国の慈善家たちの寄付してくれた金で購入し、建てたものであり、すべて慈善事業であって、商業的利益が目的ではない。そして土地の購入や名義上の変更のために、これまですでにどれほどたくさん税金を払ってきたことか。それなのに今回またしてもこのような出費をしなくてはならないとは！〉ということを話したのだ。
そこで相手は、納税を可能なかぎり減額する措置《そち》をとってくれた。
土地は一坪あたり三八円と評価し、崖《ガケ》はすべて評価から外された。それで一〇〇〇円につき税三〇円と計算して、われわれが取られる税金の総額は一五二五円三二銭となった。実際に取られたのは一五〇〇円ちょうどだった。そういうわけで、土地建物税務局長の親切のおかげで、九一六円減額してもらったことになる」。

さらにびっくりするような「親切」があった。

「建物の贈与〔名義変更〕については、建物を二万円と評価して、六〇〇〇円払うべきところだったのに、これが一銭も課税されなかった。役人たちが独創的発想をもって助けてくれたのだ。かれらはこう言ったのだ。

〈建物はすべて解体した、という報告書を提出しなさい。そうすれば、税金は一切払う必要はありません。後になって、あなた方が新たに建物を建てた、と報告しなさい。もちろんこれは虚偽です。キリスト教はそういうことは許していないでしょう。しかし、考えてもごらんなさい、税金として払うことになっていたその金で、ずいぶんと人助けができるじゃありませんか〉

この提案はあまりにも魅力的であった。役人たちとの交渉にあたっていたわが教会の代表者たちは、すぐさまその提案にとびついた」(1909. 2. 6/19)。

ニコライは東京の教役者たちを集めて、名義変更の件を説明した。病床にある者たちにも伝えた。佐藤秀六をはじめとする日本人名義人たちは喜び、進んでこれに協力した。こうして日本正教会の不動産の「日本ハリストス正教会維持財団」への名義変更は、思いがけない日本の役人の「親切」もあって、スムースに実現したのである。

日露戦争後の日本の好意的雰囲気

税務局長が、課税をまぬがれる方法を伝授しながら、「キリスト教はそういうことは許していないでしょう」と言ったところが、いかにもおかしい。この日本帝国官吏は日本正教会に対して非常に親切である。

「日比谷事件」でわかるように、日露戦争終戦直後の日本人は講和条約に不満で、ロシアと日本政府に対する怒りに燃えて、ニコライ堂に焼き討ちをかけろと押し寄せた。しかし、その怒りは長く続いたのではない。正教会に対する空気が変わったのである。戦後三年余して、正教会に対する課税にあたって税務局長が見せたこの「独創的発想」には、戦後の「ニコライ」に対する日本社会の好意が反映している。ニコライ自身も、この日の日記の最後にこう書いている。

「戦争前は、われわれの宣教団と関係のない人たちが、このように好意的な態度を示すことは、まったくなかったと言わざるをえない。戦争が、宣教団をとりまいていた暗い雰囲気を一掃してくれなかったら、いまもこんな親切は生まれなかっただろうし、前と同じように政治がらみの疑念で、〈宣教団は、ロシアが日本をとってしまうための尖兵なのだ〉という疑念は消えなかっただろう」(1909. 2. 6/19)。

ニコライ自身は気づいていなかったかもしれないが、大津事件に際し、ニコライが日本政府の依頼で京都常盤《ときわ》ホテルへ急行して、負傷した皇太子ニコライを見舞い、日本のためにとりなしをはかったこと、日露戦争中は日本人信徒を守るために一人敵国日本に留《とど》まったこと、そして何十年にもわたって宣教活動で日本人のために物心両面の援助を続けてきたことに、日本人は戦後になってようやく感心するようになったのであった。晩年のニコライは、信徒以外の一般の日本人から見ても、敬愛すべき「偉僧」であった。この税務局長の「好意的態度」に、ニコライに対する戦後の日本人全般の好意が反映している。これは、ニコライの功績だった。

その好意とともに、東京の中心に建つニコライ堂は、日本人にとって身近な宗教的建物になってきていた。

本書第十一章第1節の「ニコライ堂の存在意義」で紹介した夏目漱石の「ニコライの復活祭」（『それから』）も、日露戦争後の、明治四二年のことである。日本人は、東京駿河台の高台にそびえるロシア正教の大聖堂を、自分たちの求道的心情を象徴している建築のように想像するようになってきたのである。大正五年（一九一六年）、花巻から上京した二〇歳の宮沢賢治も、そのような心情でニコライ堂を見上げていた。

するが台雨に銹《さ》びたるブロンズの円《まる》屋根に立つ朝のよろこび

日本人は、ニコライが伝えたロシアのキリスト教を受け入れたわけではない。しかし、ニコライ堂は、いわば自分たちの宗教的風物詩として受け入れ、多くの詩歌に詠まれた。そのロシア正教の日本化も、宣教師ニコライの大いなる功績である。

そして、終戦後日本から本国へ帰還した八万人のロシア人捕虜は、自分たちに手厚く親切にしてくれた「日本のニコライ」の名をロシア中に広めた。そして、ロシアの慈善家たちは、ニコライの呼びかけに応えて、喜んで寄付をするようになった。

2　各地に聖堂を建てる

晩年のニコライが情熱的に取り組んだもう一つの課題は、各地の教会堂の建設である。

松山聖堂の建設

日露戦争終結の三年後、明治四一年（一九〇八年）八月、戦争最初期からロシア人捕虜収容所が設けられた四国松山に、「松山ハリストス復活聖堂」が竣工した。建設資金は、捕虜たちが少しずつ寄せ合った寄付に、ニコライがロシアの慈善家によびかけて得た寄付が加わったものである。モスクワの慈善家クセニヤ・コレースニコワは、合計一万二〇〇〇円も寄付してくれたのだった（1909. 1. 7/20）。

ニコライは、八月一〇日、鉄道で東京を発し広島を経て、宇品《うじな》（いまの広島港）からは船で、松山に着いた。そして直ちに県知事はじめ要人への表敬訪問、献堂祝宴の準備にとりかかった。

八月一六日、松山聖堂の成聖式が執り行われた。

「午前九時、この教会の鐘の音が初めて鳴り響いた。成聖式は、これ以上ないほどの厳かさと敬虔の念をもって、すべて定められた順序どおりに執り行なわれた。教会を成聖し、続いて、全員で教会堂の周囲をまわる十字行《じゅうじこう》を行なった。聖体礼儀を行ない、感謝祈禱を捧げ、最後に、この教会の寄進者クセニヤ・コレースニコワとその夫イワン・コレースニコフの長寿を願って祈った。

わたしとともに成聖式に参加した聖職者は、東京から来たペトル・ブルガーコフ長司祭〔ソ連の作家ミハイル・ブルガーコフの親戚〕、シメオン三井〔道郎〕神父、セルギイ鈴木〔九八〕神父、フォマ真木〔恒太郎〕神父、フォマ武岡〔磐太郎〕神父である。セルギイ〔チホミーロフ〕座下は奉神礼には参加しなかった。

教会は、鐘の音を聞いて集まった日本人でいっぱいだった。非信徒の主だった来賓は、県知事、師団長、判事、警察署長である。おとつい、かれら全員に、成聖式とその後の昼餐会の招待状を送っておいた」（1908. 8. 3/16）。

松山教会の成聖式を終えたニコライは、一人で鳥取県の米子、そして境港を経て、隠岐《おき》の島へ渡った。隠岐では、島の各地に流れついたロシア海軍兵士の遺体の埋葬場所を探し、つきとめた場所には墓標を建てて廻った（『宣教師ニコライとその時代』第七章「慰霊」参照）。

大阪聖堂の建設

ニコライが次に取り組んだのは大阪の教会堂の新築である。

大阪正教会の土地は、日本宣教団員アナトリイ（チハイ）がロシアで募金した資金で購入されたものである（1901. 7. 9/22）。明治一五年（一八八二年）、アナトリイは大阪東区石町《こくちょう》の料亭「三橋楼」（天満橋、天神橋、難波橋が眺められた）を買い取り、そこを「神母守護教会」とした（牛丸康夫『大阪正教会　百年史譚』一九七八年　参照）。

それから二六年経って、明治四一年、七二歳のニコライは、旧「三橋楼」を解体し同地に聖堂を新築することを決めたのである。

明治四一年九月、大阪正教会建設許可申請のため、ニコライは副輔祭モイセイ河村伊蔵を大阪へ派遣した（1908. 9. 12/25）。教会堂の建築や修繕や登記の問題は、ほとんどの場合、モイセイ河村がニコライの意を体して調査や準備にあたった。明治四三年に「大阪生神女《しょうしんじょ》庇護聖堂」の新築工事がはじまるが、そのときも河村は「聖堂工事監督」を担当した。

河村伊蔵は、愛知県内海《うつみ》の醸造業者日比《ひび》吉平の番頭であったが、主人が正教に入信したのを機に、自分も正教徒となり、やがて日比家を離れ、正教会本会の教役者《きょうえきしゃ》となった。河村の建築家的才能は、豊橋、修善寺、白河、函館の正教会の建築において遺憾なく発揮された。ニコライは、河村の建築家的才能を感じとっていたのだろう。伊蔵の孫内井昭蔵も建築家になった（村松不二夫『光芒――私説・伝教者望月鼓堂の生涯』、内井昭蔵『ロシア・ビザンチン建築――黄金の環を訪ねて』参照）。

ロシアへ寄付を呼びかける

明治末、日本では諸物価が急騰してきていた。ニコライの日記には、次のようにある。

「〔月末の〕支払いの日は、少なからず気が滅入る。食料品の値段が上がり、出費がふえた。いろいろな支払いのために、銀行で三二〇〇円下《お》ろしてきてあったのだが、足りなかった。この金額で、東京の教役者全員と生徒たち全員の一ヵ月の生活費だ」(1910. 10. 18/31)。

当然ながら、大阪の教会堂の建設費はロシアの慈善家に寄付を仰がねばならなかった。

この頃、ニコライはすでに喘息と心臓病で苦しい体をかかえ、しばしば眠れない夜が続いていたのだが、それでも、毎日のようにロシアの皇族をはじめ多くの慈善家や知人友人に手紙を書き送り、教会堂建設への合力《ごうりき》を訴えた。ニコライは、ペテルブルグの親友で日本宣教団「同労者」であるブィストロフにも、再来日して短期間だったが大阪で日本宣教につくしたアンドロニク(ニコリスキー。このときノヴゴロドの主教)にも呼びかけ、ロシアでの募金を頼んだ。有名な日本学者セルゲイ・エリセーエフの叔父アレクサンドル・エリセーエフ(ペテルブルグの大商人)にも寄進をお願いした。

ニコライは、大阪の教会堂新築のために寄せられた寄付の一覧を、ロシアの正教会の信徒向け雑誌『ルースキー・パロームニク(ロシアの巡礼者)』(一九一〇年(明治四三年)一二月号)に公表した(明治四四年刊の記念誌『大阪生神女《しょうしんじょ》庇護聖堂』に、セルギイ鈴木九八司祭によるその翻訳が載っている)。

その寄付一覧によれば、ロシア人捕虜が日本にいたときに寄せた献金の合計がおよそ一九六〇円、ロシアの慈善家たちから日本宣教団への献金が一万二二〇〇円である。その中には前帝アレクサンドル三世妃マリヤ・フョードロヴナからの三〇〇〇ルーブリと現帝ニコライ二世妃アレクサンドラ・フョードロヴナからの五〇〇〇ルーブリがある(1911. 7. 22/8. 4)。ブィストロフが集めてくれた献金が三四〇〇円、アンドロニクからは八七六〇円が送られてきた。アレクサンドル・エリセーエフは、イコノスタスなど高価な教会備品を寄進してくれた。在東京ロシア大使ニコライ・マレフスキーも協力してくれた。

それに加えて、大阪の日本人信徒の献金が七八〇円ある。大阪教会の管轄司祭は、明治二八年から明治四五年（ニコライ永眠）まで、セルギイ鈴木九八である。セルギイ鈴木と信徒たちの熱い気持ちが、この献金に感じられる。これにさらに、「日本宣教団付属の土地」などを売った収入が四〇〇円加わった。

大阪の教会堂は明治四三年（一九一〇年）七月、無事竣工した。ニコライはセルギイ（チホミーロフ）主教とともに大阪へ行き、七月一二日、成聖式を執り行なった。ニコライの最後の厳粛にして華麗な教会成聖式であった。

「朝九時、大阪で正教会の新しい鐘が初めて鳴り響いた。続いて三連鐘《トレズボン》が鳴った。三連鐘に合わせて、わたしは聖堂に入り、祭服を着け、六人の陪禱者《ばいとうしゃ》を従えて、聖堂の成聖式を開始した。陪禱者の先頭は、大使館付属教会主任司祭ペトル・ブルガーコフ師である。

聖堂の成聖、聖体礼儀、感謝祈禱が、定められた規則どおりに、この上なく厳かに執り行なわれた。最後の祈禱式では若干の省略を行なったが、一二時半にすべての奉事を終えた。

奉事の後、着替えて、招待客が集まっているOsaka Hotel〔大阪ホテル〕へ急いだ。日本駐在武官サモイロフ将軍が、客たちの位階にしたがってテーブルの席を決めるのを手伝ってくれた。

わたしは、まず日本の天皇のために、次にわが国の皇帝の代理であるロシア大使のために、最後に日本側の主だった来賓その他の人びとのために、お礼のことばを述べて、乾杯した。会食はにぎや

大阪生神女庇護聖堂

かに、楽しい雰囲気のうちに進んだ。

その同じ時間に、別のホテルで、セルギイ〔チホミーロフ〕座下が司祭と伝教者たち、そしてその他の教会の客たちをもてなす会食を開いていた。

教会付属の建物では大阪の信徒たちが、他の諸教会から来てくれた信徒たちをもてなした。折箱に入った昼食（弁当《ベントオ》）を五〇〇個近く用意したのだが、そこで全部使い切った」（1910. 6. 29/7. 12）。

他の教会堂建設の場合もそうだが、大阪の場合も、ニコライは建設費用の収支明細書を作成し、関係者に送り、ロシアの正教会所属の雑誌社だけでなく、ロシアの新聞社にも送った。日本宣教団を支援している「モスクワ報知」新聞に、大阪教会堂建設費用の明細書が掲載された（1910. 9. 10/23）。

函館聖堂の再建をめざして

次は函館の教会堂の再建である。

函館は火事が多かった。富原章『函館の火災誌』（私家版二〇〇四年）には、江戸時代からの函館の火災件数が載っているが、ニコライが函館のロシア領事館に領事館付き司祭として勤務していた文久元年（一八六一年）から明治四年（一八七一年）末までの一〇年間だけでも、大きな火事が二〇件を超える。在函館ロシア領事館は、文久元年、四年後の元治二年（一八六五年）、そして慶応二年（一八六六年）と、三度も火災に見舞われている。ニコライにとって「火事はむかしからの知り合い」（1897. 2. 5/17）だったのである。

右の『函館の火災誌』によれば、明治四〇年（一九〇七年）八月の「函館東川町出火大火」では、おどろくなかれ、一万二三九〇棟もの家屋が焼失した。函館ハリストス復活聖堂も例外ではなかった。当時の消防記録によれば、「風速十米《メートル》～十六米」、「死者八名、負傷者数千人」の大惨事である。

函館の司祭アンドレイ目時《めとき》金吾が、焼失した教会跡地の一部を信徒の住宅地にしてほしいと手紙で言ってきたが、ニコライは「教会の土地は教会のために使われるべきだ」として、それは断った

(1908. 1. 21/2/3)。

函館の教会堂焼失の三年後、明治四三年八月、ニコライはペテルブルグの親友イオアン・ヂョームキンに、函館の教会堂再建をめざすので協力を頼むという手紙を書いた(1910. 8. 17/30)。

その数日後、函館出張から帰ったロシア大使ニコライ・マレフスキーが駿河台に来て、「正教宣教団の土地が、火事の後、そのまま無残に放置されていて、見るのも痛々しいかぎりです。函館には、カトリックは煉瓦づくりの大きな教会堂を持っています。プロテスタントは学校を持っています」と言った(1910. 9. 9/22)。マレフスキーは、函館教会堂再建のためにと一〇〇円寄付してくれた。

翌日の日記にニコライは、「大阪の教会堂の件は終わった。次は函館の教会堂の再建だ。資金を集めよう。きっと神は助けてくださるだろう」と書いている(1910. 9. 10/23)。

ニコライは大阪教会堂新築の場合と同じく、今回も手紙でヂョームキンやブィストロフやアンドロニクはもちろんのこと、ロシアの多くの篤志家たちにはたらきかけた。

日記に見られる献金依頼の手紙の文章記事には、懐かしい函館の聖堂を再建したいという、ニコライの熱意が感じられる。喘息で夜はよく眠れず、「体を起こしたまま肘掛《ひじか》け椅子で少し眠った」という状態でありながら、一日に三通、四通の手紙を書いている。ロシアの新聞「モスクワ報知」は、今度も支援の姿勢を見せて、函館教会堂再建資金募金の記事を載せてくれた(1910. 10. 19/11. 1)。

日露戦争のロシア人捕虜たちのための「宗教的慰安」の活動以来、「日本のニコライ」の名はロシア中に知れ渡り、かれの捕虜たちへの思いやり、その布教の熱意と誠意を尊敬するロシア人が増えてきていた。今回のニコライの援助を頼む手紙に応えて、モジャイスクの主教ワシリイなどロシア正教会の主教たちが募金に動き、次々とロシア各地の慈善家から、それぞれの額は小さいが、二〇〇ルーブリ、一〇〇〇ルーブリと寄付が送られてきた。

ニコライが援助を申請したわけではないのに、ペテルブルグのサルティコワ公爵夫人が宗務院に働きかけてくれたおかげで、ロシアの宗務院までが援助の手を差し伸べてきた。

「宗務院から通知を受けとった。宗務院は函館の教会堂再建のために二〇〇〇ルーブリ拠出するよう指示した、と書かれている。思いがけない恵みだ。予期していなかっただけに、なおうれしい。主が、函館教会堂再建の事業を可《か》としてくださっている明らかな徴《しるし》だ」(1910. 12. 12/24)。

函館の教会堂再建には、三万ルーブリの資金が必要と見込まれていた。ニコライ永眠の一年前、明治四四年(一九一一年)二月の段階で、寄付は六〇〇〇ルーブリ集まった(1911. 2. 6/19)。

また、「勲章がもらえるようにしてくれるなら寄進してもよい」という商人たちもいた(1911. 5. 6/19)。教会堂建設のために寄進する者を叙勲するというロシアの法律があったのである。ニコライは「函館教会堂のために」とそれにも応じた。

一九一一年一〇月、ニコライは、教会敷地の整地、聖堂建設、教役者用住宅建設などの費用を調べさせるため、副輔祭河村伊蔵を函館へ派遣した(1911. 10. 7/20)。

その一二月、ニコライはペテルブルグのシュワーロワ伯爵夫人にこんな手紙を書いている。

「ご推薦くださったお金持ちの貴族の方々は、どなたもわたしのお願いに耳をかして下さいませんでした。函館の教会堂のために一コペイカも寄付して下さらなかったのです。日本宣教団は困難に陥っております。どうぞもう一度お力をお貸しください」(1911. 11. 29/12. 12)。

これが、ニコライ日記の函館教会堂再建に関する最後の記事である。

そして、函館の「救主復活聖堂」再建は実現した。ニコライの寄付願いの呼びかけに、その後も耳を傾けたロシア人たちがいたということである。

ニコライ永眠の四年八カ月後、函館の聖堂は完成し、大正五年(一九一六年)一〇月一五日、二代目宣教団長セルギイ（チホミーロフ）主教によって、函館の「救主復活聖堂」成聖式が執り行なわれた。

長崎の教会堂建築の計画

長崎は江戸時代からロシア海軍の寄港地で、領事館とそれに付属する小聖堂もあり、病院もあり、ロシア人の司祭も医師もいた。そこへ、明治三四年（一九〇一年）、正教会の教会堂建築のために土地が寄進された。ニコライの日記には、次のようにある。

「駐日公使アレクサンドル・イズヴォルスキーから、ユダヤ人ギンズブルグが、長崎に正教会の教会堂を建てるためにと土地を寄進してくれることについて、意見を求められた。

〈この寄進を受けてよいものでしょうか。人聞きがわるいという者もいます。ペテルブルグの本庁から、このことについて、日本にいる聖職者の意見を徴《ちょう》するようにという指示を受けています〉

わたしは迷うことなく、〈受けてよいし、受けるべきだ〉と答えた」（1901. 9. 15/28）。

ロシア皇帝も、ロシア正教会へのユダヤ人の多額の献金には、「感謝せよ」と命じていた（1902. 2. 2/15）。

翌明治三五年二月、またイズヴォルスキー公使が訪ねて来て、「長崎領事館付司祭（典院《イグゥメン》）ヴェニアミンが、あなた〔ニコライ〕の許可を得て、長崎のロシア病院に付属していた礼拝堂（часовня）を教会堂（церковь）に改築したが、それでスクルィドロフ提督がいたくお怒りだ」という話をした。

ニコライは、「あれは改築したのではなく、ちょっと色直しをしただけであって、礼拝堂であることには変わりはないのです。ヴェニアミンはじめ長崎の連中が、その礼拝堂を成聖して教会堂と称しているだけなのです。あれは本当の教会堂ではありません。教会堂とは、聖人の不朽体〔遺骨〕を基礎に置いて建てられるのですから」と説明している。

このときイズヴォルスキーは、皇帝陛下が長崎に「聖堂（храм）」を建てるために、五〇〇〇ルーブリ献金してくださったことを伝えた。ニコライは、「これで確実に、ユダヤ人ギンズブルグが寄進した土地に、教会堂が建つことになる」(1902. 2. 2/15) と書いている。

ところが、それから九年経った明治四三年(一九一〇年)になっても、まだ教会堂は計画段階のままだった。この年の一一月の日記には、このときの駐日ロシア大使マレフスキー(ロシア公使館は一九〇五年から大使館に昇格した)の代理として駐在武官ヴォスクレセンスキーが駿河台へ来て、この長崎の教会堂新築計画についてニコライに相談していることが書かれている。ヴォスクレセンスキーによれば、長崎のロシア領事館が中心になって、長崎に教会堂を新築する計画を立て、すでに土地も用意し、一万二〇〇〇ルーブリもの建設資金が集まっていた。しかし工事は始まっていない。ニコライは、自分に公式に任してくれるのなら、この件を引き受けてもいいと考えていたが、翌年になっても、「長崎の海軍省の土地と建物」の件は、「教会堂を建てるときになるまで、長崎領事にまかせるべきだ」というだけで、建築計画は進展していなかった(1910. 10. 25/11. 7、1911. 9. 19/10. 2)。

そしてこの後のニコライの日記には、長崎の教会堂新築計画についての記述はない。

付記しておけば、日露戦争の最後の頃、ペトル河野周造司祭とアントニイ高井万亀尾《まきお》輔祭が、ニコライによって、熊本のロシア人捕虜収容所へ、捕虜たちの「宗教的慰安」のために派遣された。高井の妻は、女子神学校明治三五年卒業のヴェラ加島信《しん》である。

戦争後、高井万亀尾は、長崎のロシア人たちから請われて、長崎のロシア領事館付属聖堂の司祭として、長崎に勤務した。ニコライ永眠の明治四五年、長崎市南山手五に一〇〇〇坪の土地を有し、そこに「聖変容教会」を建て、日本人、ロシア人合わせて五〇名以上の正教徒が参禱に来ていたという。この土地が、ニコライの日記に出てくる「ユダヤ人ギンズブルグが寄進した土地」なのかもしれない。

昭和一五年（一九四〇年）発行の中井終子編『女子神学校・正教女学校出身者名簿』でも、高井信の住所は「長崎市南山手五　正教会」である。

その後、太平洋戦争中に、高井は、長崎の浦上に近い西山に移転し、そこの五〇〇坪の土地に新聖堂を建築すべく工事に着手した。しかし、昭和二〇年のアメリカの原爆投下によって、聖堂は倒壊し、以後、長崎には正教会の聖堂は建設されなかった。高井は土地を「処分」し、上京した（牛丸康夫「高井万亀尾」、本書第二十章第1節の「昭和二九年、「正統正教会」設立」参照）。

第十八章　晩年の難題と永眠

1　ニコライに敵対する者たち

麹町教会の司祭沢辺父子

パウェル新妻敬治は、明治一四年（一八八一年）一月、駿河台の大聖堂で、ニコライによって、日本人として初めて修道司祭（非妻帯）に叙聖された。新妻は、明治期の日本正教会の教役者の中で、最も多くの信徒を生み出した聖職者であった。かれは布教に熱心で、明治初期、東京市ヶ谷の監獄でも囚人たちの教誨師《きょうかいし》を務めたこともあった（『正教新報』明治一四年三月一日。ニコライ『明治の日本ハリストス正教会――ニコライの報告書』訳注（2）参照）。

新妻が管轄していた麹町教会は、信仰に熱心な富裕な信徒が多くいて、駿河台の本会にもひけをとらない規模と活力をもつ教会であった。そして、自教会所属の伝教学校「啓蒙神学校」を運営していた（ポズニェーエフ著・中村健之介訳『明治日本とニコライ大主教』訳注（75）、ニコライ著・中村健之介訳『明治の日本ハリストス正教会』訳注（2）参照）。

啓蒙神学校の「女子部」は、教師マリヤ井沢とよが教育に熱心で、生徒たちも学習と聖歌練習に励み、そのおかげで麹町教会全体が活気に満ちていた。

ニコライの日記を見ると、明治一〇年代から二〇年代の東京近辺の教会の女性信徒には、麴町教会の「女学校」（啓蒙神学校女子部）で学んだ人が多くいたことがわかる。

明治二一年（一八八一年）、麴町教会と神田教会合同の「東京教会女徒（女性信徒）親睦会」を開くこととなり、九月九日、準備集会が麴町教会の啓蒙神学校講堂で開催された。集会の参加者は六〇名近くもあった。これには主教ニコライも出席し、みなの前で、教会の女徒の交友、親睦がいかに大切かを説いた。「新妻師父の演説」もあった。そして同九月二〇日には「麴町教会女徒集会」が開かれた（『正教新報』明治二一年一〇月一日）。

翌明治二二年一一月には、この「女子部」への入学者が急増し、校舎が手狭となったので、井沢とよは、同教会信徒たちに諮り、その賛同を得て校舎を増築し、「啓蒙女学校」として独立した。その功績によって、井沢は「校長」となり、ニコライから表彰を受けた（『正教新報』明治二二年一二月一日）。

ところが、そのおよそ三年後の明治二五年九月の『正教新報』に、次の記事が載った。

「修道司祭新妻保羅《パウェル》氏は、先頃重大の故を以て聖位を除黜《じょちゅつ》（聖職者位を剝奪）し、還俗せしめられたり」。

修道司祭は「妻を娶らず、是より能《あた》はざるなき（万能の）主の寵佑《めぐみ》に己《おのれ》を奉献す」という誓いを立てている。ところが、修道司祭パウェル新妻敬治は、啓蒙女学校の校長マリヤ井沢とよと事実上の夫婦関係にあったのである。後にはこどもも生まれた。

ニコライは、パウェル新妻に、事実を認め、井沢と家庭を持ち、一教役者として暮らすよう何度も勧めた。しかし新妻は、奇妙なほど虚栄の姿勢を崩さず、ニコライの懇切な説得を頑《かたく》なに拒否し続けた。そうして、事は正教会中に知れ渡り、ニコライは新妻の聖職者位を剝奪し、還俗させ、教会全体に公示せざるをえなくなったのである（ニコライ「下総巡回日記」、『千葉県史研究』第七号。山田蔵太郎記『烏山《からすやま》正教会史』参照）。

それは、いまから振り返っても、まことに残念な事件だった。麹町教会は東京の中心部にあり、駿河台の本会にも近かったし、有力信徒も多かった。パウェル新妻がマリヤ井沢と共に、さらに麹町教会所属の伝教者たちや信徒たちと共に、教会を盛り立てていっていたら、麹町教会は、本会と並ぶ、日本正教会を支える柱となり、晩年のニコライにとって心強い援助者となっただろう。

明治二五年（一八九二年）八月、新妻が女性問題でつまずいて聖職位を失い、代わって、九月から、白河教会管轄だった長司祭パウェル沢辺琢磨とその長男の司祭アレキセイ沢辺悌太郎《ていたろう》が、麹町教会の管轄司祭となって赴任してきた。

晩年の沢辺琢磨
（白河正教会蔵，大寺敬二氏提供）

それからの麹町教会は、沢辺父子と伝教者たちおよび信徒たちとの間がしっくりいかず、トラブルが絶えなかった。多くの信徒たちが、沢辺父子に不満の声を上げていた。信徒の一人で神学校教師のパンテレイモン佐藤叔治《よしはる》も、「働かない」沢辺父子を激しく批判していた。ニコライの日記には、次のようにある。

「一日中、麹町教会の紛争の件で明けくれた。

パウェル沢辺〔琢磨〕神父が口をひらいて、とんでもないことを言い出した。

わたしは沢辺の顔をまじまじと見た。その顔は怒りでゆがんでいた。

〈パンテレイモン佐藤〔叔治〕を罰して、神学校の教師を辞めさせるべきじゃ〉と沢辺は言った。〈そんなことをして何になるというのか〉、わたしがそう言ったとたん、怒りに燃える沢辺は急に立ち上がり、叫んだ。

〈これまでじゃ。もはや会うことはない。わしは司祭をやめる〉

沢辺はそう言い放って、呆然《ぼうぜん》としているわたしを顧《かえり》みることなく出て行ってしまった」(1902. 8. 12/25)。

後になって、書記の沼辺愛之輔がニコライにこう説明してくれた。

「〈パンテレイモン佐藤が信徒たちをけしかけ、アレキセイ沢辺〔悌太郎〕神父批判の署名を集めるようにさせたのは、主教〔ニコライ〕がそそのかしたからだと、パウェル沢辺〔琢磨〕老神父は、ほんとうにそう思っているのです〉。

ことばでは言い表せないくらい悲しい。

年齢も六〇を越え、数々の失敗や失望の体験で鍛えられてきたからよかったものの、そうでなかったら、絶望してしまいそうなことだ」(1902. 8. 14/27)。

沢辺琢磨という人物は、事《こと》が自分の思いのままに運ばなくなると、そして相手が反撃してこないと見ると、暴言を吐いて相手を攻撃する。

沢辺は、この後も司祭を辞めることなく、息子悌太郎を駒のように使いながら、麴町教会を拠点にいままで以上に権勢をふるい始めた。

麴町教会の土地売却

沢辺父子が管轄するようになってから起こった麴町教会の内紛は、それから二〇年近く経つ、明治四三年(一九一〇年)になっても一向に収まらず、麴町教会配属の三人の伝教者たち全員が、沢辺父子の下から別の司祭の下へ移していただきたいとニコライに願い出るほどになった（1910. 6. 20/7. 3）。明治四三年というと、これはもうニコライの最晩年である。

ところが、翌明治四四年一〇月、麹町教会は、教会の土地（東京市麹町区紀尾井町六番地）を、宣教団長であるニコライの反対を押し切って、イエズス会（上智大学初代学長ヘルマン・ホフマン）に売却すると言い出した。そして、この土地売却の案が浮かび上がると、それまでの教会の内紛はどこかへ消《け》し飛んだかのように、麹町教会は沢辺を頭《かしら》に伝教者も信徒も一致団結して、売却に反対するニコライに圧力をかけはじめた。

「麹町教会から連絡があった。おとついの日曜に教会の全体集会が開かれ、現在聖堂が立っている教会の土地を売却することに決定したという。買い手は並外れて高い金額を言ってきた。それで日本人の心は、ぐらぐらになってしまったのだ。

〈それだけの金があれば、別の場所に土地を買って聖堂を建てることができる。それでもまだ金は残るから、何軒か貸家を建てて店子《たなこ》を取ればいい。そうやってどんどん金を稼ぐ。これこそ「〈教会の〉独立《ドクリツ》」だ〉というのだ。

しかも、この件についての相談や決定は、すべて主教（「大主教」も主教なのである）抜きで行なわれた。まるで主教は教会の問題に関係がないとでもいうかのようだ」（1911. 9. 20/10. 3）。

「アレキセイ沢辺（悌太郎）神父が来て、事《こと》の次第を説明して一時間以上もしゃべった。わたしは黙って聞いていた。

晩年のニコライ
1911年（明治44年）7月16日，大主教ニコライ渡来50年祭の記念写真。

アレキセイ沢辺が最後に次のように言ったとき、わたしは頭を強くなぐられたような感じがした。〈自分たち麴町教会は、売却を決定しただけでなく、すでに買い手のもとへ行き、書面で約束を交《か》わしました。相手は、話が逆もどりしないようにと、手付金《てつけきん》として、わたしたちに二五〇〇円くれました〉。

麴町教会の人たちは、二万六五〇〇円で教会の土地を売ってしまったのだ。たしかにそれほどの大金なら、容易にユダになるだろう。

しかしわたしは、アレキセイ神父に非難めいたことは言わず、静かに、はっきりと次のように言った。教会の問題は、主教に無断で決定することはできない。あなたは前もってわたしに相談に来るべきだったのに、そうしなかった。それはよくない。来ていれば、やっかいなことにはならなかっただろう。

いまとなっては、わたしはこの売却を祝福しないし、許可もしない。だから、買い手のところへ行って、こう言いなされ。〈われわれは主教に訊《たず》ねもせずに、あわてて約束を交わしてしまった。主教は、われわれのこの売却を祝福してくれない。だから、われわれは、あなた方との契約を破棄し、手付金をお返しする〉と。

晩になって、アレキセイ沢辺神父から手紙がきた。自分の行動については謝っている。しかし〈土地の売却は祝福〔許可〕してもらいたい〉と書いている。

わたしはすぐに、〈祝福は与えない。きょうわたしが言ったことを実行するように〉と返事を書いた」(1911. 9. 21/10. 4)。

沢辺父子の管轄する麴町教会は、すでに土地を売る約束をしてしまい、手付金も受け取ってしまっていたのである。その上で、事後承認の「祝福」を要求して、ニコライに次々と波状攻撃をかけてきた。

翌々日の日記には、次のようにある。

「アレキセイ沢辺神父がやって来た。麴町教会の土地売却について、前回かれから聞いたと同じ話を、また最初から聞かされた。わたしは一時間にわたって、黙って聞いていた。とうとう我慢できなくなって、〈言いたいことの要点を、もっと短く話してくれないか〉と頼んだ。するとアレキセイ神父は、ふところから日本語の文書を取り出して、読み上げた。それは、買い手が麴町教会に与えた念書で、〈われわれはカトリックの教えを広めようとしているのではない。プロテスタントその他の何かの宗教を布教しようとするものでもない。打ち建てようとしているのは学問、ただ学問だけである。そのためにこそ、ホフマンは派遣されたのである〉云々と書かれている。

買い手は、明らかに、イエズス会である。

三時、麴町の女性信徒たちが大勢押しかけてきて、〈教会の土地を売ることを許可してください〉と嘆願した。司祭と執事〔信徒代表〕たちの妻たちである」(1911. 9. 23/10. 6)。

「三時、セルギイ大塚〔静雄。元伝教者〕その他、麴町教会の執事四人が来て、教会の土地売却の許可を要求して引き下がらなかった。わたしは結局、許可した」(1911. 9. 25/10. 8)。

ニコライは、パウェル沢辺琢磨に押し切られた。これは日本正教会史に記しておくべき重大事である。沢辺は、それまで自分が原因で分裂していた麴町教会を、「教会の独立」という名目の下に、大金という磁石によって一つにまとめて、本会との対立へ向かわせたのである。その一週間後のニコライの日記には、次のようにある。

「パウェル比留間《ひるま》〔先之助〕の息子ニコライ比留間〔一介〕が来て、麴町教会の集会について話した。麴町教会の者たちは、自分たちの教会の財産を、正教会全体の教会財産と一体化させること、すなわち〈正教会維持財団《セイキョオクワイイジザイダン》〉に入れることを、嫌がっている。かれらは自分たちの教会だけのための〈法的人格〉の権利の獲得を目論《もくろ》んでいるという」（1911. 9. 30/10. 13）。

麴町教会の信徒には、東京で屈指の資産家、轟《とどろき》と比留間がいた（「日本正教会創業時代に関する座談会」、『正教時報』昭和九年一月一日号 参照）。麴町教会の土地は、パウェル比留間先之助が正教会に寄付したもので、この時点では土地は轟の名義になっていた（1902. 11. 19/12. 2, 1911. 9. 26/10. 9）。

沢辺琢磨の教会私物化

土地売却をめぐってニコライと麴町教会が闘っていた間、麴町教会の管轄司祭パウェル沢辺琢磨は、ついに一度もニコライの前に姿を見せなかった。

巨額の金の影が見えたとき、沢辺は、「教会の独立」という正義の旗を掲げ、自分は老齢だからと言って、表に出ないで息子を「使い走り」にして、騒ぎを起す。そして、周囲を煽動し、信徒や伝教者たちが、主教ニコライに集団的圧力をかけるようにもってゆく。自分は傷つかない。そして、「自分たちの教会の財産を、正教会全体の教会財産と一体化させること」を拒んだ。

それは、明治一七年、大聖堂建設費をめぐって信徒と伝教者たちがニコライと争った、あの「有志義会事件」のときと同じやり方である。

かつて函館で、沢辺琢磨は、「邪宗の僧」ニコライを斬り捨てると称してロシア領事館のニコライの部屋へ押しかけた。正教を学ぶために函館へ来た仙台の「同志たち」を引き留める生活費のためだと称して、「妻を娼家に売る」と言い出した。その「土佐の浪士」沢辺琢磨の素顔が、この「麴町教会土地売却事件」でもちらりと見える。沢辺琢磨は活動家、煽動家だが、人間の芯が明るくないし、大らかさがない。ニコライは何度か日記で、パウェル沢辺の本質は「ペシミスト」で、かれと話をしていると気が沈んでくると言っている（1903. 3. 22/4. 4）。ペシミストの活動家は、本当のところは何を欲していたのだろうか。

ペシミストの沢辺は、教会全体にとって重大な問題であるのに、教会の責任者であるニコライと話し合おうとしない。隠れて工作をする。前に紹介したように、「有志義会事件」の後の公会で、沢辺琢磨は、「予の目的とする所は、決して教会を破るにあらず。ただ教会の衰頽を回復せんとする一片の赤心《せきしん》なり」と演説した（本書第九章参照）。今度は隠れて「教会を破る」ことを企んだのである。

麹町教会の土地の売却が決定したのは、明治四四年（一九一一年）一〇月である。ニコライの日記には、売却によって得られた巨額の金が教会の長である自分ニコライに渡されたという記述は、一行もない。だれが預かったかは明らかである。

明治四五年二月のニコライの永眠後、その金は新しい教会の土地の確保と建築に生かされた。その新しい教会は、最初「四谷教会」と呼ばれた。「四谷区右京町七六番地」に教会と教役者住宅を建て、沢辺父子と家族が住んだからである（『正教新報』明治四五年七月一日）。

同じ明治四五年八月、沢辺琢磨の長女（後妻タネの連れ子・ユリヤ房子）の婿パウェル森田亮が、同教会の管轄司祭となった。教会の私物化と言われても仕方がない。

神学校長瀬沼恪三郎は、明治四四年七月の時点で、「沢辺長司祭は今なほ健在にして、麹町紀尾井町に住宅を構へて、其の子息（同じく司祭職）と共に牧会に従事して居られる」と書いている。瀬沼がわざわざ「住宅を構へて」と言っているところに、当時の信徒たちの目が感じられる（瀬沼恪三郎「大主教ニコライ師の小伝」、『ニコライ大主教宣教五十年記念集』。なお、四谷教会のその後については、牛丸康夫「山手教会」、『日本キリスト教歴史大事典』所収　を参照されたい）。

2　教会の経済的独立をめざして

宣教資金獲得の努力

麴町教会の土地売却問題が起きたのは、ニコライの最晩年である。残された命は三カ月半である。老齢の身に病をかかえて、難問に立ち向かわねばならないニコライは、疲れていた。日記には、次のようなことばが見られる。

「やっとの思いで、聖体礼儀を執り行なった。すっかり体が弱った。喘息で眠れない。しかし晩は、いつもどおり中井と翻訳の仕事をした」（1911. 10. 9/22）。

「夜中、一二時半に喘息で目がさめてしまい、その後《あと》、眠ることができなかった。起きて仕事をしていた。この病気があっても、慣れていけば、生きてゆくことはできる。神さま、もう少し翻訳をするために、もう少しだけ生かしてください」（1911. 11. 3/16）。

それでもニコライは、ロシアから宣教資金を得ようと、最後まで努力した。送られてくる宣教資金が減ってきていたのである。そのため明治四一年（一九〇八年）、宣教の当初から多くの伝教者を生み出してきた伝教学校を閉鎖した（本書第十三章「伝教学校、神学校、女子神学校」参照）。

ニコライは、自分が宣教資金をロシアから獲得しそれを管理しなかったら、日本正教会は混乱し崩壊してしまうのを予感していた。次期宣教団長予定者のセルギイ（チホミーロフ）主教は、ロシアからの宣教資金獲得もその管理もできない人だった。

日本正教会がこれまで「破産」しなかったのは、ニコライが、蓄えておいた金をやりくりしたり（万が一のために常時二万円くらいを銀行に預金していた）、ロシアの慈善家たちに何度も手紙を書いて寄付を募ったりしたおかげである。日露戦争後、ロシアの新聞「モスクワ報知」などに、戦争中日本正教会の人びとがロシア人捕虜に対して行なった献身的慰安活動が詳しく報じられたりして、「日本のニコライ」に対する尊敬が高まり、その名はロシア中に知れ渡っていたので、募金がしやすくなっていたのだった。

ニコライは、日本語訳奉神礼用書『八調経《はちちょうけい》』の出版費四〇〇〇ルーブリも宗務院に申請した。書類の作成には一週間近くもかかったのだが、援助金獲得の可能性があると見れば、労をいとわず申請書を提出したのである。そして同時に、ロシア正教会の知人たちに手紙を書いて、その申請が認められるよう支援を頼んだ。

そのようにニコライは、老いと疲労と睡眠不足に耐えながら、必死に日本正教会の経済を支え続けたのである。

経済的自立をよびかける

最晩年のニコライの仕事は、毎日続けてきた奉神礼用の諸書の翻訳や改訳、すでに紹介した正教会不動産の「やっかいな法人化」の手続き、各地の教会堂建設、そして、日本正教会の経済的自立の促進である。

ニコライは、すでに明治一〇年代から信徒たちに、教区の司祭と伝教者の給与をその教区の信徒が負担するという、「自立供給の法」を行なえと促してきた。はじめは、その促しの種から少しは芽が出てきていた。

「上州前橋なる聖神降臨教会は、是《これ》まで司祭伝教者の食費と会堂費のみ自弁し、其他の月費は本会〔駿河台の宣教団〕の補助金を仰がれたりし。同会の諸兄弟《けいてい》は昨年一致協力して、以後は悉皆《しっかい》〔すべて〕の費用を自弁することに定められ、去る十二月より実施せられたり。今同会の一ヵ年の会費予算表を見るに、

司祭供給費　金百八十円（一ヵ月十五円）

伝教者二名月費　金百二十円（一人二付一ヵ月五円ヅツ）
同二名食費　金七十二円（一人一ヵ月三円ヅツ）
総計　金五百九十三円

なりといふ。
何卒何《なにとぞいず》れの教会も一日も〔早く〕斯《か》く〔このように〕自立供給の法を設けられたきものなり」（『正教新報』明治一七年一月）。

しかし、ロシアから潤沢な宣教資金が定期的に送られてきていたから、この「自立供給」の動きは、明治二〇年代、三〇年代は、進展しなかった。

前章に書いたように、二〇世紀になると、ロシアは暴動、革命の時代に入った。

ロシア社会のその不安定な状況から判断すれば、日本正教会の日本人は、ロシアからの送金が途絶えたら自分たちはどうなるか、気づくべきだった。ロシアに寄りかからず、自分たちの教会を自分たちで支えていかねばならなくなっていたのである。

だが、日本人信徒の危機感は薄かった。ニコライは気力をふりしぼって日本正教会の経済を支え、その一方で、信徒に対して、危機は迫っている、日本正教会の経済的独立のために努力せよ、と訴え続けた。

明治四二年（一九〇九年）七月の公会で、「信徒は〔教区ごとに〕毎月三円」を「本会〔宣教団〕」へ納めるという提案がなされる。それは、公会の前に信徒たちの合意が成り立った上での提案であった。

ニコライは「なぜ本会へ納めるのか、なぜ自分たちの教役者に直接供給しないのか」と発言した。それに対して、公会に出席していた司祭、伝教者の大半が猛反対した。信徒から直接「供給」を受けるのを嫌ったのである。ニコライは、本会経由という間接方式では、せっかくの提案が立ち消えになるのではないかと心配しているが、それでも「供給」の芽は出てきたのである（1909. 7. 4/17）。

明治四三年には、ニコライは、しばしば翻訳局の石川喜三郎、堀江復、神学校長の瀬沼恪三郎たち教会幹部を自室に呼び集め、信徒の間に「自立供給」の動きを生み出すために、有力信徒に対する「根回し」を行なうようにと説き聞かせた。ニコライにうながされて石川喜三郎は、「教会独立」の試案を作成したり（1910. 10. 2/15）、地方教会へ出かけて「供給」をうながす説得をしたりした（1911. 4. 25/5. 8）。

このころ東京の信徒たちは、翌明治四四年の、ニコライの「来日五十年記念祝賀会」の準備の相談会を開くようになった。石川喜三郎と堀江復の二人の教会幹部が、ニコライにその相談会の結果報告に来た。ニコライはそこで、「自分のための祝賀会は要らない。教会独立の問題は信徒の会の話題にならなかったのか」と尋ねた。その相談会を発火点として、各教会で信徒がそれぞれの司祭、伝教者に「供給」を実行するようにする策を、前もって有力幹部たちに授けておいたからである（1910. 10. 26/11. 8）。

ニコライは、次々と日本正教会の「経済的独立」のために手を打っていった。

そして、かれの日記には、「浅草と下谷《したや》の信徒代表各二名が来て、〈来年から合同で伝教者の給与月一五円をその教区の信者全体で負担することに決定しました。すでに二七〇円集まりました〉と報告に来た」といった記事が徐々にふえてくるようになった。

明治四四年になるとニコライは、駿河台の大聖堂でも公然と「供給」を勧める講話をするようになった。

「聖体礼儀が終わって、わたしは、これから行なう感謝祈禱の理由を話した。シメオン湯川〔謹治〕神父の教区は、すでに数ヵ月前から担当司祭と伝教者一名に、給与の供給を行なっている。

最近ロマン千葉〔忠朔〕神父管轄の教区の三つの教会が、自分たちの専任の司祭を持つことにして、その給与を全額自分たちで供給することを決めた。神田教会も、自らの供給によってロマン千葉〔忠朔〕神父を支えることを決定した。

これでわかるように、日本教会はもはや歩行器にすがって歩く幼児ではない。自分の足で立とうとしている者になりつつある。それは、外国からの援助なしで歩くためである。

公会でこのことが発表されれば、必ずや、地方の多くの教会が、東京の教会の例にならうだろう。ここから大いなる恵みが生まれる。そういう話をした」(1911. 4. 3/16, 1911. 1. 12/25も参照)。

献金も行なわれるようになってきた。

「日本人が少しずつ、教会に献金をするようになってきている。先日、アナスタシヤ阿部という信徒が一〇〇円献金してくれた。きょうは、パウェル伊藤が教会のためにと、同じく一〇〇円持ってきてくれた。〈わたしはきょうで六一歳になりました。それで神さまに感謝を表すために〉と言った。献金は、大抵、自分の通《かよ》っている教会に対してなされている」(1911. 8. 28/9. 10)。

教役者たちも、多くはない給与であるのに、献金するようになってきた。

「麹町教会のリン佐藤氏〔新衛、元伝教者〕は金五円を、令閨マルファ佐藤姉《し》は金一円を、下谷《したや》教会のアンナ吉野姉は金二円を寄付せられ、同会のイオアン佐々木氏は十年契約にて金千円を寄付せられ、毎年百円宛《づつ》月割《げっぷ》にて献金せらるることとなり、越山〔照《てらす》、ティト〕伝教者は、毎月受くる月費〔月給〕の十分の一を献金せらるることとなりたり」(『正教新報』明治四四年一月一日)。

ニコライは数年前から「日本正教会基本金」という口座を設けて、これらの寄付をそこへ集めていった。「基本金」が大きくなれば、利子も相当なものになり、日本正教会の独立を助けるはずだと考えたのである。

「石巻から、むかしからの信徒イオアン佐々木が来た。信仰心ではいつも他に抜きん出ている。一〇〇円を持ってきて、〈基本金《キホンキン》〉に加えていただきたいという。こういう熱心な信徒がたくさんいたら、日本教会はもうとうに一人立ちしていたことだろう」(1910. 1. 23/2. 5)。

日本正教会は教会堂、学校など、すでにかなりの不動産を所有していた。問題は教役者の給与をどう捻出するかだった。ニコライはその問題の解決の方向を示し、徐々に日本正教会を経済的自立への道に導いていったのである。

宣教資金は送られてきていた

ロシアでは、社会的混乱が広がってきていた。しかしそれでも、一九〇五年(明治三八年)の「第一次革命」から二年も経った時点でも、ロシア正教会はまだ実力ある巨大組織として機能していた。むしろ、宗務院《シノド》制の廃止と総主教制復活をめざして、ロシア正教会全体が「興奮」していた。そしてロシア正教会は、まだ日本宣教団を見捨ててはいなかった。宣教資金は減額になっていたとはいえ(1907. 12. 18/31)、日本へ送られてきていたのである。

前に紹介した、ニコライが宗務院に申請した奉神礼用書『八調経』の出版費四〇〇〇ルーブリも、明治四二年(一九〇九年)一一月、認められ送金されてきた(1909. 11. 7/20)。

そして、ニコライ永眠の一年前、明治四四年(一九一一年)には、予期せぬ朗報が届いた。モスクワの「正教宣教協会」が、日本宣教団への宣教資金の減額を取り消し、送金を旧に復すと連絡してきたのである。

「宣教協会理事会から一月一一日付の通知と一緒に、英貨二一六〇ポンド一一シリング六ペンスの手形が届いた。通知にはこう書かれている。

〈宣教協会理事会は、一九一〇年から一九一一年にかけての当年度において、日本宣教団宣教資金として、協会による予算削減前に日本宣教団が受け取っていた金額の全額、すなわち二万ルーブリを、協会資金より支給することが可能であると認めた。また、もし神の祝福があれば、将来にわたっても、同規模の資金援助を日本宣教団に対して行なうことができるよう願っている〉云々。

主よ、光栄は爾《なんじ》に帰す！」（1911. 1. 26/2. 8）。

ニコライの喜びは大きかった。明治四四年の時点においても、母教会であるロシア正教会はニコライを支えていたのである。そして、その後も支え続けた。

3　病に倒れる

心臓の病気

ニコライは文久元年（一八六一年）に来日してから五〇年間、ほとんど一日の休みもなく働き続けてきた。周期的に気分の激しい落ち込みがあったり（1899. 1. 7/19）、風邪をひいたり、耳がよく聞こえなくなったりはしたが、総じて、堅固な信仰と生来の強健なからだによって、入院しなければならないような病気は一度もしたことがなかった。

しかし、さすがに七〇歳をすぎたころからは、深い疲れを覚えるようになり、からだの苦しさが増してきていた。七四歳のニコライは、日露戦争のころから親しくしていた、すぐ近くの順天堂病院の八十島《やそじま》保太郎医師に相談した。

「八十島医師が、心臓病専門の医師を連れてきた。その医師は、入念にわたしの胸を診察し、心臓の具合がかなりわるいと言った。〈急いで歩かないこと。熱い風呂には入らないこと。胡椒《こしょう》、辛子《からし》、酒など、体を刺激するものは一切とらないこと〉――そう言われた。すべてできる限り守ることにする。酒はもともと飲まない。

心臓病で死ぬことになるのだろうか。わたしはずっと、胃が危ない敵だと思っていた。ともあれ、あの世では、もうずいぶん前からわたしを探している。原因が何であれ、間もなく発《た》つことになる」(1910. 12. 15/28)。

心臓が悪かったのである。それでもニコライは、からだの苦しみを押して、教会の奉事も中井木菟麿と協同の聖典翻訳も、特別なことがない限り休むことなく続けた。

以下、ニコライの日記と中井木菟麿の「〔ニコライ大主教〕病中記録」とによって、ニコライの最期の日々を紹介する。

中井は、「病中記録」のはじめに、「七月〔明治四四年(一九一一年)〕の公会に至りては、〔ニコライの〕病勢愈《いよいよ》進みて、疲労を覚え給ひし状《じょう》〔様子〕あり」と書いている。

それでもニコライは、この公会もなんとか乗り切った。これが、ニコライが開いた最後の公会だった。

この公会席上ニコライは出席者全員に向かって、これまで言ったことのない一言《ひとこと》を言ったと、少年のときからニコライに接してきたアルセニイ岩沢丙吉はおどろいたように書いている。

「師は自身の経歴を物語るを好まず。されど最後の公会において教役者に向ひて〈我に倣《なら》へ〉と公言せしは、一に自身の永眠近きを予想してならんが、これおそらく平生の主張なりしも、謙遜のあまりこれを口にするを憚《はばか》りたるものなるべし」(岩沢丙吉「思ひ出――ニコライ大主教の一周忌における」。『正教時報』大正二年五月)。

「我に倣へ」は、ニコライの遺言だった。

ニコライは早くから、よい伝承の形成が必要だと言ってきた。

「人の性格はこどもの頃に形成される。少年期を軽視して、掟に従う習慣を少年にしっかり身につけさせないでおくようなことがあったら、その人自身が不幸になるであろうし、その人の周りにも多くの不幸が生じる。

教会についても同じことが言える。若い教会の、感受性の最も鋭敏な数年間を逃さずに活用しなければならない。そのときから教会に、伝承、慣習、典範が生まれてゆく」（ニコライ『明治の日本ハリストス正教会』）。

ニコライは、そういう意識をもって日記をつけていた。ニコライの膨大な日記の中に、ニコライが自分の日記がひとに読まれることを予想していたと思われる個所が二カ所ある。

「わたしの後継者に、過剰な自信の危うさや、教会の危険をもたらす危険性を警告するつもりがなければ、こんなことはここに記さなかっただろう」（1901. 3. 18/31）。

「この記録を読むかもしれない者すべてに……」（1903. 12. 28/1904. 1. 10）。

宣教師は公人である、宣教師の日記は個人の日記であっても公の記録であるという自覚がある。〈若い教会の人びとよ、宣教師ニコライの日記を読んで、自分たちの教会の新しい伝承を育てよ〉という意識が、ニコライの内にあったと思われる。

中井木菟麿は、ニコライと一緒に翻訳の校正作業をしていて、涙が出そうになることがあった。中井は、「当夜校訂する所は、『八調経』中の死者の安息に関する歌詞にして、語句痛切なりし」と書いている。ニコライの死期が近づいているのを感じたのである。

この年の秋になると、ニコライの日記には、呼吸が苦しくて「眠れない」という記事が毎日のように出てくる。

「肘掛椅子に座ったまま夜を過ごした。少し眠った」。

年末になって、翻訳の仕事は「休み」に入る。「正午まで中井と仕事をした。これで、祭日〔降誕祭〕前の仕事は終わりとする」（1911. 12. 13/26）。

中井は、このニコライとの「仕事納め」について、こう書いている。

「今にして之《これ》を思へば、過去三十年間、師が中井パウェル〔自分〕と座を聯《つら》ねて執り来りたる経典《けいてん》翻訳の事業も、実に斯《こ》の日午前に於て永久の閣筆《かくひつ》を為ししなり。大主教は、如何なる疾患の時にも、終日褥《じょく》中〔ベッド〕に伏して静養せらるることなく、苦悩を忍びつつ教会の事務、翻経〔経典翻訳〕の聖業等、凡《およ》そ〔すべての〕為すべき日課を継続し居らるるを常とす」。

そして、降誕祭〔ロシア暦一二月二五日。西暦一九一二年一月七日〕の二日後、明治四五年（一九一二年）一月九日のニコライの日記には一行、「八時から聖体礼儀。きょうもティト越山〔照〕神父が司禱《しとう》した」と書かれている。

これをもって、ニコライの日記は終わっている。

入院と退院——駿河台の主教館へもどる

その日記から一五日後の、明治四五年一月二四日に、築地の聖路加《ロカ》病院長トイスラーが駿河台へ来診した。「心臓の僧帽弁に故障を生じて、心臓性の喘息及び腎臓病を併発」という診断であった（中井木菟麿「病中記録」）。「容易ならざる」病状で、即入院を、と言われた。ニコライはトイスラーの説得を受け入れ、聖路加病院に入院した。

ところが、入院はしたものの、ニコライは病室のベッドで静かに寝ていることができなかった。二月一日から、注射を打ってもらいながら病室で「翻訳書校合」の仕事をはじめたのである。

さらに、ニコライは「退院」を望んだ。「一同危惧して心痛に勝《た》へざれども、御自身の決心動かすべからず。院長も余儀なく許したれば、成行きに任《まか》すより致し方なきこととなりたり」。

ニコライは、病院ではなく、駿河台主教館の自室で死にたいと思ったのではないだろうか。

二月五日、午後一時すぎ、病状は改善してはいなかったが、ニコライは退院を敢行する。そのとき「某新聞記者」の撮った「大主教御退院の光景」という写真がある（『大主教ニコライ師襄事《じょうじ》〔葬儀〕録』）。写真は暗くて細部はよく見えないが、聖路加病院を出る箱馬車のニコライに対して、一人の西洋人（トイスラー院長か）が頭を垂れて見送っている。

ニコライは駿河台主教館に着いた。迎えた信徒、教役者たちに、喜びの表情で「みんなの愛を感じる」とつぶやいたという。そして主教館の自室の寝台に横たわった。

しばらく休むと、ニコライはまた、ロシアの宗務院へ送る「報告書」作成の仕事を再開した。

二月八日、主教館講堂で聖歌の授業があり、聖歌「われらバビロンの川辺に坐し」が洩れ聞こえた。ニコライは聖歌教師ペトル東海林《とうかいりん》重吉を呼び、自分にも歌がよく聞こえるように講堂のドアを開けてくれないかと頼んだ。

「われら、〔捕囚の地〕バビロンの川岸に坐し、〔故国〕シオンを思うて泣けり。アリルイヤ〔ハレルヤ、「神をほめたたえよ」の意〕。かのうちにおいて〔バビロンの川のほとりで〕、われら琴を柳に掛けり。アリルイヤ」。

「バビロンの川辺に坐し」は、ニコライのとりわけ好きな聖歌だった。

二月一二日、自室で取り組んでいた「報告書」が、ようやくできあがった。その書類を整えていたとき手を傷つけ、少し血が出た。そのときニコライは、付き添いの看護婦酒井末子《すえこ》に、「我《われ》今戦争して負傷したり」と言ったという。

二月一四日、自室へ後継者セルギイ（チホミーロフ）主教を呼び、会計担当の書記ダヴィド藤沢次利の立会いのもとで、日本宣教団の全資産をセルギイに譲渡する書類に署名して渡した。ニコライは、これで宣教事業全体の引継ぎを終えたのである。

二月一六日、すなわち永眠の当日、再び書記ダヴィド藤沢を呼び、教役者たちへの「月費《げっぴ》〔給与〕送付の用事」を完了した。

ニコライの永眠と葬儀

ニコライの看護には、牛込の「藤沢看護婦会の一等看護婦」酒井末子が当たっていた。酒井の「大主教様御病床日誌」の二月一六日には、次のようにある。

「御起床後御自身にて洗面所に歩ませられ、常の如く御洗面ありたるが、今朝は著しく御疲労ありて、苦しき様見上《ようみあげ》らる。左《さ》れど朝食には麺麭《パン》一個、紅茶二杯召上がりたり。今朝は非常に苦しき御様子なり。その後稍《やや》ありて精神御快復遊ばされ、種々事務を執らせらる〔このとき、書記藤沢次利が呼ばれた〕。

御容態《ようだい》次第に重《おも》らせ給ふ。正午昼飯を御勧め申し上げたりしかど、少しく後にせよ、暫し眠らんと仰せられたるまゝ、その後は全く昏睡《こんすい》に陥り、遂に御醒覚《せいかく》を得ずして、些《いささ》かの苦悶もなく、恰《あたか》も御安眠遊《あそ》ばさるゝが如くに、いと静かに永き眠《ねむり》に就かせ給ひぬ。時に午後七時なり」。

ニコライは、このようにして、来日以来五〇

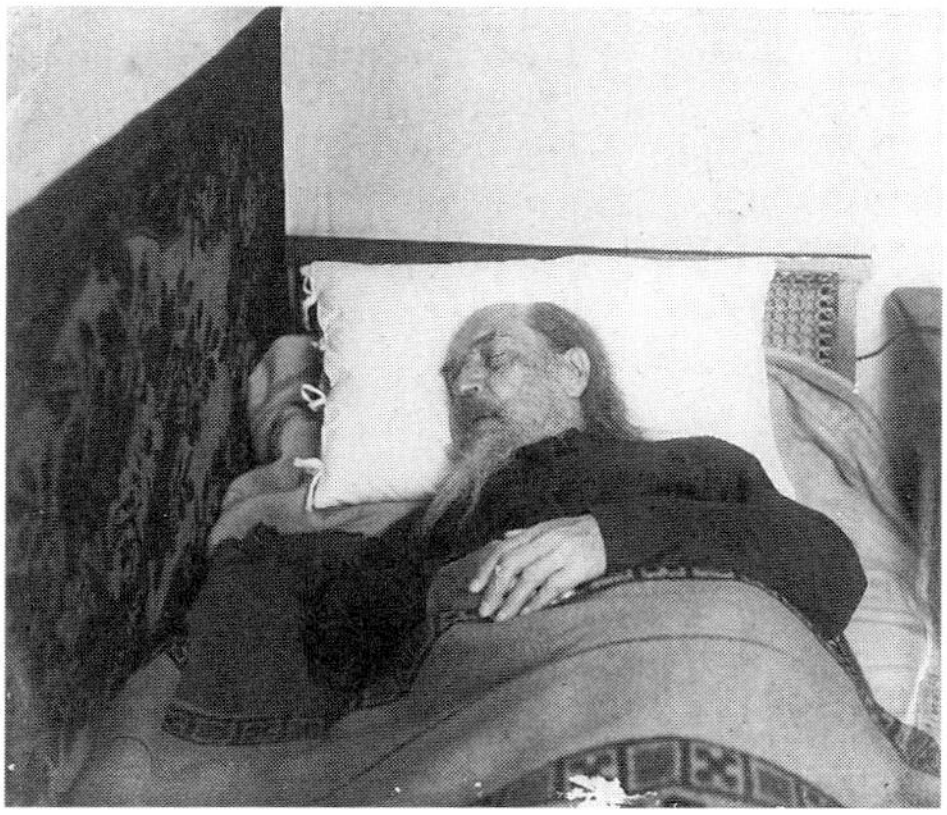

明治45年（1912年）**2月16日，大主教ニコライの永眠**
主教館の自室にて。満75歳（『大主教ニコライ師事蹟』より）。

ニコライ大主教の葬儀

棺をニコライ堂の北門から搬出し，葬列の準備をする（『大主教ニコライ師襄事録』より）。

年に及ぶ、宣教師としての「奮闘的生涯」を閉じた。満七五歳であった。

明治四五年二月二二日、正教会の「正式」に則《のっと》って執行された厳粛な葬儀の次第は、中井木菀麿による『大主教ニコライ師襄事《じょうじ》〔葬儀〕録』の「葬礼」の章に、さながら当日の光景を目の当たりにするように、詳細に記されている。以下にその「葬列進行」の一部を抜粋して紹介する。

「全国諸教会の伝教者、その背後には一般会葬者縦列に立ち、霊柩《れいきゅう》の左方は聖障〔イコノスタス〕下に外国宣教師、各宗教家横列に着席す、次を婦人席とす。信徒の会葬者は花束を持ちたり。〔中略〕

東紅梅町を南へ、北甲賀町を西へ、男女神学校門前通過、御茶水橋通右側を北へ、電車線路を横断し、左側を東へ、昌平橋《しょうへいばし》本郷間の電車線路を横断して、旅籠《はたご》町三丁目を西へ、電車通に沿ひて上野へ向ひ、広小路《ひろこうじ》交差点を横断して、山下池《いけ》の端《はた》を順路谷中《やなか》天王寺《てんのうじ》に到る。中央気象台の予報せし如く、昨来〔昨日から〕天陰《かげ》り、人をして哀愁の感に堪《た》えざらしめしが、天候いよいよ険悪となりて、猛風砂塵《さじん》を飛ばし、出棺の頃には細雨《さいう》さへ注ぎたれども、葬列を妨ぐるにはいたらざりき。当日の猛風吹き渡りたるは、大主教の性格とその奮闘的生涯の経路を語れるものの如くなりき。

葬列が御茶水橋を渡りて右折せしに、女子高等師範学校付属高等女学校の生徒数百名が高等師範学校前に整列し、霊柩《れいきゅう》に対して最敬礼を為し、またその向側京華《けいか》中学校生徒数百名が教師に従ひて整列し、粛然《しゅくぜん》として見送りたり。また下谷区内にては、区長の注意によりて通路に散水せしめて、砂塵の襲来を防ぎたり。

途上には到る処《ところ》に人衆《じんしゅう》雲集し〔人びとがたくさん集まり〕、通路の人垣を築き、静粛に観送せり」。

二月二二日、午後四時半、ニコライは、教役者、信徒、日本人および外国人の知人友人たちの見守るうちに、谷中の墓地に葬られた。

「ご遺産調」

永眠の翌日、二月一七日、ロシア領事によるニコライの「ご遺産調《しらべ》」が行なわれた。

ロシア正教会の大主教ニコライは、ロシア帝国の宗務院から日本へ派遣された公人であった。責任ある地位の高位聖職者の永眠に際しては、遺されたものについての調査を行なうのが、ロシア正教会の規則であったようである。

中井木菟麿の「ご遺産調」（『大主教ニコライ師襄事録』所収）には、次のように書かれている。

「二月十六日ご永眠後は、追《おっ》てご遺産調これあるはずにて、書斎客室とも封印を付したりしが、十七日午後三時すぎ、横浜在勤の露国領事および大使館書記二名来館、ご遺産調に着手し、セルギイ〔チホミーロフ〕主教、ならびに千葉〔忠朔〕司祭、藤沢〔次利〕・樋口〔艶之助〕二氏、河村〔伊蔵〕副輔祭等立ち会ひたり。〔中略〕

次は二十七日午後三時三十分より続行せられ、主教、千葉司祭、河村・樋口二氏立ち会ふ。この日終了せり。然《しか》るに調査の結果、大主教の私有に属するものは、弊衣《へいい》数点を得たるのみなりしかば、調査官等《ら》意外の感に打たれ、立会《たちあい》の諸氏は皆その清廉なるを驚嘆せり」。

「調査官〔ロシア人〕等《ら》意外の感に打たれ」とあるのは、ロシアの高位聖職者は一般に「ヒエラルヒー」の立身出世競争の勝者であり、その生活は豪奢であったからである。ロシアの神学大学へ留学し

東京谷中の墓地に埋葬当時の大主教ニコライの墓
（『大主教尼闊頼《ニコライ》師記念写真帳』より）

た経験のある瀬沼恪三郎は、こう書いている。

「露国の旅行者が彼（ニコライ）を訪問する毎《ごと》に、此《こ》の質素なニコライ師の生活を見て、彼等が彼地《かのち》（ロシア）で見慣れて居る半貴族的の主教職と比較して、常に奇異の感に打たれつつある」（瀬沼恪三郎「ニコライ師の小伝」）。

ニコライには、私物はほとんど何もなかったのである。

ニコライは個人として、宗務院から約三六〇〇ルーブリ余の年俸を受け取っていた。しかしそれは、宣教経費以外の、つまり毎年のロシア宗務院への「報告書」には計上しにくい、さまざまな出費に充てていた。貧窮している伝教者や司祭の給与の一時的補助、その家族の思わぬ病気の治療費、亡くなった教役者の遺族への見舞、男女神学校生徒の結婚支度金《したくきん》、教役者の優秀な息子たちの大学学費などの出費が絶えずあった。元旦恒例の、下男下女たちや詠隊員（聖歌隊員）や教役者のこどもたちへのお年玉の額も、合わせるとばかにならなかった。神学校、女子神学校の生徒たちがしばしば開く「親睦会」、遠足（「レクリエーション」）の茶菓《さか》代、弁当代なども、自分のポケットから出していた。個人的な出費としては、まれにロシアの親戚に少額の送金をしたり、ロシアの友人知人の教育事業などに寄付したりする程度である。自分の老後に備える余裕などは、まったくなかったのである。

ニコライは、五九歳のとき、ロシア政府から勲章を授与されるという知らせが届いた日の日記に、次のように書いている。その三五年前の二四歳のとき、馬車と船でシベリアを横断して日本の函館へ向かったときの旅の記憶である。

「三五年前、日本へ向かって進む旅の途中のことだった。シベリアのある場所で、左手は岡の斜面に緑の四角の畑が広がるすばらしい眺めのところだった。ふとこんな考えが浮かんだのを覚えている。人が教育を終えて世の中へ出て行くとき、その人の胸にいくつかの十字架をかけてやって、その後、その人がなすべき務めを果たす度に、その十字架を一つずつ外してやる。そして、自分にかけられた期待を、神の助けのあるかぎり、果たしたというしるしに、何もかかっていないきれいな胸で墓に入る、という考えだ。わたしの考えはいまもあのときと少しも変わっていない」（1895. 6. 26/7. 8）。

この澄んだ、しかし激しい召命感は、ニコライの内から生涯消えなかった。

シベリアを横断し、さらに海を渡って函館に着いた文久元年（一八六一年）から数えて五〇年、明治四五年（一九一二年）二月一六日の永眠の日、書記ダヴィド藤沢次利に「教役者たちの月費送付」を命じたとき、ニコライは自分の「なすべき務め」を果たし終えたのである。

第十九章　ニコライ後の日本正教会

1　ニコライの後継者セルギイ（チホミーロフ）

まず、明治四〇年（一九〇七年）、ニコライの最晩年のロシア正教会の活動規模を示しておこう。

二〇世紀初頭のロシア正教会

一、「宗務院《シノド》」。ロシアの正教会全体は、修道院もふくめて、宗務院によって管理されている。ロシア正教会の最高決議機関である宗務院は、高位聖職者《アルヒイレイ》一一名と非聖職者の宗務院総監一名によって構成される。宗務院常任議員は、ペテルブルグ、モスクワ、キエフの三府主教である。それに加えて、大主教もしくは主教が交替制で議員となる（中村健之介監修『宣教師ニコライの全日記』第一巻註解No.9「宗務院」参照。以下「註解」と表記する）。

二、「信徒総数」。九二一四万八九八七人（教会は行政の末端組織でもあり、教会での洗礼が出生登録となっているので、それを集計すると信徒総数が出る。註解No.82「ロシア帝国の地域別人口と宗旨別人口」参照）。

三、「主教管区《エパルヒヤ》」。ロシア全国は六七の主教管区に分かれている。この六七の中には、北アメリカの主教管区一つが含まれている（それが、第二次大戦後の日本正教会に主教を送り込んできた「ミトロポリヤ」

である。本章第3節の「戦後の日本正教会」参照〕。
四、「教会統治管理者」。「主教〔修道士。非妻帯〕」が高位聖職者《アルヒイレイ》であり、ロシア正教会の管理職である府主教は三名、大主教は二〇名、主教は四四名、副主教は五四名、合計一二一名である。
五、「聖堂・教会堂の数」。五万一四一三。その内、①大聖堂《ソボール》は七三五。②修道院の教会堂一七六五。③聖堂・教会堂は、いわば「檀家集団」である教区を有するものが大半である。そういう聖堂・教会堂が、三万八五八八。④墓地に付属する教会堂二四五七。⑤学校に付属する教会堂二一七三。⑥その他五六九五。
六、「祈禱所《チャソヴニャ》〔道路、橋などに立つ「辻堂」〕」。二万〇〇一三。
七、「教役者の数」。六万二二二二人〔この「教役者」は、高位聖職者《アルヒイレイ》以外の、妻帯可の教区司祭、輔祭など、家族を持つ者が大半である〕。
その内訳は、長司祭〔教区司祭の上位の者〕二七〇六人、司祭四万五三三〇人、輔祭一万四一七六人。この六万余の「教役者」の他に、誦経《しょうけい》〔読経〕者が四万四四一一人いる。
八、「正教会所属図書館」。三万〇三一三〔図書館からも、「教会知識人」が育つ。一般に教区司祭の知的レベルは低いとされているが、帝政時代は、必ずしもそうは言えない〕。
九、全教区内の「慈善会」。一万〇〇四五。
十、「正教会所属病院」。六四〔註解No.205「修道院の慈善活動の拡大」その他参照〕。
十一、「正教会所属養育院」。八五三〔註解No.161「捨て子養育院」参照〕。
十二、「修道院の数」。男子修道院五二二、修道士九三一七人。女子修道院四〇一、修道女一万二六五二人。修道士見習い、男八二六六人、女四万〇二七五人。
十三、「修道院所属病院」。一八四。収容患者一七八九。

十四、「修道院所属養育院」。一四八。収容児童一九六一（ロシアは孤児、捨て子が多かった。こどもたちは「養育院」で育てられた。修道院の詠隊には、孤児たちが多かった）。
十五、「正教会一九〇七年（明治四〇年）度収入」。一億二四二九万二二三六円（当時一円は約一ルーブリに相当）。
内、献金は、五七二万六四九九円。

蠟燭《ろうそく》（参禱者は、細長い蠟燭を買って、イコンの前の大きな蠟燭立に立てる）による純利益は、一三五一万〇九九八円。

その他、土地建物（不動産の寄進があった）。
十六、「正教会の支出（前項と同年）」。学校費五二四万三三三九円。
その他聖堂費及び各管轄教区において要する費用（数字は未確認）。
十七、「神学大学の数」。四（キエフ、ペテルブルグ、モスクワ、カザン）。
神学大学教授一一九人、神学大学学生八六二人。
十八、「神学中学校《セミナリヤ》」。五七。その教師一一五三人。
（以上は、ロシアの教会関係雑誌に発表された記録を訳した『正教新報』明治四四年一月一日号のデータを基に、『宣教師ニコライの全日記』の註解を参照して記載したものである。）

なお、ロシア正教は国教であり、聖職者は「公務員」であり、その給与は国庫から出ていた。修道士にも国から平均年俸一〇〇〇円余の給与が出ていた。

本書第十八章第2節の「宣教資金は送られてきていた」に紹介したように、明治四〇年（一九〇七年）の段階でも、宣教資金は、日本へ送られてきていた（1907. 12. 18/31）。ニコライが宗務院に申請した奉神礼用書『八調経』の出版費四〇〇〇ルーブリも、明治四二年（一九〇九年）一一月、送金されてきた（1909. 11. 7/20）。そして、ニコライ永眠の一年前、明治四四年（一九一一年）には、モスクワの「正教宣教協会」から次の通知がきていたのである。

「日本宣教団宣教資金として、協会による予算削減前に日本宣教団が受け取っていた金額の全額、すなわち二万ルーブリを、協会資金より支給する」（1911. 1. 26/2. 8）。

これらの統計記録から、ロシア正教会が二〇世紀初頭においても、ロシア国民に根ざした巨大国家組織であり続けていたことが明らかである。ボリシェヴィキの側から見れば、ロシア正教会は、強敵であった。

ロシアからの宣教資金

さて、明治四五年（一九一二年）二月にニコライが世を去り、日本正教会は二代目宣教団長セルギイ（チホミーロフ）主教の時代に入った。同年七月、天皇睦仁《むつひと》は六一歳で崩御し、年号は明治から大正に改元された。

ニコライの生涯は終わったが、かれの創建した日本ハリストス正教会はその後も生き続けている。ニコライ後の正教会がどのようにして現在に至っているかを、ニコライ伝の続編として、せめてその略史だけでも書いておきたい。

ニコライの晩年からはじまったロシア社会の大混乱は、収まることを知らず、「革命」の闘争が激しさを増していった。

セルギイが日本正教会の最高責任者になって六年目の大正六年（一九一七年）、ロシアでは「二月革命〔西暦では三月〕」が起き、皇帝ニコライ二世は退位し、三〇〇年余続いたロマノフ朝ロシア帝政は倒れた。リヴォフ首班の臨時政府が成立したがすぐ倒れ、同年七月、ケレンスキー内閣が成立した。

そのような大混乱の状況においてもなお、ロシアから日本宣教団へ宣教資金は送られてきていた。大正七年七月の公会で、セルギイはこう語っている。

「俄然《がぜん》ロシアに革命勃発《ぼっぱつ》し、昨年〔大正六年・一九一七年〕の二月及び三月頃より特に我々の心を痛めたり。

しかし実際のことをいへば、教会の経済情況の関係は、第一次のリヴォフ侯の内閣も、次《つい》でケレンスキー内閣も、教会に対しては悪《あし》きことなく、ケレンスキー内閣になりても、〔日本〕教会への送金は露国正教会より続いて来たれり」（『正教時報』大正七年八月号、九月号）。

最初に統計で示したように、ロシア正教会は当時のロシアで最も堅固な巨大組織であった。二〇世紀初頭のロシア正教会は、帝政崩壊にもびくともせず、総主教制を復活させ、革命派に激しく抵抗していた。ロシア正教会はまだ活力があった。

日本への送金が止まったのは、大正六年七月のケレンスキー内閣成立の後である。レーニンは亡命先のスイスからロシアへ戻り、「革命」を指導した。国内では、帝政を支持する「白軍」とボリシェヴィキの「赤軍」との内戦が広がっていった。そして一九一七年一一月〔西暦〕、「十月革命」によって、レーニンのボリシェヴィキ党は首都の全権力を掌握した。ロシア正教会は、もう日本へ送金できる状態ではなくなった。

大主教ニコライの後継者セルギイ（チホミーロフ）

翌一九一八年二月には、ボリシェヴィキ政権は、ロシア正教会を国家と学校から切り離すことを布告し（それまで「神学初歩《ザコン・ボージー》」はすべての学校の必修科目だった）、教会が財産を所有することを禁じた。七月、皇帝ニコライ二世とその家族は銃殺された。白軍と赤軍との戦闘は続くが、白軍は徐々に劣勢になっていった。

日本宣教団の二代目団長セルギイ（チホミーロフ）主教は、ロシアでの借金の取り立てから逃れて日本へ来た人である。ニコライの最晩年になってもまだ、セルギイは借金取りに責められていた(1911. 3. 22/4. 4)。セルギイには、ロシア正教会の中枢部に、信頼できる友人はいなかった。ニコライはセルギイにロシア正教会内に日本宣教団の支援者をつくるよう何度か勧めたし、セルギイは日本赴任後もロシアへ出張したこともあったのだが、しかしかれは人脈形成の努力はしなかった。ロシアが混乱状態になったとき、セルギイには、連絡をとるべきロシアの教会人もいなかった。ただ拱手《きょうしゅ》傍観しているしかなかった。

募金に熱心なセルギイ

ニコライはすでに明治三六年（一九〇三年）から、日本教会の経済的独立を強化する一つの方策として「日本正教会基本金」の基礎をつくった（柴山準行『大主教ニコライ師事蹟』「独立基本金の勧告」）。日本正教会のトップとなったセルギイの最初の活動は、この「基本金」増額の寄付の呼びかけである。

大正八年（一九一九年）、セルギイは募金のため日本各地の教会を巡回した。三月には、瀬沼恪三郎を伴って、当時日本人正教徒が多くいたヴラヂヴォストーク、ハルビンまで出かけて募金を行なった。極東はまだボリシェヴィキの支配が及ばず、ロシア正教会は機能していた。大阪正教会から満州へ派遣された司祭セルギイ鈴木九八は、大正八年段階でも、ロシア宗務院から「奉天ロシア人墓地聖堂司祭」として給与を受けていた（金石仲華『ニコライ大主教の弟子鈴木九八』）。

募金旅行では、セルギイはどこへ行っても信徒たちから歓待されて、元気溌剌《はつらつ》としている。かれは実際にはできもしないことを軽々と約束して、一時的にであれ相手を「その気にさせる」のが上手だった。かれの「募金説教」は、次のような眩惑的スタイルである。

「余《よ》はいま死すとも可なり。もし神は余の身命を護り給ひて、なほ数年の余命あらば、余はパトリアルフ〔ロシア正教会総主教〕まで至りて、日本正教会のために堅立の善謀をなし〔日本教会をしっかりしたものにするための相談をし〕、基本金の募集〔ロシア人からの寄付集め〕をも勉《つと》めん。

されど、これがためには、先ず日本教会の兄弟《けいてい》が自らその心を啓《ひら》きて、教会のためには毫《ごう》も惜しまずして、その財を供出し、たとへ五厘《りん》〔厘は一銭の一〇分の一〕でも多く献与せんことを要す〔寄付することが必要である〕。

一日も早く望んで止《や》まざるは、この独立の問題なり。然り、余は己《おの》が生命あるの日にこれ〔独立の達成〕を見んことを望む。翼《こいねがわ》くは、諸氏〔みなさん〕真個の独立堅立のために配慮せられんことを」（『正教時報』大正八年七月号。この年、公会は臨時に五月初めに開かれた）。

セルギイは自分の楽しみのためには五円、一〇円遣《つか》うのは平気である。温泉旅行も好きである。それが、月給一五円から二〇円の「日本教会の兄弟《けいてい》」に向かって、「教会のためには毫《ごう》も惜しまずして、その財を供出し、たとへ五厘《りん》でも多く」出せと説くのである。「余はいま死すとも可なり」と、真剣な顔で言うのである。ニコライに育てられた日本の純朴な信徒は、セルギイの訴えに心を打たれた。「日本正教会危《あや》うし」というセルギイの訴えに応《こた》えて、国内外の日本人信徒たちは続々と献金を行なった。大正八年の『正教時報』の各号には、「日本正教会基本金」寄付者名が延々数ページも並んでいる。

たとえば「浦塩〔ヴラヂヴォストーク〕在留神学校出身者」の寄付者たちの欄には、一七名の名が並んでいる。いずれも寄付の額が大きい。「一金五百　留《ルーブリ》　也・入野寅蔵。一金二百留也・山内封介。一金百留也・小西増太郎。一金五百留也・オシチェプコフ」等々、「合計三千五百留」である（『正教時報』大正八年四月）。一ルーブリはほぼ一円に当たる（なお、『正教時報』は、大正八年四月からは月一回、一五日発行となり、現在に至っている）。

オシチェープコフは、かつて東京正教神学校に学び、「神学校の柔道部」で鳴らし、ロシアへ帰国して「ロシア柔道連盟」初代会長となり、ロシアの武術「サンボ」の創始者となった人である。この「一金五百留也・オシチェプコフ」は、オシチェープコフが、大正八年にヴラヂヴォストークで生きていたことの証《あかし》である。かれは、昭和一四年（一九三九年）、スターリンの「大粛清」で銃殺された（中村健之介編訳『ニコライの日記』岩波文庫下巻、訳注（26）「神学校のロシア人生徒」参照）。

国内信徒の寄付は一円から一〇円が多い。まれに一〇〇円というのもある。最高は、四国撫養《むや》正教会のニコライ富田久三郎（今日の富田製薬の創業者）の一〇〇〇円である。撫養の伝教者 梯《かけはし》小一郎の妻ナデジダ梯ハル（影田孫一郎の娘、女子神学校第一回卒業）も、苦しい生活の中から一〇円寄付している。かれらは、ニコライから受けた慈愛を忘れていなかった。そのニコライの遺恩のおかげで、セルギイの募金は成功した。寄付総額は未確認だが、その見込みについてはこう書かれている。

「献金は少数に見積りても、一ヶ年三千円を得らるる可《べ》く、三ヶ年に一万円を募集せらる可し」（「総公会議事略録」、『正教時報』大正七年九月号）。

ロシアからの宣教資金は途絶えたが、日本正教会は、規模を縮小すれば自力で存続できるかのように思われた。しかし、毎年多額の寄付となれば信徒には大きな負担だったから、「三ヶ年に一万円」は、捕《と》らぬ狸だった。

大正七年（一九一八年）、日本政府は、ロシアに広がる「革命」の動きを止めるべく、日本人居留民の保護を理由に、イギリス、アメリカと共同して「シベリア出兵」を行なった。三井義人、影田提門《ていもん》など、神学校出身でロシア語のできる若い伝教者たちは、ロシアからの宣教資金途絶の影響を逸早《いちはや》く感じとって、語学力を生かして「陸軍通訳」に転じ、「シベリア方面へ向け出発」した。大正七年から大正一一年のシベリア出兵は、最初の三カ月で七万三〇〇〇人の派兵である。軍は、通訳はいくらでもほしかっただろう。

神学校で学んだロシア語は、たくさんの正教会関係者の生活を助けた。同時に、大正九年（一九二〇年）の「尼港《にこう》（ニコラエフスク・ナ・アムーレ）事件」の日本人犠牲者に、石田虎松（妻は沼辺愛之輔の娘うらき）領事一家をはじめ正教会関係者が多いことからもわかるように、ロシア語は日本人正教徒の運命を変えた（『正教時報』大正九年七月一五日）。

また、三井道郎、森田亮、瀬沼恪三郎、石川喜三郎という「有力者」たちは、日本政府から大枚《たいまい》三万三〇〇〇円をもらって、ヴラヂヴォストーク、ハルビンへ渡り、軍のために現地のロシア人説得や情報蒐集活動を行なった。かれらは「日頃は仲悪しき四人」であったが、かれらもシベリア出兵の政策に乗って、ロシア語を生かして金稼ぎのチャンスにとびついたのである。

大正七年、一七年続いてきた京都正教女学校は、セルギイの命令によって廃校となった。このときのセルギイの、京都正教女学校の舎監高橋五子に対する態度は、優れた日本女性に対し自分が上位者であることを示そうとする愚かで高慢なロシア男性の姿そのものだった（「中井終子の日記」参照）。セルギイは、高橋五子や中井木菟麿など、ニコライ「子飼い」の教役者を追い払っていった。金石仲華が言うように、「セルギイ主教は教会内のニコライ色を弱め、自己の指導権を知らしめるために」人事異動を行なった（金石仲華『ニコライ大主教の弟子鈴木九八伝』「第十二章　セルギイ主教の人事異動」）。

本会総務局が日本正教会を運営

これまで半世紀にわたって日本正教会は、ロシアの「母教会」と団長ニコライという大樹に寄ってきた。それが倒れたのである。新しいリーダー、セルギイ主教は頼りにならなかった。いろいろな文献に、この頃のセルギイを支えた東京本会の教役者たちの困惑と混乱が露呈している。

大正七年（一九一八年）一〇月、「日本基督教総務局〔革命ロシアとの関係を疑われないように、「日本ハリストス正教会総務局」と名乗ることを避けた〕」から、次のような重要な「稟告《りんこく》」が発表された。総務局長は「やり手」のパウェル森田亮である〔真鍋理従や牛丸康夫は「総務局」を「宗務局」とも書いている。本書では「総務局」と表記する〕。

「本会〔東京本会〕の経済問題は、これまで屢《しばしば》声明せし如く、今に至るまで露国母教会との交通途絶のため、安定を得る能《あた》はず。

去る八月二十五日付にて、主教セルギイ〔チホミーロフ〕師より総務局に対し、種々重要なる案件を提議せられ、局員一同慎重審議を重ね、不取敢《とりあえず》、所属女子神学校の大幅縮小を余儀なくすることに決議実行し、我が教会諸般《しょはん》の事に現状維持の方策を〔セルギイに〕建議したるに、又々《またまた》九月下旬に至り、急転直下、〔セルギイは〕本会の経済全部を総務局に一任せらる丶に至りたれば、更に奮励《ふんれい》努力、以て将来の画策謀議《かくさくぼうぎ》に没頭し〔将来の計画について熱心に相談し〕、漸次《ぜんじ》〔徐々に〕その方針を確立するを得たり」（『正教時報』大正八年一〇月号）。

「又々《またまた》九月下旬に至り、急転直下」ということばに、総務局の意外感とセルギイの無定見が感じられる。セルギイは、教会運営の責任と権限を総務局に「丸投げ」したのである。

女子神学校の縮小と神学校の閉鎖

右の「稟告《りんこく》」には、「女子神学校の大幅縮小を余儀なくすることに決議実行」と書かれているが、その「縮小」の前に、セルギイは奇妙なことを行なった。

セルギイは、女子神学校の校舎が整頓がゆきとどき清潔だという理由で、女子神学校と男子神学校の校舎を交換させたのである。その次に女子神学校の「縮小」が行なわれた。

「昨年校舎の転換までなして一時盛況を伝へられたる女子神学校も、教会財政の都合上、縮小することとなり、教室宿舎共一切を本館内に移（「転換」）し、三年級以下を解散し、四、五両年級十四名だけを収容し、従前の如く授業を継続することとなりたり」（『正教時報』大正八年一一月一五日）。「盛況」であったのに、こういう「縮小」「転換」が、女子神学校教員たちに相談もなく、セルギイと総務局の独断によって決定されたのである。在学生がいるのに突然「三年級以下を解散」することがいかに軽率乱暴なことか、セルギイも総務局も気づいていないふりをしている。ここにも、総務局の狼狽ぶりが露呈している。

大正八年（一九一九年）四月、セルギイは日本正教会の教役者養成の中心機関である神学校を閉じた。「二六日、午前一一時より、正教神学校大広間に於《おい》て、卒業式並びに閉校式を挙行」し、「主教閣下の訓辞を以て式を終り、それより茶菓弁当の饗応あり」（『正教時報』大正八年五月）とある。

あの世のニコライは悲しんだことだろう。

翌大正九年、セルギイと総務局は「神学校の復活、もしくは伝教学校の復興」は、教会財政困難のため、「未だその機にあらず」と判断している。それなのに、「女学校（女子神学校）だけは、大聖堂の詠隊並びに子女教養の必要上、存続する」と決めた（『正教時報』大正九年八月）。

女子神学校が教会財政に負担になっていなかったことが、このことからもわかる。

しかしそれにしても、教役者養成の中心機関である神学校を閉鎖したまま「詠隊並びに子女教養」のために女学校を残すという、このセルギイと総務局の判断にはあきれる。言うまでもなく、教会には聖職者が不可欠である。神学校を閉鎖していたら、将来、神学教育を受けたことのない者を聖職者にせざるをえなくなる。「詠隊並びに子女教養」は、各教会で引き受けることができることなのである。

この愚かな本末転倒に気づいた側近もいた。

「教会の存在もその拡張宣伝も、ハリストス教の教義に通じハリストスの福音の講明はもちろんハリストス教会の歴史的典礼儀文等に精通せる宗教家のあるなくんば〔そういう聖職者・宗教家がいなければ〕、望むべからざることにて、〔中略〕これ、教会の神学の滅亡たるのみならず、生ける宗教的知識思想の滅亡にして、その結果は、宗教家の滅亡にて、これ教会そのものの滅亡たるを免れざるなり。現今の我が正教会は、教会の基礎たるべき後継教役者養成の教会学校の如きは、殆ど忘却せられをる有様なり」（「教会とその学校」。筆者名なし。『正教時報』大正九年三月）。

ニコライは女子神学校を、「教役者の妻となる女性を育てる施設」と位置づけていた。ところがセルギイは、そういうことを考えて「女学校を存続する」ことにしたのではない。ありていに言えば、若い女性たちが近くにいるのが好きだったからである。

2　教会を離れる教役者たち

Exodus（大脱走）

国内外の信徒がこぞって献金を行なってくれたおかげで、日本正教会は、規模を縮小すれば、ロシアからの宣教資金がなくても自力で存続できるように、一時期は見えた。しかし、献金がこのまま続くとはだれも思っていなかった。危険を感じた教役者たちは続々と教会を離れ、転職していった。Exodus（大脱走）である。

伝教者は、ニコライ永眠時には一一五人だったのが、大正七年には八〇人余に減った。大正七年、女子神学校の中心教師の一人、琴の名手、エフィミヤ伊東祐子も退職した。六二歳の聖像画師イリナ山下りんも、故郷笠間へもどった。

同じ大正七年、ワルワラ中井終子は、二四年間教えてきた東京女子神学校を去り、前橋の共愛女学校へ移った。

中井終子は、女子神学校を内から支えてきた人である。私見によれば、中井終子こそ安井哲子、羽仁もと子に劣らない聡明さと実行力を兼備した「新しい女性」である。その終子も去った。その後、彼女は大阪の梅花学園へ教師として招かれた。終子の兄中井木菟麿は、セルギイによって、これまでの『正教新報』に代わって新しく発行された『正教時報』の編集員から外《はず》され、女子神学校教員に格下げされ減給されたが、終子のおかげで、木菟麿も梅花学園の講師に採用された。そして、明治九年、三九年間勤めた正教会を辞職し（「休職」とされた）、母春《しゅん》、妹蘭《らん》共々一家は大阪へ移った。

三井道郎の発言

大正九年（一九二〇年）の「日本正教会公会議事略録」には、七月の公会で司祭シメオン三井道郎が次のような発言をしたと記録されている。

「主教〔セルギイ〕は露国ミッション〔宣教団〕の代表者にして、ミッションは特務機関〔スパイ組織〕と称せらる。それを我が日本正教会のものの如く思ふは、非常なる誤解なり」。

ニコライ永眠後、三井道郎は抜擢されて主教セルギイの側近の一人になっていた。かれはセルギイをかばうべき立場にあった。それが、〈ロシア正教会は共産主義国家ソ連の特務機関とつながっており、そのロシア正教会の日本宣教団長であるセルギイ主教もまたそうだ。自分たちまでソ連特務機関の手先と思われるのは心外だ〉と言ったのである。セルギイがソ連内ロシア正教会の当時の総主教代理セルギイ（ストラゴロツキー）と「個人的にも懇意」であることはだれもが知っていたが、「特務機関」とまで言う者はいなかった（アレキサンドル真鍋歴山『日本正教会五十年史』参照）。

ニコライの日記にしばしば書かれているように、シメオン三井道郎は極端な心配性で、「神経が正常ではなかった」。ニコライはそのことをよく知っており、三井を励ましたり、叱ったり、旅行に出してやったりして、絶えず三井のために気遣いをしていた（1905. 6. 16/29）。ところが、この大正九年の、セルギイ臨席の公会の出席者たちからは、三井の発言に対して何の批判も出ない。かれらは三井が病的心配性であるのを知っていたが、落ち着かせようとはせず、黙殺したのである。善意の気遣いはもうなかった。

大正九年のパニック

公会の直後、大正九年八月、総務局長森田亮の名で「残金三万円を以て、大正九年九月まで、現状維持の経常費に充当す」という「通牒」が全教役者に送られた。三万円がなくなった後は知らないと言わんばかりだった。

この通知は、パニックを引き起こした。不安が広がり、「本会の経営は、来たる九月までにて終息するものにや」とか「日本正教会の諸機関は、九月限り運転休止となるものにや」という問い合わせが相次いだ。そして、辞職者が続出した。

大正九年の『正教時報』に載っている「報告」だけを見ても、たとえば静岡の司祭ティモフェイ影田提摩太、千葉の司祭イグナティ松本高太郎が司祭職を辞めた。

パウェル水島行楊は、「拙者儀、今回、無給伝教人ヲ辞シ、只《ただ》ノ人間ト相成申候《あいなりもうしそうろう》。茲《ここ》に従来ノ御眷顧《けんこ》〔愛顧〕ヲ拝謝ス。大正九年六月　水島行楊」と、立派な脱会の「謹告」を出した（『正教時報』大正九年七月）。水島はもともと「只ノ人間」で、明治二〇年に大分の伝教者を務めたことがあったが、後は東京で盛んに正教会宣伝の写真集やパンフレットなどを作成して販売し、自営してきた。船が沈むと見て素早く逃げたのである（『ニコライの日記』岩波文庫下巻訳注（1）参照）。

『正教新報』の翻訳担当者パウェル吉田卯太郎も辞職した。人吉正教会の司祭イアコフ松本善述は、「自ら請うて」家族とともに「天主公教会」（カトリック）に移ったので、「その聖職〔正教会での司祭職〕」を剥奪された。

こうしたExodus（大脱走）の中、少数ながら、狭い門を前へ進んだ者たちもいる。司祭セルギイ鈴木九八は、自ら応募して大連《だいれん》（中国遼寧省。日露戦争後、日本の租借地）に赴任する決心をしたが、大正七年七月の公会で、「管轄地なしの自給司祭」と決定された。「自給」とは、給料なしということである。東京本会で主教セルギイと共に教会人事を取り仕切っていたのは、瀬沼恪三郎、三井道郎、柴山準行、森田亮である。かれらは鈴木九八を嫌っていた。「九八は以後死ぬまでの二九年間、本会から手当をもらうことなく〈自給〉で布教活動に従事」した。そして、本会から離れた鈴木司祭はこの後大連、瀋陽で、約二〇年の間に「二三五人」の受洗者を生み出した（金石仲華『ニコライ大主教の弟子鈴木九八』）。

大正九年九月、秋田の司祭ペトル内田政之助も家族を連れて上京し、自ら望んで管轄地なしの「自給司祭」となった。「住所確定次第、相当の職を求め、無任所司祭として働かるる都合なり」とある。内田もきつい生活に踏み出したのである。

その六年後の大正一五年、愛知県半田の伝教者ペトル望月富之助は、それまで伝教者の報酬として受け取っていた信徒たちからの月七円の「供給」を辞退し、半田商工会議所の書記の職に就いた。そして、そのわずかな俸給を支えに「自給伝教者」となり、なお熱心に半田で伝教に励んだ。妻を早くに亡くしたかれと子供たちが協力して発行した新聞『覚醒』を読むと、その熱意に心を打たれる（『ニコライの日記』岩波文庫下巻訳注（1）参照）。

ソ連内のロシア正教会　大正一〇年（一九二一年）、ソ連は大凶作に見舞われた。餓死者は数百万人といわれる。翌一九二二年には、ソヴェト国家は、教会に教会財産の供出を命じた。

これから約七〇年間、二〇世紀末（一九九一年）のソ連崩壊まで、ソ連内ロシア正教会の複雑な受難の時代が続く。ソ連内ロシア正教会の基本的課題は、なにがなんでもこの時代を生き延びることであった。帝政時代のロシア正教会は国家の組織であり、国に肯定され保護されて生きてきた。それに対してソ連共産党は、憲法上は信教の自由を認めていたが、「科学的無神論」を国是とし、基本的に宗教を否定していた。教会は、教会を否定する権力の下で権力に身をすり寄せて生きねばならなかった。反抗した者は、日本で宣教活動に従事したこともあるアンドロニク（ニコリスキー）のように、殺されたり、「矯正」収容所へ送られたりした。この七〇年間の策謀に満ちた「サヴァイヴァル・レース」によって、当然ながら、ソ連内ロシア正教会は、帝政時代のロシア正教会とは規模も質も大きく異なる教会となった。

一九二七年（昭和二年）、総主教代行セルギイ（ストラゴロツキー）は、ソ連全国の聖職者にソ連政権への忠誠を求め、政治権力者のために祈れと要求した。いわゆる「一九二七年宣言（Декларация 1927 г.）」（「忠誠宣言」ともいう）である。

ソ連政権への従順を説くセルギイの声明に抗議して、数千人の司祭、信徒たちは教会を去り、「地下」へ潜《もぐ》った。セルギイたちは、「宣言」の要求に従わない聖職者や、反ソ的とされてすでに流刑になっている聖職者たちを、聖職解雇という手段で斬り捨てていった。そのため、「大祖国戦争」（ドイツとの戦争、第二次世界大戦）開戦の一九三九年の頃には、ロシア正教会は見る影もない状態になったのである。

つまり、セルギイの敵は、亡命ロシア人正教徒二〇〇万人を束ねる「在外ロシア正教会」だけではなかった。対抗勢力は国内にもいたのである（①S・フィルソフ『専制ロシア最後の一〇年間の正教会と国家』〔С. Фирсов, «Православная церковь и государство в последнее десятилетие существования самодержавия в России» 1996〕。②中村健之介監修『宣教師ニコライの全日記』第一巻註解No. 71「アントニイ（フラポヴィツキー）」、③『ニコライの日記』岩波文庫下巻訳注33「セルギイ（ストラゴロッキー）」、参照）。
セルギイは、総主教チホンから総主教代行とは正式には認められていなかったのだが、共産党政権に近づくことで、ソ連内ロシア正教会の実権をにぎり、その舵取りとなっていった。セルギイの「忠誠宣言」の後、ソ連内ロシア正教会は完全に国家の思いのままになる「御用教会」となった。「大祖国戦争」（第二次世界大戦）期間は、スターリンが、国民の愛国心高揚のためにソ連内正教会を利用したので、教会は一時的に息を吹き返した。しかし、フルシチョフ時代（一九五九年～六四年）に猛威をふるった反宗教キャンペーンでは、仲間であるはずの教会人の密告によって、優れた主教、司祭、修道士、修道女たちが精神病院に入れられ、裁判にかけられ、投獄された。そして一万以上の教会が閉鎖された。

　第二次世界大戦におけるドイツ軍によるソ連人犠牲者は、約二〇〇〇万人とされる。それに対して、ソ連共産主義政権による犠牲者、つまり自国政府による犠牲者は、その約三倍である。「一九一七年から一九八七年までの七〇年間で、六千二百万人が殺害され、うち四〇〇〇万人は強制収容所で死んだ」（①「朝日新聞」夕刊、1997. 11. 7、②下斗米《しもとまい》伸夫「ロシア革命八〇周年（上）」、『ＵＰ』一九九七年一一月号参照。なお、一九八〇年代末のソ連の全人口は約二億八〇〇〇万人である）。

　自国政府によるその「六千二百万人」の犠牲者の中には、無神論政権に抗した多くのロシア正教会の聖職者や信徒がいた。ソ連内ロシア正教会は、ニコライの時代のロシア正教会とは全く別の人間集団になったのである（①ジーン・エリス『ロシア正教会――その現代史』〔J. Ellis, *The Russian Orthodox Church : A Contemporary History*. 1986〕、②広岡正久「二十世紀のロシア正教会」一九九七年、③中村健之介監修『宣教師ニコライの全日記』第一巻 註解 No. 29「教会弾圧」参照）。

関東大震災——セルギイの働き

大正一二年（一九二三年）九月一日、「関東大震災」が発生した。東京復活大聖堂（ニコライ堂）は、鐘楼が折れて大聖堂の上に倒れ、大聖堂内部にも火がまわった。震災直後の大聖堂内部は、目もあてられない状態だった。

それまで横浜にいた白系ロシア人の多くも、震災をきっかけに神戸へと移って行った。東京に残ったのは、わずか五六〇人ほどだった。

セルギイ（チホミーロフ）主教は、関東大震災を境に様子が一変したという。大きく損壊したニコ

関東大震災で倒壊したニコライ堂

震災後修復されたニコライ堂

ライ堂を復旧するために、セルギイは大いに働いた。意気旺盛、北海道から九州の僻遠の地まで巡回して、信徒の信仰を固め、修復復興のための募金に努力した。

大正一五年四月、セルギイは募金のために茨城地方に足を延ばした。その折セルギイは、故郷笠間で静かに暮らしていたイリナ山下りんを訪ねた。

「〔四月〕二十二日、朝、〔セルギイ主教は〕前日同様、大勢の信徒に送られて水戸を出発し、聖画師山下イリナ姉を訪《おと》ふべく〔訪問するため〕笠間に赴いた。老いて元気の衰へざる女史を慰め、祈りを捧げ饗応《きょうおう》〔食事のもてなし〕を受けて、再び汽車の人となり、午後一時上野駅に着し、斯《か》くしてセルギイ大主教の茨城地方巡錫《じゅんしゃく》〔巡回の旅〕は無事終はったのである」（『正教時報』大正一五年六月）。

そして、昭和四年（一九二九年）、世界大恐慌の年の暮れ、一二月一五日、再建されたニコライ堂に鐘が鳴り、成聖式が行われた。修復費総額約二四万円、内寄附金一二万七〇〇〇円であった。四国松山の土地二九四坪を売って得た「一万五千円」も役に立った。

日本正教会は、ソ連内ロシア正教会からの援助なしに、この復旧の大事業を成し遂げた。この事実は記憶されて然るべきである（①牛丸康夫『日本正教史』、②日本ハリストス正教会『東京復活大聖堂修復成聖記念誌』参照）。

3　軍国主義日本の中の日本正教会

セルギイがモスクワ派になる

右に書いたように、ロシア革命後のロシア正教会は、ソ連政権下での生存を模索して苦しみ、内部抗争も起きたが、次第に共産党政権に協力するかたちでソ連内での存続を図る方向に向かった。

総主教チホン（一九二三年、逮捕収監。一九二五年、永眠）、総主教代理ペトル（一九二五年、逮捕収監）の後、ソ連内正教会の指導者となったのは、すでに紹介したように、明治時代に「掌院」として二度来日して（明治三三〜三六年、明治三一〜三三年）、ニコライの下で宣教活動に従事したセルギイ（ストラゴロッキー）であった。

それに対して共産党支配のソヴェト・ロシアを逃れて国外へ出た聖職者たちは、一九二一年（大正一〇年）にユーゴスラヴィアのカルローフツィ（Karlovtsy）に自分たちの宗務院を設立した。これが「在外ロシア正教会（Russian Orthodox Church outside Russia）」として知られる教会である。そのリーダーは、アントニイ（フラポヴィツキー）であった。アントニイは、少年時に、ロシアへ一時帰国したニコライにペテルブルグで出会ったことがきっかけとなって、聖職者の道へ進んだ人である（中村健之介監修『宣教師ニコライの全日記』第一巻註解No.71「アントニイ（フラポヴィツキー）」参照）。

この時期、長い歴史をもつ北京のロシア正教宣教団をふくめ、多くの国外宣教団は、ソ連のモスクワ総主教庁から離れ、「在外ロシア正教会」と連帯した。国外宣教団はすべて、元々帝政ロシアの宗務院によって設けられた宣教団だったからである。

昭和二年（一九二七年）七月、セルギイ（ストラゴロッキー）は総主教代理となり、ソ連内ロシア正教会を掌握した。前に書いたように、かれは、ソ連の外のロシア正教聖職者に対しも、ソ連政権に対し敵対的と解釈されかねない行動をとらないという「忠誠」誓約書を、モスクワ総主教庁に提出するよう要求した。在外ロシア正教聖職者の多くは、それを拒否した。

しかし、日本の大主教セルギイ（チホミーロフ）をはじめ数人は、モスクワのセルギイ（ストラゴロッキー）の要求を受け入れ、誓約書に署名して送った。セルギイ（チホミーロフ）は、それまで「在外ロシア正教会」の恩師アントニイと頻繁に文通していたのだが、ここで「転《ころ》んで」、ソ連内ロシア正教会の下に入ったのである。

関東大震災から七年、ニコライ堂復旧の翌年、昭和五年（一九三〇年）四月、日本のセルギイ（チホミーロフ）は、モスクワのセルギイ（ストラゴロツキー）によって、大主教から府主教に昇叙された。ソ連内ロシア正教会は、一般の日本人にとっては「赤（共産主義）の国の教会」だった。日本正教会の信徒は、日露戦争の時代は「露探」と見られ、今度は「赤の手先」と見られかねなかった。その懸念から、日本正教会の日本人の聖職者も信徒も、自分たちは「赤の教会」とは関わりないと日本社会に向かって宣伝しようとしたが、その都度、府主教セルギイ（チホミーロフ）が反対した。そのため、復活大聖堂（ニコライ堂）は復旧したが、参禱する信徒はほとんどないという状態になった。正教会本会はゆきづまっていた。

昭和五年七月の公会で、セルギイ（チホミーロフ）が「在外ロシア正教会」との関係から抜けて、「ソ連内ロシア正教会」に帰属したことが暴露された。公会はセルギイに説明を求めた。セルギイは、事実は認めたが、「ソ連内ロシア正教会」（モスクワ総主教庁）こそが「正統」であり、自分は「ソヴェト人」ではない、と説明した。

前に紹介した三井道郎の「セルギイ＝ソ連諜報機関」発言の背後には、自分たちが「赤の同類」と見られるかもしれないという不安があったのである。セルギイは、日本人信徒全体のその不安を取り除く行動をとらなかった。

セルギイの引退と主教ニコライ小野帰一

昭和一〇年代、日本は急速に「軍国主義」へ傾いていった。

昭和一四年（一九三九年）三月、国内宗教団体の国家統制を図る「宗教団体法」が成立し、翌四月に公布された。信徒が五〇〇〇人以上ではない宗教団体は「教団」としては認められないこととなった。これによって、カトリックは「日本天主公教教団」として、プロテスタント各派は合同一体化し「日本基督教団」として、日本正教会は「日本ハリストス正教会教団」として届け出をし、認可された。聖公会は「日本基督教団」には入らず、別箇に認可された。

「宗教団体法」は、教団の最高責任者は日本人でなければならないと定めていた。「日本天主公教教団」は土井辰雄が、「日本基督教団」は富田満が「教団統理者」となった。「日本ハリストス正教会教団」では、ロシア人である府主教セルギイ（チホミーロフ）に引退を求め、岩沢丙吉が「暫定的教団統理者」となった。セルギイは、昭和一五年に日本正教会の代表の座を追われた。

しかし「統理者」岩沢丙吉は平信徒の神学校教師であって、聖職者ではなかった。かれ自身、自分の号を「三里野人〔мирянин《ミリャーニン》 世俗人〕」としていた。ところが正教会は、聖職者である主教なしでは、宗教行事がほとんど行なうことができない宗教組織である。そこで昭和一六年（一九四一年）一月の臨時公会で、大阪教会の長司祭イアコフ藤平《とうへい》新太郎（「長」は年功などが上の意）が、主教代理・統理に選ばれた。しかし主教代理は主教ではない。一日も早く日本人主教を立てる必要があった。

このとき、岩沢丙吉は、長司祭イオアン小野帰一を推した。岩沢と小野は伊豆出身の親しい同郷人である。小野の旧姓は山崎で、伝教者サワ山崎兼三郎は兄である。頭の切れる岩沢は、凡庸な小野帰一ではこの難局を乗り越えるのは難しいと知っていたはずである。岩沢の小野推戴の本当の理由は明らかではないが、かれは、自分が小野を操作するのは容易だと見たのかもしれない。

昭和一六年から、この日本人主教選立をめぐって、藤平《とうへい》支持派と小野支持派（岩沢派）の争いが起きた。岩沢派は、公会で藤平が選ばれたのに、それを承認しなかったのである。「両派の闘争は宗教人にあるまじき暴力沙汰にも及んだ」という（真鍋歴山「日本正教会五十年史」）。

昭和一六年三月、岩沢派は六八歳のイオアン小野帰一を離婚させ（妻は酒井篤礼の三女信《しん》）満州国のハルビンへ送った。四月六日、ハルビンのニコライ聖堂（中央聖堂）において、「在外ロシア正教会」

（その中心人物アナスタシイ府主教は、ペテルブルグ神学大学で岩沢の友人だった）の主教たちによって、小野帰一は主教に叙聖された（聖名はニコライ）。初の日本人主教である（①註解No.154「加美長美津枝〈エレナ小野修道女（小野帰一の元夫人）〉の想い出」、②遠藤富男「アクシオス――イオアン小野長司祭、邦人主教に叙聖せらる」参照）。

この年の一〇月、陸軍大臣東条英機が首相となり、一二月八日、日本軍はハワイ真珠湾を空襲し、太平洋戦争に突入した。

その後の日本正教会内には、ニコライ小野主教を支持する「岩沢派」と、それに反対する「藤平派」の抗争が長く続いた。岩沢は正教神学校教師の傍《かたわ》ら、陸軍士官学校のロシア語教師を長く務めており、軍幹部から信頼され、憲兵隊、特高課をも動かすことができた。それがかえって災いして、岩沢派と藤平派の争いでは、教会外の暴力集団が教会内に土足で踏み込むような事態まで生じた。そして結局、「岩沢派」が勝った（①日本正教会総務局『教会事態の説明』昭和一六年発行、②西村徳次郎著・吉岡繁編『昭和キリスト教受難回想記』昭和二五年執筆・平成二一年発行　参照）。

ニコライ小野帰一は昭和三一年（一九五六年）まで存命であり、主教位を失ってはいないが、日本正教会の「歴代主教年表」では、小野の主教在位は昭和二〇年で切れている。

ハルビンで叙聖された主教ニコライ小野帰一（前列中央）
最後方中央は，同地の司祭だった晩年の鈴木九八。

闘いに敗れた藤平新太郎は、長年勤めた大阪教会に居るべきであった。大阪はかれの古巣であり、支持する人がたくさんいた。ところがこの時の公会は、藤平を大阪教会から函館教会の司祭へ転任させた。函館は小野（旧姓山崎）帰一が入り婿《むこ》した妻・信の故地である。信徒もみな小野派である。「いじめ」は必至であった。「勝ち組」は、藤平に恐ろしい処罰を下したのである。ニコライ後の日本正教会の歴史においては、公憤の名を借りて私怨をはらす人事がときどき見られるが、これはその一つである。

イアコフ藤平新太郎は、昭和一七年二月函館教会に着任し、昭和二一年一月、函館で亡くなった。引退させられた府主教セルギイ（チホミーロフ）は、第二次世界大戦の終戦直前、昭和二〇年八月一〇日、東京で永眠した。

戦後の日本正教会——アメリカ人主教の管理

昭和二〇年（一九四五年）八月一五日、天皇の「戦争終結」の「詔書」が放送された。日本人だけでも三〇〇万人といわれる死者を出した太平洋戦争は終わった。

細部をすべて省略して言えば、戦争中、そして戦後しばらくも、疲弊した日本全体と同じく、日本正教会も、人材においても経済においても最低の状態であった。もちろん、宣教活動に自ら打って出る力はなかった。だれかに頼らなければ生きてゆけない状態だった。

敗戦によって、日本はアメリカ（連合軍）の占領下に入った。他のすべての宗教団体と同様、日本正教会も、「連合軍総司令部（ＧＨＱ）」の指導に従うことになった。

昭和二一年四月、日本正教会は戦後初めての臨時公会を開き、「日本正教会は、その伝統と歴史的関係に鑑《かんが》み（照らし合わせて考えて）、モスクワの総主教を承認し、これと懇親《こんしん》なる連携を保つものとす」、同時に「連合軍最高司令部の斡旋により、教会の政治、牧会、並に布教等一切に関し、米国正教会の指導と援助を仰ぐものとす」という、矛盾を含む決議を行なった。

日本正教会が帝政ロシア時代のロシア正教会の「宣教団（団長ニコライ）」によって創建運営されてきたことは、だれもが知っている事実である。帝政が倒れても、ソ連内にロシア正教会は存続しているのだから、ソ連内ロシア正教会のモスクワ総主教と「懇親なる連携を保つ」のは、当然であると思われた。しかし、その「ロシア正教会」は、この時、共産主義国ソ連の正教会である。そして日本は、アメリカの占領国であり、すでにアメリカはソ連と敵対的関係にあった。

当時アメリカには、少なくとも三つの正教会があった。

一つは、本章第1節の冒頭「二〇世紀初頭のロシア正教会」で紹介したように、帝政ロシア時代に設立された、北米およびカナダを管轄区域（主教管区）とする正教会である。明治一〇年代日本宣教団で働いたヴラヂミル（ソコロフスキー）が後に主教として赴任したのは、この教会である。その府主教座は明治三八年（一九〇五年）から、サンフランシスコからニューヨークに移っていた。これが「ミトロポリヤ」あるいは「メトロポリア」と呼ばれる正教会である。これが一番大きい。

アメリカのもう一つの正教会は、前に紹介した、ロシア革命後、ソ連を逃れたロシア正教徒たちを束ね支えるべく、大正一〇年（一九二一年）にセルビアのカルロフツィに設立された「在外ロシア正教会」である。モスクワのセルギイ（ストラゴロツキー）がソ連政権への「忠誠」を宣言したのに反発した教会である。これも、北米に本部を移していた。

この二つの正教会は互いに連絡を取り合っており、どちらもソ連内ロシア正教会と敵対していたが、組織としては別である。

キリスト教は「正統」争いの激しい宗教である。日本の富永仲基《なかもと》の「加上《かじょう》」説は、キリスト教では受け入れられない。しかし、現実には、モルモン教（末日聖徒イエス・キリスト教会）のように、自ら新しい「正典」に基づいて、新しい「正統」となる宗派もある。

東方正教の「教会法」では、「子教会」は、「母教会」から無断で離れることは許されない(この「許されない」が、白を黒とし黒を白にする魔法である)。「母教会」の許可なく離れた「子教会」は、「分派」「異端」として断罪される。アメリカの「ミトロポリヤ」は、ソ連内正教会によって「分派」とされた。

もちろん、これは「母」が「子」を支配するための理屈である。第三者から見れば、「子」は理由があって「家出」をしたのである。しかし、「母」に言わせれば、「ミトロポリヤ」は、モスクワ総主教庁の許可を得ないで「家出」をした。つまり「許されない」輩なのである。ロシア革命後、宣教資金が送金されなくなって、日本の正教会は「自活」した。これについては、モスクワ総主教庁は黙っている。しかし、太平洋戦争で敗れてアメリカの占領国となった日本の正教会は、やむをえずアメリカの「ミトロポリヤ」に従ったのだが、これは「許されない」のである。

アメリカの三つ目の正教会は、モスクワ総主教庁直属の「エクザルハート(экзархат, 在外管区)」とよばれる教会である。これは、セルギイ(ストラゴロツキー)がモスクワ総主教代理のときに設立した、ソ連政府の「御用教会」である。

総主教代理セルギイ(ストラゴロツキー)は、すでに昭和一〇年(一九三五年)、自分たちの「エグザルハート」を「正統」とし、アメリカの「ミトロポリヤ」を「異端分派」であると断定して、「聖務執行停止」の処分を下していた。

もちろん、「停止」の処分が下ったからといって、アメリカにある「ミトロポリヤ」が宗教活動をやめるわけではない。こういう「聖務執行停止」とか「破門」といった、教会の「正統争い」は、キリスト教の団体にはつきものの権力闘争である。文化人類学的視点から眺めれば、本家もどこかの分家なのだが、闘争ではそういう視点は失われる。その種の闘争は、歴史上、数えきれないくらいくり返されてきてきた。

戦後日本の正教会は、ソ連内ロシア正教会から「聖務執行停止」を命じられていたその「米国正教会（ミトロポリヤ）」の指導と援助を仰がざるをえなかった。それは、「矛盾」（母教会に認定されていない教会に従うという矛盾）を知っていながらのスポンサー選びだった。

それは、日本のプロテスタントやカトリックの知らない矛盾だった。戦後の欧米系キリスト教は、勝者のキリスト教であった。だから日本のプロテスタントやカトリックの信徒は、占領者アメリカの民主主義のいわば精神的養子として、顔を輝かせて信仰告白することができた。しかし、ロシア系キリスト教の日本人正教徒は、そうはいかなかった。ソ連対アメリカという「冷戦」の影を七〇年間も引き受けねばならなかったのである。ソ連政府は、ソ連内ロシア正教会を、ソ連の外交政策上に役立つ機関として評価していた（ただし、フルシチョフの一九六〇年代は猛烈な弾圧を受けた）。「赤色ソ連」と「ソ連内ロシア正教会」は一体だった。そのため、戦後の日本人正教徒は、戦争中と同じように、周囲の日本人から、「赤の国」とのつながりを疑われかねなかった。「赤の国ソ連」を理想化した戦後日本民主主義者たちもいたが、日本正教会の聖職者も信徒も、とてもそんな単純なソ連讃歌に合流する気にはなれなかった。

終戦の翌年、駐日ソ連代表部の領事課長ヴォルギンと数人のソ連人が駿河台のニコライ堂に踏み込んで来て、総務局長鵜沢徳寿に、「ロシア人主教二人が来日する」と伝え、アレクシイ（一世）総主教からの電報を届けた。電報には、「日本正教会がロシヤ母教会と一つになるように、総主教の名において呼びかける。一九四六年十一月二十三日モスクワ及び全ロシヤの総主教アレクシイ」と書かれていた。異国の「母」が名乗りを上げたのである。

しかし、占領下の日本正教会は、「母」の呼びかけに答えることはできなかった。アメリカ・ミトロポリヤ〔当時「フェオフィル派」と言っていた〕から、すでに主教が派遣されてくることになっていたのである。日本正教会を、ソ連が取るか、アメリカが取るかという構図である。

ソ連のヴォルギンは「フェオフィル派を拒否せよ」と執拗に迫ったが、日本正教会の総務局員真鍋理従は、自分たちに選択権はない、「早い者勝ちだ《が》〔早く日本へ来た方が勝ちだ〕」と言ったという。

真鍋理従の言行を追ってゆくと、もの言いは乱暴だし、敵を罵倒するときは遠慮がないが、大事な局面でおもしろいことを言う。そして、節を守るところもある。かれも、むかしオシチェープコフと一緒に「ニコライ堂柔道部」で鳴らした猛者《もさ》だった。

ヴォルギンの通告したとおり、モスクワから、「日本宣教団の事業を取り仕切るために」、セルギイ〔ラーリン〕主教とボリス〔ヴィーク〕主教が東京へ向けて派遣された。しかし二人は、ヴラヂヴォストークまで来たのだったが、「渡日のヴィザが発給されなかったために、やむなくモスクワへ引き返した」〔ナタリヤ・スゥハーノワ『二十世紀日本正教会史』〔Н. Суханова, «История японской православной церкви в 20 веке»〕、堀合辰夫「ニコライ堂戦後史」〕。

ソ連は「早い者勝ち」の競争に負けたのである。

真鍋理従はこう書いている。

「マックァーサー司令部の意向によれば、〈日本正教会全信徒の要望に応え〉て、モスクワからの主教を拒否した。〔中略〕後でわかったことであるが、マックァーサー司令部のロシヤ班のパッシ〔Pash〕大佐は、本名をパシコフスキーといい、彼の父が、在米ロシヤ正教会〔ミトロポリヤ〕の府主教フェオフィル師であった〔それで「フェオフィル派」と言っていた〕。彼の裏面工作は、やがて、彼の父の教会に属するヴェニアミン主教の来日となり、今日〔昭和四〇年代〕のごとき、日本正教会と在米ロシア正教会との因縁を結ぶ結果となったのである」（真鍋歴山『日本正教会五十史』）。

戦後の日本正教会は、「母」だと名乗り出た「ソ連内ロシア正教会」ではなく、その「母」から義絶されていたニューヨークの「ミトロポリヤ」と「姉妹関係」を結ぶことになったのである。「ミトロポリヤ」から、ヴェニアミン、イリネイ、ニコン、アムブロシイ、ヴラヂミルの五人の主教が次々来日し、ニコライ堂に入り、日本正教会を統括した。アメリカ人主教による統括は、昭和二二年（一九四七年）から昭和四七年まで、二五年の長きにわたった。

これに対して、ソ連内正教会（モスクワ総主教庁）は、駐日ソ連大使館を介して抗議したが、アメリカを日本から追い出すわけにはいかなかった。

第二十章　アメリカとソ連の間で揺れる日本正教会

1　米ソ冷戦下の日本正教会

昭和二九年、「正統正教会」設立

このようにして、アメリカ人主教による「日本正教会（ニコライ堂）」統治がはじまったのであるが、このアメリカ系「日本正教会」に対して、昭和二九年（一九五四年）、七〇歳を超えていた司祭アントニイ高井万亀尾《まきお》が、一つの決意表明を行なった。

高井は、自分はニコライ（カサートキン）、次いでセルギイ（チホミーロフ）を団長とするロシア正教会「日本宣教団」に属する司祭であり、その関係からすれば、ソ連内正教会のモスクワ総主教庁に所属する者である、と言ったのである。そして高井は、自分たちは「正統正教会」であると名乗った。

高井はそれまで日本正教会長崎教会管轄司祭だったが、その教会の土地を売って東京へ出てきた（本書第十七章第2節の「長崎の教会堂建築の計画」参照）。私は本書第十九章、第二十章を書くためにいろいろな人に会い取材したが、高井万亀尾については、「金《かね》の人だった」ということばが何度か出てきた。日本正教会には、沢辺琢磨以来、教会によって自分の私腹を肥やそうとする聖職者の「系譜」があるが、高井もそれに連なる人であったようである。

高井は、昭和三九年（一九六四年）、自分たちの「正統正教会」の土地購入資金をモスクワ総主教庁から引き出そうと試みたが、それは成功しなかった（牛丸康夫「高井万亀尾」参照）。「ニコライ堂」の総務局長鵜沢徳寿は、モスクワ総主教庁に従おうとする高井を、「東京復活大聖堂」付き聖職者名簿から外した。高井は、ニコライ堂の構内にあったロシア人のための学校（「プーシキン学校」）の二階に教会を設《もう》けて、礼拝をはじめた。

ニコライ小野帰一（正教神学校での高井の同級生）は、昭和二一年の臨時公会において圧倒的多数の賛成で「引退」と決まっていた。その小野も高井たちに加わった（牛丸康夫『神のみ旨に生きた激動時代の僕たち』）。

高井を長とする、新宿（昭和四二年からは大田区馬込《まごめ》に移転）の教会には、ロシア人を含むおよそ三〇〇人の信徒がいたという。

教会法上の議論はさておき、事実のみを言えば、日本人正教徒の中で「ニコライ堂（アメリカ派）」と「正統正教会（モスクワ派）」という対立が生まれたのである。

この高井の「正統正教会」が、モスクワ総主教庁の「日本監督教区」の教会となり、やがて、「モスクワ総主教庁駐日ポドヴォリエ（分院）」（以下「ポドヴォリエ」と記す）となっていった。

ペトル佐山大麓

高井の後、「正統正教会」（モスクワ総主教庁の「日本監督教区」教会）の中心になっていったのが、ペトル佐山大麓である。佐山は、ニコライ以後の日本正教会史において、逸することのできない興味深い人物であり、かれの人生は、二〇世紀の「日本正教会」の「漂流」を象徴しているかのようである。

佐山大麓は大正三年（一九一四年）一一月、佐山融吉とマスの次男として台湾に生まれた。まず、大麓の父佐山融吉の履歴を略記しておく。

佐山融吉は、明治一二年（一八七九年）東京に生まれ、早稲田大学（専門学校）で「師範学校及び高等女学校」の「歴史科及び英語科教員」の資格を取得した。その後、明治三九年、東京帝国大学「理科大学人類学選科」に入った。二年後そこを退学したが、明治四二年からは同じ東大の「人類学教室」に出入りし、日本の人類学の先駆者坪井正五郎教授の指導を受けた。

その後、愛媛県、北海道、東京など各地の中学（旧制）の教員を経験した。

いつ受洗したかは未確認だが、佐山融吉はキリスト教徒で、聖公会の信徒だった。妻マスは明治一八年生まれである。マスは結婚時点ではキリスト教徒ではなかった。

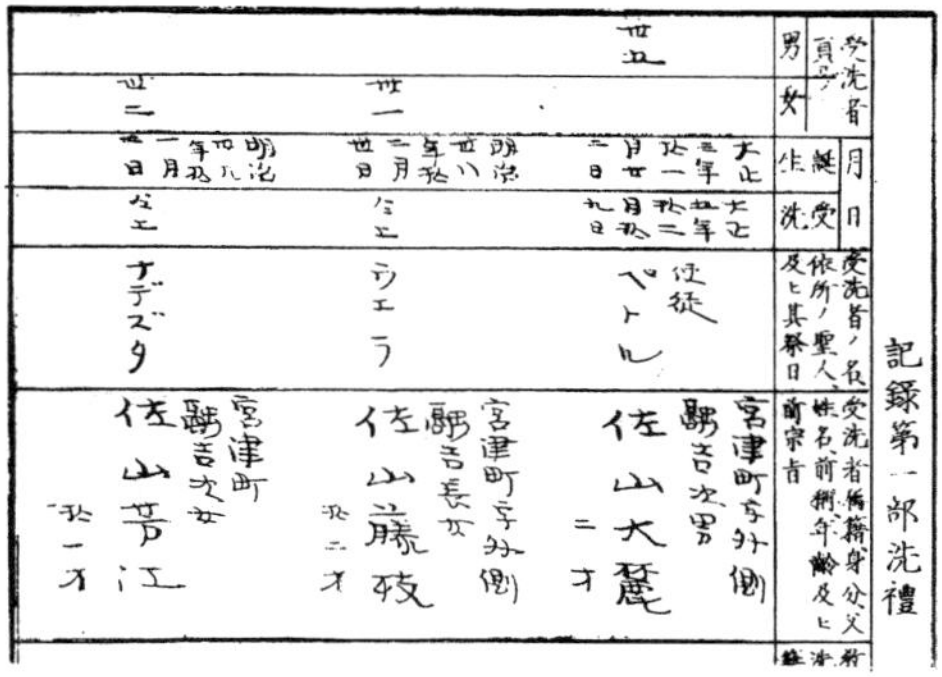
記録第一部洗禮

受洗者頁数	男女	月日 誕生	受洗	受洗者ノ名 依所ノ聖人 及ヒ其祭日	受洗者ノ稱號身分父ノ姓名前稱年齢及ヒ前宗旨
卅五	男	大正三年[illegible]	大正五年十二月十九日	使徒ペトル	宮津町字外側 融吉次男 佐山大麓 二才
卅一	女	明治[illegible]	仝上	ウエラ	宮津町字外側 融吉長女 佐山藤枝 [illegible]才
卅二	女	明治[illegible]	仝上	ナデズダ	宮津町 融吉次女 佐山芳江 [illegible]才

佐山大麓の領洗（受洗）記録
（「宮津教会銘渡利加（信徒台帳）」第一巻より。京都正教会蔵）。

佐山融吉は、明治四五年五月から、文部省の「台湾総督府・台湾旧慣調査会」の補助委員となり、台湾へ渡り、「蛮族旧慣」の調査を開始した。この時の年俸「九百六十円」は、かなりの高給である。

佐山融吉は、翌大正四年（一九一五年）、台湾を離れ、長崎の活水《かっすい》女学校大学部に勤め、日本考古学、古代史を講じた。融吉は活水女学校へは単身赴任であった。

妻マスと四人のこどもたちは、マスの故郷である丹後の宮津に住んだ。ニコライの日記から窺われるように、丹後の宮津、園部、間人《たいざ》は熱心な正教徒が多かった（ニコライの日記 1892. 6. 14/26, 1904. 3. 4/17 その他）。

その感化で、大正五年一二月一九日、宮津で、佐山マスとこどもたちは、京都正教会の三井道郎司祭によ

昭和15年（1940年），**出征直前の佐山大麓**（前列右から２人目）**と家族**
右端は父融吉，左端は母マス。他，三人の姉とそのこどもたち（ナタリヤ・スゥハーノワ『二十世紀日本正教会史』より）。

って受洗した。母マスは四二歳、与えられた聖名はソフィヤである。受洗時の代母は、京都正教女学校舎監のナデジダ高橋五子《いね》である。長女はヴェラ藤枝一二歳、次女はナデジダ芳江一一歳、三女はリュボフィ楓一〇歳、次男ペトル大麓は二歳であった（夭逝した長男がいたと考えられる）（「宮津教会銘度利加《メトリカ》」第一巻）。

大正六年七月、佐山融吉は活水女学校を辞職し、再び「台湾旧慣調査会」の補助委員となった。一家はまた台湾に渡った。

融吉の大正九年初めの「年俸」は「一千三百円」であった。ところが、同年八月からは、融吉は「台湾旧慣調査会」の無給の「嘱託」となった。同時に、台北中学校教諭となり、英語と歴史を担当した。

同年九月からは「台湾総督府師範学校教授」も兼任し、そこでも英語と歴史を教えた。なお、当時の師範学校、大学の教員の多くは「兼任」教師で、別に「専業」を持っていた。どの大学でも、法学部の教授はほとんどが、本業は判事や弁護士であったという。

翌大正一〇年、「台湾旧慣調査会」は「本年度（三月末）限リ閉鎖ノ見込ニ候」となった。委員会は総督府に「内申ニ及ヒ」、「特ニ内申ノ通リ賞与ノ御詮議相仰候（委員会からの内申どおりに賞与が決定された）」。そして佐山に、特別に「事務格別勉励ニ付、金弐百五拾円賞与サレ」た。官の委員会の発議で、無給の「嘱託」に二五〇円の賞与が与えられたというのである。このことは、佐山融吉の人柄について多くのことを語っていると思われる。佐山融吉は敬愛されていた。また履歴の全体から、勉学と教育に熱心で、非常に自発性の強い人であったという印象を受ける。

佐山融吉の論文「南勢蛮《せいばん》の季節行事」（『台法月報』大正三年八月。「勢蛮」は生蛮《せいばん》。台湾の先住民の一部をこう呼んだ。著者佐山は、論文では一貫して「勢蛮」としている）、「南投庁下〔南島庁下〕〈サゼク〉族の婚姻に関する実話」（『台法月報』大正六年四月）を読むと、特に宗教色は見えないが、現地の住民の生活とことばを正確に記録しようとする姿勢の、しっかりした学術的調査報告である。台湾の先住民族への愛着のある、情熱的な研究者であったことがわかる。

大正一四年の台湾の新聞「台湾日日新報」には、融吉が主宰していたと思われる「台北歴史研究会」についての記事や、「台北歴史研究会　生蛮研究者・佐山氏の講演で賑ふ」といった記事が載っている。優れた研究会組織者でもあったようである。

なお大正一二年には、佐山融吉編『生蛮《せいばん》伝説集』が刊行され、翌大正一三年には、佐山融吉著『台湾小史』が刊行されている。この『台湾小史』は、平成八年（一九九六年）に再刊された。

大正一四年六月、佐山融吉は台湾総督府の師範学校と高等商業学校を退職した。このときも「格別勉励ニ付、金六百七拾円ヲ賞与サレ」た。

翌大正一五年（昭和元年）、佐山一家は、日本本土へもどり、東京に落ち着いた。

佐山融吉の息子大麓は、前に書いたように、大正三年（一九一四年）一一月、台湾の台北で生まれた。一家は一時帰国し、母や姉たちと丹後の宮津にいた大正五年、二歳のとき、大麓は正教の洗礼を受けた。その後、佐山一家はまた台湾へ渡った。一家が再び台湾から本土へもどったのは、大麓が一一歳、小学校五年のときである。

昭和七年（一九三二年）、一八歳になった佐山大麓は東京の立教大学（聖公会系）へ入学した。ところが、三年生のとき、正教会の四谷教会（本書第十八章第1節 参照）の管轄司祭森田亮の説得を聞き入れて、立教を退学し、駿河台の正教神学院（正教神学校の後身）へ移った。これが、佐山大麓の人生の岐路であった。森田は沢辺琢磨の娘婿で、策謀家、やり手として知られる人物である（ニコライの日記 1905. 2. 24/3. 9. その他）。

このとき正教神学院には、わずか三人の生徒しか在学していなかった。佐山大麓は、幼いときに母を通じてふれた正教に、未知の魅力を想像したのかもしれない。かれは、昭和一三年（一九三八年）、二四歳で、正教神学院を卒業した。正教神学院は、翌昭和一四年に廃校となった。

この昭和一四年、日本はノモンハン事件を起こし、太平洋戦争へ突入していった。ヨーロッパでは、ドイツがポーランドへ侵攻し「第二次世界大戦」が始まった。

日本正教会の神学院を出て伝教者となったペトル佐山大麓は、フランスのパリにある「在外ロシア正教会」系の有名な「聖セルギイ神学院」への留学を望んだ。しかし、府主教セルギイ（チホミーロフ）が、「佐山は勤務に熱心ではない」という理由で、佐山の留学願いを却下した。

昭和一五年、二六歳の佐山は徴兵され、兵として満州に渡った。昭和二〇年の終戦後は、一年間、捕虜生活を体験したという。

昭和二〇年（一九四五年）八月、第二次世界大戦は終った。佐山大麓は三一歳になっていた。

戦後の日本正教会（「ニコライ堂」）は、昭和二二年から昭和四七年まで二五年間にわたって、アメリカの「ミトロポリヤ」の五人の主教が次々来日し、統括した。公平に見て、かれらは創建者ニコライとはまったく別種の人間であった。聖職者ではあったが、人を救済に導く布教という仕事に情熱のない人たちだった。

この「アメリカ人主教時代」の昭和二九年、すなわち高井万亀尾が「正統正教会」を立ち上げた年、四〇歳になっていたペトル佐山大麓は、二三歳のキリル有原次良《つぐよし》と共に、「ニコライ堂」から、アメリカの「ミトロポリヤ」のヴラヂミル神学院《セミナリー》（ニューヨーク）へ留学した。佐山と有原が日本からの留学の第一回生で、これ以降、日本正教会の聖職者の多くは、ヴラヂミル神学院で学んだ。ニコライ時代の明治の正教神学校卒業生は帝政ロシアの神学大学へ留学したが、今度はアメリカ留学である。

ペトル佐山大麓は、昭和三一年（一九五六年）、四二歳で、ヴラヂミル神学院を卒業し、アメリカで司祭に叙聖された。さまざまな経験を経て、ようやく聖職者の道へ踏み出したのである（『正教時報』二〇〇八年一〇月号）。ヴラヂミル神学院の教師たちは、佐山を学力、信仰ともに優れていると激賞していたという。

佐山は、アメリカ留学を終えたら、日本へもどって「ニコライ堂」で働く約束だった。ところが佐山は、その時の「ニコライ堂」のアメリカ人主教ニコンの命令に従わず、アメリカからギリシャへ向かい、東方正教の聖地アトス山の修道院に入り、そこで研鑽を積んだ。アトスにはロシア正教会のパンテレイモン修道院もあった。求道心が強く、宗教人として優れた資質なのだが、上司であるアメリカ人主教に従順ではなかった。一緒に留学したキリル有原次良は、日本へ帰り、「ニコライ堂」で聖務に就いた。

昭和三六年二月、佐山大麓は日本へ帰ってきた。この年は、日本正教会創建者ニコライの来日百年の記念の年で、アメリカ系「ニコライ堂」とモスクワ総主教庁系の「正統正教会」とが、別々に記念祭を執り行なった。この時、佐山は、アメリカ人のニコン主教から「ニコライ堂」への出入りを禁じられた。

佐山はアメリカ系である「ニコライ堂」から離れ、高井万亀尾が立ち上げたモスクワ総主教庁監督下の「正統正教会」に入った。佐山の参加で「正統正教会」の聖職者は、アントニイ高井、リン加島、ペトル佐山の三司祭になった。

モスクワ総主教庁は、次第に、「正統正教会」のリーダーはアントニイ高井ではなく、ペトル佐山であると認めるようになっていった。

昭和三七年（一九六二年）夏、高井と佐山は初めてソ連へ行き、佐山は九月、モスクワの東北約六〇キロメートルのザゴールスク（現在は、帝政時代の名称「セルギエフ・ポサード」にもどった。「ポサード」は門前町の意）の三位一体聖セルギイ大修道院（ロシア正教会の本山的大修道院）で、修道司祭（非妻帯）・掌院《しょういん》（アルヒマンドリート。司祭の上、主教の下の位）の叙聖を受けた。聖名はペトルからニコライへと変わった。

「正統正教会」の聖職者は少しずつ増えて、昭和四二年になると、「掌院佐山（大麓）師、長司祭吉村（忠三）師、司祭牧島（純）師、時には加島（倫）司祭も見える」という状態になった（『日本正教会報』昭和四二年一一月）。当時の事情を知る真鍋理一郎（真鍋理従の息）によれば、「正統正教会」には、日本人だけでも一〇〇人ほどの信徒がいたという。

佐山が発行していた『日本正教会報』の「改題創刊号」には、次のように書かれている。

「この度、『正統正教紙』を改題して『日本正教会報』として刊行することとした。改題の理由は、正統と特に名づける必要はなく、日本正教会の創立者故ニコライ大主教の正当な後継であることが、世界の正教会から認められたからである」（『日本正教会報』昭和四二年一一月、発行所・東京都大田区馬込西四丁目四一）。

そしてこの『日本正教会報』には、モスクワ総主教庁からの、五条からなる「総主教発令」が載っている。第三条以下は、次のとおりである。

「三、日本伝道会（ミッション）〔日本宣教団〕の活動を再開する。

四、日本伝道会長（ミッション長）に、掌院ニコライ佐山師を任命する。

五、日本伝道会長（ミッション長）掌院ニコライ佐山師を、東京及び日本の主教に選立する。

なお、教会活動を行なうことについては、モスクワ総主教庁渉外局長・府主教ニコヂム師の指令下に置くものとする。

右の発令を貴下（佐山）に伝達する」

この『日本正教会報』には、一九六七年一〇月八日付の「総主教アレクシイ師の祝電」も載っている。

「我々は貴下（佐山）を、東京及び日本の主教に選立した。今や貴下は、永遠に記憶すべき大主教故ニコライ及び府主教セルギイの後継者となった。貴下のこの神命による聖職就任に祝意を表し、貴下並びに我等のミッションの上に、神の祝福のあらんことを。総主教アレクシイ」（このアレクシイは、ドイツ軍による九〇〇日に及んだ「レニングラード封鎖《フロカーダ》」の持久戦の精神的指揮者として知られる総主教アレクシイ一世である。一九四五〜一九七〇年在位）。

同じ昭和四二年（一九六七年）の一二月一日、佐山をふくむ八名の「巡礼団」が横浜を汽船で発ち、ナホトカに着き、ハバロフスクからは飛行機で、モスクワを経て、一二月五日、レニングラード（現サンクト・ペテルブルグ）に到着した。主教に「選立」された佐山が、正式に主教の昇叙される「按手」を受けるためである。

昭和四二年一二月一〇日、レニングラード神学大学内の至聖三者大聖堂、すなわち八七年前の一八八〇年にニコライ（カサートキン）の主教按手式が行なわれたその同じ大聖堂で、ソ連内ロシア正教会の八人の主教列席のもと、佐山大麓の主教昇叙の按手式が厳粛かつ盛大に行なわれた。

佐山は、正式に「故大主教ニコライ及び府主教セルギイの後継者となった」のである。

ニコライ佐山大麓（左）の主教叙聖式
レニングラード神学大学内の聖堂で（『日本正教会報』より）。

この主教昇叙の大典《たいてん》には、かつて正教神学校生として大主教ニコライの薫陶を受けたアレキサンドル真鍋理従も、弁護士アンドレイ堀合辰夫も列席した（堀合辰夫「ニコライ堂戦後史」）。

この時期の「ニコライ堂」の日本正教会の主《あるじ》は、アメリカ人主教たちであった。そこへ、ソ連内ロシア正教会によって、「三代目主教」にニコライ佐山が「認証」されたのである。

「ニコライ堂取戻裁判」

昭和四三年（一九六八年）、「ニコライ堂取戻《とりもどし》裁判」が起きた。ソ連内ロシア正教会から正式に「日本宣教団」三代目団長に任命されたニコライ佐山主教（原告）が、「ニコライ堂」の代表であるアメリカ人ヴラヂミル（ナゴスキー）主教（被告）に対し、ニコライ堂の土地建物の所有権について訴訟を起こしたのである。「ミトロポリヤ」から派遣された五人のアメリカ人主教の中で、このヴラヂミルの主管期間一〇年が最長であった。

第十九章で紹介したように、アメリカの「ミトロポリヤ」はモスクワ総主教から破門された教会である。ニコライ堂の土地は、ニコライ以来、ロシア正教会の「日本宣教団」の団長が日本政府から借りてきたものである。破門された「ミトロポリヤ」の主教には、借りる権利も所有する権利もなかったのである。

私は、昭和六一年夏、偶然の機会から、真鍋理従の息子の作曲家真鍋理一郎（敬称略）と知り合い、終戦後のアメリカ系「ニコライ堂」とロシア系「日本宣教団」の教会の争いについて、また「ミトロポリヤ」のアメリカ人主教と佐山主教との闘いについて、話を聞いた。若かった理一郎は、アメリカ派にニコライ堂の鐘楼の鐘を撞かせまいとして、鐘の「べろ（クラッパー）」につかまる「実力行使」までやったという（ポズニェーエフ著・中村健之介訳『明治日本とニコライ大主教』訳注 参照）。

それから二六年後、平成二四年（二〇一二年）、堀合辰夫の論文「ニコライ堂戦後史――ポドウォーリエ教会顛末」が発表された（長塚英雄編『ドラマチック・ロシア in Japan 2』所収）。

右に書いたように、アンドレイ堀合辰夫は、アレキサンドル真鍋理従と共に、レニングラードでの佐山の主教按手式に列席した人である。堀合は弁護士で、「歴山先生〔アレキサンドル真鍋理従〕」と吉村〔旧姓薄井〕忠三神父の依頼で、昭和四三年、パトルアルフ〔ロシア正教会総主教〕の代理として、ニコライ堂奪還の裁判を担当」した。

堀合の論文「ニコライ堂戦後史」には、この「極めて錯綜した複雑な」裁判の経過が詳細に書かれている。とりわけ「三代目代表ニコライ佐山主教」の節は、貴重な記録である。

それは、かつて私が真鍋理一郎から聞いた「闘争の話を」裏づける内容であった。

「ニコライ堂取戻裁判」を知るには、堀合論文に加えて、最近刊行されたナタリヤ・スゥハーノワ著『二十世紀日本正教会史〔Н. Суханова, «История японской православной церкви в 20 веке»〕』（サンクト・ペテルブルグ、二〇一一年）が非常に重要である。スゥハーノワは、ロシア語と日本語と英語の膨大な日本正教会関係資料に基づいて、ニコライ後の日本正教会の内部と外部の事情と事実を、アメリカ派、ロシア派のどちらの肩を持つのでもなく、客観的に、詳細に明らかにしている。

駿河台の土地の問題

「ニコライ堂取戻《とりもどし》裁判」の中心にあるのは、ニコライ堂の土地問題である。

駿河台の正教会本会の土地は、「露国公使館付属地」として、明治、大正、昭和と、日本政府からの借地だった。借り主は、明治四一年（一九〇八年）、駐日ロシア大使館から、ロシア正教会「日本宣教団」団長に変わった。そして、「日本宣教団」の団長が、この借地の地代（一年、四六〇円）を払っていた（ニコライの日記、1908. 4. 24/5. 7）。

日本政府と「日本宣教団」団長との間のその貸借関係に、トラブルはなかった。昭和一一年刊行の柴山準行『大主教ニコライ師事蹟』を見ても、貸借関係に問題はない。

ところが、昭和五三年刊行の牛丸康夫『日本正教史』には、その土地は、「国有地という形で、日本ハリストス正教会教団が借りていた」と書かれた後に、「昭和三十年（一九五五年）一月八日、国〔大蔵省の関東財務局〕からの払い下げを受け、現在では完全に教団の財産となった」と書かれている。

あっさりと書き流されているが、調べてゆくと、この土地を使って金儲けを考えた者たちがいて、関東財務局の役人に働きかけ、貸借関係で問題のなかった借地を「払い下げ」にもっていくよう工作したのである。

そして「払い下げ」は、格安ではあったが、ただではない。昭和期に長く日本正教会東京本会に勤務していたバクレフスキーの『日本正教会年表』によれば、買い取り価格は当時の金で「九二五〇万円、それと数年間溜まっていた税金」であった。

昭和三〇年（一九五五年）は、アメリカの「ミトロポリヤ」の実力者、イリネイ府主教が「ニコライ堂」を統治した時期（一九五三〜一九六〇年）である。しかし、アメリカからは「本会土地買取り」のための金は出なかった。

これが利権をめぐる激しい闘争であったことは、いろいろな資料から窺い知ることができる。バクレフスキーの『日本正教会年表』によれば、大阪の信徒河野義一所有の不動産を担保に銀行から金を借り、その金で日本政府から払い下げの土地を買取り、買取った駿河台の「土地の一部分」三〇〇坪を直ぐ「日本大学」に「相当の値段」で売却することによって、「被害者」を出すことなく「買取り」を実現した。国から「坪三万円」で買ったものを、「坪五十五万円」で売ったという記述もある（真鍋歴山「ニコライ堂訴えらる」、『日本正教会報』昭和四三年三月号）。

スゥハーノワの『二十世紀日本正教会史』によれば、その「土地の一部分」には四〇年間、神田正教会が建っていたのだが、正教会総務局は神田教会を強引に立ち退《の》かせ、日本大学に売ることにしたのである。それでまた、正教会内に複雑で激しい対立抗争が生じたのだが、昭和四〇年（一九六五年）五月、土地売却は成立した（この土地問題処理の主役は、総務局長ニキタ近藤昇太郎である。近藤は元は満州国の警察官であった。『正教時報』大正九年七月一五日。『日本正教会報』昭和四三年七月）。

この教会内の闘争に巻き込まれたかなりの数の信徒が、「佐山主教の教会に走った」のである（真鍋歴山『日本正教会五十年史』）。

しかし、結果としては、この「土地払い下げ」の実現によって、「日本正教会（ニコライ堂）」は駿河台に「約二千余坪」（真鍋、同前書）を有する「大地主」となった。そして右に紹介したように、土地を切り売りしたり貸したりすることによって、経済的自立を達成した。地代など多額の恒常的収入が得られるようになったのである。

明治期の「日本宣教団」団長ニコライは、ロシアからの宣教資金が途絶えた場合に、いかにして日本正教会の収入を確保するかという問題に長く悩んできた。信徒から徴収する「天税（教会費）」や「供給」や献金は頼りにならなかった（本書第十七章の「日露戦争後のニコライ堂と各地の聖堂建設」参照）。

「育ちつつある日本の聖職者集団を、何によって養うべきか。農村部では、信徒を説得して、聖職者支援のための教会の不動産、すなわち教会の土地を獲得するようにすべきだ。都市部では、貸家を何軒か手に入れ、その家賃によって教役者たちを養うようにすべきだ。

これは、コンスタンチノープルの教会からはじまる古代教会のもっとも大きな、かつ確実な収入手段だった。

だから、日本の教会（信徒たち）が今日まで教役者《きょうえきしゃ》の扶養のために何一つ提供せず、宣教団に寄りかかったままでいるからといって、しょげることはない。必要なのは、放っておかずに、頭を使い、そのために動くことだ」（1889. 10. 21/11. 2）と、ニコライは日記に書いている。

ニコライがめざしていた、「確実な収入手段」が、昭和四〇年代になって、ようやく手に入ったのである。だが、この時期から「ニコライ堂」は、関係者にとって、小さいながら「砂糖の山」になった（中村健之介『宣教師ニコライとその時代』第二章参照）。

「ニコライ堂取戻裁判」は、その「砂糖の山」を争う裁判でもあった。

これまでの日本正教会の歴史からいえば、土地処分の権利は、この時点で「ニコライ堂」を統治していた「ミトロポリヤ」のアメリカ人代表ではなく、ロシア正教会の「日本宣教団」団長にあることは明らかだった。だから、「ニコライ堂取戻裁判」が起こされた。そして裁判で、原告である「日本宣教団」団長佐山大麓の勝訴が確実となった。昭和四四年（一九六九年）二月、ニコライ佐山大麓主教を代表者とする宗教法人「日本正教会」が、日本の法律に則って、正式に「登記」された。

ということは、「ニコライ堂の土地、建物は全て〈宗教法人日本正教会〉の主管者である佐山主教の統括下に帰した」のである（堀合辰夫「ニコライ堂戦後史」）。

ニコライ佐山大麓は、ニコライ堂の主《あるじ》と認められた。日本では、宗教団体も国家の法に従わねばならない。これは、アメリカ派「ニコライ堂」にとって、天が崩れ落ちるような大事件である。これまで「ニコライ堂」に属していた日本人聖職者たちは、そこを去るか、佐山の下に入るか、選択を迫られた。聖職者たちにとって、家族の生活もかかった死活問題であった。

2　アメリカとソ連の正教会に翻弄される日本正教会

アメリカ正教会とソ連内ロシア正教会の和解

ところが、「ニコライ堂取戻裁判」は、意外な結末に到達する。裁判の水面下で、日本人の予想していない事態が進行していた。それによって、裁判の決定が消滅したのである。

時は日ソ冷戦時代であり、反共産主義の旗を掲げるアメリカの「ミトロポリヤ」は、モスクワから「破門」された「分派」であり、すでに数十年間、ソ連内ロシア正教会（モスクワ総主教庁）とは不仲であった。

ところが、この「ニコライ堂取戻裁判」の時期（昭和四〇年代前半、西暦一九六〇年代後半。ソ連はブレジネフ時代）、「ミトロポリヤ」内に、モスクワとの敵対関係を修正しようという動きが出てきたのである。その中心人物は、ヴラヂミル神学院の学長、神学者アレクサンドル・シュメーマンであった。昭和四〇年（一九六五年）、シュメーマンの意見を受け入れて、「ミトロポリヤ」の府主教イリネイは、自分が日本正教会の主管者に選ばれたことを、モスクワの総主教アレクシイ一世に伝達した。交流が途絶えていた状況で、その伝達が行なわれたこと自体が、「奇跡的」だった。

アメリカの「ミトロポリヤ」は、モスクワへ「ラヴ・コール」を送ったのである。

「ミトロポリヤ」の狙いは、モスクワに、アメリカの自分たちの教会を「アフトケファリヤ（完全独立教会）」と認めさせることだった。すなわち、教会法上、ロシア正教会と対等の地位を獲得することだった（ロシア正教会自体も、一五世紀半ば、コンスタンチノープル総主教庁から独立し、「アフトケファリヤ」の地位を獲得したのだった）。

なぜこの時期に、敵対関係にあった者へ「ラヴ・コール」が送られたのか。

一九六〇年代は、ソ連の絶頂期である。一九六一年には、ガガーリンによる世界初の有人宇宙飛行が成功した。一九六八年八月にはソ連軍がチェコに侵攻（チェコ事件）、一九六九年にはソルジェニーツィンがソ連作家同盟から除名された。ソ連共産党は、自信をもって「強行」路線を突き進んでいた。ソ連政府は、ソ連内ロシア正教会が西側の正教会と友好的関係を結ぶことを望んだ。それによって、ソ連と西側諸国との外交関係が良好になると見たからである。そのソ連政府の意に従って、モスクワ総主教庁は、西側の正教会に自治権を認めてもよいとする傾向になった。

それを、アメリカの「ミトロポリヤ」は察知したのである。アメリカもソ連も、戦略的情報の価値をよく知っており、教会の情報網はしっかりしていた。ソ連共産党の自信が強いうちに、その外交方針に乗って、教会間の敵対関係を連携関係に変えることは、ソ連内正教会にとっても、「ミトロポリヤ」にとっても、望ましいことだった（①ジーン・エリス『ロシア正教会・その現代史』〔Ellis, J.: *The Russian Orthodox Church : A Contemporary History*. 1986〕、②ジーン・エリス『ロシア正教会・その勝利主義と自己防御主義』〔Ellis, J.: *The Russian Orthodox Church : triumphalism and defensiveness*. 1996〕）。

昭和四四年（一九六九年）一月と二月、モスクワ総主教庁と「ミトロポリヤ」は、アメリカで会議の席に着いた。モスクワ側代表はニコヂム府主教、アメリカ側はキプリアン主教とピシチェイ、シュメーマン、メイエンドルフの実力者司祭たちであった。その後も下《した》交渉が続けられ、同年八月、スイスのジュネーヴで、両者の公式会談が行なわれた。そこで、モスクワ総主教庁と「ミトロポリヤ」は、「日本正教会」について合意に達したのだった。

「ミトロポリヤ」管轄下の日本の「日本正教会（ニコライ堂派）」も、モスクワ総主教庁監督下の「日本宣教団（佐山派）」も、自分たちの統括者たちがそのような密談を行なっていたことを、全く知らなかった。ほとんどの日本人正教徒は、宗教は政治以上に政治的だという事実を知らなかった。

ロシアがソ連となってから、「地下」に潜った聖職者たちの間でならばいざ知らず、共産党の御用教会となったソ連内ロシア正教会に、ニコライ大主教のような醇乎たる信仰一筋の人物が生き残っているはずがなかった。ニコライを敬愛して二度来日して宣教に励んだペルミの大主教アンドロニク（ニコリスキー）は、教会と信徒を守ろうとしたために、ロシア革命直後の一九一八年六月六日、ボリシェヴィキの秘密警察によって、半身生き埋めにされた上で、撃ち殺された（コロリョーフ編『ロシアの教会について――ペルミ大主教アンドロニクのことばと証言』）。それがソ連のやり方であった。

昭和四四年（一九六九年）九月、突然、「ミトロポリヤ」から、府主教イリネイの命を受けて、シュメーマンが空路来日し、「ニコライ堂」の主管者ヴラヂミル主教と日本人聖職者たちに、一カ月前の「ジュネーヴ会議」での合意を知らせ、「ミトロポリヤは、日本から手を引く。日本は、モスクワ総主教庁を上に戴くという条件で、自由に将来を決めてよい。最終結論は、本年一一月に東京で会談を行なって決める」と伝えた。

「ニコライ堂」の総務局はあわてた。連日会議を開いて、この問題を検討し、一〇月一九日に臨時公会を開いた。このとき「ニコライ堂」の日本正教会は、司祭二五名、輔祭七名、伝教者一二名、信徒八七六〇人であった。

臨時公会の冒頭、ヴラヂミル主教は「一一月に予定されている会談までに主教候補を選んでおけば、日本正教会は今後、外国に依存しないですむことになる。ミトロポリヤとしては、すでに二人の候補を選んでいる。三四歳のワシリイ永島新二司祭と二八歳のアメリカ人ジョゼフ・シグリスト司祭である。ミトロポリヤは、今後、アメリカの神学院への日本人の留学生を受け入れるが、主教を送り込むことはしない」と発表した。

ヴラヂミルは、この公会の前日一〇月一八日に、豊橋教会副輔祭だったアメリカ人ジョゼフ・シグリストを修道司祭（主教候補となる資格）に叙聖し、セラフィムという聖名を与えていた。

もう一人の候補者ワシリイ永島新二は、昭和三九年（一九六四年）司祭に叙聖されていた。かれは、最初から修道司祭（非妻帯）をめざしていた。それも「高位聖職者《アルヒィレィ》」（いわば管理職の主教）ではなく、「隠修士」（管理職に就かず、修道生活を送る）の道を望んでいた。永島は、昭和四〇年（一九六五年）、アメリカ・ペンシルヴァニアの「ミトロポリヤ」系の修道院へ留学し、昭和四二年に帰国して、鹿児島正教会に司祭として勤めていた。

昭和四四年一〇月の臨時公会の前日、永島とシグリストは、ヴラヂミル主教によって剪髪式《せんぱつしき》を受け修道司祭となった。二人とも主教になる資格を得たということである。

裁判に勝ったニコライ佐山主教は、どうなるのか。

「ミトロポリヤ」のシュメーマンは、右の昭和四四年九月の来京の折、ニコライ堂の日本人聖職者たちを説得し、「日本宣教団」（モスクワ総主教庁監督教会）のニコライ佐山主教と和解し、佐山を、「日本正教会」を運営する高位聖職者のメンバーに加えるようにと説得した。シュメーマンは、ヴラヂミル神学院での佐山をよく知っていたから、宗教人として優秀な佐山が今後日本正教会の主教になるのが最もよいと考えていたと思われる。しかし、その説得は成功しなかった。

ここが、戦後の日本正教会史の「決定的瞬間」である。

佐山大麓は、幼くして正教の洗礼を受け、プロテスタント（聖公会）である父と正教徒である母によって育てられた。姉たちも正教徒であった。前に略歴を紹介したように、父佐山融吉は優れた教師であり、研究者である。そして息子佐山大麓は、立教大学に進んだ。父の信仰の方向である。ところが、途中から、母の信仰の方向の正教神学院に転じた。初めは策謀家の森田亮の口車に乗せられたのかもしれないが、佐山本人がだんだん正教会人として生きようと志していったのである。四〇歳にしてアメリカの正教の神学院に学びに出かけ、神学院の教師たちから逸材と目され、さらに自ら東方正教の聖地ギリシャのアトスの修道院で研鑽を積んだ、その経歴には、単純すぎるが純真な宗教人の素質が感じられる。

佐山が「ニコライ堂」の主であるアメリカ人主教ニコンの命に従わずアメリカからアトスへ行ったことは、「不服従」の罪である。しかし、日本へ帰ってきてから「左遷」されて務めた鹿児島教会での牧会ぶりには、不満や傲慢の気配はない。

アメリカ人の「ニコライ堂」を出て「正統正教会」へ移ってから佐山が書いた「正教会の奉神礼について」「正教会の奉神礼諸式」「生きている修道生活」などの文章も、平易で、衒学《げんがく》趣味は感じられない（『日本正教会報』昭和四三年二月、一一月、一二月号参照）。

また、「正教会では社会福祉や教育事業にほとんど力を入れていないようですが、それでよいのでしょうか」という信徒からの質問に、無記名だが佐山と思われる聖職者は、こう答えている。

「〔前略〕基督の教会の本当の目的、使命は、そうした事業にあるのではない。専ら、人の霊魂〈たましい〉の救いにあるとするものです。社会事業、福祉事業などは良い仕事には違いないが、それはみな〈この世〉の仕事である」（『日本正教会報』昭和四三年四月）。

キリスト教の使命は社会福祉にあるのか、霊魂の救いにあるのかという論争は、二〇世紀初頭からロシアの修道院全体で起きた。ギリシャのアトスの修道院は、もちろん「霊魂の救い」の考えである。佐山は、その感化を受けたと思われる（中村健之介監修『宣教師ニコライの全日記』第一巻註解No.205「修道院の新しい社会的活動志向と古い観想志向」参照）。

世間知らずの佐山は、俗世とは別の宗教的理念を生きたいと願っていたのではないだろうか。自らアトスの修道院へ入ったのも、晩年千葉に修道院を営んで祈禱の生活を続けたのも、その願いからではないだろうか。

ニコライ大主教がいたら、佐山を「日本正教会」の中心メンバーの一人として迎えるようにというシュメーマンの説得は、聞き入れられたかもしれない。そしてその資質に適した働き場所が与えられたかもしれない。しかし、ニコライは五七年前に世を去っていた。

逆に言えば、佐山に対するアメリカ寄りのニコライ堂の聖職者たちの警戒心は、相当に強かったと思われる。もちろん、ロシア側はかれらのその恐れを見抜いていた。

アメリカ人ヴラヂミル主教も佐山を警戒していた。かれは、佐山が「日本正教会」のトップに立つかもしれないと危惧し、シグリストに、主教になる「資格」(修道司祭)を用意すべく剪髪式を急いだのだった。シグリストが聖職者としての適性を具《そな》えているかどうか、主教となる器《うつわ》であるかどうかは不問のまま、特権的人事が用意されたのである。

一〇月の臨時公会は、ヴラヂミル主教が推薦した永島とシグリストを主教候補として承認した。そして永島新二が、一一月二日、ミトロポリヤのヴラヂミル主教とシャホスコイ主教によって主教に叙聖され、ニコライ堂の「首座主教」候補となった。

「四者会談」　昭和四四年(一九六九年)一一月二六日から三日間、東京霞ヶ関の法曹《ほうそう》会館で、以下の四者の会談が開かれた。

① モスクワ総主教庁(ニコヂム府主教、モスクワ神学大学長フィラレト、三人の司祭、書記ブエフスキー、通訳)

② アメリカ・ミトロポリヤ(渉外部長キプリアン主教、書記局長イオシフ・ピシチェイ、アレクサンドル・シュメーマン、イオアン・メイエンドルフ、イオアン・スクヴィル)

③　日本正教会（「ニコライ堂」）（総務局長ワシリイ武岡、長司祭ミハイル樋口、司祭牛丸、大浪、大川、執事：山手教会のアキラ山田、大阪のノイ桜井。臨時公会の後で、さらにキリル有原、ルカ村井も加わった）メイエンドルフの指導に従って（佐山たちを刺激しないようにという配慮があった）、「日本正教会」（ニコライ堂）代表のヴラヂミル主教も新主教フェオドシイ永島も会談には参加せず、二人は会談の最終日に現われて署名だけした。

④　ロシア正教会の「日本監督教会」（「日本宣教団」）（主教ニコライ佐山、長司祭イオアン吉村、宣教団理事アレキサンドル真鍋、同ミネンコ、弁護士アンドレイ堀合。傍聴人として、司祭アルカヂイ・トィシュク、イオアン牧島、シュヴェツ）

この四者会談の冒頭、モスクワ総主教庁のニコヂムは、一九六九年八月の「ジュネーヴ会談」での、モスクワとミトロポリヤの合意事項を読み上げた。「日本正教会がアメリカの管轄下に置かれているのは、戦争による偶然的なもので、教会法に反しており、その管轄は廃止されるべきである」というものであった。つまりは日本の正教徒はソ連内ロシア正教会の管轄下に入れということである。アメリカのシュメーマンは、ニコヂムの考えに同意すると発言した。その上で、「アメリカ・ミトロポリヤが二〇年余にわたり日本正教会を援助してきたこと、とりわけ日本人聖務執行者をアメリカで教育したことは、忘れられるべきでない」と言った。老練な宗教政治家らしい発言である。

次に、ニコライ堂の総務局代表ワシリイ武岡武夫が立って、臨時公会での決議（日本側の要求）を読み上げげた。その決議の骨子は次のとおりである。

①　首座（トップ）主教と主教（複数）を選ぶ権利を「日本正教会（ニコライ堂派）」に与えよ。
②　教会運営の自治、自己財産の処理は、「日本正教会」（ニコライ堂）にまかせよ。
③　ロシア正教会「日本宣教団」（団長佐山）を即時廃止せよ。

④「日本正教会」〔ニコライ堂〕に対する、「日本宣教団」のすべての訴訟を直ちに取り下げよ。「日本正教会」〔ニコライ堂〕からのこれらの要求は、「日本宣教団」の団長ニコライ佐山の反発を誘った。佐山は、「ニコライ堂の人びとは、教会法に従って、母教会であるロシア正教会の懐にもどるべきである。大主教ニコライと府主教セルギイの後を継ぐ者は、然るべき手順を踏んで選ばれた自分佐山である」と言った。

モスクワ総主教庁のロシア人ニコヂムは、佐山の発言を聞いていなかったかのように、こう発言した。

「われわれは、日本正教会が自立することに反対ではない。しかし順序は守られねばならない。まず、日本正教会は、母教会であるロシア正教会の監督下の〈アフトノミヤ〔監督下自治〕〉という資格を得なければならない。それから、時をおいて、ロシア正教会からの〈アフトケファリヤ〔完全独立〕〉という資格を得るべきである。

〈アフトケファリヤ〔完全独立〕〉には、最小限四つの主教座がなければならない。

現在の日本正教会は、教会の数、信徒の数、経済的安定性において、問題がある。従って、現時点で〈アフトケファリヤ〔完全独立〕〉を与えることはできない」。

ニコヂムは、佐山を下《お》ろし、ニコライ堂の「日本正教会」を支配下に置くことを考えていた。それについては、「ミトロポリヤ」と合意が成り立っていた。

ニコヂムのこの発言に対し、ニコライ堂の武岡はなおも「完全独立教会」を主張した。そして「右の決議は日本の信徒の大多数の希望であり、自分は、一〇月の公会で全権を委ねられてこう発言している」と言った。

しかし、「日本正教会」〔ニコライ堂派〕も、「日本宣教団」〔団長佐山〕も、それぞれの主張を譲らなかった。

「ミトロポリヤ」のシュメーマンが、「両者の代表が直接話し合ってはどうか。その話合いに、ソ連とアメリカの傍聴者が同席することにしてはどうか」と提案した。

ニコヂムはシュメーマンの提案に賛成し、「日本宣教団」の代表として佐山と堀合を推薦した。しかし、「日本正教会」は、その提案を拒否した。

四者会談は、このようにして行き詰まった。


［三者会談］　同じ年（昭和四四年）の一二月一九日、「日本正教会」（ニコライ堂）は臨時公会を開き、武岡武夫と桜井宣次郎が、一一月二六日の「四者会談」の報告をした。

翌日、一二月二〇日、モスクワ総主教庁のニコヂムが武岡に、「〈日本宣教団〉の代表たち（佐山たち）を外して、〈日本正教会（ニコライ堂）〉の代表と、シュメーマンと、ニコヂムの三者会談を続けてはどうか」と提案した。ここがロシア人の「狡知（хитрость）」である。

「日本正教会（ニコライ堂派）」はニコヂムの提案を受け入れ、三者会談が実現した。

三者会談の最重要点は、「日本正教会」の教会法上の地位であった。

「日本正教会」は、こう主張した。

「ニコライ大主教の宣教団の目的は、日本正教会の独立であった。セルギイ府主教時代、日本の教会は、母教会（ロシア正教会）から見捨てられたが、信徒は力を合わせて今日まで生き延びてきた。これは実質的に独立ではないか。

戦後、日本正教会はモスクワに主教の派遣をお願いした（「お願いした」かどうかは疑わしい。とにかく「派遣」は実現しなかった）。ということは、われわれは〈教会法上の〉〈不服従の罪〉を犯してはいないということだ。しかし日本はアメリカの占領下に入り、日本正教会は、モスクワが正式に認めていないアメリカの〈ミトロポリヤ〉から主教を迎えざるをえなかった。それ以外に選択の余地はなかったからだ」。だから、「モスクワ総主教庁は日本正教会（ニコライ堂）を独立した教会と認めるべきだ」と主張したのである。

しかし、この三者会談で、モスクワ総主教庁代表団は、日本正教会の「アフトケファリヤ〔完全独立〕」問題を検討する気はなかった。教会法を盾にとって、日本正教会を抑えておきたかった。最終的には、モスクワ総主教庁のニコヂムは「日本正教会はモスクワ総主教庁監督下のアフトノミヤ〔監督下自治〕の教会になる」ことを、ニコライ堂の「日本正教会」に承認させたのである。

「アフトケファリヤ」か
「アフトノミヤ」か

武岡はこの結論を、次のように説明している。

「独立には二段階がある。アフトケファリヤ〔完全独立〕とアフトノミヤ〔監督下自治〕である。アフトノミヤは、アフトケファリヤの下の段階である。今回の会談の全体において、われわれはアフトケファリヤを要求したが、その資格は得られなかった。しかし、われわれが得たアフトノミヤという資格は、実質はアフトケファリヤと同等のものである。われわれが得たアフトノミヤという資格は、アメリカからもモスクワからも、干渉を受けないと言う資格である」。

「アフトノミヤ〔監督下自治〕」と「アフトケファリヤ〔完全独立〕」は別のことだと自分で言っていながら、二つは「同等のもの」だと、自分たち自身でごまかしたのである。

この三者会談で、武岡たちニコライ堂の「日本正教会」は、佐山のロシア正教会「日本宣教団」の即時解体を求めた。

ここが武岡たちの戦略の失敗であったかもしれない。

武岡は「ニコライ大主教の宣教団の目的は、日本教会の独立であった。セルギイ府主教時代、日本の教会は、母教会〔ロシア正教会〕から見捨てられたが、信徒は力を合わせて今日まで生き延びてきた。これは実質的に独立ではないか」と主張していた。

その論理からすれば、「日本教会の独立」を目的とする「ニコライ大主教の宣教団」をことばの上だけででも残すべきだった。名目的にそれを残しておけば、ソ連内正教会との交渉は、武岡たちの意図に合った矛盾を保ち、複雑化しただろう。ニコライ大主教時代の「母教会」とソ連時代のそれは、もちろん繋がっているが、違う点もあるのではないか、歴史が動いているのだから、と言うこともできただろう。

ロシア側は、ニコライ堂の者たちが、「完全独立」か「監督下自治」かの問題より、実は佐山問題に気をとられていることを見抜いていた。ニコライ堂の者たちが、「佐山を下ろし、裁判を取り下げてもらわなければ、自分たちは路頭に迷うことになるかもしれない」と危惧しているのを、知っていたのである。

そこでロシア人ニコヂムは、こういう案を出してきた。「われわれは、〈日本宣教団〔団長佐山〕〉を、モスクワ総主教庁直属の駐日〈ポドヴォリエ〔分院〕〉に作り変える」。

ニコヂムの見込みどおり、ニコライ堂の代表者たちはニコヂム案に同意した。

「日本宣教団〔佐山派〕」を外した、「日本正教会〔ニコライ堂派〕」の代表と、シュメーマンと、ニコヂムの三者会談の合意事項を記した「議定書《プロトコル》」には、こう書かれている。

「日本正教会〔ニコライ堂〕は、ロシア正教会を母教会として認める。日本正教会は、自分のアフトノミヤ〔監督下自治〕を以下のように理解している。すなわち、日本教会の指導者たる聖職者を自ら選ぶ権利を持つこと、教会内の諸問題と資産を自分で処理する権利を持つこと、と理解している」。

ソ連内ロシア正教会を代表するニコヂムは、次のように言うことを忘れなかった。

「ロシア正教会総主教は、日本正教会の自治を望ましいものと認める。しかし、日本正教会によって選ばれた代表は、ロシアの総主教によって認定されねばならない」。

その上で、ニコヂムはこう言った。

「日本正教会〔ニコライ堂〕と母教会であるロシア正教会との関係が調整されたので、当然、日本宣教団〔佐山派〕の訴訟はすべて取り下げ、日本宣教団は消滅する。そして、総主教直属のポドヴォリエ〔分院〕を日本に設ける。このポドヴォリエは、日本正教会〔ニコライ堂〕に干渉しない」。

勝った訴訟が、「原告」佐山のいないところで、ロシア正教会総主教によって、取り下げられることになったのである。

「日本宣教団」の解散も、「団長」佐山のいないところで、決まった。

昭和四四年一二月一九日に開かれたニコライ堂の「日本正教会」の臨時公会で、この三者会談の「議定書」が批准され、モスクワの総主教に、「アフトノミヤ〔監督下自治〕」を与えていただきたいという請願書を提出することが決定した。

アメリカの「ミトロポリヤ」に対しても、「われわれはアメリカの管理から抜ける。しかし、日本教会がモスクワとの関係を回復した後も、日本人がアメリカの神学院で学ぶことを許可してほしい」という手紙を送った。

「日本宣教団」は切り捨てられた

佐山たち「日本宣教団」にとっては、昭和四四年〔一九六九年〕一一月二六日の「四者会談」で提出されたモスクワ総主教庁の方針は、ショックだった。ニコライ堂派の日本人聖職者たちと同様、かれらも「宗教政治家」としては未熟だった。

佐山たちは、ニコライ大主教とセルギイ府主教のロシア正教会「日本宣教団」に連なる自分たちは正しいと思ってきた。自分たちこそ正統な「日本正教会」であると信じ、それをモスクワ総主教庁が支持していると思ってきた。

佐山たち「日本宣教団」は、「モスクワ総主教庁との関係回復」という旗を掲げて、アメリカ人主教たちとも、ニコライ堂派の日本人聖職者たちとも闘ってきた。

大事なのは、モスクワ総主教庁が、それまで実際に佐山たち「日本宣教団」のその闘いを支援してきたという事実である。しかも、日本の法律は、裁判で佐山たちの正当性を認めたのだ。

ところが、モスクワ総主教庁は、アメリカ「ミトロポリヤ」との秘密会談を経て、「日本正教会」（ニコライ堂派）との交渉や操縦ができるようになった。

モスクワ総主教庁代表のニコヂム府主教は、「日本宣教団」（佐山）グループの正当性よりも、多数派であるニコライ堂派と握手する方が有益だと判断したのである。そうなると、「日本宣教団」（佐山派）のニコライ堂派に対する真剣な非妥協的態度は、邪魔なものになってきた。

ニコライ佐山主教に従ってきた日本人信徒たちは、苦しい状況に追い込まれた。「日本宣教団」団長の佐山は、モスクワ総主教に「〈ポドヴォリエ〉の主管者にしていただきたい」という請願を出さざるをえなかった。佐山の請願は直ちに受理された。

「ロシア正教会総主教」の「代理としてニコライ堂奪還の裁判を担当」した弁護士であり、この過程をよく知る堀合辰夫は、結論としてこう書いている。

「全日本のロシア正教会の主教としてニコライ聖堂に入るべく提訴したのに、〈旅籠屋《はたごや》〉、〈旅人宿〉（「ポドヴォリエ」とは元々はそういう意味）の小さな教会の責任者に甘んじなければならないということは、個人的にも断じて肯認できることではなかった。しかし、モスクワ総主教庁の意向は絶対であり、これに刃向うことは、教会人として許されないことであった」（堀合辰夫「ニコライ堂戦後史」）。

「アフトノミヤ」となった「日本正教会」

アメリカの「ミトロポリヤ」と「ソ連内正教会（モスクワ総主教庁）」は、日本問題について正式に和解した。和解の骨子は、以下の四点である。

① ニコライ堂を統括していたヴラヂミル主教はアメリカへ帰る。
② モスクワ総主教庁は、「日本正教会」（ニコライ堂派）を新たに日本の「アフトノミヤ（監督下自治教会）」と認める。
③ モスクワ総主教庁は、「日本宣教団」を閉鎖する。
④ ニコライ佐山主教は、モスクワ総主教庁の「ポドヴォリエ（日本分院）」教会の主教となる。

昭和四五年（一九七〇年）四月、「日本正教会」（ニコライ堂派）の代表団がモスクワを公式訪問した。アメリカ人ヴラヂミル、永島、武岡、樋口、大浪、村井の六人である。

ここで正式に、「日本正教会」（ニコライ堂派）は、「アフトノミヤ（監督下自治教会）」と認められ、「母教会」（ソ連内ロシア正教会）の傘下に入った。

同時に、ニコライ堂に対する佐山派の訴訟は、すべて取り下げられた。理由は、「日本における教会分裂が終わったから」であった。

同年、御祝儀のように、「日本の大主教ニコライ（カサートキン）」が、ロシア正教会の聖人に列せられた。

なお、アメリカの「ミトロポリヤ」は、ソ連内ロシア正教会の宗務院によって、「アフトケファリヤ（完全独立教会）」と認められた。これで、「ミトロポリヤ」は、「アメリカ正教会（The Orthodox Church in America. OCA）」となったのである。

3　ニコライ堂派の「勝利」

「日本正教会」の新しい管理体制と永島主教

「アフトノミヤ（監督下自治教会）」に「格上げ」された「日本正教会」（ニコライ堂派）は、この後、昭和四五年（一九七〇年）の二回の公会で管理体制を決めた。そして、東京、西日本、東日本の三つの教区が定められた。

東京教区は、日本正教会全体の代表（首座主教）に選出された者が統治する。総務局長は武岡武夫。

西日本教区の中心は京都で、永島新二が代表、総務局長は有原次良《つぐよし》。

東日本教区の中心は仙台で、代表は空席だが、シグリストを予定し、総務局長は山田晟《あきら》。

日本全体の総務は、東京の「総務総局」が担当する。その局員は、最高位聖職者、各教区の代表である。「総務総局」の長は、有原次良である。

ニコライ堂は「中央教会」とされ、ニコライ時代から続いている「日本正教会維持財団」（これがいわば教会の「財務省」）を有し、各教会は財政的にその傘下に入る。

北海道の上武佐《かみむさ》教会は、昭和二五年代から「正統正教会」（佐山派）だったが、昭和四五年（一九七〇年）七月の公会で、「日本正教会」（ニコライ堂派）に所属したいという意志表明をなし、「日本正教会」の釧路教会の管轄下に入った。上武佐教会司祭イオアン牧島も、「日本正教会」へ入った。アントニイ高井に従っていた五六人の信徒も、「日本正教会」へ移った。石神井ハリストス正教会がそれである。ただし、「麴町教会」の後身である山手教会（杉並区）だけは、財政的には「日本正教会」の傘下には入っていない（本書第十八章第1節の「麴町教会の土地売却」参照）。

昭和四七年三月二五日、ヴラヂミルは、アメリカへ去った。

ここではこれ以上紹介する必要はないが、ヴラヂミルの離日という、たったそれだけのことが実現するためにでも、聖職者たちの間で複雑怪奇な教会間の駆け引きがあった。聖職者も「地位」に執着する。「地位」があれば、金と人が動かせるからである。

昭和四七年（一九七二年）三月の臨時公会で、永島新二が、「日本正教会」の代表に選ばれた。その三月、永島とニコライ堂の幹部たちは空路、モスクワへ向かった。日本正教会は「監督下自治教会」だから、重要人事の度に、モスクワの「認証」を受けなければならないのである。

モスクワでは、総主教ピィメン（アレクシイ一世の次の総主教。一九七一〜一九九〇年在位）は、永島の「着座式」を執り行なった。そして永島は、ピィメン総主教によって、府主教に昇叙された。聖名はフェオドシイである。「ニコライ堂」の新しい主《あるじ》となったのは、フェオドシイ永島新二であった。これが、「アフトノミヤ（監督下自治教会）」となった日本正教会の出発であった。

当時の「毎日新聞」のコラム「雑記帳」に次のように書かれている。

「ニコライの鐘が鳴る——なつかしのメロディーと青銅のビザンチン建築で知られる東京神田の日本ハリストス正教会が、米ソの正教会から独立〝自主路線〟を歩むことになり、初めての日本人主教フェオドシイ永島神父（三六歳）の叙聖式が二日行なわれた。

米ソ接近の雪どけムードが、日本正教会にも思わぬ独立のプレゼントを与えた」（神戸ハリストス正教会、酒井満発行「週刊きりあき」第七一四号より転載）。

新しいリーダー、フェオドシイ永島の考え方は、かれが行なった教会人事や教役者《きょうえき》年金制度の確立に現われている。かれは日本教会の自立力の強化こそ最重要課題だと考え、二七年間、そのために努力した。そして、その自立の根拠は、ニコライ（カサートキン）にあると考えていた。かれは東京大主教区の代表者たちを前に、こう語っている。

「いまだ若い日本正教会にあって、一九一七年のロシア革命による資金の減少、第二次世界大戦での教役者の大半の離反、その他がありました。そして現代は、多くのことが移り変わる激動社会であります。

しかし、その激動社会にあっても、いまも多くの人びとに神を認めさせ、救いの道を悟らせ、神の叡智に導かれて、この世においても来世においても、神からの〈重い賞〉を得させてくれる、そのための遺産が、ニコライによって与えられたのです。

その最もよい証《あかし》は、現在、直接ニコライを知る人はこの中に一人もおりませんが、ニコライが遺した遺産によって、この会合〔教会代表者懇談会〕があるということです。その遺産によって、日本各地の教会に属す人びとは、いまも、一層神に近づく者となるよう、呼びかけられているのです」（フェオドシイ永島新二『信仰・領聖』一九九五年）。

大正初期、セルギイ（チホミーロフ）の「ニコライ堂危《あや》うし」の呼びかけを聞いて、日本各地の、さらにはヴラヂヴォストークをはじめとする極東各地の正教徒たちは、「ニコライ大主教の遺恩」を思い出した（本書第十九章第1節の「募金に熱心なセルギイ」参照）。

永島もまた、ニコライこそ日本正教会のアルファかつオメガだと言うのである。

昭和四七年（一九七二年）五月、モスクワ総主教庁から、長輔祭ニコライ・ドミートリエフが、日本の「ポドヴォリエ」の補充追加メンバーとして派遣されてきた。永島はニコライ・ドミートリエフに、「われわれはアメリカ人もロシア人も欲《ほ》しくない。あなた方はわれわれに自由を与えた。だからわれわれは、自分たちの国民的教会を作りたいのだ」と明言したという（このように、永島の言行は、いちいちモスクワへ報告されていた。スゥハーノワ『二十世紀日本正教会史』参照）。フェオドシイ永島は、

フェオドシイ永島新二府主教
（日本正教会『永遠の記憶』より）

ニコライから始まった自立志向をすなわち、武岡武夫がニコデムとの交渉で言った「ニコライ大主教の宣教団」の伝統を、自分も守りたいと言ったのである。そして永島は、ニコライ佐山との関係修復にも心を遣《つか》った。かれは、「日本正教会」の代表となってすぐ、ニコライ佐山との接近を図った。互いに連絡をとり合ったこともある。永島は、昭和四七年一〇月の、佐山の千葉の修道院「生神女《しょうしんじょ》庇護聖堂」の成聖式にも参加した。しかし、佐山のかたくなにも見える初志、両者の面子《めんつ》と互いの批判のために、この関係は進展しなかった。

フェオドシイ永島府主教は、平成一一年（一九九九年）五月七日、孤独のうちに主教館の自室で永眠した。まじめだった永島の意識の奥には、おそらく最期まで、佐山のことがあっただろう。

主教候補者は、妻のいない聖職者でなければならない。それが唯一の資格である（結婚経験者であっても、死別など、現時点で妻がいなければ、資格がある）。

永島府主教以後の日本正教会

永島の次の代表（首座主教）候補は、右の資格を満たした三人、すなわち有原次良《つぐよし》、主代《ぬしろ》郁夫、辻《つじ》永《えい》昇である。そして、有原次良が日本の首座主教候補に選ばれた。

有原は昭和六年（一九三一年）生まれ、札幌の旧制中学時代の友人坂本（正教徒）に紹介されて札幌正教会の青年部に出入りするようになり、イアコフ猪狩新造司祭によって受洗し、キリルの聖名を受けた。佐山大麓と共に、二二歳でアメリカのヴラヂミル神学院に留学、その後、東京本会、大阪正教会、札幌正教会などで司祭として働いた。妻は、函館正教会の司祭厨川《くりやがわ》勇の長女マリナ敬《けい》である。

マリナ敬は、平成五年（一九九三年）九月永眠した。

首座主教候補となったペトル有原は、短期間であったが、日本正教会のためにつくした。しかし残念なことに病が急激に悪化し、平成一二年（二〇〇〇年）五月一〇日、東京の日赤広尾病院で永眠した。

次のリーダーに選ばれたのは、主代郁夫である。平成一二年五月一四日、主代の首座主教着座は、ロシア正教会の総主教アレクシイ二世やアメリカ正教会のフェオドシイ府主教たちが来日して、ニコライ堂で執り行なわれた。平成二五年（二〇一三年）現在、主代郁夫府主教が日本ハリストス正教会の代表である。

「ニコライ堂の土地」で紹介したように、日本ハリストス正教会は、経済的にはすでに安定していた。すでに、昭和四五年（一九七〇年）段階で、「ニコライ堂」の総務局は、ロシア正教会総主教に対し「現在の日本正教会は、他国の教会に頼らずにやってゆける状態になっている」と報告している。平成一五年（二〇〇三年）七月の通常全国公会での報告によれば、日本正教会の全国の「教勢」は次のとおりである。

① 教会数　六九

② 教役者数　主教二名（ダニイル主代郁夫府主教とセラフィム辻永昇主教）、司祭二二名、輔祭一〇名、副輔祭九名、誦経者一六名、伝教者三名

③ 信徒数　九七七四名（昨年比、一七名の減）

④ 信徒戸数　三四八一戸（定額献金納入戸数は、二三〇七戸）

教役者は安定した給与と年金が保障されている。前にも書いたように、日本正教会は、小さいながらも経済的には「優良宗教法人」なのである（名古屋ハリストス正教会『教会だより』二〇〇三年八月号参

照）。

日本正教会には、修道院が形成されておらず、修道士がいない。ということは、後継主教の養成ができない。「ミトロポリヤ」のアメリカ人主教ヴラヂミルが行なったように（本章「アメリカ正教会とソ連内ロシア正教会の和解」参照）、副輔祭である者を、独身であるというだけで、強引に主教候補にしなければならないことになる。

しかし、平成一七年（二〇〇五年）からは、日本に男子修道院を設立するという目的で、ロシア正教会から若い修道司祭ゲラシム（シェフツォフ）が来日して、ニコライ堂で聖務についている。かれが後継指導者になるという可能性もある。

ニコライ佐山大麓主教のその後

最後に、ニコライ佐山大麓のその後についてふれておきたい。

佐山は、昭和五四年（一九七九年）段階でも、モスクワ総主教庁直属の日本の「ポドヴォリエ〔分院〕」の主管者であった。「ポドヴォリエ」の教会は、馬込、四谷、本駒込（現在も活動）、目黒と移った。

そして、昭和五九年には、佐山はソ連内ロシア正教会によって、主教から大主教に昇叙された。しかし、二年後の昭和六一年七月、佐山は、前に紹介したモスクワ総主教庁派遣の長輔祭ニコライ（ドミートリエフ。昭和四七年から日本に勤務していた。現在函館教会を管轄している「日本正教会」の同名のロシア人司祭とは別人）の指示に従わなかったという理由で、「モジャイスクの大主教」という肩書きを剝奪され、「ポドヴォリエ」の「主管者を解任」された。

佐山が解任された後は、モスクワから派遣されたロシア人司祭が「ポドヴォリエ」の主管者となった。佐山は、昭和四三年にすでに、千葉県大網白里（九十九里浜の近く）の自分の個人所有地に教会堂

「千葉教会」を建て、やがてそれを「修道院」にした（『日本正教会報』昭和四三年七月）。

その後、その修道院は、そこから約一〇キロ離れた山武《さんぶ》市松尾に移転し、「聖ソフィヤ修道院」と命名された。ソフィヤは母マスの聖名である。佐山はそこに隠棲した。

平成八年（一九九六年）になって、佐山は「ラーメンスクの大主教」という、取ってつけたような肩書きを与えられて、モスクワ総主教庁に復帰した。

佐山は、モスクワ総主教庁が自分を「外す」ことにした和解案に、ずっと抵抗してきた。ロシア正教会総主教は、一旦は「今や貴下（ニコライ佐山）は、永遠に記憶すべき大主教故ニコライ及び府主教セルギイの後継者となった」と祝福したのだが、その言を翻したのである。それは佐山にとって個人の「立身出世」の問題ではなかった。佐山の東方正教の理念に反するものだった。

しかし、佐山は抵抗しきれなかった。弁護士の堀合辰夫は、「モスクワ総主教庁の意向は絶対であり、これに刃向かうことは教会人として許されないことであった。結局、佐山主教は（中略）日本のポドウォリエ正教会主管者に止まる」ことで、「事件を決着させた」と言う。「教会人として」ということばに、佐山の深い屈折への同情が感じられる。

「和解成立後、自治教会（アフトノミヤ）に格上げとなったニコライ堂側から、佐山主教がすでに登記済みの〈日本正教会〉の名称使用について異議が出された」。

ニコライ堂も、同じ「日本正教会」という名称を使っていたからである。法的には、佐山の「日本正教会」が、正式に登記された名称だった。

堀合は「佐山主教は、これにも強く抵抗し続けた。心情を察して余りあるものがある」と書いている（堀合辰夫「ニコライ堂戦後史」）。

一〇年経って、昭和五四年（一九七九年）五月、ようやく、佐山の「日本正教会」という名称は、

「宗教法人ロシア正教会モスクワ総主教庁ポドウォリエ」という名称に変更登記された。一〇年間納得できないでいるというのは、純真であると同時に強靭な圭角である。

佐山の最晩年に、「ポドヴォリエ」を介して、ヴラヂヴォストークの女子修道院の二人の屈強な修道女が、「聖ソフィヤ修道院」に派遣され、佐山の世話をした。

（修道女たちが実際になすことをその場で見ていたロシア青年は、青い顔をして「おそろしいです」と語った。この青年は「ポドヴォリエ」に勤めていて、千葉の「聖ソフィヤ修道院」へ派遣されていたのである。中島敦の『牛人』である。）

平成二〇年（二〇〇八年）八月二六日、ニコライ佐山は自分の「聖ソフィヤ修道院」で永眠した。九三歳であった。現在「聖ソフィヤ修道院」の土地は、ポドヴォリエの所有になっているという。

その葬儀は、「聖ソフィヤ修道院」で、佐山が長い間闘ってきた相手である「ニコライ堂」と「ポドヴォリエ」の聖職者たちによって営まれた（「ニコライ佐山大主教ご永眠」。『正教時報』二〇〇八年一〇月）。

谷中の墓地には、初代宣教団長ニコライ、二代目宣教団長セルギイ、そしてイオアン小野帰一主教、フェオドシイ永島新二府主教の墓が並んでいる。ペトル有原次良主教の墓は、妻の故郷函館の正教会墓地にある。

三代目「宣教団長」と認められたニコライ佐山大麓の墓は、谷中にも千葉のソフィヤ修道院の敷地内にもない。佐山は横浜外人墓地に埋葬された。

主要参考文献

石川喜三郎編『日本正教伝道誌』日本正教会編輯局、一九〇一年

牛丸康夫『日本正教史』日本ハリストス正教会教団府主教庁、一九七八年

牛丸康夫『神のみ旨に生きた激動時代の僕《しもべ》たち』日本ハリストス正教会教団、一九八五年

内村鑑三「美しき偉人の死」、『正教時報』一九一三年二月一〇日、ニコライ永眠記念号

生方敏郎『明治大正見聞史』中公文庫、一九二六年

海老沢有道・大内三郎『日本キリスト教史』日本基督教団出版局、一九七〇年

海老沢有道他編『日本キリスト教歴史大事典』教文館、一九八八年

ジーン・エリス『ロシア正教会・その現代史』（Ellis, J., *The Russian Orthodox Church : A Contemporary History*, 1988.）

ジーン・エリス『ロシア正教会・その勝利主義と自己防御主義』（Ellis, J., *The Russian Orthodox Church : triumphalism and defensiveness*, 1996.）

金石仲華『ニコライ大主教の弟子鈴木九八伝』一九九三年

川端香男里他編『ロシア・ソ連を知る事典』平凡社、一九八九年

釧路正教会百年史委員会編『釧路正教会百年の歩み』釧路ハリストス正教会、一九九二年

児島襄『日露戦争』文藝春秋、一九九〇年

柴山準行編『大主教ニコライ師事蹟』日本ハリストス正教会総務局、一九三六年

ナタリヤ・スゥハーノワ著『二十世紀日本正教会史（Н. Суханова, «История японской православной церкви в 20

воке»)』サンクト・ペテルブルグ、二〇一一年
鐸木《すずき》道剛監修『山下りんとその時代』読売新聞社、一九九八年
セルギイ（ストラゴロツキー）『極東にて』（Сергий, «На дальном востоке», 1897.）
セルギイ（ストラゴロツキー）著・宮田洋子訳『北海道巡回記』キリシタン文化研究会、一九七二年
高橋五子《いね》編『鏡花録』女子神学校同窓会、一八九六年
大主教ニコライ師葬儀委員会編『大主教ニコライ師襄事《じょうじ》録』ハリストス正教会本会、一九一二年
H・チースリク編訳『宣教師の見た明治の頃』キリシタン文化研究会、一九六八年
中井終子編『女子神学校・正教女学校 出身者名簿』両校同窓会、一九四〇年
中井木菟麿編『洛汭《らくぜい》女史〔高橋五子〕追悼録』私家版、一九三〇年
中村健之介・中村悦子『ニコライ堂の女性たち』教文館、二〇〇三年
中村健之介編『聖・日本のニコライの日記』（«Дневники святого Николая Японского» под ред. Кэнноскэ Накамура. ロシア語版『宣教師ニコライの全日記』全五巻）ギペリオン社、二〇〇四年
中村健之介監修『宣教師ニコライの全日記』全九巻、共訳、教文館、二〇〇七年
中村健之介『宣教師ニコライとその時代』講談社現代新書、二〇一一年
新島襄『新島襄全集　5　日記・紀行編』同朋舎出版、一九八四年
ニコライ著、中村健之介訳『ニコライの見た幕末日本』（原題「キリスト教宣教団から見た日本」）一九七九年、講談社学術文庫
ニコライ著、中村健之介訳編『明治の日本ハリストス正教会——ニコライの報告書』教文館、一九九三年
西村徳次郎著・吉岡繁編『昭和キリスト教受難回想記』私家版、二〇〇九年
日本正教会『教会報知』正教会、一八七七—一八八〇年
日本正教会『正教新報』愛々社、一八八〇—一九一二年
日本正教会『正教時報』正教時報社、一九一二年—（以上三誌は、日本ハリストス正教会機関誌）

日本正教会『裏錦』尚絅《しょうけい》社、一八九二―一九〇七年
日本正教会『正教要話』教要社、一九〇〇―一九一八年
S・フィルソフ『専制ロシア最後の一〇年間の正教会と国家』（С. Фирсов, «Православная церковь и государство в последнее десятилетие существования самодержавия в России». 1969）
福永久壽衛『沢辺琢磨の生涯』沢辺琢磨伝刊行会、一九七九年
ポズニェーエフ著、中村健之介訳『明治日本とニコライ大主教』講談社、一九八六年
堀合辰夫「ニコライ堂戦後史――ポドウォーリエ教会顛末」（長塚英雄編『ドラマチック・ロシア in Japan 2』所収）、二〇一二年
『ブロックガウス・エフロン百科事典』（«Энциклопедический словарь Брокгауса и Ефрона»）ペテルブルグ、一八九〇―一九〇七年。復刻版、ヤロスラーヴリ、テラ出版、一九九〇年
牧島純編『日本正教会報』佐山大麓発行、一九六七年～
真鍋歴山（理従）『日本正教会五十年史』真鍋理一郎発行、一九九六年
村松不二夫『光芒――私説・伝教者望月鼓堂の生涯』私家版、一九九三年

あとがき——ニコライを呼びもどす

敬愛

内村鑑三は、ニコライについてこう語った。

「予がニコライ師に対して敬服に耐へないのは、師が日本伝道を開始せられて以来、彼《か》の新教派の宣教師の如く文明を利用することなく、赤裸々《せきらら》に最も露骨に基督《キリスト》を伝へた事である」（『正教時報』大正二年二月）。

宣教師嫌いで知られる内村鑑三であるが、「宣教師はすべて嫌い」だったわけではない。「赤裸々《せきらら》に最も露骨に基督《キリスト》を伝へた」宣教師ニコライは、内村の最も敬愛する宣教師であった。

内村は世辞を言う人ではない。内村は、この一年前駿河台の正教会で執り行なわれたニコライの葬儀に参列している。その後再び駿河台を訪ねて、「ニコライ師の生活をせられた室内を参観」し、その質素な遺品を見て深い感動を受けた。ニコライは、たとえば正教神学校生徒のための椅子、机、またかれらの居室の畳も、値は張っても上等なものを揃えた。しかし、ニコライが遺した私物は、衣類をはじめ実に質素なものであった。ニコライは、当時の貧しい日本人のために惜しげもなく宣教資金を使ったのである。内村はそのことも知っていただろう（中村健之介監修『宣教師ニコライの全日記』第一巻解説の「内村鑑三と東方正教」参照）。

その内村鑑三の一年後、ニコライと親しかった南満州鉄道総裁後藤新平は、こう語った。

「大主教閣下〔ニコライ〕の、日本国に、物質上はもちろん、殊《こと》に徳義上・精神上にもたらした所の貢献は、決して三万人の正教徒〔日本人信徒〕を以て限られたるものにあらず。幾多《いくた》の、信徒以外の日本社会の人びとが、深くこれを認め、かつ祝《しゅく》しいる次第なり」（『正教要話』大正三年二月）。

たしかに、ニコライの宣教は、一貫して当時の貧しい日本人に対する物心両面からの援助だった。ニコライは、「最後の審判で価値があるのは、他を憐れむ心という宝だけだ」（1893. 5. 1/13）と言っている。それはニコライの深い自覚であった。かれはその宝を、幕末明治の五〇年間、日本人に捧げ尽くした（中村健之介編訳『ニコライの日記』岩波文庫下巻「あとがき――慈愛の宣教師」参照）。

内村鑑三の宣教師に対する反発にはそれなりの理由があるにしても、明治期の日本で活躍したキリスト教各派の宣教師には、ジラール、ヘボン、バラ、ブース、バチェラー等々、優れた人たちがたくさんいる。しかし、後藤新平がためらうことなく「信徒以外の日本社会の人びと」が、深くこれ〔貢献〕を認めている」と言いえた宣教師、明治の「日本社会の人びと」がそれほどの敬愛と親しみを感じていた宣教師は、ロシア人宣教師ニコライを措《お》いて他にいない。

おどろくべきことだが、内村鑑三や後藤新平のニコライへのこの敬愛は、特殊なものではなかった。「ニコライの永眠と葬儀」（本書第十八章第3節）に紹介したように、ニコライの葬儀に参列した多くの日本政府高官、各国外交団、他派宣教師たちも、同じ敬愛を抱いていた。

ニコライは、大津事件のとき、あるいは日露戦争のときも、日本とロシアのために身を挺して大きな働きをした。ニコライの葬儀に、明治天皇は花輪を下賜した。

そうした「身分ある人たち」だけではない。御茶の水橋を渡って進むニコライの葬列に対して整列して深々と礼をした女子高等師範学校附属女学校の生徒たちや京華《けいか》中学校の生徒たちも、命じられたのではないのに道路に散水させて当日の強風による「砂塵の襲来」を防いでくれた下谷区の区長も、ニコライがどういう人であったかを知っていたのである。ニコライに対する敬愛の感情は、後藤新平の言うとおり、「決して三万人の正教徒を以て限られたるものにあらず」だった。

ニコライの来日以来五〇年にわたるその生涯は、幕末以後の日露関係史上の「奇跡」と言ってよい。プゥチャーチンから始まった日本とロシアの関係の長い歴史において、このように日本とロシアのために生きたロシア人は、ニコライ以外にいない。内村鑑三も後藤新平も、宣教師ニコライが「奇跡の人」であることを語っているのである。

「日本のニコライ」が当時のロシアでも尊敬されていたことは、本書のあちこちで紹介したが、ニコライはイスラムの人びとの間でも知られていた。一九〇九年に来日したカザン系タタール人、アブデュルレシト・イブラヒムの旅行記『ジャポンヤ』にも、ニコライが「日本で最も活動的かつ有名な、最も高齢で最も古くからいる宣教師」であることが、詳しく紹介されている（原本は一九一〇年刊。小松香織、小松久男訳『ジャポンヤ』、第三書館、一九九一年）。

ところが、大正五、六年（一九一六、七年）あたりから、日本も、世界も、大きく変わりはじめた。

忘れられていったニコライ

一九一七年、ロシア帝政を倒した「赤色革命」は、われら「新生ロシア」は世界初の社会主義国家である、これから本当に世界は社会主義という「理想」へ向かって変わってゆくのだ、と自らを世界中に喧伝した。世界中の多くの人びとが、その表向き輝かしいプロパガンダに魅了された。

「科学的無神論」というイデオロギーに立つ新しいソヴェト・ロシアは、ロシア正教会は「ブルジョア」と並んで滅ぼされるべき古い勢力であると断じ、すさまじい勢いで教会や修道院を破壊していった。

宣教師「日本のニコライ」は、すでに明治四五年（一九一二年）に日本で亡くなっていたが、ソヴェト・ロシア側から見れば、滅ぼされるべき古いロシアのキリスト教と一体化していた人物だった。

そして、一九二九年から始まる「強制的集団化」（第一次五カ年計画、農業集団化）で、ソ連社会は内的に急速に硬化し、あらゆる社会的活動が共産党の支配下に一元化されていった。

一九三〇年代後半になると、ソ連は「粛清」の時代である。かつて外国へ留学していたという、ただそれだけの理由で、「国家反逆罪」に問われる人たちが続出した（フレヴニューク著・富田武訳『スターリンの大テロル』参照）。日本の正教神学校で学び、講道館で柔道二段をとり、ロシアへ帰ってからはソ連柔道界の父となったワシリー・オシチェープコフも、罪なくして粛清された。すなわちソ連社会では、「日本のニコライ」を記憶し顕彰することなど、考えられなくなっていった。

私は、一九七九年にモスクワやレニングラードでソ連科学アカデミーの研究者たちと知り合ったが、かれらは、少年少女時に見た恐ろしい教会破壊の光景をよく覚えていた。言うまでもないが、共産党支配のソ連社会では、共産党員になれなければ「よい職」に就くことはできない。教会に近づくことは、そのキャリアの汚点となることだった。一九八〇年代になっても、ソ連の研究者たちは教会へ近づかなかった。だから、ソ連科学アカデミー・東洋学研究所の日本研究者たちでさえ、「日本のニコライ」のことは全く知らなかったのである。

ニコライはまた、ソ連のロシア人だけでなく、日本人の記憶からも遠退《とおの》いていった。

大正時代、そして昭和初期の日本正教会内には、ニコライの暖かな「他を憐れむ心」に直接ふれた人びとはまだ多くいたのだが、ニコライの宣教精神を受け継ぐべく立ち上がる正教会の信徒や教役《きょうえき》者のグループは形成されなかった。かれらは生活に追われて、ニコライどころではなくなっていたのである（本書第十九章第2節の「教会を離れる教役者たち」参照）。

しかも、大正六年のロシアの「十月革命」以降、「ロシア」は、日本国民の大半にとって恐ろしい「赤の国」になり、日本人がロシアから来た宣教師ニコライへの敬愛を声に表す場は消えていった。

ニコライの教え子ワシリイ昇直隆《のぼり》（曙夢）でさえ、恩師ニコライのことは忘れたかのようだった。昇は、ソ連の無神論を批判するのではなく、『ドストエフスキイ再観――マルクス主義の照明のもとに』（昇曙夢訳、ナウカ社、昭和九年）に見られるように、いわばノンポリ的ソ連紹介者になっていった。

明治時代後半には日本人の多くが知っていた「大主教閣下」ニコライの姿は、遠く、小さくなってしまったのである。そして「日本のニコライ」は、駿河台に建つ「ニコライ堂」にその名を留めるばかりで、まるでいなかったかのようになった。さらに、ニコライ永眠後一二年目の大正一二年（一九二三年）に、東京、横浜を襲った大天災・関東大震災によって、「ニコライ堂」も火災にみまわれ、ニコライ自身の書いた文書類までが「湮滅してしまった」。

そして、日本で「キリスト教宣教師」といえば、だれもが、プロテスタントかカトリックの宣教師のことだと思うようになってしまった。

『ニコライの見た幕末日本』と『ニコライ堂の女性たち』　ここで、私のニコライ研究の主な点を短く振り返っておきたい。

昭和五三年（一九七八年）、私はニコライの論文「キリスト教宣教団から見た日本」（明治二年・一八六九年に、ニコライがロシアの雑誌に発表したもの。以下、講談社学術文庫版の題名によって『ニコライの見た幕末日本』と記す）を探し出して、日本語に翻訳し発表した。ロシアの雑誌に載ったときから数えて約一一〇年目である。そのとき、それは、まるで初めてのニコライ紹介であるかのように受け止められた。大正以降の忘却の年月があまりにも長かったためである。

司馬遼太郎氏は、この『ニコライの見た幕末日本』を読んで、ニコライの日本歴史把握について、「幕末から戊辰前後という動乱期に、よくもこれだけのつかみ方ができたものだ」と感嘆している（『街道をゆく　十五』「政治の海」）。そして著者である若きニコライを、「このすぐれた感覚と知性を持った青年」と呼んでいる。帝政ロシアには優れた「教会知識人」が多くいて、ニコライがその一人であることは、明治の多くの日本人が知っていたことであったのだが、昭和になると、それが、意外な新事実であるかのようになってしまったのである。昭和の日本人は、ロシアの知識人と言えば、ソ連が顕彰した革命的民主主義者、進歩主義的インテリゲンツィヤが主流だと思うようになっていた。

当時札幌正教会司祭だった有原次良《つぐよし》氏も、この『ニコライの見た幕末日本』を読んで、「はじめてニコライ大主教のことばを聞きました。これまでずっと、教会で額に入った聖ニコライのイコンを拝むだけでしたから」と言われた。ニコライの信仰を受け継ぐ日本正教会の聖職者にとってさえ、ニコライは遠くなってしまっていたのである。

去っていたのは、ニコライだけではなかった。

たとえば明治・大正期に活躍した日本正教会の女性たちである。日本正教会史の「代表」である、石川喜三郎編『日本正教伝道誌』(明治三四年・一九〇一年刊)には、女性信徒は全く採りあげられていない。石川喜三郎だけではない。日本正教会自体も、日本のキリスト教史の研究者たちも、明治・大正期の正教会の堅固な土台であった優れた女性たちのことをほとんど記憶していなかった。彼女たちは、ニコライよりも早く、すっかり忘れられてしまったのである。正教神学校長瀬沼恪三郎の妻郁子(夏葉)だけは、「ロシア文学翻訳者」として昭和になって知られるようになったが、その瀬沼夏葉像は全くの虚像であった。

私と妻は、忘却の淵の中の女性正教徒たちを尋ねる仕事にとりかかった。それは、terra incognita(未知の領域)へ分け入る探検のようだった。先行研究、類書は、何もなかった。多くの高齢の、古くからの信徒の方々に問い合わせの手紙を書き、日本の各地へ旅し、ロシアの旧首都ペテルブルグ(レニングラード)や、かつてニコライが学んだスモレンスクの神学校にまで行って、調査を続けた。そしてようやく、この未知だった領域の地図を作成することができた。それが、中村健之介・中村悦子共著『ニコライ堂の女性たち』（教文館、二〇〇三年）である。

この本は、明治期の日本正教会で活躍した七人の女性、エレナ酒井ゑい、イリナ山下りん、フェオドラ北川波津、テクサ酒井澄子、エレナ瀬沼郁子、ナデジダ高橋五子《いね》、ワルワラ中井終子《しゅうこ》についての伝記である。この本によって初めて、明治期日本正教会の中核にいた個性的な女性たちの素顔と人間関係が具体的にわかるようになったのである。そして、彼女たちの人間関係をさらに先へ辿ることで、周辺の多くの教役者や信徒たちのこともわかってきた。すなわち明治期の日本人正教徒たち全体の関係と人物像が浮かび上がってきたのである。

『ニコライ堂の女性たち』が刊行されると、現在の日本正教会の各地の司祭や信徒の方々から、「初めて知りました」という声が次々届いた。

日本最初の女性正教徒で、明治初年から大正一五年まで五〇年以上にわたって函館正教会を支えてきたエレナ酒井ゑいとその家族についてさえ、函館正教会の司祭から、「まったく知りませんでした。毎晩、読むのをたのしみにしています」とお礼の手紙をいただいた。

また、パウェル中井木菟麿とワルワラ中井終子兄妹と、清国詩人や清国留学生たちとの交友も、日中文化交流史の専門家も初めて知る「新事実」であった。

一〇年余をかけた調査探索の成果は小さくなかった。『ニコライ堂の女性たち』は、記憶の女神ムネモシュネのように、深い忘却の淵へ沈みかけていた明治、大正期の正教会女性たちを、彼女たちが抱いていた数々の真実を、滅んでしまう寸前に、現在の岸へ掬《すく》い上げたのだった。

日記の発見と出版と献呈式

ニコライの『ニコライの見た幕末日本』を翻訳したその翌年、昭和五四年（一九七九年）の秋、私は、ソ連（現ロシア連邦）のレニングラード（現サンクト・ペテルブルグ）の「中央国立歴史古文書館（略称ЦГИА《ツギアー》）」（現「ロシア国立歴史古文書館（РГИА《ルギアー》）」）に、ニコライ自身が明治時代四〇年間にわたってつけていた日記、関東大震災で焼失してしまったと言われていたその日記が、保管されていることをつきとめた（なぜ日本のニコライの日記がロシアにあったのかについては、中村健之介監修『宣教師ニコライの全日記』の「解説」を参照されたい）。

日記発見から数年経って、この膨大な手書きの日記を「印字」に起こして書物として世に送り出すための努力がはじまった。ソ連時代の劣悪な通信事情、不自由な往来、日記判読作業を委託したソ連人の狡猾と、難題は多かった。

しかし、時間と費用と労力をかけた努力の成果がようやく実り、日記原稿が電子データとなってまとまった。

平成一四年（二〇〇二年）四月、幸いにも、日本財団によって、『宣教師ニコライの全日記』の出版計画が助成事業として採択された。ロシア語版と日本語版の出版費、日本語翻訳料（一五人の大学院生たちへの翻訳料）の助成金が出ることになったのである。

そして平成一六年、まず、«ДНЕВНИКИ СВЯТОГО НИКОЛАЯ ЯПОНСКОГО» под ред. Кэнноскэ Накамура（中村健之介編『聖・日本のニコライの日記』。ロシア語、全五巻）を、ペテルブルグの出版社「ギペリオン」から、世に送り出すことができた。

そして同年九月六日、日本財団理事長（現会長）笹川陽平氏が、モスクワ・クレムリン内のウスペンスキー大聖堂（ロシア正教会の全教会中、最も位の高い「総主教座聖堂」）において、ロシア正教会総主教アレクシイ二世に、この『聖・日本のニコライの日記』を献呈した。ソ連からロシア連邦に変わった現代ロシアの三〇〇〇人の正教徒を前にしての、厳粛にして華やかな献呈式であった。

式の後、大聖堂に隣接するホール（壁も天井も明るい水色のホール）で、報道陣を入れないで、日本財団代表団を招いた総主教主宰昼餐会が催された。ロシア正教会の聖職者服《リャサ》のグループは二〇人ほどだった。私も短いスピーチをした。その折、同席の現代ロシア正教会の聖職者たちと少しことばを交わしたが、いずれも、一を聞いて十を悟る「切れ者」たちであった。まるで精鋭の企業戦士集団のようであった。かれらが総主教の手足となって、現代の巨大な教会組織を動かしているのがはっきり感じられた。

このロシア語版『聖・日本のニコライの日記』によって、平成二五年（二〇一三年）のいま、ロシアの各地で、ロシア人による「日本のニコライ」研究の芽が出はじめている。さらに、ニコライ後の日本正教会を研究テーマとする若い優れた研究者も現われ、着実に成果を挙げている。

日本語版『宣教師ニコライの全日記』

ロシア語版『聖・日本のニコライの日記』を世に送り出した三年後、平成一九年（二〇〇七年）に、ようやく、その日本語翻訳を世に送ることができた。中村健之介監修『宣教師ニコライの全日記』（全九巻、共訳、教文館）である。

日本語版の日記が上梓できたということは、ニコライの内面生活とその宣教活動、そして日本正教会の全容を、日本人がつぶさに知ることができるようになったということである。

ニコライが伝えたキリスト教（ロシア正教）が、カトリックやプロテスタントのキリスト教とどのように違うのかが見えてきた。明治時代の日本正教会と「母教会」ロシア正教会との関係も明らかになった。さらには、ニコライの日本各地の教会巡回の日記から、幕末から明治の混乱を生きた三万人を超える日本人正教徒が、どのような人たちだったのかも、想像することができるようになった。

日本正教会全史をめざして

ニコライの日記の翻訳や出版の仕事と並行して私は、『宣教師ニコライと明治日本』（岩波新書、一九九六年）、『宣教師ニコライとその時代』（講談社現代新書、二〇一一年四月）、『ニコライの日記』（岩波文庫、二〇一一年一二月）と、広く一般読者に向けての著書、訳書を送り出した。「忘れられてしまったニコライ」を思い起こすための仕事である。

本書ミネルヴァ日本評伝選『ニコライ』は、『ニコライの見た幕末日本』の翻訳からスタートした私の研究の全体を踏まえて、「奇跡の人ニコライ」の七五年の生涯を辿った伝記である。すなわち、本書もまたニコライを、明治時代にはそうであったように、福沢諭吉や内村鑑三と並ぶ人物として、日本の近代史に呼び戻し、宣教師ニコライの伝えたキリスト教を理解しようとする仕事である。

そして、最後にひとつ強調しておきたいのは、本書が、ニコライの伝記であると同時に、第十九章と第二十章において、ニコライ後の日本正教会の現代までの歴史をも収めていることである。この二つの章は、ニコライによって生まれ育てられた「日本正教会」が、ニコライの永眠後、ロシア革命からはじまる二〇世紀の世界の激動をどのように受けとめたか、そして第二次世界大戦後の米ソ冷戦の緊張を、日本において、どのように耐えてきたかを探索し辿った、新しい分野の研究である。

この探索によって、「ニコライ堂」戦後史において長く封印され秘されてきた、聖職者や信徒の多くも知らなかったロシア、アメリカ、日本の三正教会の関係の事実が、初めて読者の前に提示された。言い換えれば、本書評伝『ニコライ』は、日本正教会の創建者ニコライの「伝記」であると同時に、ニコライの来日から現代に至るまでの、初めての「日本正教会全史」になっている。

謝辞

「ニコライを探し求めて」の旅は、昭和五二年（一九七七年）頃からはじまって、およそ三六年間、続いてきた。その間、モスクワ、ペテルブルグ、キエフ、スモレンスク、そして、北海道の釧路正教会、上武佐正教会から九州の鹿児島正教会、人吉正教会（当時は無住）まで、日本全国の多くの正教会を訪ねた。

殊《こと》に、東京本会、福島正教会の大寺敬二氏、横浜正教会の生方和彦氏、司祭鈴木九八のご子孫金石仲華さん、さらに各地の資料館、図書館、市史編纂室等から、多くの資料を見せていただいた。

台湾研究者檜山幸夫氏は、お忙しい研究活動の中、ペトル佐山大麓の父佐山融吉についての貴重な資料をお送りくださった。

「あとがき」に書いた、カザン系タタール人アブデュルレシト・イブラヒムの旅行記『ジャポンヤ』のニコライについての記述は、比較文学研究者杉田英明氏が教えてくださった。

ニコライについての研究は、これら多くの方々の好意ある協力によって推進されてきたのである。そのすべての方々に深く感謝申し上げる。

今回、比較文学研究者の芳賀徹氏が、主として日本人を採りあげるミネルヴァ評伝選の企画において、ロシア人ニコライを加えることを提案され、その執筆を私にと言ってくださったという。「日本のニコライ」を紹介できたことを、芳賀氏に感謝したい。

ミネルヴァ書房編集部の堀川健太郎氏は、私の原稿の完成を長く待って下さり、励ましの声をかけてくださった。原稿ができると、堀川氏は編集者の岩崎奈菜氏とゲラ刷りを入念に校正し、そして「人名索引」を作成してくださった。この索引によって、この本は「人名を引いて調べるニコライ伝」の面を兼ね具えることができるようになった。

これらの労多い仕事を快く引き受けてくださった堀川氏と岩崎氏に、厚くお礼を申し上げる。

また、これまでの研究におけると同様、原稿の整理、資料蒐集、写真の選別とキャプション作成などには、妻中村悦子の助力があった。

病気がちだった私を支えてくれた妻悦子の長年にわたる協力に、心から感謝する。

二〇一三年六月一〇日

中村健之介

ニコライ略年譜

西暦	和暦	齢	関係事項	一般事項
一八三四	天保五			福沢諭吉が大阪に生まれる。
一八三六	七	0	8・1（ロシア暦）、イワン・ドミートリエヴィチ・カサートキンが、帝政ロシアのスモレンスク県ベーリスキー郡ベリョーザ村に生まれた。父は村の輔祭。母はイワンが五歳のときに亡くなった。	
一八五〇	嘉永三	14	この頃ベールイ町の初等神学校を卒業したイワンは、ベリョーザ村から約一〇〇キロ離れた県都スモレンスクの中等神学校《セミナリヤ》に進学した。	
一八五四	安政元	18		日露和親条約締結。
一八五七	四	21	6月イワン・カサートキンはスモレンスクの中等神学校を卒業し、9月ペテルブルグ神学大学へ官費で進学した。	
一八五八	五	22	10月ゴシケーヴィチが初代駐日ロシア領事として函館に着任。	
一八六〇	万延元	24	6月イワン・カサートキンは、ペテルブルグ神学大学を卒業し、ニコライという聖名を与えられ、修道	

一八六一	文久　元	25	司祭に叙聖されて、函館ロシア領事館付き司祭に任命された。ニコライは、シベリアを東進し、9月下旬アムール川河口の町ニコラエフスに到着。ここでアラスカの主教インノケンティと出会った。ロシア暦7・2（西暦7・14。和暦文久元年六月六日）、函館に到着。函館ロシア領事館付属教会の司祭の仕事をしながら、将来の布教に備えて、木村謙斉、新島七五三太《しめた》（襄）などについて日本語、日本の歴史を学ぶ。	ロシアで農奴解放令発布。
一八六三	三	27		アメリカで奴隷解放宣言。
一八六七	慶応　三	31	ロシアに帰ったゴシケーヴィチは函館におけるニコライの宣教の努力を周囲に伝え、支援を訴えた。	ロシアがアラスカをアメリカに売った。
一八六八	明治　元	32	5・18（西暦5・30）、「キリシタン禁制」は続いていたが、ロシア領事館内で沢辺琢磨、酒井篤礼、浦野大蔵の三人の日本人に洗礼を授けた。	
一八六九	二	33	2月函館を発ってロシアへ向った。横浜から、太平洋を渡り、アメリカ経由。一八六九年五月頃にペテルブルグに到着したと思われる。ニコライの論文「キリスト教宣教団から見た日本」が『ロシア報知』九月号に載った。	スエズ運河開通。
一八七〇	三	34	4月宗務院によって、日本宣教団（日本伝道会社）の設立が認可された。ニコライは団長に任命された。	

一八七一	四	35	12月ロシアを発ち、再び任地日本へ向った。3月函館に帰任。旧仙台藩士たちの間に正教が広がりはじめた。	
一八七二	五	36	一八七二年の初め、修道司祭アナトリイ（チハイ）が函館に着任。1・27ニコライは海路東京へ出た。仙台（2月）と函館（5月）で多数の正教徒が捕らえられ投獄された。函館のロシア領事館は東京へ移され、公使館に昇格。ビュツォーフが公使となった。9月東京神田駿河台東紅梅町に宣教団本部（本会）を設けた。	
一八七三	六	37	東北、関東各地で正教信徒がふえる。聖歌教師ヤーコフ・チハイ（アナトリイ師の実弟）来日。チハイによって、徹夜禱、聖体礼儀、機密のときの単声聖歌が中国語のそれから日本語に移しかえられた。	2・24明治政府は「切支丹禁制」の高札を撤去。
一八七四	七	38	5月日本人伝教者たちを集めて初めての布教会議を開いた。	
一八七五	八	39	函館で沢辺琢磨が司祭に、酒井篤礼が輔祭に叙聖された。按手者はカムチャツカの主教パウェル。	樺太・千島交換条約。
一八七六	九	40	9月東京市神田区駿河台に正教会の女学校（通称女子神学校）を創立。年末「露語学校」を改組し、「正教神学校」を創立。	
一八七七	一〇	41	11月機関誌『教会報知』第一号（手書き石版刷り、一四ページ）発行。以後月二回発行。	西南戦争。

一八七八	一一	42	ヴラヂヴォストークで、酒井篤礼、影田孫一郎、高屋仲、佐藤秀六、針生大八郎の五名が司祭に叙聖された。この年の神学校には生徒三〇名が在籍。	
一八七九	一二	43	**3月**修道司祭ヴラヂミル（ソコロフスキー）が着任（〜一八八六年まで日本で勤務）。**5月**女性輔祭マリヤ・チェルカーソワが着任（〜一八八二年まで）。ニコライは、ロシアへ第二回目の帰国。**7月末**(?)出発、**9・12**（ロシア暦）、ペテルブルグ到着。**11月**『新旧ロシア』に論文「日本とロシア」掲載。	
一八八〇	一三	44	ペテルブルグにおいてプゥチャーチン家と親しい関係を結ぶ。**3・30**（ロシア暦）、主教に昇叙された。ペテルブルグ、モスクワで、東京に大聖堂を建設する資金を募金。**6・1**（ロシア暦）、ドストエフスキーがニコライを訪ねた。**8・15**（ロシア暦）、ペテルブルグを発った。**11・20**（以下新暦）、ニコライが横浜に到着。山下りんがイコン制作習得のためペテルブルグへ向う。機関誌としてこれまでの『教会報知』に代わり、『正教新報』が発刊される。やはり月二回発行。	ドストエフスキーの『カラマーゾフの兄弟』完結。ポベドノースツェフが宗務院総監となる。
一八八一	一四	45	**5月〜7月**関東および東北地方の諸教会を巡回。	アレクサンドル二世暗殺。
一八八二	一五	46	**2月**駿河台の大原伯爵邸を七〇〇〇円で購入。正教神学校、女子神学校、出版局（愛々社）をそこに置	

			く。5月神学校（七年制）は第一回卒業生（粟野得十郎、松井寿郎）を出す。松井寿郎は、ペテルブルグ神学大学に入学。笹川定吉、仮野成章、小松韜蔵が、ニコライによって司祭に叙聖された。5月〜6月九州、中国、関西の諸教会を巡回。9月アナトリイ師が大阪に転任。大阪に伝教学校を開設。
一八八三	一六	47	6月神学校を卒業した三井道郎と岩沢丙吉がロシアへ出発。三井はキエフ神学大学、岩沢はペテルブルグ神学大学に入学。隣接の家屋を購入し、女学校をそこへ移転。名称は「私立　女子神学校」。山下が帰国し、女学校傍らの小屋にイコン工房を開いた。
一八八四	一七	48	3月東京復活大聖堂（ニコライ堂）建築着工。大聖堂建築資金を宣教活動費に転用せよとする「有志義会」が沢辺琢磨を中心に結成され、ニコライと対立。そのために教会が混乱。オリガ・プゥチャーチナ来日（〜一八八七年まで滞日）。
一八八五	一八	49	5月駿河台の正教会でアレキセイ西郷従理（隆盛の弟従道の長男）の葬儀。
一八八六	一九	50	聖公会宣教師ウィリアムズ、ビカステス、セシル（ボーフラワー）などと往来。12月女子神学校の建物が火事で焼失。オリガ・プゥチャーチナによって再建された。

一八八七	二〇	51	6月オリガ・プゥチャーチナがロシアへ帰った。三井道郎が、ロシア留学から帰国。	
一八八八	二一	52	10月セルギイ（グレーボフ）師が来日（〜一九〇四年、公使館付き司祭）。岩沢丙吉、佐藤淑治がロシア留学から帰国。	
一八八九	二二	53	大聖堂の建築が進む。	2月大日本帝国憲法発布。
一八九〇	二三	54	3月アナトリイ師がロシアへ帰国。10月セルギイ（ストラゴロツキー）師とアルセニイ（チモフェーエフ）師が来日。	
一八九一	二四	55	2月東京復活大聖堂成る。5月大津事件。ニコライは、負傷したロシア皇太子ニコライ（後のニコライ二世）を京都の常盤ホテルに見舞った。夏北海道の諸教会を巡回。秋九州の諸教会を巡回。	1月内村鑑三の「不敬事件」。
一八九二	二五	56	5月中国、四国地方の諸教会を巡回。7月東海道の諸教会を巡回。9月ペテルブルグ府主教イシドルが永眠。10月下総、上州の諸教会を巡回。11月八王子など関東の諸教会を巡回。	
一八九三	二六	57	4月信州、北陸道の諸教会を巡回。5月一関、盛岡、福島など東北の諸教会を巡回。セルギイ（ストラゴロツキー）師がロシアへ帰った。	
一八九四	二七	58	1月ギリシャのザンダ島の大主教ディオニシイが駿河台来訪。6月・10月強い地震。東京、横浜などに	8月日清戦争開戦。

			被害。鹿鳴館も損壊。大聖堂にもひびわれが見られた。	
一八九五	二八	59	4月日清戦争終結。「三国干渉」で、日本国内に日本人正教徒に対する反感がつよまる。この年七月の時点で聖職者一九人、その他の教役者一九八人。7月ロシアのアントニイ師等の資金援助により図書館が完成。8月女子生徒たちが初めて箱根塔ノ沢の「避暑館」で夏をすごす。9月中井木菟麿を助手として「新約聖書」の翻訳にとりかかる。この年全国におよそ二二〇の教会、二万二〇〇〇人の信徒。男女ほぼ同数。	4月三国干渉。10月閔妃殺害事件。
一八九六	二九	60	1月河本（瀬沼）恪三郎帰国。これでロシアの神学大学卒業の神学士は八人。	5月ロシアで、ニコライ二世が即位。6月東北三陸沖地震・津波。
一八九七	三〇	61	1月信徒・但木鵬が三陸沖津波被害の孤児二〇人を引き取り養育院を開く。北川波津が助力する。9月神学校の新棟を建てる。	
一八九八	三一	62	1月セルギイ（ストラゴロツキー）師とアンドロニク（ニコリスキー）師が来日。セルギイは二度目の来日。瀬沼（河本）恪三郎と山田郁子の結婚式。瀬沼夫妻と女子神学校教師たちとの争いが続く。8月京都に教会建設用地を購入。セルギイ（ストラゴロ	

			ツキー）師を伴い、シコタン島をふくむ北海道各地の教会を巡回。10月アンドロニク師がロシアへ帰る。	
一八九九	三二	63	2月セルギイ（ストラゴロツキー）師がロシアへ帰る。12月神学校在籍生徒は六八名。女子神学校は七四名。	
一九〇〇	三三	64	年初中国の暴動（義和団事件）のニュース。10月信徒家庭向け月刊誌『正教要話』発刊。	
一九〇一	三四	65	2月石川喜三郎編『日本正教伝道誌』が印刷された。6月正教会の『新約』刊行。10月『正教新報』は五〇〇号となる。12月京都に正教女学校を開設すべく、ナデジダ高橋五子が京都へ赴任。	
一九〇二	三五	66	この頃麹町教会の内紛が続く。9月物価高騰、銀行から三〇〇〇円を下ろしたが、通常経費の支払いにも足りない。11月イズヴォリスキーに代わり、ローゼンが再度日本公使となった。この年京都正教女学校開校。	2月日英同盟が成る。
一九〇三	三六	67	5月京都正教会成聖式。	
一九〇四	三七	68		2月日露戦争開戦。
一九〇五	三八	69	ロシア軍の敗北のニュースが続く。ニコライと日本正教会は、日本各地の収容所に収容された約七万九〇〇〇人のロシア人捕虜の「信仰慰安」のために奮闘。	9月日露戦争終結。日比谷事件。ロシアに革命運動と社会的混乱が広がる。

一九〇六	三九	70	4月大主教に昇叙された。7・11主教叙聖二五年と大主教昇叙祝典が行なわれる。この頃日本学者D・ポズニェーエフが親しくニコライに接する（～一九一〇年）。	
一九〇七	四〇	71	3月アンドロニク（ニコリスキー）師が、京都の主教として再来日。しかし、体調をくずし、7月初めにはロシアへ帰った。8月函館大火。函館聖堂焼失。	
一九〇八	四一	72	5月ロシア公使は特命全権大使に昇格。6月ニコライの後継者となるセルギイ（チホミーロフ）師が駿河台に到着。8月四国の松山聖堂成聖。この年伝教学校閉校。	
一九〇九	四二	73	セルギイ（チホミーロフ）師が各地教会の巡回を開始。1月日本人司祭たちの名義になっていた教会の不動産を法人「日本正教会維持財団」に名義変更する説得を開始。4月大阪教会の建築に踏み切る。ロシアの知人、篤志家に献金をよびかける。瀬沼郁子（神学校長・瀬沼恪三郎夫人）と大学生アンドレーエフの関係が新聞に盛んに報じられる。教会内に混乱が生じる。9月日本各地のロシア人戦死者の合同埋葬墓碑建立のため長崎へ。10月ペテルブルグの親友フェオドル（ブィストロフ）師が、ロシア社会の混乱を伝えてきた。	10月ハルビンで伊藤博文が安重根に殺された。

一九一〇	四三	74	ロシア各地から大阪教会建設のための寄進がとどく。7月大阪教会成聖式。セルギイ（チホミーロフ）師がイルクーツクの宣教師大会に参加。さらにペテルブルグへ向かう。8月ペテルブルグの親友イオアン（チョームキン）師たちに函館教会再建への協力を訴える。日本教会の経済的独立を教会の主要メンバーに説き続ける。ニコライの日記に「ひざに激痛」「咳で夜眠れず」などの記事がふえる。	大逆事件。8月韓国併合条約調印。
一九一一	四四	75	3月東京の下谷教区の信徒が、管轄司祭と伝教者の給与を自分たちで「供給」することを決定。この動きが徐々に広がる。7月台湾の信徒のために伝教者ティト越山照を派遣。日本宣教五〇周年記念の祝賀会。10月麹町教会が、教会の土地をイエズス会（上智大学初代学長ホフマン）に売却した。	
一九一二	四五		1・24聖路加病院に入院。2・5聖路加病院から本会主教館の自室にもどる。2・16午後七時、永眠。2・22葬儀。東京市下谷区（現台東区）谷中墓地に葬られた。	

人名索引

あ 行

か　行

さ　行

た 行

な　行

は 行

ま　行

や　行

ら　行

わ　行

《著者紹介》

中村健之介（なかむら・けんのすけ）

1939年　新潟県生まれ。
1962年　国際基督教大学教養学部卒業。
1968年　東京大学大学院比較文学比較文化博士課程中退。
北海道大学，東京大学，大妻女子大学教授。
専攻はロシア文学・文化史。

著　書　『ドストエフスキー・作家の誕生』みすず書房，1979年。
『ドストエフスキー・生と死の感覚』岩波書店，1984年。
『ドストエフスキー人物事典』朝日選書，1990年，講談社学術文庫，2011年。
『宣教師ニコライと明治日本』岩波新書，1996年。
『ニコライ堂の女性たち』（中村悦子と共著）教文館，2003年。
『宣教師ニコライとその時代』講談社現代新書，2011年。

編　著　ロシア語版『聖・日本のニコライの日記』（全５巻）ギペリオン社，2004年。

監　訳　『宣教師ニコライの全日記』（全９巻，共訳）教文館，2007年。

編　訳　『ニコライの日記』（全３巻）岩波文庫，2011年。

ミネルヴァ日本評伝選

ニ　コ　ラ　イ
——価値があるのは，他を憐れむ心だけだ——

2013年７月10日　初版第１刷発行　〈検印省略〉

定価はカバーに
表示しています

著　者　中　村　健之介
発行者　杉　田　啓　三
印刷者　江　戸　宏　介

発行所　株式会社　ミネルヴァ書房
607-8494 京都市山科区日ノ岡堤谷町１
電話代表（075）581-5191
振替口座 01020-0-8076

共同印刷工業・新生製本

ISBN978-4-623-06695-7

Printed in Japan

刊行のことば

歴史を動かすものは人間であり、興趣に富んだ人間の動きを通じて、世の移り変わりを考えるのは、歴史に接する醍醐味である。

しかし過去の歴史学を顧みるとき、人間不在という批判さえ見られたように、歴史における人間のすがたが、必ずしも十分に描かれてきたとはいえない。二十一世紀を迎えた今、歴史の中の人物像を蘇生させようとの要請はいよいよ強く、またそのための条件もしだいに熟してきている。

この「ミネルヴァ日本評伝選」は、正確な史実に基づいて書かれるのはいうまでもないが、単に経歴の羅列にとどまらず、歴史を動かしてきたすぐれた個性をいきいきとよみがえらせたいと考える。そのためには、対象とした人物とじっくりと対話し、ときにはきびしく対決していくことも必要になるだろう。

今日の歴史学が直面している困難の一つに、研究の過度の細分化、瑣末化が挙げられる。それは緻密さを求めるが故に陥った弊害といえるが、その結果として、歴史の大きな見通しが失われ、歴史学を通しての社会への働きかけの途が閉ざされ、人々の歴史への関心を弱める危険性がある。今こそ歴史が何のためにあるのかという、基本的な課題に応える必要があろう。評伝という興味ある方法を通じて、解決の手がかりを見出せないだろうかというのも、この企画の一つのねらいである。

狭義の歴史学の研究者だけでなく、多くの分野ですぐれた業績をあげている著者たちを迎えて、従来見られなかった規模の大きな人物史の叢書として、「ミネルヴァ日本評伝選」の刊行を開始したい。

平成十五年（二〇〇三）九月

ミネルヴァ書房

ミネルヴァ日本評伝選

企画推薦
梅原　猛
ドナルド・キーン
佐伯彰一
角田文衞

監修委員
上横手雅敬
芳賀　徹

編集委員
石川九楊
伊藤之雄
猪木武徳
今谷　明
今橋映子
熊倉功夫
佐伯順子
坂本多加雄
武田佐知子
竹西寛子
西口順子
兵藤裕己
御厨　貴

上代

*俾弥呼　古田武彦
日本武尊　西宮秀紀
仁徳天皇　若井敏明
雄略天皇　吉村武彦
*蘇我氏四代　遠山美都男
推古天皇　義江明子
聖徳太子　仁藤敦史
斉明天皇　武田佐知子
小野妹子・毛人　大橋信弥
*額田王　梶川信行
弘文天皇　遠山美都男
天武天皇　新川登亀男
持統天皇　丸山裕美子
阿倍比羅夫　熊田亮介
*藤原四子　木本好信
柿本人麻呂　古橋信孝
*元明天皇・元正天皇　渡部育子
聖武天皇　本郷真紹
光明皇后　寺崎保広
孝謙天皇　勝浦令子
藤原不比等　荒木敏夫
吉備真備　今津勝紀
*藤原仲麻呂　木本好信
道　鏡　吉川真司
大伴家持　和田　萃
*行　基　吉田靖雄

平安

*桓武天皇　井上満郎
嵯峨天皇　西別府元日
宇多天皇　古藤真平
醍醐天皇　石上英一
村上天皇　京樂真帆子
花山天皇　上島　享
*三条天皇　倉本一宏
藤原薬子　中野渡俊治
小野小町　錦　仁
藤原良房・基経　瀧浪貞子
菅原道真　竹居明男
*紀貫之　神田龍身
源高明　所　功
*安倍晴明　斎藤英喜
藤原実資　橋本義則
*藤原道長　朧谷　寿
藤原伊周・隆家　倉本一宏
藤原定子　山本淳子
清少納言　後藤祥子
紫式部　竹西寛子
和泉式部　ツベタナ・クリステワ
大江匡房　小峯和明
阿弖流為　樋口知志
坂上田村麻呂　熊谷公男
*源満仲・頼光　元木泰雄
平将門　西山良平
藤原純友　寺内　浩
空　海　頼富本宏
最　澄　吉田一彦
*空　也　石井義長
奝　然　上川通夫
*源　信　小原　仁
後白河天皇　美川　圭
式子内親王　奥野陽子
建礼門院　生形貴重
藤原秀衡　入間田宣夫
平時子・時忠　元木泰雄
平維盛　根井　浄
守覚法親王　阿部泰郎
藤原隆信・信実　山本陽子

鎌倉

源頼朝　川合　康
*源義経　近藤好和
源実朝　神田龍身
後鳥羽天皇　五味文彦
九条兼実　村井康彦
九条道家　上横手雅敬
北条時政　野口　実
熊谷直実　佐伯真一
*北条政子　関　幸彦
北条義時　岡田清一
曾我十郎・五郎　杉橋隆夫
北条時宗　近藤成一
安達泰盛　山陰加春夫
平頼綱　細川重男
竹崎季長　堀本一繁
西　行　光田和伸
藤原定家　赤瀬信吾
*京極為兼　今谷　明

*兼好 島内裕子
重源 横内裕人
*運慶 根立研介
快慶 井上一稔
法然 今堀太逸
慈円 大隅和雄
明恵 西山　厚
親鸞 末木文美士
恵信尼・覚信尼 西口順子
覚如 今井雅晴
道元 船岡　誠
叡尊 細川涼一
*忍性 松尾剛次
*日蓮 佐藤弘夫
一遍 蒲池勢至
夢窓疎石 田中博美
*宗峰妙超 竹貫元勝

南北朝・室町

後醍醐天皇 上横手雅敬
護良親王 新井孝重
*赤松氏五代 渡邊大門
*北畠親房 岡野友彦
楠正成 兵藤裕己
*新田義貞 山本隆志
光厳天皇 深津睦夫
足利尊氏 市沢　哲
佐々木道誉 下坂　守
円観・文観 田中貴子
足利義詮 早島大祐
足利義満 川嶋将生
足利義持 吉田賢司
足利義教 横井　清
大内義弘 平瀬直樹
伏見宮貞成親王 松薗　斉
山名宗全 山本隆志
日野富子 脇田晴子
世阿弥 西野春雄
雪舟等楊 河合正朝
宗祇 鶴崎裕雄
*満済 森　茂暁
一休宗純 原田正俊
蓮如 岡村喜史

戦国・織豊

北条早雲 家永遵嗣
毛利元就 岸田裕之
毛利輝元 光成準治
*今川義元 小和田哲男
*武田信玄 笹本正治
*武田勝頼 笹本正治
*真田氏三代 笹本正治
三好長慶 天野忠幸
*宇喜多直家・秀家 渡邊大門
*上杉謙信 矢田俊文
島津義久・義弘 福島金治
長宗我部元親・盛親 平井上総
吉田兼倶 西山　克
山科言継 松薗　斉
*雪村周継 赤澤英二
織田信長 三鬼清一郎
豊臣秀吉 藤井讓治
*北政所おね 田端泰子
*淀殿 福田千鶴
前田利家 東四柳史明
*黒田如水 小和田哲男
*蒲生氏郷 藤田達生
*細川ガラシャ 田端泰子
伊達政宗 伊藤喜良
*支倉常長 田中英道
ルイス・フロイス エンゲルベルト・ヨリッセン
*長谷川等伯 宮島新一
顕如 神田千里

江戸

徳川家康 笠谷和比古
徳川家光 野村　玄
徳川吉宗 横田冬彦
*後水尾天皇 久保貴子
光格天皇 藤田　覚
崇伝 杣田善雄
春日局 福田千鶴
*池田光政 倉地克直
シャクシャイン 岩崎奈緒子
*田沼意次 藤田　覚
*二宮尊徳 小林惟司
末次平蔵 岡美穂子
*高田屋嘉兵衛 生田美智子
*林羅山 鈴木健一
吉野太夫 渡辺憲司
中江藤樹 辻本雅史
山崎闇斎 澤井啓一
山鹿素行 前田　勉
*北村季吟 島内景二
貝原益軒 辻本雅史
松尾芭蕉 楠元六男
*ケンペル B・M・ボダルト＝ベイリー
荻生徂徠 柴田　純
*雨森芳洲 上田正昭
石田梅岩 高野秀晴
前野良沢 松田　清
平賀源内 石上　敏
本居宣長 田尻祐一郎
杉田玄白 吉田　忠
上田秋成 佐藤深雪
木村蒹葭堂 有坂道子
*大田南畝 沓掛良彦
菅江真澄 赤坂憲雄
*鶴屋南北 諏訪春雄
良寛 阿部龍一
*山東京伝 佐藤至子
*滝沢馬琴 高田　衛
平田篤胤 山下久夫
シーボルト 宮坂正英
本阿弥光悦 岡　佳子
小堀遠州 中村利則
狩野探幽・山雪 山下善也
尾形光琳・乾山 河野元昭
*二代目市川團十郎 田口章子
与謝蕪村 佐々木丞平
伊藤若冲 狩野博幸
鈴木春信 小林　忠
円山応挙 佐々木正子
*佐竹曙山 成瀬不二雄
葛飾北斎 岸　文和
酒井抱一 玉蟲敏子

孝明天皇　青山忠正
*和宮　辻ミチ子
徳川慶喜　大庭邦彦
島津斉彬　原口泉
*古賀謹一郎　小野寺龍太
*栗本鋤雲　小野寺龍太
西郷隆盛　家近良樹
*塚本明毅　塚本学
*月性　海原徹
*吉田松陰　海原徹
*高杉晋作　海原徹
ペリー　遠藤泰生
オールコック　佐野真由子
アーネスト・サトウ　奈良岡聰智
緒方洪庵　米田該典
冷泉為恭　中部義隆

近代

*明治天皇　伊藤之雄
*大正天皇　F・R・ディキンソン
*昭憲皇太后・貞明皇后　小田部雄次
大久保利通　三谷太一郎
山県有朋　鳥海靖
木戸孝允　落合弘樹
井上馨　伊藤之雄
*松方正義　室山義正
北垣国道　小林丈広
板垣退助　小川原正道
長与専斎　笠原英彦
大隈重信　五百旗頭薫
伊藤博文　坂本一登
井上毅　大石眞
井上勝　老川慶喜
*桂太郎　小林道彦
渡辺洪基　瀧井一博
*乃木希典　佐々木英昭
林董　君塚直隆
*児玉源太郎　小林道彦
*高宗・閔妃　木村幹
山本権兵衛　室山義正
高橋是清　鈴木俊夫
小村寿太郎　簑原俊洋
*犬養毅　小林惟司
加藤高明　櫻井良樹
加藤友三郎・寛治　麻田貞雄
牧野伸顕　小宮一夫
田中義一　黒沢文貴
内田康哉　高橋勝浩
石井菊次郎　廣部泉
平沼騏一郎　堀田慎一郎
宇垣一成　北岡伸一
*宮崎滔天　榎本泰子
*浜口雄幸　川田稔
幣原喜重郎　西田敏宏
関一　玉井金五
水野広徳　片山慶隆
広田弘毅　井上寿一
安重根　上垣外憲一
*グルー　廣部泉
*永田鉄山　森靖夫
東條英機　牛村圭
今村均　前田雅之
蔣介石　劉岸偉
石原莞爾　山室信一
木戸幸一　波多野澄雄
*岩崎弥太郎　武田晴人
伊藤忠兵衛　末永國紀
五代友厚　田付茉莉子
大倉喜八郎　村上勝彦
*安田善次郎　由井常彦
渋沢栄一　武田晴人
益田孝　鈴木邦夫
山辺丈夫　宮本又郎
武藤山治　阿部武司・桑原哲也
西原亀三　森川正則
小林一三　橋爪紳也
大倉恒吉　石川健次郎
大原孫三郎　猪木武徳
*河竹黙阿弥　今尾哲也
イザベラ・バード　加納孝代
*林忠正　木々康子
*森鷗外　小堀桂一郎
二葉亭四迷　ヨコタ村上孝之
夏目漱石　佐々木英昭
巌谷小波　千葉信胤
樋口一葉　佐伯順子
*島崎藤村　十川信介
泉鏡花　東郷克美
有島武郎　亀井俊介
永井荷風　川本三郎
北原白秋　平石典子
菊池寛　山本芳明
宮澤賢治　千葉一幹
正岡子規　夏石番矢
高浜虚子　坪内稔典
与謝野晶子　佐伯順子
*種田山頭火　村上護
*斎藤茂吉　品田悦一
*高村光太郎　湯原かの子
萩原朔太郎　エリス俊子
*原阿佐緒　秋山佐和子
*狩野芳崖・高橋由一　古田亮
竹内栖鳳　北澤憲昭
黒田清輝　高階秀爾
中村不折　石川九楊
横山大観　高階秀爾
*橋本関雪　西原大輔
小出楢重　芳賀徹
土田麦僊　天野一夫
岸田劉生　北澤憲昭
松旭斎天勝　川添裕
中山みき　鎌田東二
佐田介石　谷川穣
*ニコライ　中村健之介
出口なお・王仁三郎　川村邦光
島地黙雷　阪本是丸
*新島襄　太田雄三
木下広次　冨岡勝
嘉納治五郎　クリストファー・スピルマン
柏木義円　片野真佐子
津田梅子　田中智子
*澤柳政太郎　新田義之
河口慧海　高山龍三

山室軍平　室田保夫
大谷光瑞　白須淨眞
*久米邦武　髙田誠二
フェノロサ　伊藤　豊
三宅雪嶺　長妻三佐雄
*岡倉天心　木下長宏
志賀重昂　中野目徹
徳富蘇峰　杉原志啓
竹越與三郎　西田　毅
内藤湖南・桑原隲蔵　礪波　護
岩村　透　今橋映子
*西田幾多郎　大橋良介
金沢庄三郎　石川遼子
上田　敏　及川　茂
柳田国男　鶴見太郎
厨川白村　張　競
天野貞祐　貝塚茂樹
大川周明　山内昌之
西田直二郎　林　淳
折口信夫　斎藤英喜
九鬼周造　粕谷一希
辰野　隆　金沢公子
シュタイン　瀧井一博
*西　周　清水多吉
*福澤諭吉　平山　洋
福地桜痴　山田俊治
田口卯吉　鈴木栄樹

*陸　羯南　松田宏一郎
黒岩涙香　奥　武則
*吉野作造　田澤晴子
野間清治　佐藤卓己
山川　均　米原　謙
岩波茂雄　十重田裕一
*北　一輝　岡本幸治
*穂積重遠　大村敦志
中野正剛　吉田則昭
満川亀太郎　福家崇洋
*北里柴三郎　福田眞人
高峰譲吉　木村昌人
田辺朔郎　秋元せき
*南方熊楠　飯倉照平
寺田寅彦　金森　修
石原　純　金子　務
J・コンドル　鈴木博之
辰野金吾　河上真理・清水重敦
*七代目小川治兵衛　尼崎博正
ブルーノ・タウト　北村昌史

現代

昭和天皇　御厨　貴
高松宮宣仁親王　後藤致人
*李方子　小田部雄次
吉田　茂　中西　寛
マッカーサー　柴山　太
石橋湛山　増田　弘
重光　葵　武田知己
市川房枝　村井良太
*池田勇人　藤井信幸
高野　実　篠田　徹
和田博雄　庄司俊作
朴正熙　木村　幹
竹下　登　真渕　勝
*松永安左エ門　橘川武郎
鮎川義介　井口治夫
*出光佐三　橘川武郎
松下幸之助　米倉誠一郎
渋沢敬三　井上　潤
*本田宗一郎　伊丹敬之
井深　大　武田　徹
*佐治敬三　小玉　武
幸田家の人々　金井景子
*正宗白鳥　大嶋　仁
大佛次郎　福島行一

*川端康成　大久保喬樹
*薩摩治郎八　小林　茂
松本清張　杉原志啓
安部公房　鳥羽耕史
*三島由紀夫　島内景二
井上ひさし　成田龍一
R・H・ブライス　菅原克也
金素雲　林　容澤
柳　宗悦　熊倉功夫
バーナード・リーチ　鈴木禎宏
イサム・ノグチ　酒井忠康
川端龍子　岡部昌幸
藤田嗣治　林　洋子
*井上有一　海上雅臣
*手塚治虫　竹内オサム
山田耕筰　後藤暢子
古賀政男　藍川由美
*吉田　正　金子　勇
武満　徹　船山　隆
八代目坂東三津五郎　田口章子
*力道山　岡村正史
*西田天香　宮田昌明
安倍能成　中根隆行

サンソム夫妻　平川祐弘・牧野陽子
和辻哲郎　小坂国継
矢代幸雄　稲賀繁美
石田幹之助　岡本さえ
*平泉　澄　若井敏明
安岡正篤　片山杜秀
島田謹二　小林信行
前嶋信次　杉田英明
保田與重郎　谷崎昭男
*福田恆存　川久保剛
井筒俊彦　安藤礼二
佐々木惣一　松尾尊兊
*瀧川幸辰　伊藤孝夫
矢内原忠雄　等松春夫
福本和夫　伊藤　晃
*フランク・ロイド・ライト　大久保美春
大宅壮一　有馬　学
今西錦司　山極寿一

*は既刊
二〇一三年七月現在